経済成長なき社会発展は可能か？

〈脱成長《デクロワサンス》〉と〈ポスト開発〉の経済学

セルジュ・ラトゥーシュ
Serge Latouche
中野佳裕 訳

作品社

経済成長なき社会発展は可能か?

目次

経済成長なき社会発展は可能か？

〈脱成長《デクロワサンス》〉と〈ポスト開発〉の経済学

［凡例］

・注は、見開きの左側にまとめたが、冒頭に（原注）とないものはすべて訳注である。
なお、原注については、著者ラトゥーシュの指示により、一部に訂正・加筆を行った。
・〔 〕内の語句は、訳者による補足である。なお、（ ）は原著のものである。
・既訳書のある文献からの引用については、既訳書の訳文を参照したが、適宜、変更を加えた。
・原文がイタリック体で強調された語句には、傍点を振った（ただし、書名などはのぞく）。
・本書のキイタームである〈ポスト開発〉〈脱成長〉は、すべて〈 〉で囲み、後者には「デクロワサンス」とルビを振った。これらの訳語については、第Ⅰ部・第Ⅱ部の扉裏の注記をご参照いただきたい。

「経済成長」信仰の呪縛から逃れるために——日本の読者の皆さんへ

セルジュ・ラトゥーシュ

本書は、私の最も読まれている二つの書籍を、日本の読者のために一冊にまとめたものである。

この二つの書籍——『〈ポスト開発〉という経済思想』（二〇〇四年）と『〈脱成長《デクロワサンス》〉による新たな社会発展』（二〇〇七年）——は、いずれも二〇〇八年十月の米国発金融バブル崩壊を引き金に始まった経済危機よりも以前に刊行されている。しかし、一九七二年（ニコラス・ジョージェスク＝レーゲン、イヴァン・イリイチ、アンドレ・ゴルツが活躍した偉大な時代）から、二〇〇二年（ユネスコ主宰のシンポジウム「開発を解体し、世界を再生する」）にいたる間、フランスにおいてほとんど水面下で進められてきた〈ポスト開発〉についての理論的省察は、グローバル化した市場社会の危機を明確に予見し、民主主義的でエコロジカルな自律社会——〈脱成長《デクロワサンス》〉社会——の構築という積極的な抜け道を提案してきた。〈ポスト開発〉学派において予見され、そして非難されてきた危機は金融的・経済的・社会的・生態学的なものだけではない。より根本的には、文化的かつ文明的な危機である。

日本の読者は、次のような疑問を提起することであろう。

1、〈ポスト開発〉の企て《プロジェ》という潮流は、「オルター・グローバリゼーション運動」や「連帯経済」のような比較的に国際的に認知されているオルタナティブな提案と、どのように異なるのだろうか？

2、〈脱成長《デクロワサンス》〉に関して、今日の経済危機からどのような教訓を学べばよいのか？

3、〈ポスト開発〉／〈脱成長《デクロワサンス》〉の視座において、日本はどのように位置づけられるのだろうか？

〈ポスト開発〉学派、〈脱成長《デクロワサンス》〉派、または「経済成長に反対する者たち」による分析は、問題の核心を「新自由主義／超自由主義」[1]やカール・ポランニーが呼ぶところの「形式経済」[2]ではなく、経済性の本質として捉えられるところの成長論理に位置づける点において、今日のグローバル経済を批判するその他の潮流（オルター・グローバリゼーション運動または連帯経済）が提示する分析ならびに立ち位置とは、一線を画すものである。この点において、〈ポスト開発〉／〈脱成長《デクロワサンス》〉の企ては急進的である。重要なことは、国家による〔市場経済の〕制御／調整[3]や贈与と連帯の論理による経済のハイブリッド化[4]といった、多少なりとも強力な治療薬の投与によって「悪い経済」を「良い経済」に置き換えること――つまり、経済成長や開発・発展を環境に優しいものにしたり、社会的なものにしたり、あるいは公平なものに塗り替えることで、悪い成長・悪い開発・悪い発展を、良い成長・良い開発・良い発展に置き換えること――ではなく、経済から抜け出すことである。

〈ポスト開発〉／〈脱成長《デクロワサンス》〉のこの公式は、一般的には人々の理解をたやすく得るところではない。なぜなら、この時代を生きる人々にとって、経済が一種の宗教であることを自覚することは困難であるからだ。

「厳密に言えば、無神論を語るがごとく、無成長について語らねばならない」と筆者が述べるとき、それはまさに経済の宗教性を問題にしているのである。われわれは成長と経済に対して無神論者にならねばならない。もちろん、あらゆる人間社会と同じく〈脱成長《デクロワサンス》〉社会はその生活基盤の生産を組織しなければならず、そのためには周囲の環境が保有する諸々の資源を適切に利用し、物財とサービスを通じて資源を消費しなければならない。されど〈脱成長《デクロワサンス》〉社会における生産・消費活動は、経済人類学者マーシャル・サーリンズが著すところの、決して経済科学によって表象される諸現象の中には入ることのない石器時代の「元来の豊穣な社会」[5]に、多少とも似たような性格を持つものである。[6]つまり〈脱成長《デクロワサンス》〉社会は、希少性、

▼1　スーザン・ジョージやATTAC（市民を支援するために金融取引への課税を求めるアソシエーション）に代表されるオルター・グローバリゼーション運動の立場である。
▼2　ジャン＝ルイ・ラヴィル（Jean-Louis Laville）やベルナール・エム（Bernard Eme）らに代表される連帯経済論者の立場である。
▼3　スーザン・ジョージやATTACに代表されるオルター・グローバリゼーション運動の立場。各国政府による国際通貨取引の課税（トービン・タックス）やタックス・ヘイブンの規制など、ケインズ的なマクロ政策による新自由主義経済の統制を提唱している（参照：スーザン・ジョージ著『オルター・グローバリゼーション宣言』杉村昌昭・真田満訳、作品社、二〇〇四年）。
▼4　ジャン＝ルイ・ラヴィル（Jean-Louis Laville）やベルナール・エム（Bernard Eme）らに代表される連帯経済論者の立場。市場経済・非市場経済（国家の公共政策）・非貨幣経済（NGOや協同組織等による互酬性に基づく社会活動）との間のハイブリッド化を提唱している（参照：ジャン＝ルイ・ラヴィル編『連帯経済（仮題）』北島健一・鈴木岳・中野佳裕訳、生活書院、近刊予定）。
▼5　The original affluent societiesのことである。近代経済に特有の「希少性」その他の価値によって規定されない社会を表す。

〈依存的な〉欲求《ニーズ》、経済的計算、合理的経済人《ホモ・エコノミクス》といった抑圧的な想念の中で生産・消費活動を行うことはしないのだ。経済制度の基底を成すこれらの想念は、根本から問い直されなければならない。質素な生活を再生することで、かつて思想家イヴァン・イリイチが[7]「近代のサブシステンス」と呼んでいたもの――つまり、「人々が市場に対する依存を縮小することに成功し、専門的な欲求製造者によって数量化されていない／数量化されることが不可能な使用価値の創造に、技術と道具が優先的に役立てられるような社会的基盤を、政治的手段を通じて保護することでたどり着くところの脱産業経済における生活様式」[8]――に基づいて、経済性に囚われない豊穣な社会を再構築することが可能である。

本書における筆者の主張は、〈脱成長《デクロワサンス》〉社会が、今日の状況から（しかしまた最悪の場合、消費社会の廃墟や残骸から）出立して創造されるとすれば、それは必ずしもお金《かね》・市場・賃金制を放棄するような社会ではない、というものである。しかし同時に言えることは、〈脱成長《デクロワサンス》〉社会は、もはやお金や、市場中心の社会や、賃金制社会によって支配される社会でもない、ということである。生産手段の私的所有と資本主義を真っ向から廃止せずとも、資本主義の精神――なかでも（利潤の増大にみられるような）成長への執着心――を放棄することに成功すれば、〈脱成長《デクロワサンス》〉社会は徐々に資本主義的なものではなくなってゆくであろう。もちろん、〈脱成長《デクロワサンス》〉社会への移行過程には〈国家による市場の〉制御／調整や〈非貨幣で連帯的な社会活動、国家の公共政策、そして市場経済との間の〉ハイブリッド化が含まれており、この点においてオルター・グローバリゼーション運動家や連帯経済論者の諸々の具体的な提案は、〈脱成長《デクロワサンス》〉派の人々から全面的に歓迎されるものである。理論的な厳密性（マックス・ウェーバーの「信念の倫理」）は思想的な妥協を許さないが、政治的なリアリズム（「責任の倫理」）は妥協を想定するものである。「〈脱成長《デクロワサンス》〉のプロジェ（八つの再生プログラム）は革命的であるが、議会政治のための政策案として掲げた一〇の提言は改革主義的な性格を帯びて然るべきである」と筆者が指摘するのはそれゆえである。表向きには〈脱成《デクロワサ》長《ンス》〉を要請しない「オルタナティブな」提案の多くは、〈脱成長《デクロワサンス》〉の政策において充分な妥協点を見出すことが可能である。

先に筆者は政策が一〇点あると述べた。しかし本書第Ⅱ部（『〈脱成長《デクロワサンス》〉による新たな社会発展』の第3章）においては九つしか提示されていない。というのも、一〇番目の提言については、今回の経済危機を契機として筆者の分析がより深まった結果導入されるに至ったのである。それは、「貨幣の再領有化」である。この第一〇番目の提言は、〈脱成長《デクロワサンス》〉と非常なる近似性を見せている社会的実験――〈自己維持可能性〉[9]概念よりも一層明白で厳密なレジリエンス[10]という概念を支柱とする、英国のトランジション・タウン運動[11]――から得た教訓を反映させている。

昨今の経済危機に関する一連の出来事を鑑みると、今後〈脱成長《デクロワサンス》〉のプロジェに広汎にわたって現れる

▼6 （原注） Marshall Salhins, *Âge de pierre, âge d'abondance. L'économie des sociétés primitives* (1972), Paris : Gallimard, 1976（邦訳：マーシャル・サーリンズ著『石器時代の経済学』山内昶訳、法政大学出版局、一九八四年）。

▼7 オーストリア生まれの思想家。一九二六〜二〇〇二年。現象学と神学を学び、近代産業社会における教育・医療・技術・経済などの諸制度を批判し、人間の内生的自律を再生するための思想を発展させた。イリイチは〈ポスト開発〉思想のパイオニアでもあり、セルジュ・ラトゥーシュ以下、アルトゥロ・エスコバル（コロンビア）、グスタヴォ・エステヴァ（メキシコ）、マジド・ラネマ（イラン）などに影響を与えている。日本では、玉野井芳郎、栗原彬、鶴見和子、西川潤らがイリイチを紹介している。

▼8 （原注） Ivan Illich, *Le chômage créateur*, Paris : Seuil, 1977, pp.87-88.

▼9 一般的には、持続可能な発展に関する議論において中心的に扱われる概念である。

▼10 「resilience」は、生態学用語で、エコ・システムが環境の変化に適応しつつも全体としての機能を維持していく能力のことをさす。エコ・システム全体が維持し続けるには、システム内部の機能が多元的で互いのバランスを保つように相互作用を起こすネットワークとして編成されていなければならない。

であろう「貨幣の再領有化」は、〈脱成長《デクロワサンス》〉の政治プログラムの優先課題の一つである。必要なことは、貨幣の使用を徐々に調整し、銀行に独占されないようにすることである。貨幣はわれわれに仕えるべきものであり、われわれが貨幣に仕えるようであってはならないのだ。地域に根差した真の通貨政策の発明を構想せねばならない。住民の購買力を維持するためには、諸々の経済的な意思決定が可能な限り地域レベルで為されると同時に、貨幣のフローが当該地域に最大限停留する必要がある。ある専門家（EU共通通貨ユーロの創設者の一人）は、「国民貨幣の独占を保護しながら地域発展や地方の発展を奨励することは、ジンでアルコール中毒患者を解毒しようとするようなものである」と発言している。[12] ローカルで、社会的で、あるいは補完的な貨幣の役割は、満たされていないニーズと未開墾のリソースを結びつける点にある。補完通貨は、現在利用可能であるにもかかわらず補完的な貨幣という媒介がなくては実際に使用することが不可能な財を動員し、未解決の需要を満たすことを可能にする。例えばホテル業やレストラン業、公共交通機関における雇用創出がそうである。

　経済危機を鎮圧し、金融の増殖[13]を治療することは焦眉の急である。そのためには銀行と金融の活動を制御しなければならない。グローバル金融市場を仕切り直し、通貨空間を小さな単位に再分割する必要がある。例えば信用の証券化や過剰な「レヴァレッジ効果」を断固として撤回する必要がある。きわめて確実性の高いと推測される必要性は、先物市場を撤廃し、輸入業者と輸出業者を保証するより古典的なシステムに戻ることである（過剰な自由貿易を根本から問い直し、再ローカリゼーションを行うことで、商取引をより妥当な水準にまで引き戻さなければならない）。

（回転式共済型信用[14]やマイナス利子率などの多様な形式の実験や調整をともなう）地域的で生物域に根差した補完的なオルタナティブ貨幣を発展させることは右で述べた目的に参画するが、同時にそれは、グローバル化した生産主義がもたらす土地・場所および時間の感覚の欠如に対抗し、生活のための領土を各地域社会と人々の手に呼び戻し、世界を再生させるための強力な原動力となる。

貨幣の再領有化は、常に価格に拘泥せずにはおれない状況にわれわれの生活を閉じ込める貨幣の万力を[15]

▼11 「トランジション・タウン運動（Transition Town movement）」は、ピークオイル・気候変動・金融の不安定化の負の効果を相殺するためのオルタナティブな生態学的・社会的・経済的システムを、地域コミュニティ単位で創っていく、最新の自律自治／自主管理運動である。アイルランドのキンセイルで始まり、その後、英国のトランジション・タウン・トラストがウェブサイトを通じて推進した。現在では英国だけでなく、アフリカにもネットワークがある。生態学用語である〈レジリエンス〉をテーマに、生態学的に維持可能な自主管理社会を各地域で創造していくことを目指す。節約的な生活様式の確立、自然エネルギーなどの代替エネルギーの利用、食糧自給自足の確立、各地域の伝統文化・伝統技術の復興による生活様式の調節、債務帳消しと金融の自主管理（とくに南アフリカの事例）など、代替エネルギーの発明・活用から出立して、包括的な自律社会づくりを目指す。詳細は、www.transitiontowns.orgを参照のこと。

▼12 （原注） Bernard Lietaer, «Des monnaies pour les communautés et les régions biogéographiques : un outil décisif pour la redynamisation régionale au XXIème siècle», in Jérôme Blanc, *Exclusion et liens financiers, Monnaies sociales, Rapport 2005/2006*, Economica, p.76.

▼13 （原注） 例えば、われわれは一〇〇ドルで投資銀行から一〇〇〇ドルを借り入れ、その一〇〇〇ドルを先物市場に投資することで三七万五〇〇〇ドルを入手することができる。

▼14 高度経済成長の中途まで日本の各地域で実践されていた「頼母子講」のような相互扶助の共済金融のこと。今日では西アフリカや南米の諸社会で実践されている。日本の頼母子講の概略と今日的意義については、藤井良広著『金融ＮＰＯ——新しいお金の流れをつくる』（岩波新書、二〇〇七年七月）の第一章を参照のこと。

▼15 （原注） Lietaer Bernard et Margrit Kennedy, *Monnaies régionales. De nouvelles voies vers une prospérité durable*. Éditions, Charles Léopold Mayer, Paris 2008を参照のこと。また、ヴァンサン・ガイヤールとジェローム・ポリドーによる映画*La double face de la monnaie*, TINA Films, La Mare aux canards（『貨幣の顔の表と裏』）も勧めたい。

緩めることで、ある種の時間の自主管理を回復させることも意味する。また貨幣の民主的な活用の復興は貨幣の起源に存在する何かを自覚的に回復させるであろう。つまり、人類学者ウィリアム・S・デズモンドによれば、原始的貨幣は「人々との間の互酬的な関係を象徴しており、人々を彼らの共同体に情動的に繋げるものである。貨幣はその起源において、人々の魂の象徴のひとつであった」[16]。

地域的な貨幣システムの適切な規模は、おそらくは一万人から一〇〇万人の間であろう。これは一個の生物域あるいはエコ地域に対応し、効率性とレジリエンスとの間の均衡を想起させるものである。まず、効率性は規模の経済を利するための集権化を含意するが、これは機能の単一化と極端な分化によってシステムが脆弱化するというリスクをともなう。他方で変化に適応する能力としてのレジリエンスは、規模の小型化と機能の多元性を想定する。したがって（自然あるいは人間の）生態系《エコ・システム》のレジリエンスが多様であるという事実はなんらかの「空間の分割」を前提とするのである。

アイルランドのコーク市付近のキンセイルで誕生し、その後、英国に広がったトランジション・タウン運動は、おそらくは〈脱成長《デクロワサンス》〉社会に最も接近するものを草の根から建設する実験であるといえる。トランジション・タウン・ネットワークの憲章によれば、これらの町は何よりもまず、化石燃料の終焉を見込んでエネルギー自給を――そしてより一般的にはレジリエンスの実現を――目指しているとのことだ。生態学から借用されたこのレジリエンスという概念は、あるエコ・システムに内在する相互作用のネットワークが質的に永続する能力、あるいはより一般的に言えば、あるシステムが混乱／障害を吸収し、システムのもつ機能、構造、アイデンティティ、遡及効果を根底で保持しながらも自らを再編成する能力である、と定義される[17]。端的に言えば、レジリエンスは、あるエコ・システムが自身の環境の変化に抵抗する能力のことを表す。例えば都市の大規模密集地域が石油の終焉や温暖化などの予見しうるあらゆる惨事と闘うためにはどのようにすればよいだろうか。生態学的な経験によれば、分化〔機能の一極集中化〕はある特定の領域でのパフォーマンスを増大させるが同時に全体のレジリエンスを脆弱にする。反対に多様性は抵抗と適応能力を強化する。菜園、多毛作、そして近隣コミュニティや小規模の職人団体による農業を再導入し、再生可能なエネルギー資源を増やすことで、レジリエンスは強化される。

これまで日の出《いず》る国・日本は、西洋文明の模範的な学徒であった。同時にまた日本は、米国とヨーロッパに先駆けて生産主義パラダイムと断絶した最初の経済覇権国でもあった。西洋化のあらゆる類型のチャンピオンである日本は、トヨタ主義——米国のスーパーマーケットの原理から着想を得たトヨタ企業の技術者・大野耐一《たいいち》〔一九一二〜一九九〇〕によって一九五〇年代に提案された生産方式——を通じて、生産の合理的編成の究極の形態を生み出した。経済学者・森嶋通夫《みちお》[18]は、日本の経済的成功の文化的かつ倫理的な基礎を理論化することとさえしたのであった[19]……。しかし、まさにこれらの経験ゆえに、日本は独自の〈脱成長《デクロワサンス》〉社会を創造するに相応しい位置にいるように思われる。なぜなら日本には、古《いにしえ》から続く東洋の文化が凶暴な西洋化によって完全に根絶されることなく残っており、そのような伝統文化が現在の経済危機を契機に復活する可能性があるからである。

バーナード・リエターによれば、日本は、エコ・マネー[20]、WATシステム[21]、ふれあい切符[22]などの地域通貨の宝庫である。福岡正信[23]とその主著『藁一本の革命』とともに、日本は今や世界中に普及している自然

[16]（原注）Bernard Lietaer et Margrit Kennedy, *op.cit.*, p.204から引用。
[17]（原注）Rob Hopkins, *The Transition Handbook. From Oil Dependency to Local Resilience*, Green Books. Ltd, 2008.
[18] 理論経済学者。一九二三〜二〇〇四年。元ロンドン・スクール・オブ・エコノミクス（LSE）教授。
[19]（原注）Morishima Michio, *Capitalisme et confucianisme. Technologie occidentale et éthique japonaise*, Flammarion, Paris, 1987 (ed. Originale : Why has Japan «succeeded»?, Cambridge University Press, 1982).

農法——パーマカルチャー[24]——の一形態を理論化した。[25] 日本は、フランス農民の農業を維持する消費者アソシエーション（AMAP）[26]〔産直運動〕に関しても先駆者である。日本における最初の産直運動は、一九七一年に「産直提携」の名で現れた。[27] 産直提携事業は、生産者と消費者を一つに繋げるための実践的なアイデアである。この産直という発想は、米国、次いでカナダで受け入れられ、二〇〇一年に初めてフランスに紹介された。地域に根差した（産地と消費地の距離が一〇〇キロメートル以内）、旬の、新鮮かつ伝統的で環境に優しい農産物は、しばしば零細農家に対する配慮を欠く商用の大規模流通網にとって替わる可能性を十分に有している。AMAPは、都市の周辺地域に社会的で連帯的な経済を根付かせ、農業関連産業の怪しげな誘惑を逃れてきた若年層の農家たちをそこで生活させ、結果として農業分野の雇用を維持——さらに言えば奪還——することに成功した。経済アクター間の相互扶助的な取り組みに基づく果物と野菜のこのような共愉《コンヴィヴィアル》にあふれる交換は、まさしく〈脱成長《デクロワサンス》〉の精神《エスプリ》の一部を成すものである。

すでに述べたように、〈脱成長《デクロワサンス》〉はある特定のオルタナティブの具体例ではなく、オルタナティブの原型《マトリックス》である。〈脱成長《デクロワサンス》〉は、ヨーロッパ、サブサハラ・アフリカ、ラテンアメリカの間では異なる展開を見せるであろう。重要なことは、多様性と多元主義を蘇らせるために、一次元的な合理的経済人《ホモ・エコノミクス》というパラダイム——地球の単一化と文化の自殺の主要な源泉——を抜け出すことである。本書が、日本固有の〈脱《デク》

▼20　一九九七年ごろ、通産省（当時）の課長を務めていた加藤敏春氏が提唱した考え方で、様々なボランティア活動に対して支払われる地域通貨のこと。エコマネー名古屋、エコマネー渋谷など、各地で独自のエコマネーが使用されている。「エコマネー」という名前の由来は「エコノミー」と「エコロジー」「コミュニティー」が一体となった「エコミュニティー」で流通するお金「エコミュニティーマネー」を略した造語である。貯蓄を目的としない通貨で、貨幣との交換はできない。

▼21　ゲゼル研究会主宰者・森野栄一氏が中心となって設計された地域通貨。個人が約束手形のような借用書を先に出すことで、他の人の価値（物やサービス）を流通させる。自分が価値を提供した時に相手が振り出した借用書の額面で清算する決済方法をとる。詳細はwww.watsystems.netを参照のこと。

▼22　さわやか福祉財団によって運営されている地域通貨制度。家事援助などのボランティア活動に従事した時間を貯めていき、いずれ自分の家族がサービスを必要とするようになった時に引き出すという制度。詳細はhttp://www.sawayakazaidan.or.jp/chiikitsuka/を参照のこと。

▼23　愛媛県伊予市生まれの思想家（一九一三～二〇〇八年）。過度に人為的な耕作を行わない自然農法を提唱し、自ら実践した。その自然農法は東南アジア地域を中心に普及し、緑の革命（途上国における農業の近代化政策）のオルタナティブとして国際的に認知されている。

▼24「Permaculture」は、永続的な農業（permanent agriculture）と永続的な文化（permanent culture）をかけた造語。自然の生態系を模倣する形で人間の居住空間を作り、自給自足の農業生産を行う方法をいう。一九七〇年代にオーストラリアのビル・モリソンとデイヴィッド・ホームレンらによって提唱された。今日、パーマカルチャーはレジリエンスとならんでトランジション・タウン運動を支える主要な概念となっている。

▼25（原注）　Masanobu Fukuoka, *La Révolution d'un seul brin de paille. Une introduction à l'agriculture sauvage*, Guy Trédaniel éditeur, 2005.

▼26　Association pour le maintien d'une agriculture paysanneの略称。ＡＭＡＰは、フランス各地域の有機農業を適正価格で支える消費者協同組織。いわゆる地産地消と農業の国内フェアトレードを推進している。

▼27　全中・日本生協連の自主提携路線づくりのことである。日本の提携産直運動は生活協同組合（生協）を中心とした消費者運動の典型であり、国際的に有名である。日本の産直運動の歴史については、今野聰著「農協産直事業の今日的課題は何か――ロマンを求めてゆく意志からの展望」（所収『季刊誌at［あっと］』オルター・トレード・ジャパン編、二〇〇七年十月号、太田出版）を参照のこと。また、提携産直運動がフランスのＡＭＡＰに与えた影響については、アンベール‐雨宮裕子著「ＴＥＫＥＩからＡＭＡＰへ――フランスに台頭する地産地消の市民運動」（『環』第四〇巻、二〇一〇年、冬号、藤原書店、一八四～一九七ページ所収）を参照のこと。

成長《ロワサンス》〉の道を発明し、根源的に民主主義的でエコロジカルな社会の創設へ貢献することを願いたい。

二〇〇九年四月二十七日

第Ⅰ部

〈ポスト開発〉という経済思想

経済想念の脱植民地化から、オルタナティブ社会の構築へ

第Ⅰ部のキイターム〈ポスト開発〉の「開発」développement ／ development の訳語について　（訳者）

第Ⅰ部は、西洋近代において誕生し、第二次世界大戦後の国際開発体制の下で、世界中に拡大した développement ／ development という概念に関する批判的な考察である。同概念の訳語としては「発展」と「開発」という二つの語があるが、本書では双方ともこの西洋近代の développement ／ development を表す言葉として用いている。ただし、ラトゥーシュの議論と〈ポスト開発〉思想全体の焦点をより明確にするために、文脈に応じて次のような訳し分けをした。

- 近代西洋文明の基礎にある啓蒙主義（進歩、理性の拡大）と経済主義（経済成長、資本蓄積）を具現化する価値観であり、戦後の国際開発体制が達成しようとする究極の「目的《テロス》」としての développement ／ development は「発展《デイヴエロップメント》」あるいは「発展」と訳している。
- 上記の究極的な価値・目的としての développement ／ development を達成するための政策や計画を表す場合には、「開発」という訳語を使用している（つまり「発展させる」という他動詞としての意味である）。
- 〈ポスト開発〉思想の批判の対象としての développement/development に関して、読者に「開発」と「発展」の双方を読み取って頂きたい場合は「開発・発展」と表している。

ラトゥーシュが「開発」という意味での développement／development を批判する際に、それが個別の開発政策のことだけでなく、同時に西洋近代の根本価値の一つである発展パラダイムの批判も含んでいることを留意して読んで頂きたい。ただし例外として、社会関係の質的な成熟を表す l'épanouissement collective を意味する日本語として、「社会発展」という語を適宜用いている。

はじめに

本稿[1]〔第I部〕は、当時MOSTプログラムの主任秘書であったアリ・カザンシジル主宰の政策論文のために国連教育科学文化機関（ユネスコ）が立案した企画を通じて生まれ、そのテーマは、開発・発展に関する様々な批判を統合し、経済発展と断絶した時代〈ポスト開発〉の時代〉の構築へ向けた足掛かりを造ることにあった。当時、オルター・グローバリゼーション運動の中では活発な議論の的となっていた〈脱成長《デクロワサンス》〉社会に関する提案が、ここでは全く展開されていないことに驚く人がいるかもしれない。この問題に関しては、近い将来、別の論文で議論する必要がある。[2]

▼1　本書はラトューシュの二冊の著作を一冊にまとめたものであり、この第I部は、二〇〇四年に『〈ポスト開発〉という経済思想』という書名でフランスで刊行された著作である。

▼2　別の著作とは、*Le Pari de la décroissance*, Fayard, Paris, 2006（『〈脱成長《デクロワサンス》〉の賭け』）と、本書第II部として収録した『〈脱成長《デクロワサンス》〉による新たな社会発展――エコロジズムと地域主義』（*Petit traité de la décroissance sereine*, Mille et une nuits, Paris, 2007）のことである。

▼3　フランスにおける〈ポスト開発〉思想の先駆者である経済学者フランソワ・パルタンの同志によるアソシエーション。ラトゥーシュは水平連盟の主宰者の一人である。

▼4　ジュネーブ大学開発研究所の文化人類学者。一九八〇年代初頭より、発展パラダイム批判の著書を多く発表している。主著に*Le Développement : Histoire de la croyance occidentale*, 3ème édition, (Paris : PUF, 2007) がある。

本稿に提示されている議論と提案は、水平連盟[3]その他における共同研究と討論の成果であり、本稿において言及されているあらゆる思想潮流については多くの参照を行っている。いくつかの議論に関しては、オリジナルの著者の議論を必ずしも厳密に復元するまでにはいたっていないが、ある種の共通の地盤となるものから内容を借用した。筆者が知的に負うている同志全員の意見を引用することはできなかった。しかし筆者の「クローン」であるジュネーブのジルベール・リスト[4]については特別に言及しておかなければならない。彼は三〇年以上もの間、これらの分析の本質的な部分を筆者と共有しており、その他の誰よりも前述した共通の地盤を培うことに貢献してきた。また、本書の草稿を重ねて読み返してくれた水平連盟のシルヴィア・ペレツ・ヴィトリアにも格別なる謝意を表したい。

もし読者が、本稿から何らかの有用な議論を見いだすのであれば、それは本稿執筆の背景にあるすべての同志に帰せられるものである。そして諸々の不完全な点は、筆者唯一人の責任によるものである。

序章

〈ポスト開発〉と呼ばれる思想潮流

本当のカーゴ・カルト[1]（積荷信仰）の特徴は、結果の生産そのものよりも結果の期待を優位におく点にある。これまで期待通りには決して起こらなかった、ありえないような成功を予告するという点で、開発政治——発展主義のイデオロギー——もまた、ある意味カーゴ・カルト——欲望の対象となっても、実際には決して生み出されることのない財を救済史観的に期待する行為——ではないだろうか。

——ベルナール・ウール[2]

二〇〇二年二月二十八日から三月二日まで、パリのユネスコ本部において、アソシエーション・水平連

▼1　主としてメラネシアなどに存在する招神信仰である。いつの日か、先祖の霊・または神が、天国から船や飛行機に文明の利器を搭載して自分達の元に現れる、という現世利益的な信仰である。「海の向こうから神が豊穣をもたらす」という信仰自体は、日本のマレビト信仰、琉球のニライカナイ信仰など、アジアの島嶼地域の信仰としては普遍的なものであるが、近代文明の捉え方について独特の形態をとることが特徴である。

▼2（原注）　Bernard Hours, *Domination, dépendances, globalisation. Tracés d'anthropologie politique*, Paris, L'Harmattan, 2002, p. 58.

盟[3]（La Ligne de L'Horizon）主宰の下、「開発を解体し、世界を再生する」と題した〈ポスト開発〉に関する国際シンポジウムが開催された。[4]このシンポジウムは七〇〇名以上の参加者を集めたが、参加者の熱意は濃密な全日程の間消えることはなく、少し前まで偶像破壊のように思われていた主題に対する興味を証明するものであった。

〈ポスト開発〉と呼ばれる思想潮流は、今日までほとんど機密事項のような性格を貫いてきた。しかし〈ポスト開発〉学派は、すでに長年にわたり見過ごすことのできない様々な文献を制作し、世界中の多くの研究調査と行動の場において議論の対象となってきた。[5]〈ポスト開発〉思想の始まりは「開発の最初の一〇年」と呼ばれる一九六〇年代にまで遡る。同思想は当時の開発政策の失敗に対する批判的省察として誕生したが、今日では経済政策・社会政策および文化政策について革新的な分析と実験を行う研究者と活動家を北側諸国と南側諸国の双方から集めている。彼らは年々非公式のネットワークを編成し、自らの経験と省察を交換してきた。〈ポスト開発〉学派は、発展概念を根本から問いただすことをその分析の主眼に置いている。というのも発展概念は、その表向きの形態は変化したにもかかわらず、未だに資本主義とグローバリゼーションを批判する運動の場において、様々な論者の間で意見を分かつ決定的な争点であり続けているからだ。端的に言えば、世の中には、発展はあらゆる害悪・苦しみの源泉であると主張する人々と、発展はすべての問題の解決となると考える人々が存在するのだ。一方で問題含みの「もう一つの」開発や「もう一つの」発展（「もう一つの」グローバリゼーションと同様に問題含みである）に向けて活動する人々がいて、他方では筆者のように発展と経済主義からの脱出を望む人々がいる。この批判的な思想潮流は発展概念に内在する前提条件を明らかにすることで経済的思考の真なる「脱構築」にこれまで取り組んできた。こうして、成長、貧困、基本的ニーズ、援助、生活水準などなどの概念を、根本から覆してきた。[6]

現実に存在していた社会主義が失敗し、社会民主主義が社会自由主義へと無念にも移行した今日、これらの分析は市場社会に対する真のオルタナティブ社会に関する思想の刷新と、そのようなオルタナティブ

▼3　一九七〇年代から一九八〇年代にかけて活躍したフランスの異端派経済学者であり〈ポスト開発〉思想のパイオニアの一人であるフランソワ・パルタン（François Partant）の思想に賛同するアソシエーション。セルジュ・ラトゥーシュはパルタンの思想の継承者であり、同アソシエーションの発起人の一人である。

▼4（原注）このシンポジウムは、MOSTプログラムの積極的な支持を受けた。同シンポジウムは、ルモンド・ディプロマティーク、ならびにいくつかの非政府組織（NGO）との共催のもと組織された。また、同シンポジウムは、EU本部とフランスの外務省からの資金援助も受けた。その記録は、二〇〇二年に、パランゴン社より、シンポジウムと同じタイトルのアンソロジーとして出版された。

▼5（原注）雑誌『エコロジスト』（フランス語版）の特別号（*L'Écologiste*, no.6, vol.2-no.4, hiver, 2001-2002）、「開発の解体、世界の再生」は、この問題について言及している。

▼6（原注）主要な参考文献としては、ヴォルフガング・ザックス編『脱「開発」の時代――現代社会を解読するキイワード辞典』（三浦清隆他訳、晶文社、一九九六年）（原題 Wolfgang Sachs, ed. *The Development Dictionary*, London : Zed Books, 1992）がある。多くの言語に翻訳された同書は、〈ポスト開発〉学派の代表的論者の寄稿論文を集めている。

▼7（原注）反開発主義者たちの勢力は、世界中のNGO、エコロジー運動、知識人たちのコミュニティにおいて健在であるが、インド、メキシコ、ケベック、ベルギー、スイスのような特に活発な地域を除いてはまだ非常に少数派である。〈ポスト開発〉論者たちをまとめるネットワークは、International Network for Cultural Alternatives to Development（INCAD）（カナダ・ケベック州モントリオール）、Réseau Sud / Nord cultures et développement（ベルギー・ブリュッセル）、Réseau des objecteurs de croissance pour un après-développement（ROCAD）の三つがある。最初のネットワークは、雑誌*Interculture*（英語版・フランス語版）を、二番目のネットワークは会報誌*Quid pro quo*（英語版・フランス語版・スペイン語版）を、三番目のネットワークは、アソシエーション水平連盟と共に、雑誌*Silence*, *L'Écologiste*, *La Décroissance*を編纂している。

社会の建設に貢献しうるものである。発展概念を根本から問い直すことは認識能力を転覆することにほかならないが、それは政治・社会および文化の諸領域においてあらゆる望ましい変革を起こすための前提条件である。▼7

今日まで、半ば非合法的に周辺から提唱してきたこれらの分析を、明るみに出す時節が到来したように思われる。

第1章

ある概念の誕生、死、そして復活

今から一四〇年ほど前、人類にとって大きな希望が生まれた。なかでも屈辱を受けている人々、抑圧を受けている人々、そして排除されている人々にとっては大きな希望が。その希望は「社会主義」と呼ばれた。

そして七〇年と少しばかり前のことだが、寛大で勇敢な人々はこの理念を具現化し、社会主義を建設することに成功した。この事業を成し遂げるために、彼らは自らを犠牲にし、そして他者を、多くの他者をも犠牲にし……こうして世代を追うごとに輝ける未来の建設のために犠牲者を輩出していった。このような時代を経て、われわれは社会主義とは現存する社会主義のことだと理解するようになった。そのように考えるしかなかった。やがて、現存する社会主義とはグーラグ強制収容所のことであり、特権階級《ノーメンクラトゥーラ》のことであり、チェルノブイリのことである、と知るにいたったのだ。

そして今から五〇年と少しばかり前、もう一つの希望が生まれた。この希望は、社会主義が西洋諸国のプロレタリアートにとってそうであったのと同じように、新たな「地に呪われたる者たち」——第三世界の民衆——にとって大きな希望であった。その起源と基礎において随分と胡散臭いものと推察される希望である。なぜならこれら第三世界諸国に白人が諸々の種を運んできて、長い間植民地化してきたこれらの国々を立ち去る前に蒔いていったのだから。この希望とは発展のことであった。[1] 結局、脱植民地化した国々の政治家や官僚、エリートたちは、発展を社会のあらゆる問題の解決策として民衆に紹介したのだった。

　新しい独立国家は発展への冒険へと躍り出た。おそらくは不器用だったのだろう。しかしこれらの諸国はしばしば絶望的な暴力とエネルギーを駆使して開発政策〔社会を発展させる政策〕を施行せずにはおれなかった。発展主義のプロジェクトは権力の座についたエリートたちが容認する唯一の正統性であった。確かに、これら第三世界諸国において近代主義的な冒険が成功する客観的な諸条件が満たされていたかどうかを知るために、際限なく注釈を入れることができよう。巨大な書類ファイルを開かなくとも、これら独立国家の諸条件が計画化された発展にも自由主義的な発展にも向いていなかったことは周知の事実である。[2] 誕生して間もないこれら脱植民地国家の政治家たちは、解決不可能な矛盾に陥っていた。結局彼らは、西洋の教育、医療、司法、行政、技術、といった近代化に関わるあらゆるものを導入することを拒否することもできなかったし、また、これら近代社会の諸制度を自らの社会に適応させることにも成功しなかった。経済学者によれば、これら独立国家に生来の抑制や障害や停滞が、全世界に拡大した経済戦争としての今日のハイパー・グローバリゼーションに先立つ時代において、国際競争力にキャッチアップすることを目指すプロジェクトの成功を阻んできたという。しかし発展は理論的には複製可能だが普遍化できるものではない。決定的とは言わなくとも、最も人口に膾炙した分かりやすい根拠としては生態学的な理由がある。つまり、地球が有限であることを考えれば、米国の生活様式を一般化することは不可能かつ危険なことであるというものだ。[3]

　発展概念の誕生の時期を正確に措定することは可能である。つまり、「発展」の名によって動かされてきた過去数十年の間に行われてきた政策とプロジェクトの中で、発展概念が経済領域において保持してきたその意味の起源のことである。ヴォルフガング・ザックスは、これまで大きな成功を収めてきた開発事業〔発展させるための事業〕の始まりについて次のような明答を与えている。

一九四九年一月二十日、ホワイトハウスからキャピトル・ヒルに通じるペンシルベニア通りは吹雪に覆われていた。トルーマン米大統領が国会議事堂前での就任演説で世界の大部分を低開発地域と形容したのはこのときである。南半球の限りなく多様な生活様式を単一のカテゴリーでまとめようとするこの転回点となる概念——以来一度も疑問視されてはいない——は、このようにして突如として誕生した。同時に、歴史上初めて、重要な政治舞台において、地球上のすべての人々が同じ道を歩みながら「発展」という同一の目的を目指すという新しい世界像が出現した。「巨大な生産は繁栄と平和の鍵である」と述べる大統領の目にはその道は完全に描かれていた。つまるところ、このユートピアに最も近づいていたのは米国ではなかったろうか。このような視座においては、諸国民はランナーとして振り分けられる。つまり後方でもたもたしている者たちと道を先導する者たちである。そして

▼1（原注）「野望あるいはプロジェクトとしての発展〔開発プロジェクト〕の誕生は、一部の人々が奇跡を期待するところの新しい国家に、権力とその属性をほとんどの場合暴力的な闘争をともなわずに委譲するこのような法的断絶なくしては起こらなかった。これは、善良な意志に溢れた家父長的な新植民地主義への移行を促した」(Bernard Hours, *op.cit.*, p.90)。

▼2　第二次世界大戦後の世界は、米国主導の自由主義資本主義ブロックと、旧ソビエト連邦主導の共産主義計画経済ブロックとの間で冷戦が起こっており、ヨーロッパの旧植民地であったアジア、南米、アフリカ諸国は「第三世界」として括られ、開発政策を通じて米ソの覇権争いに巻き込まれていた。

▼3（原注）その他のより理論的な理由に関する分析については、拙著*Faut-il refuser du développement?*, PUF, Paris, 1986を参照のこと。

「米国は、その産業技術と科学技術の発展からみて、世界の諸国民の中でも突出している」ということになる。寛容を装うことで自らの本当の利害関心を隠しながら、トルーマンはためらうことなく「低開発地域の民衆の苦しみ」を「工業化」と「生活水準の向上」によって撲滅するための技術援助プログラムを提案した。それから四〇年後、振り返ってみればトルーマンの言説は南側諸国の北側諸国へのキャッチアップ競争の開始を表すものであると捉えられる。爾来、南北間の経済格差は一層拡大し、一部のランナーはその足踏みがふらついている、と主張するだけでは済まされない。すべての人々が、結局自分たちは悪い方向へ走っているのではないかと疑い始めてもいるのだ。[4]

しかし大きな脱魔術化[5]は開発の四〇年を経た後にやってきた。温情主義的で推移し続ける事業（「富裕国が後進国を発展させる」）であるがゆえに、開発はその調子を崩していった。その証拠として、一九六〇年に始まった国連による「開発の最初の一〇年」の際にはＯＥＣＤ諸国の国内総生産（ＧＤＰ）のうちの一％が開発援助に割り当てられていたが、一九九二年の地球サミット（リオデジャネイロ）の際には〇・七〇％に下方修正され、一九九五年の社会開発サミット（コペンハーゲン）では、〇・二五％以下となった！　もう一つの証拠としては、開発研究機関や研究所の大部分が閉鎖され、今や消滅しつつあるという事実も挙げられる。国際開発研究の責任者であるカナダ連邦組織の代表は、発展概念が次第に脱魔術化していく様子を次のようにまとめている。「過去四〇年にわたり国際的努力を喚起してきた開発という展望は絶滅寸前の状況にある。政治的な意志が一時的に落ち込んだわけでもないし、工業国である北側諸国において一時的な経済停滞が起こった結果でもない。わたしたちの時代の巨大な変革と断絶の直接的な結論として視界から消えつつあるのは、むしろ発展という考え方それ自体である。発展という考え方は、科学と技術の進歩が必然的かつ不可避的に人々と地上の福祉を改善するという西洋的な（つまり近代的な）特性の一部をなすものであるが、このような西洋的特性も同様に終焉を迎えているのである」[6]。一九八〇年代に起こった開発経済理論の危機は悪化の一途をたどっている。われわれは完全な決算状態に陥っているのだ！　グローバル化した経済では南側諸国についての特殊理論のための余地は残されていない。単一の世界には単一の考えが支配する。したがってジルベール・リストに倣って「〈発展〉は死んだ星のようなものだ。たとえ長い間、そして永久に消滅しているとしても、われわれはそこに未だに光を見出すのだ」[7]と言うことができる。

一九九〇年代、もはや開発政策は、国際通貨基金（ＩＭＦ）・世界銀行および世界貿易機関（ＷＴＯ）などの重要な国際機関において人気を博すものではなくなった。ダボス会議では開発問題は想起されることすらなかった。「あなたはわたしたちにレクイエムを聴かせるためのオーケストラを招待することをすっかり忘れてしまったのだ」、とＯＥＣＤ開発研究所――米国、英国、日本が脱退してもう随分と長い年月が経過している――の前所長は、同研究所の設立四〇周年を記念する『開発への回帰』という報告書を二〇〇二年十月二十三日に出版した際に、後任の所長に対して述べた[8]。近年、南側諸国において発展を要求

▼4（原注）Wolfgang Sachs et Gustavo Esteva, «Le développement : une course dans le monde conçu comme arène économique», in *Des ruines du développement*, Montréal, Écosociété, 1996, p.14.
▼5「脱魔術化」（le désenchantement）は、マックス・ウェーバーの定義するところの意味で使用されている。
▼6（原注）K. Besançon, «*The Collapsing Vision of Global Development*»（国連開発計画会議、一九九二年九月、ブカレスト）。
▼7（原注）Gilbert Rist, *Le Développement. Histoire d'une croyance occidentale*, Paris, Presses de Sciences Po., 1996, p.377.
▼8（原注）ルモンド紙、二〇〇二年十月二十九日付。

するのは、一部の開発の犠牲者たちと、その良心的な救助隊員である現地のＮＧＯくらいである。そしてもうひとつ！　国境を越えて活動する新世代のＮＧＯは開発よりも人道支援や緊急対策支援に対して慈善事業を展開させてきた。北側諸国の開発ＮＧＯとのパートナーシップによる貿易を通じてこれまで資金を得てきていたアフリカの失業者を支援する諸団体は、自分たちが次第に偏狭な分野に追いやられていることを発見するのである。

この「方向転換」は、「グローバリゼーション」ならびにこのまやかしのスローガンの背後で働いているものによって生み出されている変化に関連している。開発からグローバリゼーションへの移行は、これまで発展主義神話にある一定の一貫性を与えていたもの、つまりはトリックル・ダウン効果、つまり途上国が先進国の「経済成長のおこぼれ」を受ける効果の消失でしかない。戦後四〇年の間は北側諸国における経済成長の分配と南側諸国における成長の残り物の分配がある一定の国民的一貫性を保証していた。ところが一九八六年以来グローバリゼーションを軌道に乗せてきた金融市場の三つの経済発展政策[9]——規制緩和、ボーダレス化、間接金融から直接金融への移行——によって国家による規制の枠組みは解体し、その結果不平等のゲームが際限なく展開するようになった。地域間および諸個人の間で富の分極化が尋常ならざる水準にまで達したのである。

一九九八年の国連開発計画の報告書によれば、一九五〇年以来、世界の富は六倍に増加したが、国勢調査を受けた一七四カ国のうちの一〇〇カ国の住民の平均所得は著しく減少している。世界の最も裕福な三人が所有する資産は、最も貧しい四八カ国の国内総生産を合計した額よりも大きい！　最も裕福な一五人の資産は、サブサハラ・アフリカ全体の国内総生産を超過している。世界で最も裕福な三二人の資産は、南アジア地域の国内総生産を超えている。最も裕福な八四人の財産は、一二億人の人口を擁する中国の国内総生産を凌駕している！　最後に、最富裕層二二五人の財産は総計一兆ドルであり、世界人口のうちの最も貧しい人々の四七％、つまり二五億人の一年間の所得に相当するのだ！[10]『人間開発報告書　二〇〇一年版』によれば、世界人口の最も裕福な二〇％が世界の富の八六％を所有している一方で、最も貧しい二〇％は一％の富を所有するのみである！　最後進国全体（六億九〇〇〇万人）の総所得は億万長者二〇〇人の資産の約一五％（一兆一三五〇億ドル）であるが、それは別の言い方をすれば、上から数えてたった三人の億万長者の総資産に等しい！[11]

このような条件においてはもはや開発それ自体は南側諸国では問題とならず、むしろ構造調整――まやかしの開発プロジェクトによって債務超過に陥った途上国の支払い能力を回復するために、ＩＭＦによって押し付けられる厳格な財政緊縮プロジェクト――が重要課題となる。社会問題に関しては、ベルナール・ウールが「グローバル緊急医療救助」と巧みに名付けるところの、人道支援ＮＧＯや緊急援助隊を母体とする組織に援助を求める現状である。[12]

しかし十数年来続いてきた昏睡状態から一転、シアトルにおける反グローバリゼーション運動を契機に

▼9　原文では３Ｄ（déreglementation, décloisonnement, désintermédiation）とまとめられている。
▼10（原注）　UNDP, *Human Development Report 1998*, New York, Oxford University Press, 1998（国連開発計画『人間開発報告書　一九九八年版』国際協力出版会、一九九八年）。
▼11（原注）　UNDP, *Human Development Report 2001*, New York, Oxford University Press, 2001（国連開発計画『人間開発報告書　二〇〇一年版』国際協力出版会、二〇〇一年）。
▼12（原注）　Bernard Hours, *L'Idéologie humanitaire ou le spectacle de l'altérité perdue*, Paris, L'Harmattan, 1998.

発展概念は実質的に復活の兆しを見せている。二〇〇一年十二月のWTOドーハ・サミット（カタール）で、そして二〇〇二年九月の国連モンテレー会議（メキシコ）で、今や開発や発展が再び語り種となっている。

グローバリゼーションの影響で開発と発展主義はこれまで瀕死の昏睡状態に陥っていたかのようにみえたが、近年、南側諸国と北側諸国の双方で、そして主流派の思想潮流と「オルター・グローバリゼーション」の思想潮流の双方で、開発と発展主義の抵抗が確認されるようになった。発展主義の抵抗は、南側諸国の表舞台では開発のためのドーハ・アジェンダとなって現れ、そして裏舞台では、このドーハ・アジェンダを反発展主義として非難するマーチン・コーの言説や、フィリピンのニカノール・ペルラスが推進する、持続可能な発展を提唱するゴーブネット（Gobenet）ネットワークの行動が、発展主義の復活の兆しであると把捉されている。また筆者の印象によれば、北側諸国ではイグナシー・サックスによる宣言が、ジャン＝マリー・アリベーがヨーロッパ社会フォーラムで『ATTACの提案』として発表した種々の提案——ルネ・パセットが保持する提案にも通ずる——と共鳴した。「思うに、今や開発・発展はかつてないほどに強力で効果的な考えである」[13]。サックスはさらに次のように述べる。「意味論上の革命を提唱し、あらゆる形容詞を排して〈発展〉という言葉に立ち戻る時が来た。そのためには発展を多次元的な概念として再定義することを条件とすることはもちろんのことだ」[14]。ジャン＝マリー・アリベーについては、持続可能な発展よりも単純に「発展」それ自体に「新たな資格を与える」ことを好んでいる。明白なことは、このような発展概念の再登場を説明・認可し、そしてあらゆる証拠に反して、持続可能な発展がその名は異なれども最終的には筆者が擁護する〈脱成長《デクロワサンス》〉社会と同じ内容を表すものであると思わせているのは、まさに経済の本質性／普遍性を信仰することへの執着がそのように働きかけているからである！[15]

もし発展という言葉がこのようにして自らの死を免れたのだとすれば、それは開発批判者たちのお陰だ！（人間開発、社会開発など）「形容詞」付きの発展パラダイムの時代の幕開けとともに、人道主義者たちは北側および南側諸国のメインストリームの開発政策の犠牲者たちの様々な願望を寄せ集めて道具化した。持続可能な発展は、この古びた月〔発展パラダイム〕を若返らせる芸当の中でも間違いなく最も美しい成功例である。持続可能な発展は、ヴィヴィアン・フォレスターがその著『経済の恐怖』において非難したプロセスを完璧に体現している。それは、「有害ではないにせよ、何の意味も効果もない馬鹿げたブリコラージュでギャラリーを楽しませようとするとき、権力上層部は余すことなく想像力を駆使する」[16]というものである。「持続可能な」とは、まさしく発展パラダイムが自らの断末魔の苦しみを無期限に延長することを許すものである。

自由主義的なグローバリゼーションに敵対する者たちは、間違いなくこの発展主義の「復活」に見過ごすことのできぬ役割を果たした。その止むことのない発展主義への信仰をもって、彼らは自らの敵に物事を

▼13（原注）Cahier de l'Institut universitaire d'étude du développement (IUED), juin 2003, p.169.

▼14（原注）Ignacy Sachs, «Le développement reconsidéré : quelques réflexions inspirées par le sommet de la terre», *Tiers-Monde*, no 137, p.54. さらにサックスは「これは開発概念を深める機会である」と付け加えている（*ibid.* p.60）。

▼15（原注）あらゆる証拠に反するというのは、仮に望むべきいくつかの具体的な方針に関して意見の一致が見出せた（良いことではないか！）としても、一九六〇年代以来開発の欺瞞を非難している人々と、これまで常に開発に加担してきた人道主義者たちとの間に存在する分析の相違点は、目を見張るほどに大きいものだからだ。「持続可能」という形容詞は、結局のところ、繰り返される失敗によって十分に色褪せてしまった発展パラダイムの仮説を救おうと試みるための暫定的な仮説のように思われる。

▼16（原注）Viviane Forrester, *L'Horreur économique*, Paris, Fayard, 1996, p.90.

さらに錯乱させることを可能にする美辞麗句を囁いたのである。つまるところ、自由主義的——もっと言えば超自由主義的——なグローバリゼーションの悪事を非難するために、左派陣営（そして中道左派陣営）はほぼ統一した見解を形成している。この合意済みの批判は次の六つにまとめられる。

一、南北間だけでなく各国内部においても拡大する不平等の糾弾。
二、南側諸国にとっての債務の罠。債務が豊かな自然の搾取および（特に子供の）隷属と奴隷化の再開に与える影響を含める。
三、生態系の破壊および地球規模での汚染が地球の生存にもたらす脅威。
四、福祉《ウエルフエア》の終焉、公共サービスの崩壊、社会保障システムの解体。
五、身体器官の違法取引、社会を均質化する「文化産業」の発展、生物の特許化へ向けた競争に代表される全＝商品化[17]。
六、国民国家の脆弱化、および「世界の新しい支配者」としての多国籍企業の台頭。

多くの反グローバリゼーション運動家、とくに「もう一つのグローバリゼーション」を提唱する人々は皆、これらすべての悪事に対する治療法は、開発への回帰、つまり「発展の再開」よりほかにはないと考えている。要するに、可能であれば開発の負の効果を是正しながら一九六〇年代に経験した発展経路に回帰する必要があるというものだ。「持続可能な」あるいは「維持可能な」発展は、このようにして南側諸国と北側諸国の双方にとって万能薬とみなされている。このような見解は多かれ少なかれポルト・アレグレで開催された世界社会フォーラムの結論から生じている。

総じて言えば、主意主義的な専門官僚集団による政策をともなう開発という忠実な美辞麗句はもはやかって程の人気を博しはしないが、「発展主義」と呼ばれうる、物質的繁栄をすべての人に約束する救済史観的な数々の信仰の複合体は相も変わらず存在するのである。反グローバリゼーション運動家たちはそのような発展主義を信仰しているし、またわれわれを統治する各国首脳や諸々の国際機関に関しても然りである。この発展主義の神話を脱構築することによって、西洋化とグローバリゼーションの神話も根底から解体される。かくしてわれわれは単一的な思考▼18の帝国と支配に抗し、また世界の商品化にも抗う重大な闘争へ貢献するのである。

▼17「omnimarchandisation」はラトゥーシュの造語で、資本主義の商品化の論理が人間の生活世界のあらゆる場所にまで浸透することを指す。ラトゥーシュにとって、グローバリゼーションは、全＝商品化を完遂する経済想念の論理の最新型にほかならない。詳細は、Serge Latouche, *Le danger du marché planétaire* (Paris, Science Po, 1998)を参照のこと。

▼18「単一的な思考（la pensée unique）」は、一九九〇年代後半から、フランスではグローバリゼーションを、「新自由主義的な経済観ただ一つで世界を統一しようとする発想」として、このように批判している。〈ポスト開発〉／〈脱成長《デクロワサンス》〉派の人々だけでなく、オルター・グローバリゼーション運動や連帯経済運動に参画する人々も、このように呼んでいる。

第2章 神話と現実としての発展

発展概念の復帰に対するこのような無垢な願望は、この言葉がもつ歴史的な意味についての記憶の喪失と分析の欠如を同時に証明している。

今日のグローバリゼーションは、過去における開発の実態に加え、われわれがこれまで決して直視することを望まなかった事柄も露にする。グローバリゼーションは、現に起こっている発展の究極の段階であり、同時にその神話としての構想を否定するものである。「グローバリゼーションは米国の覇権政治の新しい呼び名に過ぎない」というヘンリー・キッシンジャーの皮肉な公式を思い出してみよう。では、その一昔前の呼び名は何であったか。それはまったく単純なことで、米国がヨーロッパの旧植民地帝国の市場を奪うことを許し、そして新独立国家がソビエト連邦の陣営に陥ることを防ぐためにハリー・トルーマンが呼びかけた経済開発であった。では開発プロジェクトの前は何であったか。世界の西洋化に与えられた最も古い名前はまさしく植民地化と旧帝国主義であった。われわれは西洋の覇権プロジェクトに正統性を与えることを目論む諸々のスローガンとイデオロギーを掲げながら常に物事を為さねばならない。要するに、開発が新たな手段による植民地化の追求であるならば、新しいグローバリゼーションは新たな手段による開発の追求でしかない[1]。発展という神話的な性格をもつ展望は開発問題に関する学術文献の中にあふれている。これらの文献の中で開発や発展は歴史的・経済的・社会的および文化的文脈とは関係なく全人類および各人の欲望と願望を実現するものとして定義されている。

一九九〇年に刊行された南側諸国委員会（South Commission）の報告書は、「本当の開発」という名の下で、発展に内在するこのような神話的な考え方を十分具体的に説明している。つまり同報告書において開発は、「人間が各人の人格を発達させ、自己自身に自信を持ち、尊厳ある、成熟した存在に至ることを可能にする過程」[2]と定義されている。このような開発が実際にはこれまでどこにも現れなかったことは明々白々である。カトリック教皇と親しい専門家たち（ルブレ神父やフランソワ・ペルー）から借用した人間主義的な体裁に彩られた法王の回状（*Populorum progressio*）で語られる願望についても同様のことが言える。聖パウロ六世は次のような宣言を行った。「発展は単なる経済成長には還元されない。本物であるためには、発展は包括的なもの、つまりすべての人々と各人を向上させるものでなければならない」[3]。われわれはさらに、民俗学者ジャン・マロリーに倣って「発展するということ、それは大文字の歴史と民族の守護神の方向へ進むことである」[4]と認めるか、もしくはアフリカ人に倣って今や「良い発展とは、何よりも両

▼1（原注）「開発は、その援助と支援を前提とする教育的な次元を擁しているゆえに、新植民地主義のための注目すべき道具として紹介されている」（Bernard Hours, *op.cit.* p.66）。

▼2（原注）*Défis au Sud*, rapport de la commission Sud présidée par Julius K. Nyerere, Paris, Economica, 1990, p.10.

▼3（原注）Populorum progressio の回状。この回状には「発展は平和の新しい呼び名である」とも記されている。イラクにおける石油戦争が起こった現在、発展は戦争の新たな呼び名ではないだろうか、とわれわれは疑問を投げたくなる。

▼4（原注）Jean Malaurie, «Lettre à René Dumont», (*Pour l'Afrique, j'accuse*, Paris, Plon, 1986, pp.401-402 より引用)。

親がしてきたことを評価することで、ルーツを持つことである」[5]と主張することができる。この二つの引用句では、ある言葉の意味がその対義語を用いて定義されている。発展は昔も今もルーツの根絶のことであり、そしてこれからもそうであろう。発展はいたるところで社会の自律性を破壊し、他律性の増加をもたらした。これが発展神話である。

地上に戻ってきた途端に発展概念はあるジレンマに囚われた。一方で発展という言葉はその歴史的枠組みを脱出し、あらゆる事柄とその対義語を表す。つまり「発展」は、ハンの中国からインカ帝国にいたるまで、人類史のうちの文化的動態がもたらすあらゆる歴史的な経験を表す。この場合「発展」は特に何も表すことはなく、ある政策を促進するための言葉としては何ら有用な意味をもたない。「発展」はお払い箱となる方がましである。他方で発展という言葉はある固有の内容を有する。この内容は必然的に、これまで実践されてきたような経済の離陸、つまり一七五〇年代から一八〇〇年代の間に英国でみられた産業革命以来の経済的実践という西洋の経験と共有する何かを表す。一九四九年一月にトルーマン大統領が模範として提唱し、その後ロストウによって理論化されたのはまさにこの経験である。この場合、発展という言葉にどのような形容詞をつけようとも、その明示的ないし含意的な内容は経済成長、つまり容赦なき競争、不平等の際限なき拡大、および自然の自制なき略奪といった、われわれが知るところのあらゆる正の効果と負の効果の双方をともなう資本蓄積のことを指す。ところであらゆる発展が右に述べた経験と共有するこの核心は、進歩、普遍主義、自然支配、事物を数量で計る合理性、といった「価値」と結びついている。発展が依拠するこれらの価値――特に進歩という価値――は、真に普遍的な希求には露塵《つゆちり》ほども対応していない。これらの価値は西洋の歴史と結びついており、他の社会ではほとんど共有されることがないのだ。例えば仏教社会やヒンドゥー教社会は無論のこと、精霊崇拝を実践する社会では、自然支配の信仰は受け入れられないものである。インドの憲法では、法廷が缶詰の製造をダルマ〔法・義務〕に反する行為と非難した結果、動物の尊重が期待され、そして規定されている。今日において、現代世界（そして「自由主義的な」グローバリゼーション）の諸問題に対する解決策を見出し、そして世界経済がもたらす惨事を回避するためには、これら西洋の諸価値はまさに問いに付されるべきものである。

　現実に起こっている発展は、人間同士の様々な関係と人間の自然に対する関わり方を商品に転換することを目論むプロジェクトであると定義することができる。このプロジェクトにおいては、自然資源と人的資源を搾取し、価値付け、そして利潤を得ることが重要であるとされる。▼6 自然と民衆に猛威を奮《ふる》う開発プロジェクトは、それ以前に存在していた植民地化、そしてその後に現れたグローバリゼーションと同じく、支配と征服を行う経済的かつ軍事的な行為である。「発展主義」は徹底的に経済論理を表明する。われわれが望もうが望むまいが、発展をこれまでと異なったものにすることはできない。発展がもたらすものは今も昔も世界の西洋化である。▼7 発展、普遍主義、進歩、計算合理性、といった言葉はある一つの歴史に根

▼5（原注） Alidou Sawadogo, (Pierre Pradervand, *Une Afrique en marche*, Paris, Plon, 1989, p.109より引用)。

▼6（原注）「自然と社会関係を組織的に財・商品サービスに転換することで、開発はこれまで存在しなかった少数の支配層の腹を肥やすために略奪と接収を展開する最も広大で包括的なプロジェクトとして現れた」（Marie-Dominique Perrot, «Les empêcheurs de développer en rond», revue *Ethnies*, vol.6, no.13, 1991, p.5)。

▼7（原注） 西洋化には時として良い側面もあるが、絶対的に悪い側面をともなう。抑圧の技術は手続き的民主主義よりも上手に非西洋社会に輸出されているし、生活水準以上にくだらない商品を求める悪しき欲望や汚染が世界に広まっている。これらの点に関しては、拙著*L'Occidentalisation du monde*, Paris, La Découverte, 1989を参照のこと。

▼8 Uwe Pörksen (1935-)。作家、言語学者。主著に『プラスチック・ワード――歴史を喪失した言葉の蔓延』（糟谷啓介訳、藤原書店、二〇〇九年）がある。

▼9（原注） Uwe Pörksen, *Plastikwörter. Die Sprache einer internationalen Diktatur*, Stuttgart, Klett-Cotta, 1989 (Gilbert Rist, *op.cit.* p.23より引用)。

付いている。これらの言葉は、往々にして話し手の意識を逃れたところで形成される表象と結びついているが、その表象がわれわれの感情を意のままに操るのである。言葉には優しい心の慰めになるようなものと心を傷つけるようなものがある。一方で人々を感動させて世界を揺り動かすような言葉がある。そして他方では毒のある言葉、つまり麻薬のように血液に浸透し、欲望を狂わせ、判断を難しくさせる言葉がある。「発展」はこのような有毒な言葉の一つである。

　発展概念の問題は、それが、かつて「アメーバのような言葉」について語っていたイヴァン・イリイチの弟子にあたる言語学者ウヴェ・ペルクセン[8]が指摘する、「プラスチック・ワード」であるということだ。「プラスチック・ワード」を特徴づけるものは、それがまず日常の言語体系に属し、その中で明確かつ正確な意味をもち（方程式としての発展）、次に学術の言語によって使用され（ダーウィンにしたがえば、種としての発展）、そして今日では、その言葉を用いる話し手個人が謂わんとするものを除けば、技術官僚の言語によって、今や何も意味しないほどまでに拡張された意味で繰り返し利用されている[9]」ということだ。発展は危険な概念である。同概念は、その判断基準が曖昧模糊としており、そして犠牲者たちの批判精神が麻痺状態に陥っていることをいいことに、敵対する陣営同士の間に合意を形成させて、かつては（ポール・ニザンが言うところの）「番犬」や（ベルトルト・ブレヒトが言うところの）「帝国の洗濯屋」が担っていたイデオロギーによる大衆操作を見事にやってのけるからだ。経済発展とグローバリゼーションの真実である資本蓄積、労働力の搾取、西洋の帝国主義、または全地球的な支配といった表現が、階級闘争と世界規模での経済戦争において不利な立場に置かれている人々の拒否反応を喚起しているにもかかわらず、である。このような発展の神話化という芸術における代表作は、間違いなく「持続可能な発展」である。まさにこのような理由から発展は倒錯した概念であるのだ。

「形容詞付き」の発展パラダイム

発展の起源は、その含意するものとしては英国産業革命による「離陸」にともない一七五〇年頃にかけて起こった歴史的過程にまで遡り、また明らかなものとしてはハリー・トルーマンによって提唱された一九四九年の確固たる政策〔国際開発プロジェクト〕にまで遡る。爾後、同概念は再考され続け、「新しい衣服を着せられた」とでも言えよう。発展概念は、それが含意する歴史的過程から観た場合、ユートピア的社会主義とその後に現れた科学的社会主義によって再考を促され、他方で第二次世界大戦後の政策概念として捉えた場合、同概念に形容詞をつける婉曲表現戦略の影響を受けている。[1]

後者においては、発展主義のプロジェクトの負の効果を魔法仕掛けに払い除けようとするための「形容

▼1 〔原注〕「近代的な成長概念は、約四〇〇年前のヨーロッパにおいて、つまり経済と社会が分離され始めた時に定式化された」(Henry Teune, *Growth*, London, Sage Publications, 1988, p.13)。ただし、タキス・フォトプロスが付け加えているように、にもかかわらず「(客観的に、あるいは意図的に、経済成長の最大化を目指す経済組織の体系と定義される) 成長主義経済自体は、十九世紀初頭における市場経済の誕生の後に現れ、第二次世界大戦後に初めて成熟をみせた」(Takis Fotopoulos, *Vers une démocratie générale*, Paris, Seuil, 2002, p.31)。

詞付きの発展パラダイムの時代」に突入している。[2] われわれはこれまで地域開発／地域発展、ミクロな開発、内生的な発展（endo-développement）、民族文化に基づく発展（ethno-développement）はいうまでもなく、「自立した開発」「内発的な発展」[3]「参加型開発」「コミュニティ開発」「統合された開発」「ほんものの発展」「自律的な民衆のための発展」「公正な開発」などを目にしてきた！　発展概念に形容詞を連ねながらも、資本主義的蓄積を根本から問いに付すことは重要であるとはされていない。さらにわれわれは、一昔前なら文化的次元を、そして今日では生態学的要素を加えることができるように、経済成長に社会的な側面を加味することを構想するのである。

発展概念を再定義するこのような作業は、畢竟、文化・自然および社会正義を常に対象としている。その何れの場合においても偶然かつ後天的に発展に危害を加えた悪い部分を治療することが重要とされる。このような状況において、時として「歪んだ発展」（mal-développement）というスケープゴートも創り出された。この怪物は常軌を逸した妄想に過ぎない。想念ないし神話としての発展はその本来の意味からしてまさに善を具現化したものである、というご都合主義的な理由から、悪は発展を侵害することはできないとする考え方である。発展は「良い」経済成長を意味し、そしてまた成長は良いことであり、いかなる悪の力も成長を凌駕することは有り得ないゆえに、「良い」発展という表現は冗語法である、というものだ。

本章では、経済成長という常住不変の現実の中に一握りの夢幻を織り込むことを目論む様々な発展概念の刷新の歴史を逐一検証することはしない。そのかわり、これら修正された概念の中でも比較的最近のもので、しかも最も久しく受け入れられているもの（社会開発、人間開発、地域開発／地域発展、持続的な発展）について検討することが有用である。発展概念の「新しい衣」を脱神話化するためには、さらに一歩先へ進んで「オルタナティブな」開発プロジェクトも含めた発展主義を追い詰める必要がある。経済幻想から解放することはそれ程までに困難なことなのだ。

社会開発

まず、一九九四年十月末にマドリッドで開催された「地球のもう一つの声」と題されたオルタナティブ・フォーラムの準備資料をみてみよう。「（発展）概念に対する信用が著しく損なわれている現在、関連する積極的な意味を持つ形容詞を加えた新しいタイプの開発を早急に発明しなければならない……新しい発展概念の最前線に立つのは持続可能な発展である」（二番目は人間開発などである）。さらに、この「オルタナティブ」フォーラムの主宰者たちは、一九九五年にコペンハーゲンで行われる開発についての世界会議のための次なる一手——「社会的に持続可能な発展」——を打つことを決定した。[4] 社会開発が持続可能な発展の中に効果的に位置づけられないということ——二〇〇二年八月のヨハネスブルグ・サミットにお

▼2（原注）Marc Poncelet, *Une utopie post-tiersmondiste, la dimension culturelle du développement*, Paris, L'Harmattan, 1994, p.76. ポンスレは、「文化的次元は、人間的な次元を環境保全主義者の非常に冷淡な問題系に加える。文化的次元は、人間的な指標に魂の補塡、社会的な世知、哲学的な深みをもたらす」と指摘している（前掲書、二一ページ）。

▼3　ここで論じられている「内発的発展」（le développement endogène）は、一九七五年代にダグ・ハマーショルド財団が報告書『何をなすべきか？』において、「自力更生」という言葉と並べて使用した「社会の内部から出現する発展」のことである（参照：西川潤著『人間のための経済学——開発と貧困を考える』岩波書店、一九九九年、三〜四ページ）。日本の文脈では、鶴見和子氏や西川潤氏が提案した内発的発展論が有名であるが、ラトゥーシュの文献では、国際的な文脈で語られている内発的発展パラダイムのみが問題になっていることに注意されたい。

▼4（原注）«Pour une convivialité équitable et autonome, en paix avec la planète, document de travail», Madrid, p.6 (FMI, *Banco Mundial y GATT. 50 años bastan. El libro del Foro Alternativo : Las otras voces del planeta*, Madrid, Éd. Talasa, 1995に所収)。

いてわかることである――が明らかになるよりも以前に、一九九五年三月六日から十二日にかけてコペンハーゲンにて第一回国連社会開発サミットが開催された。

排除・人口超過および貧困などの今日の様々な社会問題が、現実に起こっている発展――三世紀にわたり世界を支配しているものである――によって生み出されていることは明白である。「われわれは、極僅かの少数が自家用車とエアコンを備えた家にアクセスできることを発展と名付ける。傲慢な富を享受するこの一握りの人々と悲惨な状況に貶められる大衆との間の社会的分裂が拡大することを発展と呼ぶのだ」[5]。発展概念に「社会的な」という形容詞を連ねるという事実から、発展が根本から問いに付されることはなく、せいぜい経済成長に社会的側面を付け加えることを構想するだけだということが鮮明になる。国連開発計画（ＵＮＤＰ）による社会開発サミットのためのアジェンダは、このような都合の良い意図をまさに顕示するものにほかならない。同機関のアジェンダは世界社会憲章（World Social Charter）を謳い新しい発展パラダイムについて語りさえもすれども、神聖化されている世界規模での自由経済貿易には触れないままである。

国際開発機構は構造調整政策を実施することで南側の脆弱な社会のあらゆる安全を破壊し、これらの社会の簡素な生活様式を惨めなものに転換させ、単一化・西洋化・文化破壊および排除という大仕事を続けている。その間、われわれはより精錬された方法で貧困指標の分析を行って取り戻した成長のわずかな部分を再分配することで、あたかも自分たちが生み出している様々な悪事を退治しているかのような幻想に浸っている。

グナール・ミュルダール[6]の素晴らしい表現――イグナシー・サックスによっても借用されている――にしたがえば、国際開発政治には「技術用語による外交[7]」が存在するのだ。しかもわれわれが目にしているのは、この「言葉の外交」の支配者たちの構想力が不安を覚えさせるほどに衰弱しているという現実である。もし持続可能な発展が卓越した概念的発見であるならば、社会開発は「死語」である。というのも一九六五年以来、レイモン・アロンとバーナード・ホースリッツの手によって、今日のあらゆる問題を先取りする『社会開発』(*Le Développement sociale*)という名の編著書が刊行されていたからだ。[8] ところで社会開発に関してわれわれは次のような逆説に直面する。まず、想念の次元ではこの概念は冗語法である。なぜなら社会的でない開発というのはありえない概念だからだ。他方で経験の次元では撞着語法である。というのも、現実に起こっている発展は社会的な不正義を生み出さずにはおれないからだ。

その元来の定義からして発展は良き成長のことである。成長と発展の組み合わせは生物学――なかでもダーウィンの生物学――に端を発する。この点に関してジョルジュ・カンギレム[9]は、「成長と発生《ディヴェロップメント》(développement)とを正確に区分して、ダーウィンは成体と胚とを大きさと構造という二点から対比した。

▼5 (原注) Jean Aubin, *Croissance : l'impossible nécessaire*, Planète bleue, Le Theil, 2003, p.144.

▼6 一九五〇年代から一九六〇年代にかけて活躍したスウェーデンの開発経済学者。主著に『経済理論と低開発地域』(東洋経済新報社)がある。途上国の経済発展における(教育などの)制度の役割の重要性を強調した近代化論者であり、国際レベルでの所得の再分配を通じて、「貧しいものがますます貧しくなる」といった「逆流効果」よりも経済成長の「波及効果」の方を上回らせる政策を提唱した。経済理論が、その理論が作られた工業国の支配的な利害関係を反映することを指摘し、ジョーン・ロビンソン(ポスト・ケインズ派経済学者)とともに、経済学のイデオロギー的性格を認めた(参考:西川潤著『経済発展の理論』日本評論社、一九七六年、一二ページおよび二三四〜二三五ページ)。

▼7 (原注) Ignacy Sachs, *op.cit.*, p.53.

▼8 (原注) とりわけギンズバーグの寄稿論文「社会開発理論に向けて――合理性の成長(Towards a Theory of Social Development : the Growth of Rationality)」は、注目に値する。

生きているものは、発生はやめても成長をし続けることがある。またそれは、体重や容積の点では成体に匹敵していても、発生という観点からは、幼生の特徴をもったしかじかの状態にとどまっていることがある」と述べている。[10]

生物学において「発生」を表すdéveloppementという言葉は社会的領域に置換され、経済組織の不均整成長を意味するようになった。まさに経済発展を工業成長のトリックル・ダウン効果として定義することが可能になったのだ。[11] 時として「濾過効果」と表されるこのトリックル・ダウン効果は、ただ単に、ある水準を超えると生産の成長は社会的な波及を生み出すということを意味するだけである。トリックル・ダウン効果はやがて必ずすべての人に利益をもたらす、という考え方である。そして北側諸国のある時期においては、経済成長が自然環境に対して与えた危害を例外とすれば、トリックル・ダウン効果の神話はある種の現実を説明するものであり、結果的にその魅力は増大したのであった。

先進諸国では、最も自由主義的な国においてでさえも、貧困人口――ディケンズが描き、マルクスが非難したビクトリア王朝時代の英国の貧困層――は倍増しなかった。富は多かれ少なかれすべての国民に普及したのであった。しかも、消費社会の基底を成すケインズ主義とフォーディズムによって、この発展経路の最終段階がさらに飛び越えられたのだった。この社会的かつ政治的な調整様式〔ケインズ主義とフォーディズム〕は、好景気を維持するために生産性の継続的な増加に応じて高額な給与と社会的歳入を分配することを目標とする。この大量生産・大量消費の体系は栄光の三〇年（一九四五～一九七五年）の間は上手く機能した。これはある意味発展の神格化である。しかし一九八〇年代以降、このような調整様式は上手く機能しなくなったように思われる。

一九九一年にOECDの支援を受けて開催されたサミットにおいて発表されたエドワード・パーカーの報告書――後に『一〇％目標』という題で出版された――は、成長の波及効果に関するこの神話的な信仰について驚くほどに具体的な説明を与えている。[12] この報告書は、あらゆる成長批判を解体し、第三世界に対して年率一〇%の経済成長目標を提案する以外の何物でもない。なぜこのような成長率を設定したのだろうか。それは、経済停滞を防ぎ人口増加に対応するためには、当時すでに二〜三%の経済成長を必要としていたからである。生活水準を改善するには四%の追加的成長が必要であり、不完全雇用を削減するにはさらに三%の成長が必要であるとされたのだ。

コペンハーゲンの社会開発サミットのドキュメントはすべて、経済発展が社会的なものになるために考慮すべきことは、現実に行われている開発政策がもたらすトリックル・ダウン効果であるということを示している。『国連社会開発サミット終了後に公表予定のコペンハーゲン宣言および行動計画の原案』[13] と名付けられた、内容の繰り返しが多い分厚い報告書の中には、極貧(misère)と物質的不足(pauvreté)を根

▼9 George Canguilhem。二十世紀フランスの科学哲学史の大家。ガストン・バシュラールの科学認識論を批判的に発展させ、主に生物学や病理学における認識構造の歴史的展開について研究を行った。生徒の一人にミシェル・フーコーがいる。

▼10 (原注) George Canguilhem, *Études d'histoire et de philosophie des sciences*, Paris, Vrin, 1970, p.115(邦訳:ジョルジュ・カンギレム著『科学史・科学哲学研究』金森修監訳、法政大学出版局、一九九一年)。

▼11 (原注) 一九九一年八月二十九日の世界銀行のローレンス・サルメンの報告書の第四ページには、「設立後最初の二〇年の間、世界銀行は開発を経済成長と同一視しようとした。成長の利益が普及(トリックル・ダウン)すれば、貧困層は自動的に雇用創出と財・サービスの生産の増加の恩恵を受けるだろう、と考えられていた」、と述べられている。

▼12 (原注) Édouard Parker, *Objectif 10%*, Paris, Critérion, 1994, 304p.

▼13 サミット最終日の総会で決議される前のもの。

絶すると期待されている経済論理に接近する文章が顕然と見出される。自由貿易に基づく経済発展モデルを疑問視する身振りは微塵も観ぜられない。ご立派な意図[14]が詰まったこの草案の中では、見えざる手と利潤の自然発生的な調和に絶対的な信頼が措かれている。

一九九五年国連社会開発サミット総会後に公表予定のコペンハーゲン宣言および行動計画の原案

序章の第五ポイント。

「われわれは、社会開発といわゆる経済発展は相互依存関係にあり、相互に強化しうるものである、という信念を共有する。公平な社会開発は持続可能な経済的繁栄の基礎を成す。反対に、普遍的かつ持続可能な経済発展は社会開発および社会正義の前提条件である」。

コミットメント1のCとE

「ダイナミックで競争的な市場を促進し、すべての人々に――わけても貧困層と社会的弱者に――これらの市場へのより大きな、より公平なアクセスを保証する」。

「金融市場の安定性を向上させ、移行経済諸国のニーズを考慮しながらも、開発途上国の市場・生産的な投資・科学技術へのアクセスを改善するために持続可能な発展を推進し、世界経済における保護主義を縮小するに相応しいマクロ経済政策を立案・組織する」。

コミットメント8のJとK

「計画されたタイム・テーブルにしたがってウルグアイ・ラウンドで締結した多国間貿易協定を実施する。所得・雇用・貿易の増加は、大きな地盤に基づくならば、相互に強化されるという事実を考慮すること」。

「何よりも開発途上国に対して国際市場を開放することを目的とする諸々の新しいイニシアチブに特別な注意を払いながら、貿易の自由化によってこれら途上国がその国民の基本的ニーズに適切に対応できるかどうか、その能力の程度を評価する」。

行動計画原案のポイントⅠの9のC

「ウルグアイ・ラウンドで締結された協定を規定されたものとして実施すること。それ以外にも、開発途上国を不利にするような諸々の障壁の撤廃のための政策を行うこと」。

ポイントⅠの10のC

「ウルグアイ・ラウンド協定を実施する中で国際規模の貿易の可能性が増大し、開発途上国がそのような国際的貿易から利益を得ることができるような諸政策を発展させる。また、世界経済の自由化の恩恵を得る状態にない国々――特にアフリカ諸国――に対して、経済援助を行うこと」。

ポイントⅠ、Ⅱ、C

「新しい輸出国の参入を妨害する障壁を削減する貿易開放政策を採用すること。また、より適切な情報に基づいて透明性を促進し、消費者の選択の幅を広げること」。

この玉虫色の計画案の中に、世界市場および自由貿易メカニズムの批判の欠片を探り当てようとしたが

▼14　皮肉をこめて「ご立派な意図」(bonnes intentions)という表現が使用されている。

無駄であった。またこの原案には、多国籍企業――社会的であろうがなかろうが、世界的な成長の戦略的なアクターのひとつである――への言及が一言たりとも観られない。七年後、これらの公式がそっくりそのまま再確認されることになる。ヨハネスブルグ決議[15]のことである！

社会開発は、本章の冒頭で非難した形容詞による婉曲表現化の技法を見事に例証するものである。現実に起こっている発展は社会的な不正義を生み出さずにはおれないのである。

これに加えてあらゆる成長イデオロギーを無効にするものは、トリックル・ダウン効果は欺瞞であるという事実である。トリックル・ダウン効果が工業諸国で一見するところ――特に黄金の三〇年の間は――比較的うまく機能したとしても、すでに経済のグローバル化と西洋諸国の経済が一九七四年以降に経験している不確実な状況（特に雇用問題）の影響で、物事はもはやかつてほど上手くはいかなくなっている。つまり地球規模ではトリックル・ダウン効果のメカニズムはかつて一度も機能しなかったのである。国連開発計画（ＵＮＤＰ）の報告書によれば、「一九六〇年には地球の最も裕福な二〇％の人々の三〇倍の所得を得ていた。一九九〇年には最も裕福な二〇％の人々は最も貧しい二〇％の人々の三〇倍の所得を得ていた。一九九〇年には最も裕福な二〇％の人々の所得は最貧層二〇％の六〇倍にも増加している」[16]。その格差は一九九七年には七四倍に達したのだ[17]！

ロバート・チェンバース[18]は、第一回社会開発サミットの視座に立って国連開発計画のために適切かつ強力な研究を残しているが、われわれはチェンバースとは異なり、現行の国際開発体制に部分的な修正を加えることに甘んじることはできない[19]。貧困をいかに社会的に扱おうとも問題の解決にはならないだろう。唯一効果的な経済措置は、このような貧困を生じさせる体制の変革を以てなされるものである。

人間開発

人間開発は社会開発を統計的にいくばくか補完するものである。

一人当たり国民総生産（GNP）は経済発展を測る目安として人口に膾炙するものであったが、国連開発計画（UNDP）はさほど経済学的ではない社会的な次元（教育、保健衛生、栄養摂取）を真に普遍的で文化超越的なものとして考慮する指標——人間開発指標——に焦点をあてた。この点については全面的に歓迎できる。しかし、生活水準というテーマ——つまり米ドルで換算される一人当たりの所得額[20]——に関しては、多かれ少なかれ微細な変化が常に存在する。だからといってわれわれは西洋の経済想念の空間から自由になっているわけではない。経済学的かつ西洋的な諸前提の批判に欠いているため、人間開発という新しい普遍性は一昔前の普遍性と同様に、自文化中心主義に汚れ切っている[21]。このことは、人間開発指標（HDI : Human Development Index）やその変形である「生活の物理的質に関する指標」（PQLI : Physical Quality of Life Index）についてあてはまる[22]。より客観的である栄養摂取に関する指標は、確かにある一つの問題に関する指標としてはより中立的で有用ではあるが、人間開発指標と同等の統合的な影響力を持つものではないし、右に述べた批判を完全に逃れるものではない[23]。

人間開発指標の推進者にとって、同指標は本当の豊かさと本当の貧しさを表す普遍的な指標であるかも

▼15　二〇〇二年、南アフリカ共和国ヨハネスブルグで開催された第二回地球サミットのこと。持続可能な発展をテーマに議論された。

▼16　（原注）UNDP, *Human Development Report* 1992, New York : Oxford University Press, 1992

▼17　（原注）UNDP, *Human Development Report* 1999, New York : Oxford University Press, 1999（国連開発計画『人間開発報告書　一九九九年版』国際協力出版会、一九九九年）。

▼18　英国サセックス大学開発研究所（Institute of Development Studies）名誉教授。参加型開発理論の提唱者である。主著に『参加型開発と国際協力』（明石書店）、『第三世界の農村開発』（明石書店）などがある。

▼19　（原注）Robert Chambers, *Poverty and Livelihoods*, UNDP, Copenhagen, 1995.

しれない。[24] この指標を作成するために人々は、「貧困の増加をともなうようではほんものの発展とはいえない」といった類いの良識に適う様々な証拠を、経済的な分析――つまり西洋主義的な先入観の総体――において／によって構築された別の証拠と組み合わせるように努める。しかしジル・セラファンが指摘していることであるが、「西洋の〈理想的な〉生活様式の諸要素を基本的ニーズとして捉えることは、そのような生活様式をその他の社会に内在する想念の中に象徴的に強要することを可能にする」[25]。人間開発というまさにその概念規定は、文化帝国主義からも自文化中心主義からも逃れていない。

「国民総生産の増加は良いことであり、その他のあらゆる生活改善の条件である」という信仰は人間開発言説において中心的な位置を占めている。その結果、国際通貨基金や世界銀行の専門職員のみならず（例えば開発ＮＧＯのエコノミストのような）その他の人々にいたるまで、真面目な人々は、ひとたびその人道主義的な修辞がはがれると、国民総生産の水準とその増加が人間社会を評価する最終的な判断基準であると考える。これこそまさに、近代の論理において世界の経済化[26]を通じて西洋の経済的基準が正常に作動するようになる根拠である。グローバル化した世界では、市場価値（価格による量的評価）以外の価値は存在しないのだ。

　最終的には、国民とはいわなくとも地球上のあらゆる政府は、国民総生産という基準を自己評価の基礎として内面化し、コンクールで良い順位を獲得することを目指して経済成長のオリンピックゲームに参加するのである。われわれのほとんど全員が虜になっている近代空間では、各人が「自分の順位を保持する」ことに無我夢中になっている。統計の嘘は見せかけの勝利であり、悪化の一途をたどる闘争的な競争

▼20　経済想念（l'imaginaire de l'économie）とは、ラトゥーシュが国際開発政治を規定する根本原理を批判する際にしばしば用いられる概念である。「想念」とは、ギリシャ出身のフランスの思想家コルネリュウス・カストリア

ディスが理論化している概念であり、社会関係の基礎となる「意味体系の源泉」を指す（cf. Cornelius Castoriadis, *L'institution imaginaire de la société*, Paris : Seuil, 1975）。カストリアディスによれば、社会はそれ自体が自然に存在するものではなく、人々が集合的なアイデンティティを構築することによって成立する。集合アイデンティティが構築されるためには、個々別々の事物が「社会と呼ばれうる全体の中の部分」として相互に関係づけられ、意味を与えられる必要がある。端的に言えば、「想念」とは社会関係を創造し規定する意味の源泉である。ラトゥーシュの問題関心は、西洋文明において事物が「経済的な対象物」として表象され、経済成長・資本蓄積といった目的のために人間の社会生活が組織されるにいたったまさにその原理にある。そして、そのような経済的な原理が植民地主義と国際開発政治を通じて世界中に広がり、西洋の経済原理以外の方法で社会を構築する可能性が地球規模で失われてきつつある現状を問題にしている。したがってラトゥーシュは、国際開発政治の根本問題は「人間生活を経済現象に還元する原理」である「経済想念」であると主張し、そのような経済想念を生み出すにいたった西洋近代の文明的な基礎を開発政治の哲学的批判を通じて解体しようとするのである。経済想念の問題に関するラトゥーシュの著作としては、Serge Latouche, *L'invention de l'économie*, Paris : Albin-Michel, 2005、あるいはイタリア語版の *L'invenzione dell'economia*, Bolonge : Arianna Editorice, 2001を参照のこと（フランス語版とイタリア語版では内容が一部異なる）。

▼21（原注） 「人間開発」というテーマが「人的資本」という超自由主義的な考え方に準拠する世界銀行によって道具化されているので、なおさらそうであるといえる。ベルナール・ウールが強調するように、「人的資源（設備）の開発を目指す世界銀行の人間開発概念は、（人的資本理論が扱うところの）投資される金融資本のように最適化されるべき、計量可能な初期設備の最適管理のまさにその論理の一環を成す」（*op.cit.*, p.127）。

▼22（原注） Jean-Jacques Gabas, *Petite histoire des indicateurs sociaux synthétiques avant l'IDH*, Document GRAEEP, mai, 1994.

▼23（原注） Gérard Azoulay, «La pauvreté, le nécessaire, le besoin», suivi par «Besoins et apports nutritionnel», notes de travail GRAEEP, Sceaux, 1994を参照のこと。

▼24（原注） Gilles Séraphin, «L'indicateur du développement humain», note GRAEEP, Sceaux, 1994.

▼25（原注） Gilles Séraphin, *Les Concepts de «science» et «technique» au sein de l'Unesco*, mémoire IEDES, 1994, p.81.

をこれ見よがしに見せつける。競争は「最も裕福な一〇億人と最も貧しい一〇億人との間の所得格差が……、一九六〇年には三〇倍であったが、一九九〇年には一五〇倍になった」[27]という結果を生ぜしめたのである。

地域開発／地域発展

〈ポスト開発〉がそうであるように、グローバリゼーションは間違いなく地域《ローカル》問題を再燃させる。「地域主義」は、開発とグローバリゼーションのあらゆる対案の根本を成す要素である。したがって問題の所在は「地域」という言葉よりも、その言葉が「開発・発展」という言葉と結びついているという事実にある。「地域」という概念は曖昧多義であり、局地的なものから超国家的なものまで、そしてミクロなものからメゾ、マクロなものにいたるまで、多様な幾何学的延長を含意する。しかしはっきりとしていることは、それが生活域《テリトワール》[28]、郷土《テロワール》[29]、さらには各土地に根差した（物質的、文化的な、そして人間関係の）財産のことを指し、したがって限界や境界への、そして故郷への定着のことを指すということである。「地域」は開発や発展とは相容れないものである。なぜなら開発や発展は多分に空想的で、まったくもっていたずらな概念であり、捨て去るべきものであるからだ。「地域」と呼ぶべきものが今日現れるとすれば、それは「開発や発展として」ではなく、むしろ「〈ポスト開発〉」、つまり「経済発展を超克したもの」として現れる（あるいは現れなければならない）[30]。

「地域」概念は、それが開発や発展に結びつけられると、「社会的な」「持続可能な」という言葉と同様に経済発展を延命させることを可能にする。ゆえに「地域開発」「地域発展」という概念は、経済科学による想念の植民地化の虜である。経済開発〔経済発展〕は産業権力と金融権力を常に一極集中させることで地域を破壊してきた。フランスでは、地域開発／地域発展は技術官僚のスローガンとして、農村地域（と

▼26 「世界の経済化（l'économicisation du monde）」。経済人類学者カール・ポランニーはその著『人間の経済』（*The Livelihood of Man*, New York : Academic Press, 1977）において、oikonomiaとeconomyという二つの経済領域を区別した。前者は古代ギリシャから存在する人間の基本的生活（サブシステンス）の持続的な再生産を担う家政経済の領域である。後者は西洋近代において誕生した市場経済のことである。市場経済は資本（富）の蓄積を目的とし、そのために社会関係を商品関係に転換していく経済体制である。つまり、経済領域が社会関係から抽離し（disembedded）、反対に社会関係が市場メカニズムに従属するようになったのが近代社会の特徴である。そのような近代経済に特有の論理をポランニーはeconomistic／economisationと表現している。このポランニーの造語をフランス語ではそれぞれ*economiciste*／*economicisation*と表現する（参照：Majid Rahnema, *Quand la misère chasse la pauvreté*, Paris : Actes Suds, 2003, p. 46）。したがってラトゥーシュが「世界の経済化」と述べる際には、ポランニーが言うように世界が市場経済によって支配され、商品化の論理が世界の至る所に浸透する様を表現していると理解されたい。

▼27 （原注） PNUD, *Rapport mondial sur le développement humain*, Paris, ECONOMICA, 1992, pp. 38-39.

▼28 territoireといった場合、法律によって定められ、経済的および政治的に組織された居住地域といった含意がある（政治学用語では国家が管轄する「領土」という意味が出てくるが、この文脈ではむしろ国家領土とは関係なく、「人々が集団生活を送るために組織された土地区画」という意味でとらえる方がよいだろう）。Territoireを「生活域」と訳すことに関しては、ブリス・ラロンド他著『エコロジストの実験と夢』（辻由美訳、みすず書房、一九八二年）を参考にした。

▼29 terroirは、人間が居住する最小単位の土地区画であり、フランスの歴史・文化においては、とくに十三世紀末以降、農地――なかでもブドウ園――を意味するようになった。この意味がさらに拡大し、農村地方を意味する言葉として使用されている（参照：*Dictionnaire historique de la langue française*, sous la direction d'Alain Rey, Paris : Le Robert, 2006）。たとえばフランスの山間部農村の自立政策では、農村開発の対象となる最小の地理的空間を指すのにこのテロワールという言葉が使用されている。

▼30 近代的な経済発展を求めるための官僚的な開発政策の対象として生活域や郷土を捉えることはできない、ということ。むしろ生活域や郷土は、発展や開発とは異なる原理で存在している、ということである。

その関連分野）、わけても生産主義の犠牲者である山間部農村地帯において誕生した。巨額の投資によって建設された道路網――農民の福祉を目的とした県の農業関連分野に関する貸付金に基づいており、農村地帯の交通の便宜を向上させることを前提にしたものである――のおかげで、最後の農家が都市へ転居することを余儀なくされ、その代わりに最初のパリ市民が空き地となった農場に田園屋敷を建てるようになったことは、すでに一九七〇年代に話題となっていたではないか！　地域開発や地域発展の言説は生活域の「大移動」をカモフラージュする役割を果たしており、その実施は、地域開発政策で受けた傷口を手当てしながらその残骸をよりよく再利用することで、このような生活域の破壊を穏健に行うことを目的としていた。多くの国において地域開発や地域発展の言説は似通った様相を呈していた。

「発展を再開させる」ために民衆と地域の創造性ならびにその土地固有の多様な資源を利用することは、ある意味歴史の教訓を全く活かしていない行為だといえる。銀行に関して起こったことは重要な示唆を与えている。二十世紀には地域経済に深く根差した小規模の地域銀行や地方銀行は数多く存在していた。国立銀行の発展のおかげでこれらの地域銀行は廃業に追い込まれ、そのかわりに地域の預金を引き出して全国的な大企業に融資する国立銀行の支店が現れた。今日、多国籍企業を利するために国立銀行を消滅させたのは外資系の銀行である。お金を経済の神経であるとするならば、地域銀行の消失は間違いなく地域経済の終焉を意味する。米国イタカのタイム・ドル▼31の理論家たちが著しているように、経済は「社会を堅牢に維持する肉体と筋肉によって育てられながら▼32」成長することができる。市場は南側諸国だけでなく北側諸国における重要な地域圏を徐々に周辺化させた。民間団体の助成金や国家の補助金、ならびに援助のおかげで生き延びているそのような衰弱した地域では、現地で獲得されたお金や外部から提供された資金のほとんどすべてがスーパーマーケットによって独占され、域外に流出する。極端な事例としては、「連邦政府から給付されたドルの七五％が、四八時間のうちにたちまち隣接する街に流出してしまう▼33」というアメリカ先住民の貯蓄に関するものがある。

地域開発／地域発展は、一連の理由から矛盾した表現であると考えられる。第一に、経済発展は、局地的・地域的・国家的でさえもなく（国民国家は特権的なアクターではあったが）、（特に現代においては）根本的に世界的な経済プロセスの結果である。確かに、脱領土化が進むにもかかわらず、世界的なプロセスは空間的な枠組みの中で実現される。世界的な経済発展は、諸々の転換、就中《なかんずく》局地的な状況に合わせた様々な政策を積み重ねた結果である。しかしそのプロセスに内在する論理は何よりもまずグローバルなものであり、ゆえに非空間的なものである。世界的な経済発展プロセスそれ自体に対して政治はますます無力となり、領土的な枠組みに関しては、政治による管理は非常に限定的なままである。したがって「地域発展」と地域的な性格をもつ成長を混同してはならないし、南側諸国に関しても、地域発展とインフォー

▼31 米国ニューヨーク州イタカ市で一九九〇年代初頭より実践されている地域通貨。イタカ・アワーという通貨を利用して、参加者同士（個人・企業）がサービスを交換したり、事業を展開したりする。通貨価値は1／8時間、1／4時間、1時間、2時間という時間によって表示され、参加者は労働時間を交換することになる。言い換えれば、相互扶助の労働サービスを行うための通貨である。こうすることで、イタカ市は、地元の経済活動を通じて生じた所得を地域社会のために再利用することに成功した。一九九一年の開始から六年で六二〇〇ドル以上のイタカ・アワーが発行され、交換を通じて二〇〇万ドル以上の価値を生んだ（一イタカ・アワーは米一〇ドルに相当）。このような労働サービス時間の交換・貯蓄を基本とする地域通貨は、米国ではタイム・ドルという名で、またヨーロッパでは「時間銀行」という名で実践されており、地域の雇用対策などで活用されている（参照：Jean-Michel Servet, (sous la direction de), *Une Économie sans argent : Les Systèmes d'Echange Locale*, Paris : Seuil, 1999, pp.85-86)。

▼32 （原注） E. Cane et J. Rawe, *Time dollars*, Emmnaus, Pennsylvania, Rodale Press, 1992.

▼33 （原注） Perry Walker et Edward Goldsmith, «Une monnaie pour chaque communauté», *Silence*, no.246-247, août 1999, p.19.

マル領域におけるダイナミズムを混同してはならない。あらゆるローカルな変化は、たとえそれがどれだけ利潤を生み出すものであっても開発や発展と形容されるものではなく、むしろ開発政策や経済発展の打撃を受けた組織による生き残りをかけた反動である。

実際にローカルな変化は、競合的かつ／あるいは補完的な二つのプロセスによって分析されうる。一方で根本的には他所で起こったある現象が別の地域に「波及」するということがある。他方で開発ひいてはグローバリゼーションの様々な影響を受け、当該の社会が創造性のある対応を行うことがある。これら二つのプロセスは、その本質に反してしばしばある種の連携を結び、まさに通例として「地域開発」「地域発展」と不適切に表現されるものを形成する。ジュスチは次のように述べる。「他律的に管理される地域主義はその言葉において矛盾を孕んでいる。グローバルな論理に対応する地域システムの成長は地域発展とは呼べないのだ」[34]。他律的に管理される地域主義がその言葉からして矛盾しており、また、（アルベルト・マグナギ[35]が言う意味での）「地域プロジェクト」としての地域組織の再活性化が存在しないということが本当のところではあるが、われわれが「地域開発」「地域発展」と呼ぶものはまさにこのことであり、ゆえに立派な形容矛盾である。

要するに、われわれは領土なき権力の影響を被り権力なき領土に直面していると言える。ジャン＝ピエール・ガルニエが述べるように、「新しい情報伝達技術は空間の内に散在する諸単位の分権的かつ統一的な遠隔管理を推進し、大企業が領土外の組織空間を積み上げることを可能にする。そのような組織空間の構造と機能は、特定の領土に依拠する活動や政治の影響をあまり受けない企業戦略にしたがうのだ」[36]。

地域開発／地域発展の数ある逆説の中の一つは、地域開発や地域発展のアクターとエージェントが当初、オルタナティブな運動家とエコロジストのスローガンである「グローバルに考え、ローカルに行動する」というスローガンを掲げていたことである。いわゆる「グローカリズム」の真実は、生活域の競争の促進である。生活域は、財政的優位、労働のフレキシビリティ、および環境規制（厳密には環境の規制緩和）の観点において、多国籍企業にとってより好ましい条件を整備するよう促される。これは、財政的、社会的、環境的な最低価格を求めるゲームであり、また、（補助金という観点において）経済的な最低価格を求めるゲームでもあり、実に安売りの奨励である！

地域イニシアチブと地域の創造性は経済論理と開発論理の中で迷走し、体制側にのみ込まれ、周辺化されている。現存する地域の財産は、例えば「侵略的なツーリズム」[37]によって蹂躙される。おそらくその最たる例は、一九九六年にフランスに創設された、大都市に存在する八四の問題周辺地域を対象とする都市免税圏（ZFU）[38]である。従業員五〇人以下の企業が社会負担、企業利益に対する税、営業税、固定資産税を完全に免れる新しいタックス・ヘイブンが存在するのだ[39]。

地域や地域性を目立たせ、その地方の「イメージを売る」ことを目標とするご立派な地域組合の諸々の戦略は、二重構造経済（「経済的に成功を収める地域圏」とそうでないもの）を生み出すのみであり、社会の亀裂をほとんど縮小することなく、地域開発／地域発展の専門家たちをこれまで以上に生きながらえ

▼34（原注）Luisa Bonesio, «Paysages et sens du lieu», *Éléments*, no.100, mars 2001. «Une réponse à la mondialisation : le localisme»から引用。
▼35（原注）Alberto Magnaghi, *Il progetto locale*, Turin, Bollati Boringhieri, 2000. Traduction française : *Le Projet local*, Sprimont, Belgique, Architecture + Recherches／Mardaga, 2003.
▼36（原注）Jean-Pierre Garnier, *Le Capitalisme high tech*, Paris, Spartacus, 1988, p.55.
▼37（原注）Louisa Bonesio, «Paysages et sens du lieu», *op.cit.*
▼38　zone franche urbaine の略称。
▼39（原注）Geneviève Azam, «Nouveaux paradis fiscaux», *Politis*, 8 mai 2003を参照のこと。

させることになる。

持続可能な発展

持続可能な発展が最も有毒なレシピの一つであるということは、疑うべくもない。
ニコラス・ジョージェスク゠レーゲン[40]

一般的に、たとえば「暗い光」[41]というように、二つの矛盾した言葉を並び立てる修辞表現は「形容矛盾」(または「二律背反」)と呼ばれる。表現不可能なことを表現するために詩人によって発明されたこの方法は、不可能なことを信じ込ませることを目論む技術官僚たちによって多用されている。かくして「正しい戦争」「人間の顔をしたグローバリゼーション」「連帯経済」「健全な経済」などの表現が生まれた。持続可能な発展[42]は、そのような二律背反の一つである。

〔フランス語においては〕「持続可能」(durable)や「維持可能」(soutenable)と形容される発展パラダイム[43]は、一九九二年六月のリオ・デジャネイロ会議〔第一回地球サミット〕において初めて「表舞台に立った」[44]。持続可能な発展には物事を変えることができないなら言葉を変えてみせようと目論む概念的なブリコラージュが未だに存在するが、今度はその表現がわれわれの目を誤魔化すような二律背反で構成されているという点で、われわれは言葉の恐ろしさと関わっている。同時に持続可能な発展パラダイムは、それが世界的に受け入れられていることによって、発展が(もはや)南側諸国だけでなく、実に北側諸国にも関わる問題であるということを示している。

ヨハネスブルグ会議〔第二回地球サミット〕の記録は、神話としての持続可能な発展が、今や形容詞付きの発展概念のあらゆる希望を寄せ集めていることを示している。NGOによれば、「経済的に効率的で、生態学的に持続可能で、社会的に公正で、民主的に施行され、地政学的に容認可能で、文化的に多様な」発展が存在するという。つまり白ツグミ[45]が存在するというのだ。ヨハネスブルグ会議の公式の主宰者にとって、社会福祉と貧困問題を優先することは、リオ会議のコミットメントのすべてを実務的に解決するこ

▼40 (原注) Mauro Bonaiuti, *La Teoria bioeconomica. La «nuova economia» di Nicholas-Georgescu Roegen*, Rome, Carocci, 2001, p.53より引用。

▼41 (原注) 「……は星になる」(Corneille, *Le Cid*, acte IV scène III)。

▼42 サステイナブル・ディヴェロップメントの日本語訳としては「持続可能な開発」と「持続可能な発展」がある。人によっては「開発」という日本語がもつ官僚的で操作的な政策イメージを避けるために「持続可能な発展」を選択する場合もあるが、本書でラトゥーシュが論じているように、développement / development の訳語である以上、「開発」も「発展」も西洋近代の経済主義的な想念を温存する概念に他ならない。

▼43 英語のsustainable developmentのフランス語訳を巡って、durableとsoutenableが候補に挙がり、最終的にle développement durableが一般的な表現となった(参照:Sylvie Brunel, *Le développement durable, 3ème édition*, Paris : PUF, Que-sais-ju?, 2009, p.46)。

▼44 (原注) われわれはまた、「信頼できる開発」「活力ある開発」「我慢しうる開発」といった表現も見つける。経済は一種の宗教であり、その神聖なる言語はアングロ=サクソン文化のものであるため、経済用語を翻訳する際、専門家は拷問にかけられるような苦労をする。ジャン=マリー・アリベーは、持続可能な発展概念に関する修士論文(DEA)(一九九三年にボルドー第一大学提出)において、「継続して持ちこたえる発展」という表現をも提案している。一九七二年にストックホルムで開催された国連環境会議において初めて使用され、一九七四年の国連環境計画(UNEP)のココヨック宣言と国連貿易開発会議(UNCTAD)において再度取りあげられた、「環境に優しい発展」というかなり卓越した表現は、その後使用されなくなった。それから約一五年後に登場したのが、持続可能な発展である。

▼45 滅多に存在しない動物の象徴であることから、有り得ないことを求めることを意味する。

とに役立つ。アジェンダ21に盛り込まれた二五〇〇の提案は、ＮＧＯの善良な意志と多国籍企業の（結果的に政府から補助金を与えられる）出資に委ねられており、汚染問題（気候変動その他）の解決は市場の力に一任される[46]。

すでに一九八九年には、世界銀行のジョン・ペッシーが持続可能な発展概念の三七の異なる意味について検証していた[47]。ブルントランド報告（World Commission 1987）はその中の六つを含んでいるだけである。同時期に六〇個の意味を目録に挙げていたフランソワ・アテムは、持続可能な発展について実際に利用可能な主要な理論を「環境中心型理論」と「人間中心型理論」の二つのカテゴリーに分類することを提案しており、この二つの理論がその根本的な目的として生命一般の保全（つまり、あらゆる生物、少なくとも未だ絶滅の危機に瀕していないもの）あるいは人間のウェル・ビーイングに貢献するものであるとしている[48]。

つまりその最初期から、維持可能性／持続可能性の意味をめぐって判然とした見解の相違が存在しているのだ。ある人にとっては、持続可能な発展とは自然環境を尊重する発展である。したがって生態系の保全に重点が置かれる。神話としての発展概念と同様にこの場合でも発展は福祉と満足のゆく生活の質を意味するものとされ、開発と環境という二つの目標の互換性について疑問視されることはあまりない。このような態度は、戦闘的なＮＧＯ活動家たちと人間主義を掲げる知識人たち（ルネ・パセット、イニャシオ・ラモネ、ベルナール・カッサン、ドミニク・プリオン、ダニエル・コーン＝バンディ……）に顕著である。生態系の大局的なバランスを考慮することは、必然的にわれわれの成長経済モデルと生活様式のいくつかの側面を根本から問いただすことになる。この事実は新たな発展パラダイムを発明する必要性をもたらしうる（またもう一つの発展パラダイムだ！　しかしどのパラダイムなのか。われわれは知る由もない[49]）。また別の人々にとって重要なことは、現存する開発体制がいつまでも維持されることである[50]。これは、産業社会を擁護する者たちの立場、つまり政治家の大部分と経済学者のほぼ全員の立場である。持続可能な発展のための国際理事会の理事長でもある預金供託金庫の頭取は、二〇〇二年二月のフランス＝インテルにおいて持続可能な発展を「グローバルな水準でのあらゆる自然生命の交易の発展」と定義した。奇妙にもこの定義は自由貿易主義と似通っており、純然たる自由主義とさほど変わらないのだ！ モーリス・ストロングは一九九二年四月四日に「自然資源の破壊をもたらす現今の発展モデルを維持することは不可

▼46（原注） Catherine Aubertin, «Johannesburg : retour au réalisme commercial», *Écologie et politique*, no.26, 2002. この表現は、おそらくはドミニク・プリオン（ATTACの科学委員会委員長）のものである。彼は、«Une autre mondialisation», *Revue du MAUSS*, no.20, 2ᵉ semestre, 2002, p.108において、この表現を引用句なしで最初に使用した。

▼47（原注） J. Pezzey, «Economic analysis of sustainable growth and sustainable development», *World Bank, Environment Department, Working Paper*, no.15, 1989.

▼48（原注） Christian Comeliau, «Développement du développement durable, ou blocages conceptuels?», *Tiers-Monde*, no.137, janvier-mars 1994, pp.62-63.

▼49（原注） これは、イグナシー・サックスとATTACの立場（本書第I部第1章を参照のこと）に賛同するアラン・ルーランの結論でもある。「今日、科学者、哲学者、政治家の多くが、〔開発と環境との間に〕互換性がなく、新しい開発モデルを追求する必要があると考えている。どのような開発モデルか。研究が必要である」（Alain Ruellan, *Tiers-Monde*, no.137, *op.cit.*, p.179） 五〇年以上の研究の後に待っているものは絶望だ！

▼50（原注） 「つまるところ、持続可能性という言葉には、もう一つ別の意味——危険な意味——を付与することができる。その意味とは、自然の持続性ではなく、開発それ自体の持続性を指すものである」「持続性の意味が悲惨な方向にすり替えられている」（Vandana Shiva, 'Resource' in *The Development Dictionary*, London : Zed Books, 1992, p.217）（ヴァンダナ・シヴァ著「資源」、所収：ヴォルフガング・ザックス編『脱「開発」の時代』前掲書）。

能である。そのような発展モデルを変革しなければならない」と宣言しているが、これに対してジョージ・ブッシュ大統領（父）は「われわれの生活水準を妥協することはできない[51]」と応じた。インドのＮＧＯの一つ、エクタ・パリシャドの代表者は、「消費主義的な破壊をもたらす社会モデルに追随しているまさにそのような人々が持続可能な発展について語るとは、少なくとも皮肉ではないか！　市場の威力を野放しにしたのは彼らであり、彼らこそが、わたしたちの持続可能な社会モデルの破壊に対して責任を負う者たちである[52]」と断言している。

　このような曖昧さはブルントランド報告の中においてすらすでに脈々と顕在している。例えば報告書の一〇ページ目には次のように書かれてある。「持続可能な発展が全世界で起こるためには、富裕層は地球の生態学的な限界を尊重する生活様式を取り入れなければならない」。しかしその九ページ後には次のように書かれてある。「人口成長率を所与とすると、開発途上国における工業製品の消費が先進国の消費に追いつくためには、工業生産を現行水準の五倍から一〇倍増加する必要がある」。マリー＝ドミニク・ペロ[53]がユーモア混じりに指摘するように、「ブルントランド報告全体は、〔持続可能な発展の〕追求される目標が、経済的に派手な富と（北側諸国と南側諸国の）経済的強者の贅沢な生活を制限するよりはむしろ、バター（成長）、バターを買うお金（環境）、そしてバターの余剰（基本的ニーズの充足）、さらにはバターの余剰を買うお金（現在そして未来のすべての人々の願望）を保証することを可能にするような、幻覚に彩られた危険な跳躍を提案することを目指していることを示している[54]」。「それが経済開発の世界的な延長の上に確立された永続性ではないというならば、結局、持続可能な発展はいったい何だろうか[55]」という彼女の悟ったような結論を再確認せずにはおれない。

　持続可能な発展は地獄のようなものであり、都合の良い意図で覆われている。この発展パラダイムに信頼性を与える開発と環境の互換性に関する事例は枚挙に暇がない。多分に明らかなことであるが、環境への配慮は、経済活動を営む人々の個人的・集団的利益と必ずしも対立するものではない。シェル・グループの取締役の一人であるジャン＝マリー・ヴァン・エンゲルショーヴェンは、「産業界は、未来において責任あるやり方で富を創造することを望むならば、現在の様々な期待に応えることを学ばなければならない」[56]と断言している。トタル社の代表取締役社長のティエリ・デマレは、エリカ社の破産とトゥールーズのAZF化学肥料工場の爆発を前にしてそれ以外の何も言うことはなかった。

正統派経済学者たちの中には開発と環境との間のこの互換性を理論化することを使命としている学派がある。「エコロジカルな近代化論」あるいは「生態系の経済化論」と呼ばれる学派である。（生産や製造過程における環境保全への取り組みの証明書発行、認証制度など）国家が必要に応じて限定的に介入する、いわゆる再帰的ガバナンスを行うことで、新しい科学技術が多様なアクターの異なる利害関心の調和を可能にする、というものである[57]。つまり、異なる利害関心の一致は理論的にも実践的にも実現可能であると

▼51 （原注） Jean-Marie Harribey, *L'Économie économe*, Paris, L'Harmattan, 1997より引用。
▼52 （原注） Jean Aubin, *op.cit.*, p.142より引用。
▼53 Marie-Dominique Perrot. ジュネーブ大学開発研究所の人類学者。〈ポスト開発〉論者の一人。
▼54 （原注） Marie-Dominique Perrot, «Anarchipel de la pensée ordinaire», in *Si..., regards sur le sens commun*, Jacques Hainard et Roland Kaehr éd., Neuchâtel, Musée d'ethnographie, 1993, p.79.
▼55 （原注） *Ibid.*, p.83.
▼56 （原注） *Green Magazine*, mai, 1991. この事例は、先述したものと同様、Hervé Kempf, *L'Économie à l'épreuve de l'écologie*, Paris, Hatier, coll. «Enjeux», 1991, pp.24-25から引用した。
▼57 （原注） P. J. Mol, «Ecological Modernization : Industrial Transformation and Environmental Reform» in Redclift, Woodgate, *The International Handbook of Environmental Sociology*.

いう考え方である。自然と経済の利害の互換性について納得している産業がある。大企業五〇社の経営者によって構成され、モーリス・ストロングの相談役であるステファン・シュミッドヘイニーを中心に組織される「持続可能な発展のための経営委員会」[58]は、一九九二年の地球サミット開会直前に、リオ・デジャネイロで『方向転換。企業の発展と環境保全との間の調和を目指して』というマニフェストを公刊した。同マニフェストは、「企業経営者としてわれわれは、将来世代の機会に妥協することなく人類のニーズに対応することを可能にする持続可能な発展という考えに賛同する」と宣言している。[59]

ストックホルム会議（一九七二年）以来、物事が良い方向に全く向かっておらず、一連の会議――ナイロビ会議（ストックホルム＋10）、リオ会議（ストックホルム＋20）、ヨハネスブルグ会議（ストックホルム＋30もしくはリオ＋10）を経るにつれて地球の状況が著しく悪化しているのであれば、反対に産業界はこの状況に正面から立ち向かうことを学んできた、と言うことができる。「持続可能な発展のための世界経営」[60]は、「持続可能な発展のためのビジネス・アクション」（ＢＡＳＤ）[61]の名の下で国際商工会議所と連合し、多国籍企業一六三社からなる圧力団体を結成したが、この圧力団体の活動はヨハネスブルグ会議において非常に目立っていた。[62]

結局、持続可能な発展の賭けは多分にこのようなものなのだ。米国の産業界のある人物はより単純明快に次のように表現している。「わたしたちはオゾン層と米国産業が同時に生存することを望む」。

持続可能な発展に関する挑戦をもう一度立て直すことができるかどうかを確認するために、諸々の概念に立ち戻って持続可能な発展パラダイムをより近くから眺めることは、骨を折る作業である。ブルントラント報告において結実しているところの持続可能な発展概念の定義は、維持可能性または持続可能性のみを考慮している。つまり「大事なことは、資源の搾取、投資の方向性、そして技術的・制度的変化が互いに調和し、人類のニーズの現在そして将来の潜在性を強化するような変革プロセスである」。だからといって勘違いしてはならない。政策決定者にとって保全しなければならないのは環境ではなく、後にも先にも発展なのだ。まさに罠はこの点にある。持続可能な発展の問題点は、「持続可能な」という言葉――むしろ素晴らしい表現である――よりも「有毒な言葉」と言っても憚りない発展概念にある。そもそも持続可能性は、その意味をまじめに考えた場合、人間の活動が生物圏の再生能力を超える水準の汚染を生み出してはならないことを意味する。これは「汝の行為の結果が地上における人間本来の生活の持続と合致するように行動せよ」と述べる、哲学者ハンス・ヨーナス▼63の責任原理の応用に他ならない。しかし近代のプログラムに根差している経済発展の歴史的かつ実践的な意味は、このように認識されるところの持続可能

▼58　Business Council for Sustainable Development

▼59　（原注）*Changer de cap*, Paris, Dunod, 1992, p.11. われわれは、国連環境基金が採択するプロジェクトの殆どに対して融資を行う世界銀行が義務を負っていることを知っている。「環境の思慮ある管理は、開発を進めていくための基礎である」。

▼60　World Business for Sustainable Development

▼61　Business Action for Sustainable Development

▼62　（原注）同圧力団体には、われわれの生態系の破壊をもたらしている張本人たちのほとんどが加盟している。例えば、アレヴァ社、ミシュラン社、スエズ社、テキサコ社、デュポン社、AOLタイム・ワーナー社などである。

▼63　Hans Jonas.（1903-1993）。ドイツ・ディッセドルフ生まれのユダヤ人。ハイデッガー、ブルトマンのもとで哲学と神学を学ぶが、ナチス政権の設立とともにイギリスに亡命、その後パレスチナに渡り、カナダを経て、最終的にはアメリカに定住。生命倫理に関する哲学的な著作を残しており、特に『責任という原理』（加藤尚武監訳、東信堂、二〇〇〇年）では、科学技術によって支配される戦後の世界を問題視し、今日の世代の将来世代に対する責任倫理という観点から、自然を含めたすべての生命の尊重を論じた。ヨーナスの哲学は、現在、環境倫理を初め、人間責任論や〈脱成長《デクロワサンス》〉論の中で多く議論されている。

性とは根本的に対立する。もっぱら、あらゆるイデオロギーと支配的で単一的な思想がこの現実を隠蔽することに躍起になっている。見えざる手と利害の均衡は、最善の可能世界においてはすべてがより良い方向へと向かうことを保証する。〔近代のプログラムの理屈にしたがえば〕何を心配することがあろうか。

結論として、自由主義者であれマルクス主義者であれ、経済学者のほとんどは経済発展が持続することを可能にする考えに賛同している。新古典派経済学者にとっては、発展はほとんどその性質上持続可能なものである。一部の新古典派経済学者は「排出権」の導入と環境の商品化を提案するが、当の彼らは少しばかり論争的な態度で、しかし根拠がまったくないとは言えない態度で、自分たちこそが持続可能な発展の正当な擁護者であるとさえ主張する。そういうわけで、経済学者ジョン・リチャード・ヒックスは、その（自然資本も含めた）資本を悪化させない所得概念によって、いつの間にか持続可能な発展理論のパイオニアとなっている！[64]　環境を配慮する産業人たちのアソシエーションを主宰し、一九九二年のリオ会議実施の際に国連環境計画代表モーリス・ストロングの相談役を務めたステファン・シュミッドヘイニーは、「市場価格を通じて環境コストを他の経済的要素の中に内部化する自由で競争的な市場の働きは、持続可能な発展の基礎を成す」と述べている。しかしこのような環境コストの内部化は、相対的希少性のゲーム、つまりは資本／自然の間の完全代替および環境効率性のゲームを通じてほとんど自動的に行われる。「持続可能な発展のためのビジネス・アクション」の資料はこの点について模範的な内容を示すものである。「持続可能な発展は、合法的な比較優位を尊重する適切に組織された市場における自由競争を通じて上手い具合に実現される。そのような市場は、人間の持続しうる進歩に絶対的に必要な技術革新を促進する」。さらに次のように書かれてある。「われわれが一〇年来取り組んでいる持続可能な発展に対する実業界の主たる貢献とは、一九九二年にわれわれが発明した言葉である環境効率性である」。「持続可能な発展のための世界ビジネス委員会」（ＷＢＣＳＤ）[65]は、環境効率性を「地球の環境収容能力と最低限調和がとれる水準まで生態系への影響と自然資源搾取の度合いを漸次的に削減すると同時に、人類のニーズを充足し、生活水準を支えるような競争価格で財・サービスを供給することによって達成されるもの」[66]と定義している。

しかし事実は動かし難い。自然資源の強度の低下は否定できないものであり、その低下率は残念ながら生産の一般的な増加によって補償されるものよりも大きい。したがって国連開発計画の報告書が認めるように、資源の搾取と汚染は増え続けている。「世界のいたる所で、生産プロセスは数年前からこれまで以上にエネルギーを節約するようになっている。しかし生産量の増加を加味すると、この進歩は世界の二酸化炭素排出量を削減するには明らかに不十分である」[67]。結局は、気候に関する国際専門家グループ（GIE

▼64 自然資源の持続可能な利用を行うことで新しい産業革命を起こし、企業活動を生態系に責任あるものにしながらも経済成長を維持していこうとする「ナチュラル・キャピタリズム」論者がしばしば依拠する立場である。「自然資本が制限因子となったいま、われわれは『所得』というものの意味を考え直す必要に迫られている。一九四六年、経済学者のJ・R・ヒックスは『所得』を、『コミュニティーがある一定期間だけ消費を続けるとき、その期首と期末で経済的な豊かさを悪化させることなく消費できる最大限の物量』と定義している。〔……〕これまでの『所得』の定義は人的に生産された資本にのみ適用されてきた。それは、自然資本が有り余っていたからだ。しかし今日では、同じ定義を自然資本にも適用しなければならない。つまり、所得のレベルを安定させるためには、人的資本と自然資本の両方のストックを増やさないまでも、現状を維持する必要がある。自然資本は人工的なものではまず代替できないため、両方の資本形態が打ち消されないように一層保護されなければならない」（ポール・ホーケン、エイモリ・B・ロビンス、L・ハンター・ロビンス著『自然資本の経済――「成長の限界」を突破する新産業革命』佐和隆光監訳／小幡すぎ子訳、日本経済新聞社、二〇〇一年、二五五ページ）。

▼65 World Business Council for Sustainable Development

▼66 （原注） *The Business Case for Sustainable Development*, document du WBCSD pour Johannesburg.

C）の専門研究員でもあり情報技術理事会委員でもあるミシェル・プチが認めるように、「今日まですべての国が追求する発展モデルは、持続可能な発展概念を取り囲む屁理屈を除けば、根本的にいって持続可能なものではない」[68]のである。

異端の経済学者たちに関しては、彼らが神話としての発展概念の罠に陥らない場合には問題はより単純ではなくなるが、それでもやはりその目的は変わらないままである。かくしてマルクス主義経済学者のジェラール・デスタンヌ・ドゥ・ベルニは、次のように断言する。「意味論を展開するのは止めよう。ここで問うべきことは、〈持続可能な〉という形容詞が何かしらの古典的な発展概念を支持するかどうかということではない。時代の空気を読んで周囲の人達と同じように語ろう。〔……〕なるほど、持続可能性は時間の長さのことではなく不可逆性のことを言っているのだ。この意味において、検討された諸々の経験の利害関心がどのようなものであれ、アルジェリア、ブラジル、韓国、インド、メキシコといった国の発展過程が〈持続可能なもの〉ではないことが事実であることには変わりない。解決できない矛盾の数々が、達成された諸々の努力の結果を台無しにし、景気後退をもたらしている」[69]。なるほど、発展はロストウによって自己維持的な成長と定義されており、したがって「持続可能な」あるいは「維持可能な」という形容詞を発展概念に追加することは無駄であり、形容矛盾となる[70]。このことは、メサロヴィックとペステルの定義においてより一層明らかなものとなる[71]。彼らにとっては、維持不可能なものは均質的で機械的でなおかつ定量的な成長であり、その反面、全体における諸要素の相互連関として定義される「有機的な」成長は支持されうる目的である。しかし歴史的にみて、このような生物学的な定義はまさしく発展の定義に他ならない！　発展をゼロ成長として定義しようとするハーマン・デイリー[72]の聡明な考えは、理論的にも実践的にも支持されうるものではない[73]。ニコラス・ジョージェスク・レーゲン[74]が指摘するように、「持続可能な発展は如何なる場合でも経済成長と切り離されることはできない。〔……〕実際、発展が必ずしも何らかの成長を意味しないと考えることができた人がかつていただろうか」[75]と問うことができる。結局、フランソワ・ペルー[76]のように成長と発展との対立を極限まで押し進めた人物でさえも、「国民の福祉を測

▼67（原注） PNUD, *Rapport mondial sur le développement humain*, Bruxelles, De Boeck, 2002, p.28（国連開発計画編『人間開発報告二〇〇二年』国際協力出版会、二〇〇二年）。

▼68（原注） Jean-Pierre Dupuy, *Pour un catastrophisme éclairé, Quand l'impossible est certain*, Paris, Seuil, 2002, p.30より引用。

▼69（原注） Gérard de Bernis, «Développement durable et accumulation», *Tiers-Monde*, no.137, *op.cit.*, p.96.

▼70（原注）「通例となっている第一の意味では、経済発展は、一人当たり所得の持続的あるいは自己維持的な増加が国民の様々な層に広く波及することである」（Claude Jessua, Christian Labrousse, Daniel Vitry et Damien Gaussion sous.dir. *Dictionnaire des sciences économiques*, PUF, Paris, 2001）。

▼71（原注） Mesarovic et Pestel, *Strategie per sopravvivere*, Milan, Mondadori, 1974.

▼72 Herman Daly. 米国の経済学者。現ワールドウォッチ研究所理事会員。ローマクラブ報告『成長の限界』の刊行以来、持続可能な発展／持続可能な経済に関する主要な概念について提供している。エントロピー法則に基づいた生物経済学を提唱したニコラス・ジョージェスク＝レーゲンの弟子の一人であり、枯渇資源依存から脱却した定常型経済への転換を目指す「ゼロ成長」論を提唱。主著に『持続可能な発展の経済学』（新田功・橋本忍・大森正之共訳、みすず書房、二〇〇五年）がある。フランスでは、ラトゥーシュを始めとする〈脱成長《デクロワサンス》〉論者たちは、デイリーのゼロ成長論が経済学の認識論を未だに克服できていないことを批判している。〈脱成長《デクロワサンス》〉論とゼロ成長論の違いに関しては、Frédérique Durant, *La décroissance : rejet ou projets?*, Paris : Ellipses, 2008 の第三章を参考にされるとよい。

▼73（原注）（ヒックスが言う意味での）自然資本の侵害をともなわない所得の増加は、持続的な成長がその表現において矛盾しており、持続可能な発展ではないことを認めさせるものである。Gianfranco Bologna *et alii*, «Italia capace di futuro», WWF-EMI, Bologna, 2001, pp.32 *sq*を参照のこと。

る最も適切な指標は市場価格で表された純国民生産である」と、その著『国民の計算』（一九四九年）において言わしめてしまうのだ。ペルーはさらに――正論であるが――、そのためには満たされてはいないいくつかの条件が必要である、と述べている。[77] 持続可能な発展という表現を提唱したブルントランド報告の著者たちにとっては決してありえないことである。彼らにとっては、「今日わたしたちが必要なものは新しい成長、つまりは徹底した、そして同時に社会的にも環境的にも維持可能な成長の時代である」[78] ということは疑いようのないことである。彼らは、開発途上国と先進工業国の年間成長率を、それぞれ五～六％と三～四％と提案している。[79] イグナシー・サックスは、ある意味この事実から持続可能という形容詞が無駄で意味のないものであるという論理的帰結を引き出している。「『発展』という言葉を多次元的な概念として再定義するならば、おそらくは意味論上の革命を提案し『発展』という言葉に立ち戻る時が来たといえよう」[80]。

　事実、持続可能なないし維持可能な性質は、「実際に起こっている」発展ではなく再生産のことを指す。持続可能な再生産は十八世紀頃まで地球のいたる所で機能していた。第三世界の老人たちの中に持続的な再生産の「専門家」を見つけることは未だに可能である。古代の製作技術や思考方法の遺産の大部分を引き継いだ職人や農民は、往々にして自分たちを取り囲む環境と調和した生活を営んでいる。彼らは自然の略奪者ではない。[81] 十七世紀にはまだコルベール[82] が「持続可能性」の専門家であったことが確認されている。なぜなら彼は森林に関する法令を定め、三〇〇年後にも船のマストを提供することに貢献し、われわれがいつも尊敬して止まないオークの木を植樹したからだ。しかしこれらの政策は市場の論理を求めるようになった。

　さあ、そこで持続可能な発展の登場だ、と人々は言うだろう。しかしそうであれば、自分たちが決してその果実を見ることがないにもかかわらず次世代のことを考えて新しいオリーブの木や新しい無花果の木

▼74 Nicholas Georgescu-Roegen (1906-1994). ルーマニア生まれの経済学者。ベルグソンの哲学や熱力学のエントロピー法則の観点から、ニュートン力学に基づいて無限の経済成長を想定する近代経済学の認識論を批判した。ジョージェスク＝レーゲンによれば、経済活動は熱力学の第二法則（エントロピーの法則）にしたがうものであり、その結果、経済成長はおろか、均衡点は漸次的に縮退（declining）していくと主張した。ジョージェスク＝レーゲンの生物経済学は一九九〇年代後半よりフランスやイタリアで注目を浴びるようになり、〈脱成長《デクロワサンス》〉論の理論的支柱の一つになっている。主著に『エントロピー法則と経済過程』（高橋正立ほか共訳、みすず書房、一九九三年）などがある。

▼75 （原注） Nicholas Georgescu-Roegen, «An Emigrant from a Developing Country, Autobiographical Notes 1» in J. A. Kregel (ed.), *Recollections of Eminent Economists*, London, Macmillan, 1989, p.14（Bonaiuti, *op.cit.* p.54から引用）。

▼76 François Perroux (1903-1987). フランスの経済学者。国民経済の発展過程を、地方経済が都市部の経済成長に牽引される「成長の軸」論を用いて説明した。開発経済学では近代化論の一人として紹介される。

▼77 （原注） Bernard Maris, *Anti-manuel d'économie*, Paris, Bréal, 2003, p.99から引用。

▼78 （原注） Rapport Brundtland, *Notre avenir à tous*, Montréal, Éd., du Fleuve, 1987, p.xxiii（邦訳：環境と開発に関する世界委員会編『地球の未来を守るために（Our Common Future）』大木佐武郎監修、福武書店、一九八七年）。

▼79 （原注） Franck-Dominique Vivien, «Histoire d'un mot, histoire d'une idée : le développement durable à l'épreuve du temps», in *Le Développement durable de l'utopie au concept*, Paris, Éditions scientifiques et médicales Elsevier, 2001, p.58.

▼80 （原注） I. Sachs, *op.cit.*, p. 54. イグナシー・サックスはさらに、「これは発展概念を深める機会である」と述べている（p.60）。

▼81 （原注） われわれは「良き未開人」の知恵を認めようとしないで愛想良くしているが、彼らの知恵は、ただ単に経験に基づいているのだ。自らを取り囲む生態系を尊重しない「良い野生」は、時代とともに消滅した……。

▼82 J. B. Colbert (1619-1683). 十七世紀のフランスの産業主義者。

を植えたこれらすべての農民が行ったことについてもそう言わなければならないであろう。彼ら／彼女らの植樹は何らかの規制によって促されたのではなく、ただ単に、彼らの両親・祖父母およびすべての祖先が同じことをしていたからである。[83] 明らかにこのような慎重な振る舞いは現実に起こっている発展とは何の関係もない。

最後に、持続可能な発展は、満場一致を形成している点で先験的に疑わしいものである。例えばハイデルベルグ・アピールの署名者もその反対者も持続可能な発展を絶対的な価値として信じ切っている。[84] すべての扉を開ける鍵は悪い鍵である。裕福な者と貧しい者、北側諸国と南側諸国、雇用主と労働者などなどの双方を満足させる概念は悪い概念である。各人がそこに自分の欲する事柄を投影させ、そしてそれらの言葉に希望を投げかけている間に、諸々の実践はその人を剝奪状況に追いやり、締め付けるようになる。社会主義者でマルクスの友人であるオーギュスト・ベベルは、ブルジョワジーがドイツ連邦下院議会で彼を褒め称える時にどのような馬鹿げた発言を言うことができるか、と考えることが常であった。持続可能な発展を推奨する反グローバリゼーション運動家たちは、ジャック・シラク大統領〔当時〕が同発展パラダイムの名前がついた省庁を創設したこと、そして国際通貨基金の元代表者であったミシェル・キャンデスが有名人たちの間で流通していた持続可能な発展のためのマニフェストに署名したこと、また、ブリティッシュ・ペトロリアム、トタル－エルフ－フィナ、スエズ、ヴィヴェンディだけでなく、モンサント、ノヴァルチス、ネスレ、ローヌ－プーランなど、地球を汚染している主要な大企業が持続可能な発展の最大の擁護者であり、ヨハネスブルグ会議で最大の勝利を得た者たち（その上、実践的にいって唯一の勝利者たちである）であることを知るならば、問題提起せずにはおれなくなるにちがいない。

したがって、発展概念に「持続可能な」という形容詞を加えることで、われわれは物事を少しばかりより複雑に縺《もつ》れさせたに過ぎないと言うことができる。持続可能な発展が諸々の問題を解決するに十分な概念だとは思えない。これがとどのつまり、持続可能な発展——言葉におけるこの矛盾——が恐ろしいものであり、絶望的なものである所以である。少なくとも、持続不可能かつ維持不可能な発展とともに、われわれはこの死に至らしめるプロセスが終幕を迎えるという希望を持ち続けることができるであろう。このプロセスはいつか停止し、この発展概念の矛盾・失敗および許しがたい性質から、そして自然資源の枯渇

▼83（原注） カストリアディスのこの見解は、『老年について』（*De senectute*）においてキケロがすでに述べていた千古の知恵に通ずるものである。責任原理を実践する「持続可能な発展」モデルは、カトーが引用した詩句によって描かれている。それは、「彼は、もう一つの時代のために木を植えた」というものである。カトーはこの詩句について次のようにコメントを残している。「事実、誰のために木を植えるのかと尋ねると、その年老いた農家はためらわずこのように答える。『不死の神々のためにだよ。彼らは私がこれらの財を祖先から受け取ることに安住せずに、子孫にも残すことを望んでいるんだ』と」（Cicéron, *Caton l'ancien (de la vieillesse)*, VII-24, Paris, Les Belles Lettres, 1996, p. 96）。

▼84（原注） ハイデルベルグ・アピール。「貧困国が持続可能な発展の水準に到達し、世界の他の諸国の水準と調和するように援助すること、これら貧困国を先進国がもたらす公害から保護すること、そして、貧困国が、その自立と尊厳の双方を制限せざるをえないような一連の非現実的な義務を負担することを避けること、の絶対的必要性について、われわれはすべての人々の注意を喚起する」。

「地球規模の連帯の理由に関するアピール」と題されたフランスの科学者たちによる反対アピールは、次のように主張している。「われわれは、反対に、世界を公正で持続的な発展の軌道に乗せるためには、諸々の文化的、倫理的、科学的、美的基準の総体を十分に考慮する必要があることを認める」。これで十分ではないと言うなら、さらに以下を追加しよう。「世界の貧困を撲滅し、自然環境を尊重する人間社会の多様で持続的な発展を促進させること」（結果的に、このような発展は自発的には起こらない……）、*Archimède et Léonard*, no. 10, hiver 1993-1994, pp. 90 et 91.

という事実から、犠牲者が生まれるであろう。かくしてわれわれはあまり絶望的ではない〈ポスト開発〉の時代〔発展主義を克服した時代〕を省察し、そこに向けて動き始め、さらには満足しうるポストモダンの時代を草の根から創り上げることが可能となるであろう。なかでも経済的交換関係の中に社会的なものと政治的なものを再導入すること、そして社会的交流の中に共通善と良き生活という目的を復活させることが可能となるであろう。持続可能な発展は経済発展想念からの脱出のあらゆる視座をわれわれから奪い、永遠の発展を約束する！　なんと幸せなことだろう。発展は持続的ではないのだ。

オルタナティブな開発

先述した諸々の分析、つまりは現実に存在する発展モデルと形容詞付きの発展概念の諸々の批判の本質を受け入れながらも、なお、しかしオルタナティブな開発を希求して止まない思想潮流がある。[85] 確かに、「オルタナティブな」開発という名の下で、低開発の痛手と歪んだ発展の行き過ぎた有様、もしくは端的に言えばグローバリゼーションの悲惨な結末を解消することを目的とする、実に多様な紛《まが》いのない反生産主義的かつ反資本主義的な企てが時として提案されることがある。詳説せねばならない。共愉にあふれる社会を探究するこれらの企ては、「原始社会にみられた豊穣の時代[86]」や経済開発や経済発展なるものを全く経験することのなかった一部の産業革命以前の社会の特筆すべき人間的かつ美的な成功と同様に開発とは何の関係もないのである。[87]

この発展神話の復活の背景を暴くためには、おそらくわれわれ自身の歴史に立ち返ることが有用であろう。これまでこのような視点から語られることがなかったが、まさにフランスにおいて、オルタナティブな開発に関する実に重大な経験が起こっていたのだ。一九四五年から一九六〇年の間フランスでは農業の近代化が起こったが、これは人間主義的な技術官僚たちによって政策立案され、キリスト教系ＮＧＯによって施行された。後者は当時の第三世界において活動していたＮＧＯと連携しており、代表的なものとしてはカトリック農業の青年隊（ＪＡＣ）[88]、そして青年農家の国民センター（ＣＮＪＡ）[89]がある。両団体は「慈善は技術的に行われるべきである」[90]をスローガンに掲げるイエズス会系の布教団の先導の下で創設された。

こうして農業共済組合、協同信用組合、農業の共同開発グループ（ＧＡＥＣ）[91]、そしてその他の共同開発組織の影響で農村地帯の機械化・集中化・工業化が起こり、農民は多額の債務を負った。それから二〇年後の一九六五年から一九八〇年にかけて生産量は三倍に増加したが、農民人口は同時に四分の一ほど減少

▼85（原注）ベルトラン・キャベドッシュがその著*Les Chrétiens et le Tiers-Monde* (Paris, Carthala, 1990, p.255)の結論で述べていることだが、「発展《デイヴェロップメント》という言葉は、〔実際の開発プロジェクトが〕多くの期待通りにならない経験を得るにつれ、その魅力を失ったはずであった。しかし発展は全人類が自らの希望を描くために共有する唯一の言葉であり続けている」。

▼86（原注）Marshall Salhins, *Âge de pierre, âge d'abondance*, Paris, Gallimard, 1972（マーシャル・サーリンズ著『石器時代の経済』山内昶訳、法政大学出版局、一九八四年）。

▼87（原注）アフリカの多くの社会では、〔西洋の〕発展概念に対応する言葉は土着の言語の中には見当たらない。なぜなら発展という事柄を成立させる想念が大きく欠如しているからだ。

▼88 Jeuness agricole catholique の略称。

▼89 Le Centre national des jeunes agriculteurs の略称。

▼90（原注）「農民は邁進した。フランスの農業が近代化へ向けて転換する歴史が始まった。一九五〇年代、それは静かなる革命の時代である」Fondation pour le progrès de l'homme, octobre 1993.

▼91 Groupes agricoles d'exploitation collective の略称。

した。話はここで終わらない。この農業開発を可能にしたものは大量の殺虫剤と化学肥料の使用であった。ブルターニュ地方の前衛的サンディカリストであるゴルヴェネックとレオン――彼らはクリスチャンでかつ人間主義者《ユマニスト》でもあった――は、一九六〇年代には県庁所在地の前に糞を置いていたが、遂には豚の肥尿の最大の生産者となり、「ジャンクフード」のチャンピオンとなった……。こうしてブルターニュ地方の農村の九八％がもはや飲料水を利用できなくなったのである。自殺率が最も高いのは農民層においてだが、事態はそれ程トラウマ的ではなかった。農村地帯の人々は栄光の三〇年を支える産業の中で良くも悪くも再就職していたので、緊急援助体制を要請するには至らなかった。人々がこの事実を喜ぶかどうかは別として、農民同盟とジョセ・ボヴェ、そして彼らの先達――特にベルナール・ランベール――の果敢な闘争がなければ、近隣コミュニティを基盤とする農業は消滅していたであろう。産業の奇跡が幻影に過ぎなかったとすれば、そこにこそ第三世界に適用された統合的な発展モデル（オルタナティブな開発の一形態）のあらゆる要素が存在していたであろう。農民の手による農業の生き残りと健全な食物を求める今日の闘争は、（「地域」あるいは「持続可能な」という形容詞を追加することで）和解不可能な敵である発展の旗印のもとに自らを位置づける過ちを犯している。むしろ重要なことは、発展に替わるオルタナティブ、もしくは〈ポスト開発〉ならびに維持可能な〈脱成長《デクロワサンス》〉の時代の構築を提唱することである。

発展神話を真剣に考察し、「オルタナティブ」というこの形容詞を文字通り実現することを認めるならば、「人間一人一人の、そして全人間的な」成熟は、発展パラダイムに内在するあらゆるものが全く認識されなくなるまで変革されることを要求する。つまり当然のことながら、技術社会の根底に存在する技術主義を脱出するためには、例えば適正技術のような完全に異なる技術が必要である。また、理性的であること（rationnelle）よりも思慮深いこと（raisonnable）を重んじる別の合理性[92]をともなう新しい経済がもちろん必要である。われわれの盲目的で魂の抜けたプロメテウス的な技術科学《テクノサイエンス》とは異なる知識と科学的展望が必要である。これまでとは異なる進歩概念、異なる死生観、異なる富の概念（異なる貧困概念も……）が必要なのも疑うべくもないことである。おそらくこれらすべては単線的・蓄積的および連続的ではない新しい時間の概念を必要とするであろう。新しい空間概念、新しい世代関係ならびにジェンダー関係などなども当然必要となるのではないだろうか。それゆえに、単に修正と訂正を加えたものとして捉えられるオルタナティブな開発よりも、現行の発展パラダイムに替わるオルタナティブこそが重要なのである。

▼92 *La Déraison de la raison économique* (Paris : Albin-Michel, 2001) においてラトゥーシュは、幾何学的理性に基づく近代の普遍主義的な科学合理性（le rationnel）を西洋文明に固有の経済的思考の根本原理の一つであるとして批判し、そのかわりに、アリストテレス倫理学における知慮（フロネーシス）概念に代表されるような、共同体成員各人の状況の具体性と複数性を尊重しながらも、討議を通じて培われるような多元主義的な合理性（le raisonnable）を科学合理性に替わるオルタナティブな原理として提案している。この点については、訳者論文Singularity and Ethics in Post-development Thought : Interpreting Serge Latouche's *l'autre Afrique entre don et marché* (*Journal of International Relations and Development*, vol.12, no.1, March 2009, pp.31-57所収）において詳細に議論されている。

第4章 発展主義の欺瞞

ある地域を発展させるということは、当該地域のあらゆる自然植物を根絶し、こうして露《あらわ》になった土地を、駐車場を建設するためにコンクリートで、あるいはもっとましな場合では芝生で覆うことを意味する。もしたまたま一画の土地が残っていたなら、その土地をコンクリートの壁で強化し囲い込むことで小さな溝を作るか、可能であれば水路を造り、すべてを殺虫剤で荒らして、その後都市の頭の悪い消費者にできるだけ高値で売りつけるのだ。

——コンラード・ローレンツ▼1

発展は普遍主義を装うがゆえに概念的な欺瞞であり、甚大な矛盾を孕むがゆえに実践的な欺瞞でもある。

発展概念の自文化中心主義

発展という概念は、西洋と接触する以前の多くの（おそらくはすべての）文明においては聞き慣れないものであった。わけても発展概念をアフリカの諸言語へ翻訳することに専門家は骨を折る。ジルベール・リストによれば、「赤道ギニアのブビ族は成長と死を同時に表す言葉を使用し、ルワンダ人は、いかなる特定の方向性を示唆することなく、歩行すること、移動すること、を表す動詞の意味で développement という言葉を使用している」。リストはさらに次のように述べる。「発展概念のこのような欠如は驚くに値しない。この事実は単に、近代西洋以外の社会は、自らの社会を再生産するのに、未来をより良くすると考えられる知識や財を継続して蓄積しなければならないとは考えていないのだ[2]」。

かくしてウォロフ語[3]ではdéveloppementに相当するものが「首長の声」を意味する言葉の中に見出される。エトン語[4]を話すカメルーン人は、ウォロフ語よりも随分とあからさまである。彼らは「白人の夢」について語っている。「ムーア語[5]にはdéveloppementという表象に相当する言葉は存在せず、せいぜいtônd maoodame tenga taoor kênd yïnga（われわれは〔村の〕大地の上で、物が身体のために〔私のために〕歩き回るために闘う）、という章句によって表される[6]」。究極の例はケチュア語[7]に見出される。ケチュア語では、développementという観念は「次の日の出がやってくるまで喜んで働くこと」と表現される。

このようにdéveloppementを表す言葉が存在しないことは一つの目安であるが、この事実だけではアフリカの諸社会にいかなる発展主義的な展望も存在しないことを証明するには不充分である。ただし、発展

▼1（原注）Konrad Lorenz, *L'Homme en péril*, Paris, Flammarion, 1975.

▼2（原注）Gilbert Rist, «Processus culturels et développement», 4ᵉ conférence générale de l'EADI, Madrid, 1984, p.6.

▼3　ガンビア、セネガル、モーリタニアなどにかけて居住するウォロフ族の間で話されている言語。

▼4　カメルーン、ガボンで話されている言語。

▼5　ブルキナファソで話されている言語。

▼6（原注）Pierre-Joseph Laurent, *Le Don comme ruse. Anthropologie de la coopération au développement chez les Mossi du Burukina-Faso : la fédération Wend-Yam*, Louvain, avril 1996, p.228.

▼7　南米のボリビア、ペルー、エクアドル、チリ北部、コロンビア南部などで話されている言語。インカ帝国を興した先住民族であるケチュア族によって話されている。

が依拠する諸々の価値——特に進歩の概念が——深遠で普遍的な様々な願望に対応しないということだけは言える。これらの価値は西洋の歴史に根差しており、おそらくは他の社会にとっては何の意味も持たないのである。

アフリカ大陸に関して言えば、かつて人類学者たちは、アフリカ社会における時間の知覚が過去へ傾倒する特徴があることを指摘していた。「チャドのサラ族は、過去は知られているがゆえに目の前に存在するが、未来は彼らの後方にあり、見ることのできないものである、と考えている」[8]。アンドレジ・ザジャクツコウスキは、キクヨ族[9]に関して似たような観察を行っている[10]。このことは至極一般的な現象であり、アフリカのみに止まらないように思われる。しかし適切に言えば、このような時間の表象があるゆえに、発展想念の本質を成す進歩という概念はアフリカ社会では容易に理解されることがない。

このことに加え、精霊崇拝《アニミズム》を実践する社会では、自然支配の信仰が一般的には不在であることに触れておかねばならない。仮にアシャンティ族[11]が考えるように、蛇が私の祖先であるならば、その皮でベルトや鞄を作ることは難しい。バコンゴ族[12]におけるクロコダイルについても同様のことがいえる。また森が神聖なものであるならば、どうして合理的に森林を搾取できようか。アフリカでは今日でもなお、この類いの開発の障害にぶつかる。トーゴ南部では、トーテムとして崇拝されているクロコダイルの居住地であるアネショ潟の開発整備は住民の一部を退去させた後に初めて可能となった。アビジャンのエリエ潟の開発整備はエブリエ族[13]との大紛争を引き起こした。ルイ・デュモンが分析しているように、バラモン教時代のインドにおいてでさえ、経済発展に類似する諸価値は確かに存在していたが、それらの価値は劣位の活動領域であるアルタの一部を構成するものであった。経済発展という価値に包含される様々な要素は、最も価値ある領域であるダルマ（義務）の制約を多分に受けていた[14]。マデレーヌ・ビアルドーによれば、バラモン教の世界観では、人間の仕事は「存在者を儀式的な活動によって維持することよりほかはない」のである。その他のあらゆる活動は宇宙の秩序を危険に晒すものであるとされていた。[15]自然支配と進歩への信仰への傾向を基礎づける諸々の神話から離れると、発展という思想は完全に意味を失い、発展概念に依拠する様々な実践はどこまでも不可能なものとなる。なぜならそのような実践を思考することも許すこともできなくなるからだ。

あるセネガルのNGOの代表者ティエルノ・バは次のように問いかける。「フランス人が発展や開発と呼ぶものは、村落民が望むものであろうか。否である。村落民が望むものは、プラー語[16]がバンターレ(bamtaare)と呼ぶところのものである。これは何を意味するのか。この言葉は、最も豊かな人から最も貧しい人にいたるまで、共同体の成員一人一人が、自分の居場所と各人固有の自己を実現することができる

▼8 (原注) Gilbert Rist, *Interculture*, no.95, avril 1987, p.17.
▼9 ケニア周辺に住む部族。
▼10 (原注) Andrzej Zajaczkowski, *Dimension culturelle du développement, Publication du Centre d'études sur les pays hors européens*, Varsovie, Académie polonaise des sciences, 1982, p.40
▼11 ガーナ周辺に住む部族。
▼12 アンゴラ周辺に住む部族。
▼13 コートジボワールに居住する部族。
▼14 (原注) Louis Dumont, *Homo hierarchicus. Le système des castes et ses implications*, Paris, Gallimard, 1966 (邦訳：ルイ・デュモン著『ホモ・ヒエラルキクス――カースト体系とその意味』田中雅一・渡辺公三共訳、みすず書房、二〇〇一年)。
▼15 (原注) Madeleine Biardeau, *L'Hindouisme, anthropologie d'une civilisation*, Paris, Flammarion, coll. «Champs», 1981, p.156.
▼16 セネガルやモーリタニア周辺で話されている言語。

ような調和のとれた社会的な充足感を、連帯に深く根差した共同体を通じて探究することである[17]。

確かに、今日のアフリカにおいて発展は馴れ親しんだものとなってきており、発展という言葉は神聖化されることさえある。発展はあらゆる欲望を虜にする呪物である。「発展する」あるいは「発展させる」〔開発する〕とは、「プロジェクトを獲得する」こと、もしくは「白人一人を獲得する」ことである。それは、魔術を含めたあらゆる悪に対する奇跡の治療法である。P＝J・ローランが指摘していることだが、「われわれは、自らの資本を守るために呪物を手に入れる。これはある種の蓄積の魔術である[18]」。ローランはさらに次のように指摘する。「発展は、それによって長男〔先進国〕と次男〔途上国〕との間、そして援助する側と援助される側との間にあらゆることが可能になるような、見るからに奇妙な概念である。発展はその意味が多様であるために、幸運にも長年の間市民権を得ている。同概念はその曖昧模糊とした次元において時折驚くべき妥協へいたる。こうして発展の名の下でクルキンカ（Kulkinka）のムスリムは養豚を行う。経済発展をもたらすのであれば何も禁ぜられることはないのである！[19]」。しかし誤解がないわけではない……。あるセネガル人は、水質が疑わしいことを指摘されると次のような感嘆に値する返答をした。「水を清潔にすることはオックスファムのプロジェクトの目標であるはずだ。わたしはといえば、自分のもっているお金でメッカに巡礼することを考えるよ[20]」。これまで俯瞰してきたように、精神の西洋化は常に問題を生じさせるのである。

現実に存在する矛盾――実践上の欺瞞

経済発展と経済成長が人間社会の本質的な目的を成すという考えは、基本的には近代神話の繁栄によって強調される、かの有名なトリックル・ダウン効果ないし「波及効果」の理論に依拠するものである。しかし、この人々を魅了して止まない理論には欠点がないとはいえない。多くの逆説から、奇跡のような効果は幻の効果であるという推論が導き出される。ここでは、（1）欲求《ニーズ》創造に関する逆説、（2）蓄積の逆説、（3）生態系に関する逆説の三つを検証していこう。

（1）欲求創造に関する逆説

経済発展と経済成長が人類の基本的ニーズを充足すると期待されるのは、まさに心理学的な緊張と苛立ちの創出を通じてである。ジョン・ケネス・ガルブレイスはこの点について明確に述べている。「われわれが経済発展と呼ぶものは、人間が自らの所得目標に対して、したがって自らの努力に対して上限を加えるという傾向を克服することを可能にするようなある戦略を構想することに依存している」[21]。経済という考え方は、物質的不足（pauvreté）に常に根拠を措くことによってのみ存立する。それは、経済想念が希少性を文字通り発明するということのみならず、さらには生きられた経験としての物質的不足が成長の一つの条件となるということである[22]。新しい生活必需品が増大することで大衆の必要不可欠な需要が創造

▼17（原注）Cimade, «Quand l'Afrique posera ses conditions», *Dossier pour un débat*, no 67, septembre 1996, Fondation pour le progrès de l'homme, p.43.
▼18（原注）Pierre-Joseph Laurent, *op.cit.*, p.274.
▼19（原注）*Ibid.*, p.226.
▼20（原注）マイケル・シングルトンによる逸話。
▼21（原注）Jean Baudrillard, *La Société de consommation*, Le Point de la question, SGPP, 1970, p.117から引用。
▼22　フランス哲学では、考えられたもの（le conçu）と経験されたもの（le veçu）との間をどのように思考するかという問題が常に議論となる。ラトゥーシュがここで謂わんとすることは、物質的不足という現象が概念レベルと経験レベルの双方から構築されるということである。

される一方で、そのような必要性の圧力が〔財・サービスを生産する〕人間労働の原動力となる。専門家たちは、貧困防止の伝統的なシステム、なかでも「共同体的連帯」と呼ばれるものを、直接的にせよ間接的にせよ経済発展の障害や制約、ならびに抵抗物とみなし、またそのようなものとして非難する。しばしば南側諸国の貧困層が極貧（misère）に陥ることを防止することに役立つこの伝統的な再分配制度は、このような理由から開発主義者たちが最も嫌悪するものである。ところが同時に、まさにその同じ経済理論は経済成長を貧困撲滅の条件としているのだ。

そういうわけで、一九九四年のアフリカでCFAフランの通貨価値切り下げ[23]が起こった後、ブルキナ・ファソやマリのような国では食肉輸出政策の展望が現れた。今やサヘル地域の食肉はアルゼンチンの食肉と競合しうるものであるか、もしくは世界市場において黒字をもたらすものであるので、世界銀行はすみやかにこれらの諸国の牧畜開発プロジェクトに融資した。しかし現地の畜産家たちが賃貸契約している家畜を必要以上に増やしてお金を得ようという気を起こさない様子を目にして、世界銀行の専門家たちは絶望的になった。「いったい、このお金で何をするというのだろうか」と畜産家たちは尋ねたものだ。これらの失望は第三世界では極めて頻繁に起こることであり、この手の逸話は枚挙に暇がない。

つまり、欲求《ニーズ》がなければ成長は起こりえないのだ。民衆を悲惨な状況（misère）――一方では新しいニーズが創造されることで欲求不満になり、心理的に困窮し惨めな状況に陥る（例えばアフリカにおけるタバコのブランドの熱烈な宣伝広告[24]）、他方ではほとんど生理的な影響を及ぼす具体的な欠乏および剝奪を被る、という二重の性格を有する――に貶めなければ物質的不足（pauvreté）の治療は存在しないのである。確かにそこには弁証法的なプロセスを見ることができるが、その正当性は証明されてはいないし、この逆説は疑問をもたらす。貧困に関して、経済成長はこの中心的な矛盾を免れることができないように思われる。北側諸国においては、「栄光の三〇年」の間にトリックル・ダウン効果と成長の恩恵の国民的普及のおかげでこの矛盾を緩和することができたが、結局のところそれは、まさにその矛盾を南側諸国に転嫁したからではないだろうか。[25]

（2）蓄積の逆説

トリックル・ダウン効果のおかげで経済成長は不平等に対する奇跡の治療法として提示された。成長は農業改革のような困難な構造改革を受け入れやすい様相に整え、社会的な紛争を緩和することを可能にする。その考えとは、小さなお菓子の分け前をめぐって喧嘩するよりも、各人により多く、そして全員に充分に分け与えられるほどにお菓子全体を大きくすることに賛成する方が得策であるというものである。この考えは非常に魅力的ではあるけれども、それと同時に経済学者たちは声を揃えて、所得の大きな不平等なしには資本蓄積は起こりえないと考えている。ここでまた新たな弁証法に直面する。諸々の条件の不平

▼23　一九五八年以来、フラン圏アフリカ諸国で流通していた通貨CFAフランは一フランス・フラン＝五〇CFAフランに固定されていたが、一九九三年頃から構造調整政策の一環として通貨切り下げの交渉が始まり、一九九四年一月十一日に一フランス・フラン＝一〇〇CFAフランに切り下げられた。通貨切り下げをめぐるフランスとフランス語圏アフリカ諸国との間の外交と政治経済問題に関しては、Antoine Glaser et Stephen Smith, *Comment la France à perdu l'Afrique*, Paris : Hachette Littératures, 2005, pp.111-124を参照のこと。

▼24（原注）宣伝広告キャンペーンが引き金となって、タバコ製造の大企業は近年、市民のより良い健康を維持するために禁煙政策をとる北側諸国の市場における損失を補塡するために、南側諸国におけるタバコ販売実績を一〇倍に増やした。

▼25（原注）Serge Latouche, «Si la misère n'existait pas, il faudrait l'inventer», in Gilbert Rist (éd.), *Il était une fois le développement*, Lausanne, Éditions d'En bas, 1986 を参照のこと。

等を解決するためにはまずは不平等を拡大しなければならないというものである。不平等の拡大は、投資を通じて経済の離陸を促すに十分な多額の貯蓄を形成するためには必要なことであるかもしれない。皮肉なことに経済発展モデルのほとんどにおいて、ある種の不平等は資本蓄積の前提条件として捉えられている。このような理由から、富裕層は貧困層よりも多く貯蓄することを念頭においた場合、所得の不平等は最終的には国民全員に富をもたらすより強靭な投資を促進するので、不平等は経済成長にとって良いことである、とノーベル経済学賞受賞者のアーサー・ルイス卿[26]は主張した。最貧困層は最終的にかの有名な「成長のおこぼれ」の恩恵を受けるというのだ。もう一人のノーベル経済学賞受賞者サイモン・クズネッツ[27]は、経済発展の初期段階では所得の不平等は拡大するが次第にその傾向は逆転すると主張した。大多数の経済学者、なかでも世界銀行のエコノミストたちは、これらノーベル経済学者たちの見解が経済システムの不公正に対するあらゆる省察を免れる正当な理由を示しているとして、ルイスとクズネッツを模範とした[28]。このようにして経済は、農業改革や公平な分配政策をもたらす社会的紛争に完全に従事することになった。しかし過去五〇年の経験によれば、所得の不平等は不平等解決のための最善の方法ではないということがわかった。韓国、中国、台湾、日本は、所得の不平等を拡大するよりもむしろ縮小することで高い貯蓄率を実現させた。現在では、（アフリカを含める）最貧国における資本蓄積を妨げる要因は貯蓄の不足ではなく、投資のインセンティブの脆弱性であることがわかってきた。

（3）生態系からみる経済成長の逆説

国民総生産へ執着するあまり、われわれはあらゆる生産と支出を肯定的なものとして計上する（生産が有害、もっと言えば破壊的である場合や、そのような有害な効果を中和する特殊な生産を意味する場合も含む）。ジャック・エリュール[29]が指摘するように、「われわれはこれまで、汚染をもたらさない産業への投資は福祉を増加させず、せいぜい現状の福祉水準を維持することを可能にするけれども、他方で賃金報酬をもたらすあらゆる活動は福祉を創出する付加価値であると考えてきた。しかしまちがいないことは、控除される価値の増加〔汚染、環境負荷など〕は付加価値の増加よりも大きいということが時折起こるのだ」[30]。このことはますます現実味を帯びている。

一九九一年に米国は、環境保全のために国民総生産の二・一%に相当する一一五〇億ドルを支出したのだが、話はこれだけには止まらない。新しい「クリーン・エア法」によって、毎年推定四五〇億から五五〇億ドルの追加費用が加算された[31]。確かに、環境汚染コストの評価あるいは汚染防止費用の原価はきわめ

▼26　Arhur C. Lewis (1915-1991). セイント・ルシアン出身の経済学者。戦後の開発経済学における近代化論者のひとり。途上国の農業部門の過剰労働人口を工業部門に移入させることによって経済成長を達成する理論を提唱した。主著に*Theory of Economic Growth*, 1955がある。

▼27　Simon Kuznets (1901-1986). 米国の経済学者。近代化論者の一人。経済発展の初期において所得の不平等が拡大するが、最終的には所得の不平等は是正される、という「クズネッツ曲線」を理論化した。主著にSimon Kuznets, *Economic Growth and Structure*, 1965や*National Income and its compositions*, 1941がある。

▼28（原注）　トリックル・ダウン効果は、利潤の自然調和の定理──前者はこの応用の一つである──と同様、主流派経済学者たちによって教条化されている。しばしば現実と矛盾するにもかかわらず、である。この点に関しては、Joseph Stiglitz, *La Grande Désillusion*, Paris, Fayard, 2002, p.114*sq*（邦訳：ジョセフ・スティグリッツ著『世界を不幸にしたグローバリズムの正体』鈴木主税訳、徳間書店、二〇〇二年、一二二〜一二三ページ）を参照のこと。

▼29　Jacques Ellul (1912-1994). フランスの思想家であり神学者。近代技術を「社会関係を全体化するシステム」として批判した。今日、フランス語圏と英語圏における技術哲学研究において、最も頻繁に参照されている思想家である。

▼30（原注）　Jacques Ellul, *Le Bluff technologique*, Paris, Hachette, 1998, p.76.

て微妙なところがあり、問題含みである上に、もちろん論争の的となるものである（ナポリで開催されたG７の会合で行われたチェルノブイリの精算書に関する議論を参照されたい）[32]。計算によると、温室効果は今後数年間の間に毎年六〇〇〇億ドルから一兆ドル、つまり世界の総生産の三〜五％のコストを生み出す。ワールド・リソース・インスティチュートの推測によれば、持続可能な発展の視点から自然資本の天引きを考慮した場合、成長率の減少が起こる。インドネシアに関しては、〔同インスティチュートの計算方法にしたがえば〕同国は一九七一年から一九八四年までの間に成長率が年平均七・一％から四％へと低下した。これは、森林破壊、石油と天然ガスの採取、土壌破壊のたった三つの要素を考慮した結果である。ドイツの経済学者W・シュッツは、環境汚染の簡単なリストに基づいて計算を行ったが、これによれば、一九八五年にドイツ連邦共和国が〔環境汚染を通じて〕被った損害は、換算すると国内総生産の六％に相当する[33]。だからといって「自然資本」の全損失が補償されたといえるだろうか。ハーマン・デイリーとC・コッブは、汚染と環境破壊による損失額を計上して国民総生産を改訂する「本当の進歩を測る指標」（Genuine Progress Indicator）という統合的な指標の作成を計画した。彼らの計算によれば、一九七〇年代以降の米国では、国民総生産の継続的な増加に反比例して、進歩の指標は停滞し、後退すらも示している[34]。これらの条件を加味すると成長が神話であると言えるだろう！

以上の経済的な条件に政治的および文化的な影響を加えるべきである。開発問題では、社会的かつ人間的なプロジェクト一つに対してしばしば甚大な代償を支払うことになる。今日の開発は民主主義を支持する傾向にあるが、一九六〇年代には、いわゆる「原始的」蓄積や重工業化ないし軽工業化を達成するに必要な社会的統制を実現するために行われた独裁制、一党制、警察国家、政治犯の監獄への封じ込め、拷問、失踪、等が「正常」であると考えられていた。このような開発独裁は諸々の政治体制とは無関係に行われた。スターリン政権によるソビエト連邦はこの代償を払った。陸軍大将によって支配されたブラジル、大佐の支配下にあったギリシャ、ピノチェト政権下のチリ、ビデラ政権下のアルゼンチン、そして軍事政権時代のペルーも皆同じことをした。このような事例はいくらでも数え立てられる。新興工業国は同じ道を歩み続けている。韓国は長期にわたり軍事独裁と警察国家を経験してきた。「若き諸国民の成長」(Croissance des jeunes nations)という進歩的キリスト教徒の視点からこの点について幅広い省察を行っているキリスト教系報道団体は、一九六〇年代に執筆した長文の論評の中で一党制と報道の自由の停止を擁護していた。その論評には「世界人権宣言の尊重を要求することは文化帝国主義を強要することである」と書かれてある。人間主義者であるグナール・ミュルダールは、「民主主義体制では実現不可能な諸々の必要な改革を遂行する能力を有する権威主義体制の方が望ましい[35]」と述べている。帝国政治時代に地方総督と公

[31] (原注)　一九九一年十一月二十二日付のルモンド紙に掲載された数値である。
[32]　一九九四年七月九日にナポリで行われたG7サミットで、チェルノブイリ原子力発電所の完全閉鎖が議決された。この会合でまとめられたコミュニケの「原子力安全」の項目には、「したがってわれわれは、チェルノブイリ原発の閉鎖のための行動計画をウクライナ政府に提示しようとしている。この計画は、国際社会による財政的貢献とともに、ウクライナ当局の措置を必要とする」「この関連で、われわれは欧州連合による拠出を歓迎する。われわれは、さらなる措置として、このための原子力安全基金の増資を含め、当初二億ドルを上限とする贈与を行動計画のために提供する用意がある。さらに、国際金融機関により貸出が行われるべきである」と書かれてある(参照:『20ナポリサミット・コミュニケ(仮訳)』外務省ホームページhttp://www.mofa.go.jp/mofaj/gaiko/summit/naples94/j20_a.html　最終閲覧日:二〇一〇年一月二十九日)。
[33] (原注)　Hervé Kempf, *L'Économie à l'épreuve de l'écologie*, Paris, Hatier, coll. «Profil», 1991, p.52.
[34] (原注)　C. Cobb, T. Halstead, J. Rowe, *The Genuine Progress Indicator : Summary of Data and Methodology, Redefining Progress*, San Francisco, 1995; 同著者によるもので、«If the GDP is Up, Why is America Down?», in *Atlantic Monthly*, no.276, octobre 1995も参照のこと。

僕を担当した元在ガボン・フランス大使は、植民地独立の開始について語りながら、当時、満場一致で共有された次のような視点を冷静に表明している。「あの時代は混沌を生み出し、できあがったばかりの国民の統合と経済発展を推進するのにあまり都合の良くない不毛な闘争を発生させるような、後にわれわれが複数政党主義と呼ぶものから成る時代だった」。この複数政党主義への回帰が起こっている現在、大使の発言は興味深い……[36]。

ここで注目すべきは次のようなことである。それは、支払うべき代償が明らかである場合、その配当は——おそらく韓国を例外とすれば——開発の標準的な基準と世界銀行の分析を採用して、社会的・人間的コストを利潤と損失によって算出してみても、未だに還元されないのである。その上、この配当が抑圧の結果であることを証明するものは何もないのだ。

先述したすべての事例において、支払うべき代償は進歩がもたらす実際のあるいは想像上の配当とはまったく不釣り合いであり、代償と将来得られる配当は同じ性質のものではなく、同じ次元には存在しない。配当を得る者たちと犠牲者たちが異なるということは頻繁に起こる。つまり、この支払うべき代償は即座に知られることはなく、往々にして長期にわたって潜伏状態にあり、脅威としてのみ存在しうる。

今日提起される問題は次のようなものである。「発展」が意味するものが現実に起こっている開発政策の諸実践であるということを理解するのにあと四〇年も待つ必要があるのだろうか。他に何の発展があるというのか。現実に起こっている発展は経済戦争であり（勝者はもちろんのこと、それ以上に多くの敗者をともなう経済戦争である）、自然の完膚なきまでの略奪であり、世界の西洋化であり、地球の単一化である。現実に起こっている経済発展は文化の多様性を根絶やしにするか、あるいは少なくとも文化の殺戮を行うのだ。

今こそ発展主義に染まった言語を破壊する時機である。経済発展を目指す開発プロジェクトより他に開発・発展と呼ばれるものは存在しないのだから、より良い開発やより良い発展を求めても無駄である。なぜなら理論上では現になされている開発政策が善であるとされているのだから。もう一つの開発やもう一つの発展は無意味である。

最後に、グローバリゼーションとしての開発は民衆を困窮させる「機械」である。一九七〇年代以前は、アフリカで生活する人々は、工業製品をほとんど所有していないという意味で西洋の基準から判断すると「物質的に不足している状態」（pauvres）であったが、平時には飢餓が原因で亡くなる者は誰もいなかった。開発の五〇年を経てそれは過去のものとなった。まだましな例として、牛の家畜の伝統で有名な国であるアルゼンチンでは、一九八〇年代に発展主義の波が押し寄せるまでは、人々は牛肉を無分別に食べていて、悪い部分の肉は捨てていた。今日ではアルゼンチンの人々は生存のためにスーパーマーケットを荒らし、海の底は、国民には大した利益をもたらさない輸出を増進させるために、一九八五年から一九九五年の間に外国の船団によって厚かましくも搾取され、もはや漁業は生活の存立基盤ではなくなった。[37]ヴァンダナ

▼35（原注）この点に関しては、Bertrand Cabedoche, *Les Chrétiens et le Tiers-Monde*, Paris, Carthala, *op.cit.*, 1990（p.78, ミュルダールの引用）を参照のこと。

▼36（原注）Maurice Delauney, *Kala-kala. De la grande à la petite histoire, un ambassadeur raconte*, Paris, Robert Laffont, 1986, p.163.

▼37（原注）Hervé Kempf, «La pêche argentine victime, elle aussi, d'une politique trop libérale», *Le Monde du samedi* 5 janvier 2002.

▼38（原注）Vandana Shiva, *Le Terrorisme alimentaire. Comment les multinationales affament le tiers-monde*, Paris, Fayard, 2001, p.8（邦訳：ヴァンダナ・シヴァ著『食糧テロリズム――多国籍企業はいかにして第三世界を飢えさせているか』浦本昌紀監訳／竹内誠也・金井塚務訳、明石書店、二〇〇六年、一二ページ）。

・シヴァが言うように、「成長という幻想が、自然や貧しい人々からの窃盗を隠蔽し、資源の欠乏を創り出しているのに、それを成長と偽っている」[▼38]のである。

第5章

発展パラダイムから抜け出す

過去四〇年にわたる発展パラダイムの批判（特に北側諸国の南側諸国に対するソーシャル・エンジニアリングの意味での開発政策の批判）は、いわゆる「開発途上」の国々をして、歴史的なオルタナティブの形成――ヴァナキュラー[1]な社会／経済の自己組織化――に至らしめた。確かに、われわれは、地域交換システム[2]（SEL）やオルタナティブで連帯的な実践の交換ネットワーク（REPAS）[3]等の、北側諸国における様々な個別のオルタナティブなイニシアティブにはこれまで興味を示してきたが、社会全体を変容するような「全く別の選択肢」には関心を持つことはなかった。自然環境の危機だけでなくグローバリゼーションがもたらす危機も引き金となり、これまで長い間無人の砂漠に説法を繰り返してきたわれわれ〈ポ

▼1　ヴァナキュラー（vernacular）とは、「その土地固有の価値に根差している」という意味である。〈ポスト開発〉思想の先駆者であるイヴァン・イリイチは、同概念を、近代資本主義の商品経済システムに完全には従属していない、文化的な自律を保っている社会関係／社会活動を形容するために導入している（参照：イヴァン・イリイチ著『シャドウ・ワーク――生活のあり方を問う』玉野井芳郎・栗原彬訳、岩波書店、一九八二年）。ラトゥーシュの「ヴァナキュラー」概念の使用法はイリイチに倣うものと考えてよい。

スト開発〉論者の開発批判／発展批判は突如として成功を収めたのだが、この成功が契機となり、われわれは、北側諸国の経済と社会に対してこれらの批判が暗に意味することの理解を深めるまでに至った。つきつめれば、持続可能な発展の茶番は南側諸国だけでなく北側諸国に対しても無縁ではない。経済成長の危険は今や地球全体に及んでいるのである。

　確認しておくべきことだが、発展パラダイムに対する全く別の選択肢は、過去への回帰という不可能なことを提唱することにはなりえない。ましてや単一のモデルを採用することもできない。〈ポスト開発〉は多元的なものである。重要なことは、自然環境と社会関係を破壊する物質的豊かさが特権化されることのないような集合的な成熟の様式を探究することである。良き生活という目標は、文脈にしたがって多様な方法で表現されるものである。言い換えるならば、新しい文化を再構築（もしくは再生というべきか）することが重要なのだ。畢竟、経済発展に替わるパラダイム〔〈ポスト開発〉パラダイム〕は北側諸国と南側諸国では随分と異なる方法で構想される。

　本章では、人間の創造性と創意工夫が経済主義と発展主義の楔から自由になった時に生まれる社会的発明の豊かさのすべてを憶測することはしないが、現時点では、共愉にあふれる〈脱成長《デクロワサンス》〉(la décroissance convivale)と「地域主義《ローカリズム》」という〈ポスト開発〉の二つの形態を北側諸国において特定することができる。

共愉にあふれる〈脱成長《デクロワサンス》〉

　われわれの略奪的なシステムを持続的に再生産することとすら不可能であるということは、今や周知の事実であろう。未来の科学があらゆる問題を解決し、人工物による自然の際限なき代替が予想されうると考えるためには、主流派経済学者たちのあらゆる信仰を必要とする。マウロ・ボナイウチ[▼4]が問いかけるように、われわれは本当に、小麦粉の量が常に減少するけれども焼き釜と料理人の数が増えれば同じ数のピッツアを得ることができるのだろうか。たとえ新しいエネルギーを入手することができたとして、「われわれはいつか重力の法則を克服するだろうという期待だけに基づいて階段もエレベーターもない摩天楼[5]」を建築することは理に適っていると言えるだろうか。しかし、これこそがわれわれが原子力を駆使して行っ

▼2　地域交換システム（Système d'échanges locaux）は、フランス語圏（フランス、フランス語圏アフリカなど）に見られる補完通貨運動の代表的なモデルである。地域交換システムに関する研究は一九九〇年代以降、フランスの社会科学・経済社会学分野で盛んに行われている。ラトゥーシュによれば、フランス語圏やその他のラテン語圏（イタリア、スペイン）で実践されている地域交換システム（ＳＥＬ）は、各地域社会土着のインフォーマルな相互扶助の人間関係に基づいた非＝契約的な通貨使用を特徴とする。したがってＳＥＬはマルセル・モースが論じているところの「贈与の論理」に基づいており、より社会契約的でプロジェクトとしての性質が強い英語圏の地域通貨システム（ＬＥＴＳ）とは区別されるべきものである。（参照：Serge Latouche, «La monnaie au secours du social ou le social au secours de la monnaie : les SEL et l'informel», *Revue du MAUSS*, no 9, 1er semestre, 1997 ; *Décoloniser L'imaginaire : la pensée créative contre l'économie de l'absurde*, Paris : Parangon, 2003, pp.138-140）また、フランスにおけるＳＥＬの実践に関する歴史的・社会学的研究としては、Jean-Michel Servet (sous la direction de), *Une économie sans argent : Les Système d'échange local*, Paris : Seuil, 1999を参照されたい。

▼3　Réseau d'échange des pratiques alternatives et solidaires の略称。ＲＥＰＡＳは三〇社近くの社会的・連帯的企業から成るアソシエーションで、一九九四年にパリで設立された。以後、フランス全土にネットワークが広がっている。同アソシエーションの目的は、フランスの各地域社会の資源を、地元住民の生活のために集団的に活用する企業活動を推進することである。

▼4　イタリアの経済学者で、近年、ニコラス・ジョージェスク＝レーゲンの再評価を行っている。

▼5　（原注）　Mauro Bonaiuti, *La Teoria bioeconomica, La «nuova economia di Nicholas Georgescu-Roegen»*, *op.cit.*, 2001, pp.109 et 141.

ていることであり、こうしてわれわれは解決の見通しもなく、来る数世紀にわたり潜在的に危険な廃棄物を蓄積しているのである。一部の改革主義的なエコロジストたちの考えとは裏腹に、定常状態とゼロ成長は、可能でもなければ維持可能でもない。

1、定常状態・ゼロ成長は、可能ではない。

「われわれは金属貨幣を再利用することはできるが、貨幣の使用によって摩滅する青銅の分子を再利用することはできない」[6]。ニコラス・ジョージェスク＝レーゲンが「熱力学の第四法則」と命名したこの現象は、おそらくは純理論の次元においては議論の余地があるが、具体的な経済の観点からは妥当なものである。われわれは、新しい鉱山の地層を開発可能なものにするために宇宙に散在する原子の束を凝固する術を知らない。それは自然の数十億年の進化を経て達成される業である。ジョージェスク＝レーゲンによれば、際限なき成長を追求することが不可能であるという事実から導き出されるのは、ゼロ成長というプログラムではなく、成長の均衡点の必然的な縮退（décroissance nécessaire）というプログラムである。「〈より良い、より大きな〉廃棄物を生産することなしには〈より良い、より大きな〉冷蔵庫、自動車、飛行機を生産することはできない」と彼は述べている[7]。端的に言えば、経済プロセスは完全に機械的で可逆的なプロセスではなく、本来エントロピーの法則にしたがうものである[8]。しかし現行の過剰な経済成長は地球の環境収容能力を、すでに著しく凌駕している。アルンダチ・ロイは「わたしたちは限られた森林・水および土地しか持っていない。もしすべてをエアコン、フライド・ポテト、そして自動車に造り変えるならば、あなたには何も残らなくなるだろう」と述べている[9]。したがって経済の縮退は不可避である。

2、定常状態・ゼロ成長は、維持不可能である。

なぜなら、それらは環境保全と経済的支配の「既得権益」を調和しようとする妥協案であるからだ。これまでの経済成長によって生じた、生産様式・消費様式・生活様式のいずれも放棄されることはない。われわれは保守的な退嬰主義に甘んずる上に、発展主義と経済主義の価値と論理を根本から疑うことはない。しかし〈脱成長《デクロワサンス》〉は、自然環境を保護するためだけではなく、地球の破滅を防止するために必要不可欠な最低限の社会正義を再導入するためにも組織されなければならない。このように、社会的な生き残りと生物学的な生き残りは相互に深く連関しているように思われる。自然「資本」[10]の限界は、裁量可能な分け前の分配における世代間正義の問題だけでなく、今日生存している人類家族の間の正義という問題をも提起する。

二〇〇二年二月四日シルバー・スプリングにおいて、ジョージ・W・ブッシュは気象学理事会の前で次のように宣言した。「経済成長は環境を進歩させるための鍵であり、適切な技術への投資を可能にする資源を提供するので、気候変動の問題というよりはむしろ解決である」[11]。ブッシュの意見とは全く正反対に、筆者は次の点を認める。それは、経済発展は地球を引き裂く社会的かつ生態学的な諸問題に対する解決策

▼6（原注） *Ibid.*, p.140.

▼7（原注） *Ibid.*, p.63.

▼8 Arundathi Roy. インドの作家・活動家。インド政府の官僚的な開発プロジェクトやグローバリゼーションを批判するエッセイを多数出版している。ブラジルやインドで開催された世界社会フォーラム（二〇〇三年、二〇〇四年）においてもスピーチを行っている。

▼9（原注） Arundathi Roy, «Défaire le développement, sauver le climat», *L'Écologiste*, no.6, hiver 2001, p.7.

▼10 人類とその他の生物を含むと考えられる。

▼11（原注） *Le Monde*, 16 février 2002（ルモンド紙、二〇〇二年二月十六日）。

であるどころか悪の根元である、と。経済発展はそのようなものとして分析されるべきだし、また、非難されるべきである。われわれの過剰な経済成長は、すでに地球の環境収容能力を大きく超えてしまっている。もし世界のすべての市民が平均的な米国人ないしヨーロッパ人のように消費をすると、地球の物理的な限界は著しく飛び越されてしまうだろう。[12] われわれの生活様式が自然環境に与える「負荷」を表す指標として、必要な地表における環境負荷の生態学的な「フットプリント」を用いるならば、自然に対する利用権における公正さという観点と生物圏の再生能力という観点の双方から見て維持不可能な結論に到達する。生産と消費の過程で排出されるゴミや廃棄物を吸収するために必要なものとしての物質と燃料の必要量を考慮し、さらに住環境と必要なインフラストラクチャーの影響を加味する場合、世界自然保護基金（ＷＷＦ）の研究員は、人間一人当たりが消費する生物生産空間は一・八ヘクタールであると算出している。米国市民は一人当たり九・六ヘクタール、カナダ人は一人当たり七・二ヘクタール、ヨーロッパの平均は一人当たり四・五ヘクタールである。つまりわれわれは地球規模での平等とは程遠い状況にあり、持続可能な文明様式――人口が一定であると仮定するならば一人当たり一・四ヘクタールまで制限する必要がある――にはまだまだ到達していない。[13] これらの計算結果については議論の余地があるにせよ、残念なことに、これらは先述の計算結果を導き出すために使用された数多の指標によって確認されている事実である。したがって、ヨーロッパにおいて集中的な畜産業が機能するためには、産業様式の上でこのようにして育てられる動物に必要な食糧を生産するために、他の諸国でヨーロッパ大陸の耕作面積の七倍に相当するいわゆる「見えない耕作」のための土地［「影の農地《シャドウエイカー》」］が必要となる。[14] エネルギー消費と温室効果ガス排出との間の相関関係はさらに判然とした事実である。経済学者たちは往々にしてこの問題に対して沈黙を守り通すが、自由主義経済によって生み出される世界の生態学的な秩序が公正であるとあつかましく主張するわけでもない。

だからといって〈脱成長《デクロワサンス》〉は豊かさの後退を意味するものではない。多くの知恵が示唆していることだが、豊かさは適度に限られた欲求《ニーズ》で実現可能である。近代以前の（古代）社会の変化と潜在的な成長は、自然世界の制約に常に適応した非常に緩やかで広範な再生産機能の一部として起こっていた。「なぜならそれは、ヴァナキュラーな社会は自らの生活様式をその自然環境に適応していたからであり、そのような社会は維持可能であったからだ。反対に工業社会は、生存を期待できないような生活様式に自らの社会環境を適応しようとしてきたからである」とエドワード・ゴールドスミスは喝破している。[15] 言い換えれば、〈脱成長《デクロワサンス》〉を試みることとは、経済想念、つまり「より多いことがより良いことだ」という信仰を放棄することを意味する。豊かさと幸福は支出を縮小することで達成可能である。物質的消費において、質素で、節度ある、ある意味簡素な生活を、端的に言えば、一部の人がガンジーやトルストイの「シンプル・リヴィング」というスローガンの下で奨励するものを実践することで、平和で落ち着いた心を保ちながら、健全で安全な世界の内側で共に生きる歓びを分かち合う《コンヴィヴィアル》社会関係を成熟させながら本当の豊かさを再発見することが可能である。ただしこれらの「制約」について誤解をしてはならない。右に述べた提案から禁欲が想起されるのであれば、そのような禁欲は奨励されるべきではないし強要すべきでもない。[16] どのような

▼12（原注） Andrea Masullo, «*Il pianeta di tutti. Vivere nei limiti perchè la terra abbia un futuro*», Ediziani Missionari Italiani, Bologne, 1998を参照のこと。同書には、有名なローマクラブ報告書の刊行以来出版された、この主題に関する大量の文献が掲載されている。

▼13（原注） Giafranco Bologna (sous la direction de), *Italia capace di futuro*, Bologne, WWF-EMI, 2001, pp.86-88.

▼14（原注） Vandana Shiva, *op.cit.*, p.97(邦訳：ヴァンダナ・シヴァ『食糧テロリズム』前掲書、九一〜九三ページ)。

▼15（原注） É. Goldsmith, *Le Défi du XXIe siècle*, Paris, Édition du Rocher, 1994, p.330.

場合であれ、「われわれ一人一人が日常生活の中で、社会的に造られた欲求の植民地化に抵抗するにはどのようにすればよいだろうか」[17]というマジード・ラーネマの問題提起を避けて通ることはできない。

平和な〈脱成長《デクロワサンス》〉社会を構想し、またそのような社会へ近づくには、文字通り経済から抜け出す必要がある。このことは、理論と実践の双方において生活に対する経済の支配を根本から問い直すことを意味する。そのためにはまさしく、私的所有・生産手段および際限なき資本蓄積の止揚（放棄、破棄、超克）をもたらさなければならない。しかしこの転換は、かつてソビエト連邦が人々を欺くかのような結末と悲惨な結果を見せたような国営化や中央集権的な計画化によって引き起こされることはないであろう。経済からの脱出は結論として、発展パラダイムの破棄に到達しなければならない。なぜなら経済から脱出することによって発展パラダイムを存立せしめる神話、特に進歩への信仰が消滅するからだ。経済は漸次的な縮退（décroissance）の段階と消滅の段階に同時に突入するであろう。不正義をより生まない社会を構築することは、共愉《コンヴィヴィアリテ》の倫理ならびに量的には制限されるが質的に要求の高い消費を同時に再導入することを意味するであろう。環境に対する負の影響とともに、地球における人間と商品の計り知れないほどの移動量を疑問視すること。騒々しく往々にして有害な宣伝広告を大いに疑問視すること。そして凄まじい騒音を立てる巨大機械《メガマシン》[18]を休みなくより速く回転させることより他の理由をもたずに生産を繰り返し、そして使い捨て設備を矢継ぎ早に廃棄することを疑問視すること。これらは皆、物質の消費を行うそのただ中で〈脱《デク》成長《ロワサンス》〉の重要な潜在的条件を整えるものである。

フランスにおいて宣伝広告のためにあてられた支出は一九九九年に四五〇〇億ユーロに達した（ＯＥＣＤ諸国の南側諸国への援助の総額に相当する金額である）。同年の交通事故被害額は、直接的なもので二〇〇〇億ユーロ、間接的にはその三倍の六〇〇〇億ユーロであった。また、大気汚染によって誘発された健康被害は二七〇〇億ユーロであると評価されている。世界貿易機関の調査によれば、二〇一〇年に向けて、汚染防止のための市場（年率八％の成長市場であり、その目的は経済成長にともなう損害を維持可能なものにすることである）は、追加の四〇〇〇億ドルに相当する水対策を除いた場合、六四〇〇億ドルであると推定される。

より良い結果は、われわれの生活水準に打撃を与えて生物圏の搾取を大胆に削減することによってのみ達成される。ある水準に達するまでは、より慎重な方法で計算された所得の増加という偶像を追求しながらこの種の〈脱成長《デクロワサンス》〉を構想することさえも可能である[19]。軍事支出の削減は言うまでもなく、「対人関係に基づく財[20]」をより重視し、われわれの生産システムと権力システムを打倒することで、われわれの価値

▼16（原注）ベルトラン・ルアールによれば、「飽食に基づく工業国家の生活様式を疑問視することは、質素、簡素、あるいは何らかの禁欲的な生活形態を推進することでしかないのではないか」と考える人もいるだろう。しかしルアールは次の点を強調する。「反対に、ノウハウを習得することで発明すべきは異なる形態の豊かさである。つまり、消費される商品の量や交換される標章によっては測定されない豊かさであり、社会関係や人間、そして自然との関係を構築・反映するような意味と表現の豊かさである」（Bertrand Louard, «Quelques éléments d'une critique de la société industrielle», *Bulletin critique des sciences, des technologies et de la société industrielle*, juin 2003, p.28）。

▼17（原注）*Quand la misère chasse la pauvreté*, Fayard / Actes Sud, Paris, 2003, p.18. ラーネマはさらに、「また、清貧の原型に基づいた生活様式を選択するにはどのようにすればよいだろうか」と続けている。「自主規制」がより適切な方法であろう。

▼18　米国の近代産業社会批判者ルイス・マンフォードが、科学技術と工業機械によって全体化された近代産業社会を表すために用いた概念である。ラトゥーシュは開発問題を経済問題だけではなく技術科学の問題としても捉えており、マンフォード「巨大機械」という概念をしばしば借用することがある。例えば、Serge Latouche, *La planète des naufragés : essai sur l'après-développement*, Paris : La Découverte, 1991およびSerge Latouhce, *La Mégamachine : Raison techno scientifique, Raison économique et mythe du progrès*, Paris : La Découverte, 1995を参照のこと。

と生活様式を根元的に変革することはもちろんのことだ。

エルヴェ・ルネ・マルタンは次のように指摘している。「幸福な人は抗鬱剤を消費しないし精神科医の診察を受けることもない。自殺をしようとも思わないし、商店のショーウィンドーを壊すようなこともしないし、高価で役に立たない物を丸一日かけて買うこともない。つまり社会の経済活動には少ししか関わらないのである」[21]。〈脱成長《デクロワサンス》〉は生活をより快適にするものでありうる。〈脱成長《デクロワサンス》〉は、資本の規制緩和による利潤の飽くなき追求を動機とする成長のための成長というばかげた目的を破棄することを強く主張することを主眼としている。〈脱成長《デクロワサンス》〉がただ単に成長を縮小することを目指すような成長イデオロギーの歪んだ逆転を目指してはいないことは旗幟鮮明である。〈脱成長《デクロワサンス》〉はマイナス成長ではない。成長を単に緩めるだけでは失業が起こり、また、最低限の生活の質を維持する社会政策や文化政策、環境政策を放棄することになり、われわれの社会は分裂してしまうことは周知の事実である。マイナス成長率がどのような惨事を招くかは想像しうることであろう！　労働のない労働社会ほど恐ろしいものはないように、経済成長のない成長社会ほど恐ろしいものはない。したがって〈脱成長《デクロワサンス》〉は「〈脱成長《デクロワサンス》〉社会」によってのみ希求することが可能である。このことは、労働がわれわれの生活の中心に置かれていることを根本から問い直すような全く新しい社会の在り方を前提とする。つまり、使い捨てで役に立たない——もっと言えば有害な——製品を生産・消費することよりも社会関係が重視される社会、また、観照的な生活、そして利益を追求しないで遊び心に溢れるような活動が、その居場所を見出す社会の創造を意味する。すべての人に満足ゆく雇用を保証し、生活時間の再調整を可能にするためには、強制された労働時間を抜本的に削減する必要がある[22]。リオのＮＧＯフォーラムで提案された「消費と生活スタイル」憲章に触発されたオズヴァルド・ピエロニに倣って、これまで述べてきたすべてを、再評価する（Réévaluer）、構造を転換する（Restructurer）、再分配を行う（Redistribuer）、削減する（Réduire）、再使用する

（Réutiliser）、リサイクルを行う（Recycler）の「六つの再生プログラム（６Ｒ）」の中で統合することが可能である。[23] これら六つの目標は相互に依存しており、共愉にあふれる維持可能な〈脱成長《デクロワサンス》〉の好循環をもたらす。「再評価する」とは、われわれが信じ、われわれの生活の基礎にあるところの様々な価値を再検討し、あるべき価値へと変えていくことである。「構造を転換する」とは、生産設備と社会関係を諸々の価値の変化に応じて調整していくことである。「再分配を行う」とは、自然資産へのアクセスの分配を意味する。「削減する」とは、われわれの生産・消費様式が生物圏に与える影響を縮小させることである。そのためには、諸々の設備と使用される財を廃棄する代わりに再使用し、そしてもちろん、われわれの活動が排出した圧縮不可能なゴミをリサイクルしなければならない。[24] 成長という言葉が濫用されない限りは、共通善

▼19（原注）Mauro Bonaiuti, «À la conquête des biens relationnels», *Silence*, no.280, Lyon, La décroissance, février 2002.
▼20 biens relationnels. 対人的な内容が濃いサービスのことで、市場で取引されるものもあれば、非市場的なものもある。サービスの内容としては、ベビー・シッター、友情、マッサージ、精神分析などがある（参照：Serge Latouche, *Le Pari de la décroissance*, Paris : Fayard, 2006, p.287）。
▼21（原注）Hervé René Martin, *La Mondialisation racontée à ceux qui la subissent*, Paris, Climats, 1991, p.15.
▼22（原注）ハンナ・アーレントの言葉を借用するならば、職人および芸術家の仕事と政治的行為という、活動的生活（*vita activa*）の抑制された二つの要素が労働に対してその市民権を復活させるだけでなく、観照的生活（*vita contemplativa*）そのものが再生されるであろう。
▼23 本書第Ⅱ部収録の『〈脱成長《デクロワサンス》〉による新たな社会発展――エコロジズムと地域主義』（原題 *Petit traité de la décroissance sereine*）以降、ラトゥーシュは再生プログラムを六つから八つ（８Ｒ）に増やしている。また、６Ｒと８Ｒのそれぞれのテーマは、実践理性を重んじるラトゥーシュの思想に倣い、すべて動詞で（例「再評価する」）表現する。

という観点からもう一つの成長について語ることも可能であるかもしれない。

われわれ西洋人は恥じらいもなく西洋の進歩主義的な夢をふりまく。しかし開発の失敗に直面した現在、重要なことは、国内総生産（GDP）の際限なき成長ではなく、より良い生活の質を望むことである。都市や農村の景観の向上、飲料水の供給源である地下水層の純度の向上、河川の透明度や海水の衛生状態の向上を要求したり、空気や摂取する食糧の味の改善を要求することが可能である。民主主義の領域で為すべき進歩は言うまでもなく、騒音と闘い、緑地空間を増やし、動物や野生の植物を保護することだが、その他にも人類が関わる自然と文化の財産を守るために行うべき多くの改善事項がまだまだある。このプログラムの実現はいみじくも進歩のイデオロギーに参画するものであり、その一部は未だ発明されていない洗練された技術への依存を前提とする。〈ポスト開発〉論者が進歩や技術よりも「〔オルタナティブ社会を〕発明する権利」を重視しているということを槍玉に挙げて、技術排斥者であり反進歩主義者であると非難するのは不当であると言えよう。〈ポスト開発〉論者のこのような要請は、市民性を行使するために最低限必要なことである。

至極簡明なことであるが、北側諸国にとって、西洋社会の機能様式が生物圏に与える過剰な圧力を削減することは自らの生存のために良識を要求することであり、同時にそれは、世界の他の社会にとっての社会的かつ生態学的な正義の条件を整えることになる。われわれが望みそして熟考を重ねている〈脱成長《デクロワサンス》〉は、感情の「支出」やお祭り的な――ディオニュソス的な――生活の「生産」には何の制限も課すことはない。

北側諸国の成長の負の影響を被っている南側諸国に関しては、自らのアイデンティティを組立て直すために、〈脱成長《デクロワサンス》〉よりもむしろ、植民地化、帝国主義、そして軍事的・政治的・経済的・文化的な新帝国主義によって破壊された自らの歴史の紐を結び直すことの方が重要である。これこそが、南側諸国が自らの抱える様々な問題に適切な解決を与えるようになるための条件である。これらの諸国が、いくつかの輸出向けの投機的な農業（コーヒー、カカオ、落花生、綿など）だけでなく、世界銀行によって奨励されている新しい贅沢品の栽培（花、果物、季節外れの野菜、エビなど）の生産量も削減することは適切な判断である。なぜなら食糧増産が必要なのは明らかだからだ。われわれはまた、土壌と栄養の質を改善するために、北側諸国に見られるような生産主義的な農業を放棄することを構想してみてもよいだろう。そのためには、農業改革を実行し、インフォーマル領域などに一時避難している職人仕事を復活させることが必要であろう。南側諸国の民衆には、〈ポスト開発〉の時代を構築することが彼らにとってどのような意味をもつのか明らかにしておく必要があるように思われる。

いかなる場合においても、発展パラダイムを問い直す作業は、〈ポスト開発〉の企てを西洋から広がった新しい形態の植民地化（例えば、エコロジーを装った植民地化、または人道主義を装った植民地化……）に吸収してしまう上意下達的で普遍主義的な政策として現れることは不可能であるし、またそうであってはならない。これまで植民地化されていた人々は植民者の価値を内在化してきているがゆえに、このようなリスクに最も晒されている。経済想念、そしてとりわけ発展想念は、北側諸国よりも南側諸国において堅固である。開発プロジェクトの犠牲者たちは、悪が悪化することにのみ自らの不幸の治療法を見出そうとする傾向がある。貧困を生み出しているのは経済であるのに、経済こそが貧困を解決する唯一の手段であると彼らは考えている。開発と経済は問題であり解決ではない。開発と経済を解決であると装い、そう望み続けることもまた問題である。

▼24（原注）Osvaldo Pieroni, *Fuoco, Acqua, Terra e Aria, Lineamenti di una sociologia dell'ambiente*, Rome, Carocci, 2002, p.282.

したがって、生き残るためには、あるいはこの状況を耐え凌ぐためには、急ぎ〈ポスト開発〉パラダイムを構築せねばならない。もしローマにいてトリノ行きの列車に乗らなければならない時に、誤ってナポリ行きの列車に乗ったとしよう。この場合、列車の速度を落とすだけでは不充分であるし、ブレーキをかけ停止しても間に合わない。ナポリ行きの列車を降りて、正反対の方向に向かう別の列車に乗らなければならない。地球を守り、われわれの子供たちに可能な未来を約束するためには、現行の傾向を緩和するだけでは足りないのだ。狂牛病と遺伝子異常を解決するためには、その原因の一部である生産主義的な農業から抜け出さなければならないように、開発・発展および経済主義から脱出しなければならない。

開発・発展に対する文化的なオルタナティブのための国際ネットワーク（ＩＮＣＡＤ）宣言
――開発・発展の終焉と再生作業（一九九二年五月四日、於カナダ、ケベック州、オーフォード）からの抜粋

開発・発展《ディヴェロップメント》という名の下で、自然と人間共同体は解体と、消滅と、死を経験してきた。今日差し迫った課題は、管理の危機でもなければ改革でもなく、失われた文化と自然の復興でもない。ましてや単なる復興主義でもない……。われわれは文化的な武装解除と開発自体の終焉を通じて深い覚醒を推進する転換を必要としている。そしてわれわれは自然と文化の再興に向けて具体的に取り組まなければならない〔……〕。

結論として、われわれは開発・発展の終焉を宣言する。嵐の過ぎ去った今、われわれは、世界の人々が再建、調和、再生のために活動することを希求する。このことは、想像力を駆使しながら近代的な要素を伝統の残骸に接合する能力を有する、再生作業を行う集団を創設することを意味するだろう。われわれは、世界の複数性を認める多元主義を根元的に承認する時機が到来したことを、そして普遍的な基準を用いては達成することができないような文化的な再生の大きな流れに身を投じなければならないことを信ずる者たちである。〔……〕
　具体例として、次のような目標を最初の行動指針として掲げたい。

一、開発プロジェクトに取り組んでいる南側諸国のすべての債務を、（年率二〇％の割合で）漸次的に帳消しにする。
二、北側諸国の一人当たり所得を、一九六〇年の水準にまで削減する。
三、石油の際限なき利用を、適切な手段を使って中止する。
四、今後一〇年のうちに、すべての原子力発電所計画を帳消しにすることが可能になるような速度で、電気使用量を削減する。
五、国民国家とその発展を推進・維持するグローバルな教育モデルを脱構築する。ローカル・コミュニティが、自らの文化的環境と自然環境と調和する形で実践する教育システムを推進する。このような教育システムは、これらローカルな共同体を適切な水準で維持することを可能にする。
六、社会的・職業的なエリート向けに、北側諸国と南側諸国の双方で開発・発展の背徳を説明する「もう一つの教育」のためのプログラムの大規模キャンペーンを展開する。この実践は、次のような主題について取り組む。
・世界の大多数の人々の窮乏化の要因、および困窮化の様式としての開発や発展について。
・経済成長という祭壇上で再生可能な自然エネルギーが犠牲となっている事実について。
・国民国家単位で国民総生産を増加させるよう、社会的・職業的なエリートに課された義務について。この義務は、これらエリートをしてローカル・コミュニティーの創造的な再生のための活動の興味関心を理解することをできなくしている。

七、北側と南側の民衆の間に〈ポスト開発〉についての異文化間の対話を推進するために、様々な生活様式と世界の多様な文化の様式を考慮に入れながら、開発エージェントのすべての援助を知識の獲得と再生に向けられた分権化された協力体制へと転換する。

右の目的に向けてあらゆる基礎を再構築する。

賛同者：カルパナ・ダス（カナダ、インド）、グスタヴォ・エステヴァ（メキシコ）、セルジュ・ラトゥーシュ（フランス）、ダグラス・ラミス（日本、米国）、フレデリック・アップフェル・マーグリン（米国）、マリー・マクドナルド（米国）、アシス・ナンディー（インド）、エマニュエル・ンディオン（セネガル）、ライモン・パニッカー（カタロニア、スペイン、インド）、シドニー・ポビウッシー（カナダ）、マジード・ラネマ（フランス、イラン）、ヴォルフガング・ザックス（ドイツ）、エディス・シゾー（オランダ、ベルギー）、デヴィッド・トゥシュナイダー（ボリヴィア）、ロベール・ヴァション（カナダ）、アッサン・ザウアル（フランス、モロッコ）

地域主義《ローカリズム》

共愉にあふれる〈脱成長《デクロワサンス》〉を、緊急かつ今日確認可能なグローバルな目標の一つとして提案すること、そして地域に根差した具体的なオルタナティブを実践すること。各地域の土壌に活力を取り戻させなければならない。このことは北側諸国と南側諸国の双方において必要なことである。なぜなら、潜在的には一つの惑星であるとはいいながらも、実際には人々はローカルに暮らしているからである……。しかしもっと突き詰めれば、共愉にあふれる〈脱成長《デクロワサンス》〉と地域主義は、発展パラダイムと経済から脱出し、グローバリゼーションに対抗するために必要なことである。大切なことは、社会関係を無味乾燥なものへと変えてゆく傾向のアリバイとして「グローカル」という言葉が使用され、結果的にこの言葉が空いた傷口を塞ぐための絆創膏程度の役割しか果たさない、いわば幻想と気晴らしの言説となってしまうことを避けることである。

国家、政治、環境、倫理、文化に対するその辛辣な仕打ちによって、グローバリゼーションは地球規模で経済発展のもたらす危険を増進させている。世界市場、世界の全商品化、全体化された競争を通じて人類は科学技術の認識世界に抽象的な存在として組み込まれ、その引き換えとして、脱社会化と社会関係の解体が日常化している。解決すべき問題が増える一方で短期的に望むべき治療の影響力が限定的なままであるのは、まさしく現行のシステムを存立せしめる想念に基づいてシステムを「維持」させようとする信仰が依然として根深く心に潜んでいることを物語っている。換言すれば、現行の世界の変化がわれわれを憂鬱な状態に貶める前に世界を本当に変革するためには、われわれの精神《エスプリ》を脱植民地化しなければならないのだ。

現実問題として、これまでとは異なる形で生活する新しい社会を構想するには二つの方法がある。そのような社会が否応なく必要とされることがある一方で、われわれはそのような社会を選択することもできる。表現を変えるならば、われわれ自身がどうであれ、多かれ少なかれ無意識のうちにそのような社会を構築せざるを得ない状況に迫られることがありうる。また反対に、別なる社会を意識的に建設することもできる。第一の形態は歴史的なオルタナティブを表し、第二の形態は主意主義的なオルタナティブを表す[25]。

ブレトンウッズ体制の庇護の下、グローバル経済は数百万人が暮らす農村地帯を排除し、先祖代々引き継がれてきた彼らの生活様式を破壊し、サブシステンスのための手段を消し去り、遂にはこれらの人々を第三世界の大都市周辺や郊外に投げ入れて、そこでの定住を余儀なくした。彼らは「開発の遭難者たち[26]」

である。支配的な論理の中で今まさに消え去らんとしているこれら開発プロジェクトの売れ残り商品たちは、支配的な論理とは別なる論理にしたがって自らを組織化するより他に生き残る術がない。彼らは異なるシステムと異なる生活を効果的に発明しなければならず、また、彼らのうちの一部は少なくとも実際にそのような別なるシステムを発明しているのである。このようなオルタナティブはインフォーマル経済の名の下で検証されてきた。しかしながら、ここでわれわれの関心を惹き付けるインフォーマルなるものは経済に非ず、いわんや「もう一つの経済」でもない。インフォーマル領域の中では、われわれは別なる社会の中に生きているのである。インフォーマル領域において経済活動はそれ自体自律したものとしては存立せず、社会関係の中に、なかでもアフリカの様々な居住区（都市、町）を構造化する複雑なネットワークの中に組み込まれている。この現実を語るのに「インフォーマル経済」という表現よりも「ヴァナキュラーな社会」という言葉がより適切であるのはこのような理由からである。公式の経済領域（近代の市場経済）の外部で近隣同士の社会関係を自主編成する戦略を通じて、「開発の遭難者たち」が自らの生活を生産および再生産するような方法が存在するのだ。これらの戦略はあらゆる類の「経済的な」活動を内包するが、これらの経済的な活動が専門分化することはない（専門化されるとしても微々たるものである）。各人が問題に臨機応変に対応し、ブリコラージュを行い、困難を切り抜けるその方法はネットワークに依存する。互いに繋がっている者同士が様々な社会関係の群れを形成するのである。実際に、複数の小さな社会的かつ経済的な集団の間の巧みな相互行為の上に成立しているこれらの戦略は、しばしば主婦たちの戦略としてとらえられる家事仕事の戦略とよく似ているが、数百人単位から成る拡大家族になぞらえられる一つの社会に置き変えられる[27]。

　かくしてヴァナキュラーな社会は、一見したところ、多元的な活動、非専門主義、近隣関係を接合する戦略に基づく女性的な性質を有している。巨大な社会[28]から見捨てられた者たちは社会関係を再発明し、この社会的なるものを機能させることで、自らを生きながらえさせるという奇跡を実現している。つまるところ、彼ら／彼女らは近代の模範的な諸形態、国民国家の市民、ならびに国家およびグローバル市場から

▼25（原注）*L'Autre Afrique. Entre don et marché*, Albin Michel, Paris, 1998（『他のアフリカ――贈与と市場の狭間で』）において、筆者は第一の道を素描することを試みた。北側諸国におけるローカルな社会関係を復活させるために、「〈ポスト開発〉の実験場」として〔経済想念の認識世界では表象不可能な〕この別なるアフリカから教訓を導き出すことは非常に興味深いことである。

▼26 les naufragés du développement. 開発政策によって排除された第三世界の都市スラムや農村で生き残り生活を送る民衆たちのことをラトゥーシュはこのように表現し、来るべき〈ポスト開発〉社会は彼らの自律的で非経済的なネットワーク運動から創造されると主張する。*La Planète des naufragés : essai sur l'après-développement*, Paris, La Découverte, 1991（『遭難者たちの惑星』）はそのような「開発の遭難者たち」の自己組織化の可能性を再評価する文献として世界的に有名であるが、この文献の中でラトゥーシュはとくに、セネガルやブルキナ・ファソのインフォーマル領域におけるオルタナティブな実践を評価している。

▼27　西アフリカのインフォーマル経済における活動は、貧困層の女性たち（主婦層）主導で行われることが多い（イタリアやフランスの補完通貨運動に関しても同じことが言える）。この点については、セネガルのダカールのNGO・Enda Tiersmondeの活動と研究実績が有名である。Emmanuel N'Dione, *L'économie urbaine en Afrique : le don et le recours*, Paris : Karthala-Enda Graf Sahel, 1994 ; Enda Graf Sahel, *Une Afrique s'invente : Recherche populaires et apprentissages de la démocratie*, Karthala-Enda Graf Sahel, 2001を参照のこと。また、西アフリカ全体のインフォーマル経済の包括的な研究としては、Serge Latouche, *L'autre Afrique entre don et marché*, Paris : Albin-Michel, 1998を、そして東南アジアのインフォーマル領域におけるマイクロファイナンスとセネガルのそれとの比較研究としては、Jean-Michel Servet, *Banquiers aux pieds nus : La Microfinance*, Paris : Odile Jacob, 2006を参照のこと。

▼28　la grande société. 近代社会のこと。もともとは自由主義思想家のハイエクが用いていた言葉である。ラトゥーシュはその一連の著作において近代社会を「巨大な社会」と隠喩的に表現し、近代産業社会を批判すると同時に自由主義思想の系譜（特に経済自由主義）も批判している。

排除されているので、ネオ・クラニーク（néo-clanique）と呼ばれる連帯ネットワークを駆使して生存しているのである。この連帯ネットワークでわれわれが目にするのは、カール・ポランニーがその著『大転換』で描写したものとは逆のプロセス、つまり経済的なるものの社会性への再組み込みのプロセスである。

ネオ・クラニークのオイコノミア[29]（œconomie néo-clanique）のこのような機能の中に、商品市場の論理とは大きく異なる論理（贈与と奉献的な供犠の論理）を見出すのにさほど時間はかからない。ネオ・クラニークのオイコノミアにおいてもその他のいずれの場所においても、社会関係は交換の上に機能する。しかし交換は、貨幣をともなうものであれそうでないものであれ、市場よりも互酬性に基づくものである。マルセル・モースが分析したように、「与え、受け、返す」という三つの義務に直面する。この贈与の論理において中心的かつ根本的なものは、関係が財に取って代わるということである[30]。それゆえに、ヴァナキュラーな社会においては経済が社会的なるものに再び組み込まれ、贈与の論理にしたがって機能することが明瞭に現れるのである。まさにこの点にこそ、生存を余儀なくされた状況から必然的に生まれた〈ポスト開発〉のローカルな形態が存在するのである。北側諸国が〈脱成長《デクロワサンス》〉を行うことは、これら南側諸国の新しい社会が身に迫ってくる飢餓、感染病、独裁政治、市民戦争を逃れることを可能にするために必要な条件である。

北側諸国では、国民を形成するものとその後ろ盾となる行政が相対的に後退したことによって諸々の制約が緩和され、経済的な共同作用を生み出すことを可能にする文化的な隆盛が引き起こされ、「地方的なもの」と「ローカルなもの」が再び活性化している。余暇・健康・教育・環境・住居および対人サービスが生活基盤のミクロでローカルな水準で管理されている。日常生活のこのような管理は、一部の住民（排除されている人々、反体制の人々、連帯的な人々）の側で豊かで有意義な市民性にあふれるイニシアチブをもたらしており、生活世界への影響力を回復させる傾向がある。ヨーロッパだけでなく米国、カナダ、オーストラリアにおいても新しい現象が確認される。それは新しい農家、新しい農村生活者、新しい職人と呼ばれうる人々の誕生である。自主管理を行う協同組合企業、新興農村共同体、補完通貨システム（ＬＥＴＳ、ＳＥＬ）、時間銀行、選択的時間、都市の貧困地区の自主管理、親の自主管理託児所、自主管理商店、職人組合、農民による農業、倫理銀行または信用リスクのための共済組合、フェアトレードおよび連帯貿易運動、消費者アソシエーションなどなど、無数の非営利アソシエーション（少なくとも完全には営利目的ではない協同組織）の誕生を確認することができる。これらすべての運動の実際の経済的影響力は問題含みである。（行政的、または企業向けサービスなどの）サービス業に関する雇用があり、下請の雇用や、住民に対する近隣サービスに関する雇用がある。しかしこれらの組織は明らかに統一された動き

▼29　アリストテレスがその著『政治学』において導入した「オイコノミア」（oikonomia）という概念は、直訳すれば「家の管理・統治」を意味し、個々人の生活の基礎となる物質的条件を再生産していくための活動と捉えられている。アリストテレス自身は、オイコノミアを、貨幣の蓄積を目的とする投機的な経済活動である「クレマティスティック」と区別している。アリストテレスのこの二つの概念は、経済人類学者カール・ポランニーの著作『大転換』において取りあげられた。同書でポランニーは、資本蓄積を目的とする自由市場経済をクレマティスティックの性格をもつものとして批判している。その後、ポランニーの影響を受けたイヴァン・イリイチは、その著『シャドウ・ワーク――生活のあり方を問う』（玉野井芳郎・栗原彬訳、岩波書店、一九八二年）において、近代資本主義システムにおいて未だ標準化されていない文化的な自律性を維持する社会空間を「ヴァナキュラー」と名付けたが、まさにこのヴァナキュラーな社会空間における活動をオイコノミアと呼んでいる。ラトゥーシュは、アリストテレス、ポランニー、そしてイリイチと引き継がれた「オイコノミア」という概念を応用し、西アフリカの民衆の自己組織化の論理を市場経済の論理に完全には巻き込まれていない、自律した空間であると評価している。

▼30（原注）Jacques Godbout, en collaboration avec Alain Caillé, *L'Esprit du don*, Paris, La Découverte, 1992.

をもたらしてはいない。（国家やＥＵ本部の補助金をともなう）経済開発とグローバル市場に接合され、これらの協同組織は遅かれ早かれ消え失せるか、あるいは支配的なシステムに根を下ろしてしまうことを余儀なくされる。そのときアソシエーション運動は文字通り自らの魂を失い、公権力・企業およびアソシエーションの正規職員の手によって、そして（経験や有意義な学習を求めて）アソシエーションのためにボランティアで働く「戦闘的活動家たち」の手によって「道具化」されることで終わってしまう。ローカルな社会を成功させるとは、「第三」セクターを賛美するのではなく、むしろその他の二つの部門（資本主義市場と国家）を征服することを意味する。またローカルな民主主義を再興することも重要である。[31] 従来、これらアソシエーション運動全体の動きは――筆者の見解では誤った方法で――「ミクロな次元での経済発展」として定義されてきた。しかしこれらオルタナティブなイニシアチブは、「ミクロな次元での経済発展」というよりはもう一つの社会を建設するプロジェクトに参画するものであるので、「反開発」もしくは「脱開発／脱発展」として語らねばならない。なぜならわれわれは、生活の非経済的側面の再評価と、三つの義務として理解される「贈与」と、新しい社会関係に立脚する新たな社会的な論理を発明する企てに直面しているからだ。あらゆるローカルな自主管理形態からなるこれらの実験は、それ自体の内容としてよりも、世界のあらゆるものを商品化する権力が台頭するその傾向に対する抵抗と離反の形態としてわれわれの関心を惹き付ける。主意主義的なオルタナティブのイニシアチブの危険性は、つまるところ、全体的に一貫性のある社会関係の構築を目指すオルタナティブな革新の総体としての生態学的な意味でのニッチ（生態学的位置）の構築と強化を行う代わりに、自らの発生と発展を可能にした未開拓分野に閉じこもることにある。ニッチの戦略は、ヴァナキュラーな社会で構成されるアフリカの経験が与える教訓であり、オルタナティブな企てに参画するすべての人々に対しても役に立つものである。オルタナティブな管理は何よりもまず、未開拓分野よりもニッチにその存立基盤を置かねばならない。「未開拓分野」

は支配的な経済合理性に依拠した征服と攻撃のための戦闘的な戦略概念である。[32]最終的にオルタナティブな企てを生存させうるものは、むしろニッチの方である。ニッチとは生態学的な概念であるが、その含意するところは古代における知慮という概念（アリストテレスのフロネーシス）にかなり近いものがある。それは経済的な効率性とは無縁の効力を意味する社会的な概念である。オルタナティブな企てはグローバル化した市場とは異なる（あるいは異なるべき）空間において真価を発揮するし、もしくはそのような空間において生存する。抵抗運動によって概念化し、保護し、維持し、強化し、そして発展させなければならないのは、そのようなメインストリームから離反した未発達の空間である。グローバル市場のただ中でその未開拓分野を保守するために負け戦をするよりも、グローバル化する経済の周辺でそのニッチを拡大

▼31（原注）Takis Fotopoulos, *Vers une démocratie générale. Une démocratie directe, économique, écologique et sociale*, Paris, Seuil, 2001.

▼32　未開拓分野（créneau）がマーケティング用語であるのに対して、ニッチ（niche）が生態学用語であることに注意されたい。

▼33（原注）これは、イタリアにおいてリリプット・ネットワークが試みているものである。イタリアでは、多国籍資本主義企業の大手グリヴェール（Gulliver）の進出を阻むために無数の小さなオルタナティブ組織によって編成されたクモの巣状の広範なネットワークが存在する。フランスではより穏健なレベルではあるが、オルタナティブかつ連帯的な交換・実践ネットワーク（REPAS : Réseau d'échanges et de pratiques alternatives et solidaires）が存在する。この点については、B. Barras, M. Bourgeois, E. Bourguinat, M. Lulek, *Quand l'entreprise apprend à vivre*, Paris, Éd. Charles Léopold Mayer, 2002を参照のこと。

▼34（原注）Tonino Perna, *Fair Trade. La sfida etica al mercato mondiale*, Turin, Bollati Boringhieri, 1998, p.123.

▼35（原注）*Ibid.*, p.122.

▼36（原注）*Ibid.*, p.122.

・深化させる方がより理に適っているように思われる。グローバル経済に対抗する共謀の領域の延長と深化は成功の秘訣であり、これらオルタナティブな企てが最初に配慮すべき点である。消費者活動家（市民的意識をもった消費者）は、地域交換システム（SEL）、オルタナティブな生産者、新しい農村生活者、そしてこのようなオルタナティブな道に真剣に取り組んでいるアソシエーション運動を接合する全体にとって鍵となる要素である。現存する支配的なシステムに対する真なるオルタナティブを表すのはこの統一体である[33]。トニーノ・ペルナが述べていることだが、「総じて言えば、フェアトレードが直面している課題とは、南側諸国の生産物を、結果的にこれら諸国の文化的資産を破壊するような現存の商品流通システムに参入させることではない。むしろ消費者の倫理的選択肢を本当の〈ニーズ〉に転換することである」[34]。「このことは、生産物のイノヴェーションよりも社会的なイノヴェーションという点から物事を考察する必要がある、ということを意味する」[35]。この診断をローカルなプロジェクトに応用することは可能である。「いわゆる資本主義市場の法則に適応し、その中で一時しのぎをし、宣伝広告やマーケティングなどの市場経済の道具を無批判に利用することを求めることは、数量的かつ短期的には何らかの結果を生み出すであろう。しかし最終的には、そのような道を選ぶことは敗北に帰することになるのである」[36]とペルナは結論づけている。したがって、ニッチの戦略はグローバル市場という砂漠の中でオアシスを保全するのではなく、そのような砂漠を退化させるか、もしくは肥沃にするために、健全な「組織《オルガニズム》」を徐々に拡大してゆくことにある。重要なことは、社会的な抵抗を、エコロジカルな抵抗ならびに北側と南側の排除された人々に対する連帯と連携させ、さらにはあらゆる協同的なイニシアチブとも連携させることである。そうすることで抵抗と離反の運動を接合し、最終的には共に生きる歓びを分かち合う〈脱成長《デクロワサンス》〉を実現する自律社会にいたるのである。このようにしてわれわれは、ペネロペがしたこととは正反対に、グローバリゼーションと開発が陽の光の下で壊した社会関係の網の目を夜半に紡ぎ直すのである。

想念の脱植民地化

市場の全体化の地球規模での勝利以外の何ものでもないグローバリゼーションと対峙する今日、われわれが構想し求めなければならないのは、経済的価値を中心的な価値（あるいは唯一の価値）とはしない社会、つまり経済を究極の目的としてではなく人間生活の単なる手段として位置づける社会である。消費を常に増大させることを前提とするようなこの狂気じみたシナリオを放棄しなければならない。このことは、地球環境の決定的な破壊を回避するためだけではなく、現代に生きる人間の心理的かつ道徳的な貧困から脱出するためにも必要である。[▼1] 世界の変化がわれわれを憂鬱な状況に追いやる前に世界を本当に変革するために必要なことは、まさにわれわれの想念の根元的な脱植民地化と精神の脱経済化である。物事がこれまでとは異なる形になるためには、そして真に独創的で斬新な解決を構想するためには、物事をこれまでとは違った方法で見つめることから始めなければならない。重要なことは、生産・消費の拡大とは異なる

▼1（原注） Cornelius Castoriadis, *La Montée de l'insignifiance. Les carrefours du labyrinthe, IV*, Paris, Seuil, 1996, p.96（コルネリュウス・カストリアディス著『意味を見失った時代——迷宮の帰路4』江口幹訳、法政大学出版、一九九九年、一一三〜一一四ページ）。

意味を人間生活の中心に置くことである。地球にのしかかる最大の脅威は、おそらくは巨大機械《メガマシン》の錯乱がもたらす破壊の脅威ではないであろう。むしろわれわれの盲目さと非力さである。共和制末期の古代ローマがそうであったように、「われわれはもはや己の悪徳にもその治療にも耐えることができない」[2]のである。われわれは病気を正しく診断することを拒否し、兆候を覆い隠すことに満足している。われわれが治療を要求しているのは、このような悪徳の栄えそのものに対してである。従来の開発政策に反対して持続可能な発展、地域開発／地域発展、社会開発、あるいはオルタナティブな開発を提案することは、結局のところ、ウイルスを保持することで患者の苦しみをできる限り長引かせようとすることである。必要なのは集合的な解毒という真の治癒である。つまり、成長は異常なウイルスであると同時に麻薬でもある。マジード・ラーネマが述べているように、「土着の自律空間に入り込むために、人類最初のホモ・エコノミクスは今でも忘れ難い二つの方法を採用した。一つはＨＩＶという免疫後退ウイルスの作用であり、もう一つは麻薬密売人によって用いられた手段である」[3]。つまりは免疫機能の破壊と新しい欲求の創出が必要なのである。

　ジャック・エリュールによれば、われわれの同時代人たちに「技術体制」という意味での（そして付け加えるならば開発技術としての）技術を放棄することを要求することは、石器時代の人間に己の周囲にある森林を燃やすことを要求するようなものである[4]。われわれがすすんで開発、自らの生活様式、そしてそれらに付随する技術を放棄することが起こりえないことは火を見るよりも明らかである。しかしながら、われわれが、最後の森林とそこに未だに生存している最後の「石器時代の」人間を燃やすことを止めるかどうかは定かではない。

　それでは地球にとって、そして人類にとって、希望も未来もないのだろうか。大文字の歴史の教訓は楽観主義的な展望を何も持ってはいないし、技術経済システムの錯乱に対する良識の勝利、そして私的所有者のエゴイズムと支配者層の権力志向に対する共愉の倫理の勝利は、実践理性の信念と説得の力のみに立脚してこそはじめて確実なものとなるであろう。ただ、利潤の際限なき追求によって動かされる合理性の逸脱は、憂鬱にさせるものではあるにせよ、問題提起の機会を生み出すような惨禍をもたらす。日常生活における科学技術の数知れないリスクは言うまでもなく、一昔前のチェルノブイリ原発事故、今日の狂牛病、そして明日の温室効果は、省察の補助線となるものである。諸々の惨事から教訓を得ることは、緊急事態およびオルタナティブの勝利に必要な条件を構成する想念の必然的な変化を引き起こす。

〔北米大陸〕西部の太平洋岸のブリティッシュ・コロンビアの先住民たち（クワキウトル族、ハイダ族、シムシィアン族など）は、鮭は彼らと同じような生物であり、海の底で「ティピー」[5]を張って部族単位で生活している、と考えている。鮭は冬には自分たちの地上の兄弟のために自らを供犠として捧げにきており、鮭の服を纏って河口に向かって泳いでくる、と考えられている。鮭が河を遡行する季節には、先住民は最初の鮭を賓客として迎え入れる。彼らは祝祭を開催してその鮭を食べる。鮭の供犠は一時的な借り物

▼2（原注）ティトゥス＝リウィウスの言葉（Jacques Ellul, *Le Bluff technologique*, Paris, Hachette, 1988, p.95から引用）。
▼3（原注）Majid Rahnema, *op.cit.*, p.214.
▼4（原注）Jacques Ellul, *Le Système technicien*, Paris, Calmann-Lévy, 1977, pp.94-98.
▼5 北米先住民が使用していたテント。
▼6（原注）Lewis Hyde, *The Gift : Imagination and the Erotic Life of Property*, New York, Vintage / Random, 1983.
▼7 *Dictionnaire historique de la langue française*, sous la direction de Alain Rey (Le Robert, 2006) によれば、今日資源（リソース）を表すフランス語 resource の語源はラテン語の resurgere（再び出現する／再生する）からきており、生命の再生や豊穣を意味する言葉である。Ressourcement はまさしく「再び湧き出ること」を意味する。

以外の何ものでもない。先住民は、食べられた来客の再生を願って背骨と食べ残しを海に返す。このようにして鮭と人間の共存と共生が満足行くかたちで持続してきたのである。白人がやってきて各河口に缶詰工場を設立したことがきっかけで、利潤競争が鮭の乱獲を促した。先住民は、白人たちが儀式を重んじなかったために鮭が消え去ったと判断した。誰がこれら先住民に罪をかぶせることができようか。[6] 人間が世界に自らを立脚させるためのこのような義務はほとんどの社会で確認される。シベリアでは人間は、自らが受け取ったものを動物たちに返済するために森の中で死ぬ。このような態度は、人間と世界のその他存在者との間にある互酬性を意味するものである。地球が人間に自らを与えるように、人間も地球に自らを与える心積もりができているのである。自然の再生能力を否定し、天然の財産を搾取すべき一次資源に還元し、自然資産を「再び湧き出ずる生命の泉」[7]（ressourcement）と見なさないで、近代は人間と自然との間の互酬性を消滅させた。この地球で抑圧され、鎮圧され、辱められているすべての人々は、経済発展の奇跡や幻影がどのような装飾をまとっていようとも、それらが隠しているものを必ずしも望んだりはしない。彼らが切望していることは生存することである。経済学的ならびに発展主義的な見解が考えるような、カロリー単位で計算された単なる生物学的ないし物質的な生存ではなく、人間的な活力という点からみた文化的な生存のことである。排除されている人々は、可能であれば「良く」生きることを夙に望んでいる。「良い」ということは必ずしも「より多く」という意味ではなく、また「より良い」という意味でもない。それは、彼ら自身の価値、規範、文化的選択肢にしたがって、そして最も高い国民総生産を追求する競争に囚われたり潰されたりすることではなく、尊厳ある生活を営むことを意味する。つまるところ、これはまた、北側諸国の一部の人々によって共有される深遠な願いではなかろうか。地域主義と組合わさった共愉にあふれる〈脱成長《デクロワサンス》〉が実現しようとしているのはこの希望である。

〈脱成長《デクロワサンス》〉による新たな社会発展

第Ⅱ部

エコロジズムと地域主義

第Ⅱ部のキイターム〈脱成長〉(décroissance) の訳語について　　（訳者）

第Ⅱ部の中心テーマである〈脱成長〉の原語〈décroissance〉は、本来は「減少」「減退」「縮小」という意味があり、文字通り、成長を表す〈croissance〉とは反対の意味を表す言葉である。

〈décroissance〉は、1970年代末に、ルーマニア出身の経済学者ニコラス・ジョージェスク＝レーゲンが理論化する生物経済学の中心的な定理である「経済成長の収縮・縮退(declining)」の訳語として登場したが、ラトゥーシュらフランスの〈ポスト開発〉論者たちは、1990年代半ばにこの言葉をさらに解釈し直し、近代産業社会を規定する経済成長パラダイムに替わるオルタナティブな社会実践の総体を表す言葉として用いられるようになった。特にラトゥーシュの著作においては、この用語の名の下に、イヴァン・イリイチ、アンドレ・ゴルツ、コルネリュウス・カストリアディスらの近代産業社会批判の思想、マレイ・ブクチンのソーシャル・エコロジー、そして1970年代より展開されているエコロジー運動の諸実践を接合する試みが行われている。したがって、décroissanceは――

「今日の産業社会の諸制度を、経済成長を目的としない新しい豊かさの実現を目指し、各地域社会に固有の文化と生態系に根差した多元主義的な自主管理組織へと転換してゆく市民的実践の過程（経済成長パラダイムを脱する状態）」という草の根の社会運動を表すと同時に、

「経済成長パラダイムから抜け出た状態（経済成長パラダイムから脱した状態）」というオルタナティブな理想も表す言葉であると言える。

以上の理由から、〈décroissance〉の訳語として〈脱成長《デクロワサンス》〉という言葉を用い、今日のグローバル経済の基底をなす経済成長パラダイムを問題視するとともに、経済成長パラダイムを克服するオルタナティブの創造の可能性を含意させることにした。

はじめに

今日、世界を牽引する経済成長主義が従来の道筋をたどるならば、産業を悪とみなす自然主義的な保守主義が正当化されるであろう。

——ベルナール・シャルボノー[1][2]

筆者が執筆した『〈ポスト開発〉という経済思想——経済想念の脱植民地化から、オルタナティブ社会の構築へ』[3]〔本書第Ⅰ部〕は、『ル・モンド・ディプロマティーク』の好意的な書評において、「〈脱成長《デクロワサンス》〉の

▼1 Bernard Charbonneau（1910-1996）フランスの哲学者。一九三〇年代にキリスト教系左派の雑誌 *Revue Esprit* などを中心に思想活動を始める。近代技術批判で有名なジャック・エリュールと早くから交流があり、近代科学技術と国家権力から自然と人間を解放することを目的とする、実存主義哲学に基づいたポリティカル・エコロジーを打ち立てる。その思想は近年、ラトゥーシュら〈脱成長《デクロワサンス》〉派の中で再評価されている。主著は、*Le Jardin de Babyloon*, Paris : Gallimard, 1969 ; *Le Système et le chaos : Critique du développement exponentiel*, Paris: Anthropo, 1973; *L'Etat*, Paris : ECONOMICA, 1987 など。

▼2（原注）*Une seconde nature*, Pau, 1981, p.108.

▼3（原注）*Survivre au développement : De la décolonisation de l'imaginaire économique à la construction d'une société alternative*, Mille et une nuits, Paris, 2004［本書の第Ⅰ部として収録］。

座右の書」[4]と評価された。これはある意味、不当な評価だといえよう。その理由は二つある。

第一に、この論文において〈脱成長《デクロワサンス》〉社会に関するアイデアは結論において粗描されたにすぎず、〈脱《デク》成長《ロワサンス》〉社会構築のための企て《プロジェ》の全貌がまとめられるような詳細な分析は、当時執筆されてはいなかったからだ。この論文においては、〈脱成長《デクロワサンス》〉は「地域主義《ローカリズム》」と共に提案された〔オルタナティブ社会の〕手掛かりの一つであった。

第二に、共愉にあふれる〈脱成長《デクロワサンス》〉社会を構築するための好循環は、当時「六つの再生プログラム」（6R）として表現されていた。ところが、今日では「八つの再生プログラム」（8R）が提唱されている。[5]正確に言えば、地域主義は「再ローカリゼーション」という形態の下で〈脱成長《デクロワサンス》〉の好循環の中に導入・統合され、新たに「概念の再構築」が加えられた。さらにこの最初の著作は南側諸国について何ら語ることはなく、また、北側諸国において〈脱成長《デクロワサンス》〉社会というユートピアを実現するための政治的なプロセスについていかなる省察も行っていなかった。その後、オルタナティブ社会についての考察をより発展させた草案は、拙著『〈脱成長《デクロワサンス》〉の賭け』[6]の発刊とともに公のものとなったが、同書は発刊後直ちに、雑誌『エコロジスト』（フランス語版）によって「〈脱成長《デクロワサンス》〉論のバイブル」と評された。[7]

しかし、〈脱成長《デクロワサンス》〉についてこれまでなされた諸々の分析を要約した小冊子を執筆するという着想は、常に頭から離れなかった。本稿〔第Ⅱ部〕の特徴は、『〈脱成長《デクロワサンス》〉の賭け』の主要な結論――〈脱成長《デクロワサンス》〉についてより深く知りたいと望む読者は参照されたい――を、統合的な方法でまとめ直した点にある。本稿は、〈脱成長《デクロワサンス》〉に関する筆者の省察の新たな局面、なかでも雑誌『ENTROPIA』[8]においてなされた議論から生じたものをまとめたものである。[9]本稿を執筆するにあたっては、様々な水準で具体的に議論を行ってゆくということに細心の注意を払った。したがって、本稿で議論されている内容は、「あなたが〈脱成《デクロワサ》長《ンス》〉について知りたいと思っていたが、これまで敢えて尋ねることのなかったことのすべて」というよりは、むしろ協同的で政治的な活動に携わっているすべての人々――特に地域や地方の人々――にとって、役立つ道具として位置づけられるだろう。

▼4（原注）Nicolas Truong, *Le Monde diplomatique*, janvier 2005.

▼5（原注）平和で共愉にあふれ、なおかつ維持可能な〈脱成長《デクロワサンス》〉の好循環を起こすと考えられる八つの相互関連した目標は以下の通りである。（1）再評価を行う、（2）再概念化する、（3）社会構造を組立て直す、（4）再分配を行う、（5）再ローカリゼーションを行う、（6）削減する、（7）再使用する、（8）再利用する、である。

▼6（原注）*Le Pari de la décroissance*, Fayard, Paris, 2006.

▼7（原注）*L'Écologiste*, no.20, septembre-novembre 2006.

▼8（原注）«Décroissance et politique», novembre 2006; «Travail et décroissance», avril 2007, Parangon, Lyon.

▼9　雑誌『ENTROPIA』は〈脱成長《デクロワサンス》〉を理論的に研究するための学術雑誌であり、二〇〇六年秋より年二回の間隔で発刊されている。毎号〈脱成長《デクロワサンス》〉に関するテーマが設定されており、これまで「〈脱成長《デクロワサンス》〉と政治」（第一号）、「〈脱成長《デクロワサンス》〉と労働」（第二号）、「〈脱成長《デクロワサンス》〉と技術」（第三号）、「〈脱成長《デクロワサンス》〉とユートピア」（第四号）、「〈脱成長《デクロワサンス》〉と反功利主義」（第五号）、「〈脱成長《デクロワサンス》〉と倫理」（第六号）、「経済危機とその後」（第七号）、「〈脱成長《デクロワサンス》〉と生活域」（第八号）というテーマの下で編纂されている。

序章

われわれは何処から来て、何処に行こうとしているのか？

富と人口の無制約な増加によって引き起こされる損害のために大地が、その美しさの大部分を失うのであれば〔……〕、わたしは後世の人々の幸福のために、誠意を込めて次のようなことを願うでしょう。それは、彼らの幸福を無理に作ることを迫られる前に、わたしたちは現状に甘んじて生活することに満足するということです。

——ジョン＝スチュアート・ミル[1]

「この世は疑問に溢れている」と、ウッディ・アレンは語っている。われわれは、何処からやって来たのだろうか？ 何処へゆくのだろうか？ 今晩、何を食べようか？ この三番目の疑問が、もし人類の三分の二にとって最も重要なものであるとするならば、北側で暮らすわれわれ——大量消費に肥やされた人々——にとって、この疑問は気にかける必要のないものである。われわれは、食肉・脂肪・砂糖・塩をたっぷりと消費しており、むしろ体重超過の一途をたどっている。糖尿病、肝硬変、コレステロール、肥満の[2]危険に晒されており、節食をしながら健康維持を図ろうとしている。こうしてわれわれは、緊急の事柄ではないとはいえ、より重要な二つの疑問を忘却してしまったのだ。二十一世紀の幕開けに国際社会が二〇一五年に向けて掲げた目標が全人類の健康と貧困撲滅に関連しているという事実、そしてこの利益が環境汚染対策よりも優先されているという事実を思い出してみるとよい。

われわれは何処へ向かっているのか？　四面楚歌である。操縦士もバックギアもブレーキもないスポーツカーに乗っているようなもので、やがて地球の限界にぶつかり破砕してしまう。

事実、われわれはそのような状況に完全に陥っている。レーチェル・カーソンの『沈黙の春』（一九六二年）以来、多くの権威ある声が警鐘乱打を続けており、われわれはもはやこれらの警告に対して無関心を装うわけにはいかなくなっている。ローマクラブの有名な報告書『成長の限界』（一九七二年）は、成長を無限に追求することは地球の「基本的条件」とそぐわないことを予告していた。[3] 以来、ほとんど毎日、様々な分野から刊行された数えきれないほどの多くの報告書が良識あるこの診断を認めている。これまでウイングスプレッド宣言[4]（一九九一年）、パリ宣言[5]（二〇〇三年）、そしてミレニアム環境評価報告[6]に続いて、気候変動に関する政府間パネル（ＩＰＣＣ）による報告書や環境ＮＧＯによる報告書（ＷＷＦ、グリーン

▼1（原注）*Principi di economia politica*, Utet, Torino, 1979, pp. 748-751.

▼2（原注）米国民の六〇％、ヨーロッパ市民の三〇％、そしてフランスの子供の二〇％が肥満に相当する（資料 Dominique Belpomme, *Avant qu'il ne soit trop tard*, Fayard, Paris, 2007, p138）。

▼3（原注）以降、ローマクラブは、デニス・メドゥ（Dennis Meadows）監修の下、『限界を超えて』（茅陽一監訳、ダイヤモンド社、一九九二年。原題：*Beyond the Limits to Growth: an update*, Boston Chelsea Green, 1992）および『成長の限界――人類の選択』（枝広淳子訳、ダイヤモンド社、二〇〇五年。原題：*Limits to Growth : the 30-year Update*, 2004）を発表している。

▼4（原注）主に米国の生物学者二二人による宣言であり、化学製品の危険性を糾弾するものである。

▼5（原注）ベルポム教授の率先垂範によってまとめられた国際宣言であり、経済成長によって引き起こされた保健衛生上の様々な危険について警告を促すものである。

ピース、地球の友、[7] ワールドウォッチ研究所）が編纂されてきた。また半ば秘密裏に、ペンタゴンの報告書、ビルデルベルグ財団の内密文書、英国政府のニコラス・スターンの報告書などが作成された。ヨハネスブルグ地球サミットにおけるシラク元仏大統領による〔環境問題に対する〕呼びかけや、二〇〇七年のフランス大統領選におけるニコラ・ウロによる呼びかけは言うまでもなく、アル・ゴア元米副大統領の呼びかけも忘れてはならない。

されども、今夜の食事を保障されているわれわれは、少しも耳を傾けようとしない。わけても自分たちが何処からやってきたのか？　という問いを隠蔽しようとしている。つまり、成長社会——成長のために成長する以外の目的を持たない経済によって蝕まれた社会——について、疑問を投げかけないのである。環境派の言説——持続可能な発展に関する回りくどい言説の中で魚を溺死させるものである——の大部分において、成長社会に対する批判が欠如していることは見過すことのできぬ一大事である。[8]「人間活動の熱狂」ないし進歩の原動力がもつ狂乱じみた興奮を非難したところで、資本主義的で商品化した技術経済的な巨大機械《メガマシン》——われわれはその歯車の一つとして加担しているだろうが、そのネジにはなっていない——についての分析が欠落している事実を埋め合わせることはできない。節度のない態度の上に成り立っているこのような社会組織はわれわれを隘路に導く。この〔成長社会の〕精神分裂症は、理論家をしてある矛盾した状況に直面させる。つまり、理論家は開いている扉をぶち壊すかのような感情に駆られると同時に、砂漠の中で説法をするような感覚に駆られるのである。無限の成長は有限の世界とは相容れないということ、われわれの消費活動と同様に生産活動は生態系の再生能力を超えることができないということを指摘する場合、そのような意見は大した苦労もなく他人に受け入れられるだろう。反対に、これらの生産活動と消費活動そのものを縮減しなければならないということ（フランスの場合、約三分の二の縮減）、そしてあらゆる方面に体系化されている成長の論理（その中でも核となるのは、金融資本に対する強迫観念と中毒である）を疑問視し、さらにはわれわれの生活様式も問いに付す必要があるという抗いがたい結論は、この上なく否定的に受け止められる。責任ある原理を描いてみせても、それは神を冒瀆しているかのような不敬な行為であると世に映る。

急流が河床から溢れ出してすべてを荒廃させる一方で、減水の必要性――つまりは〈脱成長《デクロワサンス》〉というまさにその考え――は否定的に受け止められている。しかし、われわれが自らの行動を阻害する無気力と無関心から抜け出すことを望むのであれば、〈脱成長《デクロワサンス》〉という考えを受け入れざるをえないのである。ゆえに〈脱成長《デクロワサンス》〉の思想圏を把握し（第1章）、成長社会のただ中において〈脱成長《デクロワサンス》〉社会という具体的なユートピアをオルタナティブとして提唱し（第2章）、最後に〈脱成長《デクロワサンス》〉社会の実現のための手段を本書で銘記する（第3章）。

▼6（原注）Millennium Assessment Report, «Living Beyond Our Means : Natural Assets and Human Well-Being» (http://www.millenniumassessment.org). 九五カ国一三六〇人の専門家の研究に基づいた国連の報告書がある（二〇〇五年三月三十日刊行、東京）。この報告書によれば、人間の活動が生態系システムの再生能力を濫用しており、二〇一五年に向けて国際社会によって設定された経済的、社会的、および保健衛生上の目標達成を実現不可能なものにしている。

▼7 Les Amis de la Terre. 一九七〇年代に結成された国際的な環境運動アソシエーション。「地球の友」の成り立ちと理念、そして一九七〇年代のエコロジー運動における活動に関しては、ブリス・ラロンド他著『エコロジストの実験と夢』（辻由美訳、みすず書房、一九八二年）を参照されたい。

▼8（原注）Nicolas Hulot, *Pour un pacte écologique*, Calmann-Lévy, Paris, 2006.

第1章

〈脱成長《デクロワサンス》〉のテリトリー

さて、大きな疑問が頭を悩ませる。大量消費するために大量生産しなければならない、という考え——すべての国の経済生活を支配している考え——は、正しいのだろうか。市場が飽和してそれでもなお生産が継続するとき、何が起こるのだろうか。わたしたちは広告会社を設立し、各家庭に自動車を二台購入するように促した。一台では不充分なのだ。わたしたちは三台買うように各家庭を説得するのだろうか。人々は、自動車、家、冷蔵庫、コート、そして靴を、クレジットカードを使って購入する。しかし、いずれは清算しなければならない時がやってくる。

——ポール・アザール[1]

政治家の小宇宙における未確認飛行物体

ここ数カ月の間、〈脱成長《デクロワサンス》〉というテーマは、政治やメディア報道の場において著しく浸透してきている。〈脱成長《デクロワサンス》〉は久しくタブー視されてきたが、緑の党[2]、農民同盟[3]（驚くには値しない）、またはオルター・グローバリゼーション運動[4]において、さらにはより広範な公の場において遂に議論の的となった。〈脱成長《デクロワサンス》〉は、二〇〇六年のイタリア総選挙キャンペーン[5]、二〇〇七年のフランス大統領選[6]においても議論の標的となっている。

ヨーロッパの各地方や各地域では、「近代社会の巨大プロジェクト」に異議申し立てを行う社会運動が徐々に活性化してきているが、〈脱成長《デクロワサンス》〉というテーマはそのような社会運動の支柱となっている。例えばイタリアでは〔生産主義・消費主義に対する〕抵抗運動が増加している。スサ渓谷では、リヨンとトリノの間を結ぶTGVと巨大な渓谷トンネルに反対する運動が起こっているし、ヴェニス潟湖ではモーゼ・

▼1（原注）Paul Hazard, *Le Malaise américaine* (1931). Jean-Pierre Tertrais, *Du développement à la décroissance. De la nécessité de sortir de l'impasse suicidaire du capitalisme*, Édition du Monde libertaire, Paris, 2004, p.20から引用（二〇〇六年新版では六六ページ）。

▼2（原注）«La Décroissance pourquoi?», *Vert contact*, no. 709, avril 2004を参照のこと。

▼3（原注）«Objectif décroissance : la croissance en question», *Campagnes solidaires*, mensuel de la Confédération paysanne, no.182, février 2004.

▼4（原注）〈脱成長《デクロワサンス》〉に関する特集が組まれている二〇〇三年一一月一一日号の*Politis*〔＝左派系社会運動の週刊誌〕を参照のこと。

▼5（原注）〈脱成長《デクロワサンス》〉というテーマは「ヴェルディ〔緑の党員〕」たちによって注目され、リフォンダジオネ（Rifondazione）とその他の反ベルルスコニ連立諸政党たちとの間の摩擦の対象となった。パオロ・カッシアリ〔イタリアにおける〈脱成長《デクロワサンス》〉論者〕は、〈脱成長《デクロワサンス》〉を支持するマニフェスト*Pensare la decrescita. Sostenibilità ed equità* (Cantieri Carta / edizioni Intra Moenia, 2006)の出版後、リフォンダジオネのベニス代表候補として選出された。*La Decrescita Felice. La Quantità della Vita non dipende dal PIL* (Editori Riuniti, Rome, 2005)の著者であるマウリジオ・パランテは、イタリアの新環境大臣の諮問役を務めている。

▼6（原注）〈脱成長《デクロワサンス》〉というテーマは緑の党代表のイヴ・コシェによってより明確に提言されている他、ジョセ・ボヴェによっても暗黙的に提案されている。しかし、総選挙に出馬しているすべての候補者は、〈脱成長《デクロワサンス》〉という問題について返答を求められた。

プロジェクト[7]に反対する運動が起こっている。また（トレントやその他の地域では）焼却炉建設に反対する運動が起こっており、キビタヴェッキアでは石炭式発電所に対する反対運動が起こっている。他方フランスでは、石炭・火力式発電所、国際熱核融合実験炉（ＩＴＥＲ[8]）計画、巨大輸送インフラ整備などの「近代の〈巨大な〉プロジェクト」に対する抵抗が、成功とは程遠い形で組織化され、展開をみせている。われわれの社会が中央集権化しており管理権力が健在しているゆえ、抵抗運動は容易ではないからだ。しかしいずれにせよ抵抗運動は始まっている[9]。

フランスやイタリアのいたるところで、またベルギーやスペインの一部において、〈脱成長《デクロワサンス》〉を支持する集団が自発的に組織されている。これら〈脱成長《デクロワサンス》〉派の活動家たちはデモを計画し、ネットワークの編成に取り組んでいる。さらに〈脱成長《デクロワサンス》〉という考えは、活動家個人の行動や〔社会運動集団の〕集合行為にも影響を与えている。例を挙げるならば、カンビアレスティ運動という、「正義のバランスシート」と呼ばれる公正なエコロジカル・フットプリントの促進を目指している社会運動がある（ヴェネチアだけで一三〇〇世帯が参加している）。また、フランスのエコ・ヴィレッジ（エコロジー村）運動や農村部農業の維持のためのアソシエーション（ＡＭＡＰ[10]）、イタリアの連帯消費者グループ（ＧＡＳ[11]）、そしてシンプル・ライフの支持者[12]などが〈脱成長《デクロワサンス》〉運動の代表的な事例として挙げられる。このような運動の出現は政治家にとっては青天の霹靂であり――政治家たちの小宇宙においては「未確認飛行物体」に等しい――、メディアは興奮してとりあげている。新聞、ラジオ、テレビ報道までもが〈脱成長《デクロワサンス》〉運動をめぐる議論を追いかけている。一部のメディアは〈脱成長《デクロワサンス》〉に関する情報を真剣に報道しようと努力しているが[13]、その他多くのメディアは深い思慮を巡らせることなく、手に入る数少ない分析資料を歪曲しながら、〈脱成長《デクロワサンス》〉に対して賛成または反対を決め込んでいる。〈脱成長《デクロワサンス》〉という「新しい概念」の背後には何があるのだろうか。この概念は持続可能な発展の枠組みにおいて理解可能なのだろうか。この概念はどこからやって来たのか。

このような概念が必要なのは何故か。右のような疑問がしばしば投げかけられている。

〈脱成長《デクロワサンス》〉とは何か?

〈脱成長《デクロワサンス》〉とは、理論的な示唆をともなう政治スローガンである。ポール・アリエスが指摘するように、「〈脱成長《デクロワサンス》〉」とは、生産主義中毒に浸っている言語体系をぶち壊す「砲弾」である。▼14 変質的で悪質な観念に対峙することが必ずしも有徳な観念を創出するとは限らない。したがって、成長を減少させる（décrois-

---

▼7 MOSE. Modulo Sperimentale Elettromeccanico（電気機械実験モジュール）の略称。ヴェニス潟湖の度重なる洪水・浸水に対応するために、潟湖に移動式堤防を建設する計画。イタリア政府が提案した建設費用が、オランダや英国の類似するプロジェクトよりも高く、また別の方法と比較して周囲の生態系を破壊する可能性が強いことから、発案当初から環境運動家や環境保全団体から反対を受けている。

▼8 International Thermonuclear Experimental Reactor の略称。

▼9（原注）Simon Charbonneau, *Résister à la croissance des grandes infrastructures de transport*, et Jean Monestier (*Entropia* no. 2) および «La Grande illusion des aéroports régionaux», *Fil du Conflent*, no.14, Atelier de la Chouette, Prades avril-mai 2007.

▼10 日本語版序文の訳注26を参照のこと。

▼11 Groupe d'acheteurs solidaire の略称。

▼12（原注）Hervé-René Martin, *Éloge de la simplicité volontaire*, Flammarion, Paris, 2007とSerge Latouche, *Le Pari de la décroissance*, *op.cit.*, pp.101-111を参照のこと。

▼13（原注）例えば、*Politis*, *Carta*, *Le Monde diplomatique*, Le Journal de *La Décroissance*（フランス語版）, *La Decrescita*（イタリア語版）, La revue *Entropia*.

▼14（原注）Paul Ariès, *Décroissance ou barbarie*, Golias, Lyon, 2005.

sance）ために〈脱成長《デクロワサンス》〉（décroissance）を推奨する必要はない。それは馬鹿げた発想である。要するに、成長のために成長を勧めることと同等に馬鹿げていることだといえるだろう。〈脱成長《デクロワサンス》〉というスローガンは、成長を際限なく追求することを徹底的に破棄することを至上命題とする。つまり、資本移動を規制緩和しながら利潤を追求し、自然環境と人類に壊滅的な結果をもたらすその目的を破棄することである。〔成長社会においては〕社会が生産装置の道具や手段に貶められるのみならず、人間自身が、自らを役に立たない不要なものにするような体制のゴミとなるのだ[15]。

〈脱成長《デクロワサンス》〉はマイナス成長ではない。そのような表現は成長想念の支配を見事に表しており、自家撞着的であり、また滑稽でもある[16]。ただ単に成長の速度を緩めるだけでは社会が混乱に陥ることは周知の事実である。失業は増加し、必要不可欠な最低限の生活の質を保障するところの社会、保健、教育、文化、環境の各分野におけるプログラムを破綻させることになる。マイナス成長率がどのような惨事を生み出すかは想像がつくであろう！　雇用のない労働社会ほど最悪なものはないことと同じように、成長を約束できない成長社会ほど危険な社会はない。われわれが自らの社会がたどってきた道筋を変えないかぎり、社会と文明のこのような後退は必ず起きる。ゆえに、〈脱成長《デクロワサンス》〉は「〈脱成長《デクロワサンス》〉社会」においてのみ、つまり〔成長想念とは〕別の論理に基づいた体制においてのみ思考可能であるといえる。ゆえに選択肢は、「〈脱成長《デクロワサンス》〉か、野蛮か[17]」である！

厳密に言うならば、理論レベルでは、無神論を語るがごとく、成長の減少・緩慢化・衰退（dé-croissance）よりも「無成長」（a-croissance）について語るべきである。何よりも重要なことは、経済・進歩および発展といった信仰ないし宗教を破棄することである。成長のために成長を求めるという非合理的でほとんど偶像崇拝ともいえる宗教を拒否することが肝要である。

何よりも〈脱成長《デクロワサンス》〉は、かねてより開発の急進的な批判[18]に取り組み、今日において〈ポスト開発〉政治のためのオルタナティブ・プロジェクト[19]の道程を描くことを望む者たちがその名の下に集う旗印である。その目的は、より少なく労働し、より少なく消費しながら、より良く生きるための社会を創造することにある。[20]経済万能主義、発展主義、進歩主義という全体主義によって阻まれている、想念の独創性と創造性のための空間を再び開放するために必要な前提条件が存在するのだ。

言葉と観念の闘い

〈脱成長《デクロワサンス》〉という概念が潜在的に有するところの成長社会を転覆する力を緩和するために、人々はしばしば、〈脱成長《デクロワサンス》〉を持続可能な発展《サステイナブル・デイヴェロップメント》の範疇に分類しようとする。しかし、そもそも〈脱成長《デクロワサンス》〉という言葉は、カフェ・ラヴァツアの箱に宣伝されているような「すべてを罠にかける」表現によって引き起こされる欺瞞や混同を抜け出すために生み出されたのだ。持続可能な発展という言葉もまた欺瞞に満ちている。例え

▼15（原注）「経済成長それ自体が目的を成すという考えは、社会が手段であるということを意味する」（François Flahaut, *Le Paradoxe de Robinson. Capitalisme et société*, Mille et une nuits, Paris, 2005, p.16）。

▼16（原注）マイナス成長は、文字通り「後退しながら進む」ことを意味する。

▼17 décroissance ou barbarie. ここでラトゥーシュは、一九五〇年代から一九六〇年代にかけて、コルネリュウス・カストリアディス、クロード・ルフォール、ジャン＝フランソワ・リオタールなどが参加していた自律社会を求めるプロジェクト「社会主義か野蛮か」（Socialisme ou barbarie）のスローガンを拝借しているといえる。

▼18（原注）拙著«En finir une fois pour toutes avec le développement», *Le Monde diplomatique*, mai, 2001 を参照のこと。

▼19（原注）«Brouillons pour l'avenir : contributions au débat sur les alternatives», *Les Nouveaux Cahiers de l'IUED*, no.14, PUF, Paris-Genève, 2003 を参照のこと。

ばネスレのような大企業の社長の次のような発言に耳を傾けてみるとよい。「持続可能な発展を定義することはたやすいことだ。もしあなたの曾《ひい》お祖父さん、お祖父さん、そして子供がネスレ製品をいつまでも消費してくれるのなら、われわれは持続可能な方法で働いたことになる。このことは五〇億を超える地球の人々にも当てはまる」[21]。また、ミシェル＝エドゥアール・ルクラールも次のように述べている。「〔持続可能な発展という〕その言葉は余りにも壮大でどのように扱えばよいかわからないが、つまるところ、ジョルダン氏が指摘するように、誰もが望みうるものである。ひいては実業界から世論にいたるまで、持続可能な発展が流行語であるということも間違いない。さてどうしたものか。どんなときでも商売人は都合のよいスローガンを取り入れてきたではないか」[22]。

持続可能な発展という概念は言葉の定義の上では冗語法であり、また同時に意味内容の水準では撞着語法によって構成されている[23]。この概念が冗語法であるのは、ロストウが述べるように、発展という概念は元来自己維持的な成長（「それ自身による持続的な成長」）を意味するからだ。次に自家撞着である所以は、発展は維持可能でもなければ持続可能でもないからである[24]。

次の点に関して明らかにされたい。問題は「維持可能」あるいは「持続可能」という点にあるのではない。維持可能性や持続可能性は、ある意味、ハンス・ヨーナスの哲学にみられる責任原理や、〔不確実性に対する〕警戒原理に通ずるものである。しかしこれらの原理は開発ワーカーによって軽率にも蹂躙されているのだ。アスベストのような象徴的な事例は言わずもがな、核、遺伝子改良作物、携帯電話、殺虫剤（ガウチョ、パラカート）、指導要領ＲＥＡＣＨ[25]など、持続可能性の問題が適用されない領域は枚挙に暇がない。「開発」「発展」という言葉は、それにどのような形容を纏わせようとも有毒なものである[26]。円積法[27]を実現するために、持続可能な発展は後に特権的な道具を発見した。「適切な発展のメカニズム」という、環境効率性という観点からエネルギーやカーボンにおける節約技術を表す言葉である。われわれは未だに言葉の駆け引きを繰り返している。科学技術のもつ否定できない持続可能なパフォーマンスは、発展に内在する自殺的な論理を疑問視するには至っていない。変革を考えるよりも包帯を取り替えることの方が常だ。

▼20（原注） この点は、近年アンドレ・ゴルツが「エコロジー的合理化」という（あまり良いとはいえない）言葉で表現したものに大いに対応する。「エコロジー的合理化の意味は、『より少なくしかしより良く』というスローガンに要約できる。その目的は、働きながら、より少なく消費し、より良く生きるような社会である。エコロジー的な近代化は、もはや経済の成長にではなく、経済の衰退（la décroissance de l'économie）に、つまり現代的な意味での経済的合理性に制御された局面を収縮することに、投資が向けられることを要求しているのだ。資本主義的蓄積の力学を制限しないままに、また消費を自主規制的に減少しないままに、エコロジー的近代化はありえないのだ。エコロジー的近代化の要求は、形を変えた南北関係の要求や、社会主義の本来の狙いと一致するものである」（André Gorz, *Capitalisme, socialisme, écologie*, Paris, Galilée, 1991, p.93. 邦訳：アンドレ・ゴルツ著『資本主義、社会主義、エコロジー』杉村裕史訳、新評論、一九九三年、八七ページ）。

▼21（原注） 二〇〇三年のダボス会議（世界経済フォーラム）における、ネスレ社長ピーター・ブラベック＝レトマス氏の発言。Christian Jacquiau, *Les Coulisses du commerce équitable*, Mille et une nuits, Paris, 2006, p151から引用。

▼22（原注） Michel-Édouard Leclerc, *Le Nouvel Économiste*, 26 mars 2004. Christian Jacquiau, *op.cit.*, p.281から引用。

▼23 本書第I部第3章における持続可能な発展概念の批判を参照されたい。

▼24（原注） WWF（二〇〇六年報告）によれば、持続可能な発展の諸々の基準――高水準の人間開発と持続可能なエコロジカル・フットプリント――を満たしている国はキューバただ一国である！ ということは興味深い。この事実に反して、また所与の事実と矛盾する形で、英国のスターン報告書は（ニコラ・ウロのように）「われわれは環境に優しくなれるし、そして成長を行うことができる」と表向きには楽観主義を装っている。

▼25（原注） REACHという略号は、化学物質の登録・評価・認証・制限（英語でRegistration, Evaluation, Authorisation and Restriction of Chemicals）を表す（訳者注：この指導要領は二〇〇六年にEU全体で採択された）。

に重視されるのだ。

階級闘争と政治闘争は言葉の闘技場においても繰り広げられる。発展という言葉が自文化中心主義的で文化殺戮的な概念であり、植民地化と帝国主義の暴力と連結した支配の魅力に染まった言葉、つまり（アミナタ・トラオレ[28]の美しい表現を借用すると）まったくもって「想念の暴力」を孕んでいる言葉であるということは、われわれがすでに諒解するところである。

言葉の闘いは、概念に些細なニュアンスを加える時でさえも激しくなる。一九七〇年代末頃、「持続可能な発展」という言葉は、一九七二年のストックホルム環境会議において採択された比較的中立的な表現である「エコ・ディヴェロップメント（環境に配慮した発展）」という言葉を退けて一般的な概念となった。この背景には米産業界のロビー圧力とヘンリー・キッシンジャーによる個人的な介入がある。

言葉を巡るこのような様々な口論の背景には、（知識だけでなく）意見、世界観、利害の不一致があることは想像に難くない[29]。「持続可能な発展」という言葉はあらゆる政治プログラムにおいて呪文のように叫ばれているが、エルヴェ・ケンプ[30]が過《あやま》たず指摘しているように、「この言葉は進行方向をほとんど修正することなく、経済活動から得られる利潤を維持して生活習慣の変革を避けるために機能するにすぎない[31]」。「もうひとつの」発展を語ることは「もうひとつの」成長について語ることと同様に多分に幼稚で欺瞞に満ちた行為である。思い出してみよう、一九七二年、欧州委員会委員長のシッコ・マンショルトがローマクラブの最初の報告書に書かれている教訓を果敢にも引用しながら経済成長という発想を疑問視し、当時のヨーロッパ共同体の政策運営の方向性の転換を試みた時のことを。この時、フランス代表委員であったレイモン・バレは公の場でマンショルトに対して異議を申し立てた。当時の議論は、経済成長をより人間的なものに、よりバランスのとれたものにすることが重要である、と納得して終わった。すでに……。今やそれは過去の出来事となってしまった。当時、フランス共産党（ＰＣＦ）書記長は、欧州経済共同体

（EEC）の官僚の手による「途方もない政策プログラム」を非難していた。それから物事は幸運にも大きく変化した。労働総同盟（CGT）代表のベルナール・サンシーによれば、「二〇〇六年、〈成長へ新しい

▼26（原注）　クローディオ・ナポレオーニのような通俗的な経済学者でさえも、晩年には次のように述べている。「われわれは〈新しい発展モデル〉を構想することにもはや満足することはできない。〈新しい発展モデル〉という表現は無味乾燥である。もしなんらかの新しいモデルを見つけ出さなければならないとすれば、それは発展のためのモデルではない。〔……〕われわれがより強靭な成長という問題と発展の質的変化という問題を同時に解決できるとは、私は思わない」（Claudio Napoleoni, *Cercare ancora. Lettra sulla laicità e ultimi scritti*, Editori Riuniti, Rome, 1990, p.92）。

▼27「丸い四角形」ということで、作図不能な物事の譬喩としてしばしば用いられる言葉である。本文では、持続可能な発展がそもそも実現不能なものであり、その実現不可能なことを実現するための手段という意味で円積法という言葉が使用されている。

▼28（原注）　Aminata Traoré, *Le Viol de l'imaginaire*, Actes Sud / Fayard, Paris, 2002〔訳注：アミナタ・トラオレは、マリの〈ポスト開発〉思想家である〕。

▼29（原注）　オルタナティブな運動もこの問題に関しては例外ではない。「私は、これまで〈発展〉という言葉を不当に使用してきた〈成長〉という言葉に抗して闘ってきた。今日、私は、〈脱成長〉に対しても闘っている」と、アラン・リピエッツは宣言している（«Peut-on faire l'économie de l'environnement? », *Cosmopolitiques*, no.13, Apogée, 2006, p.117）。

▼30　Hervé Kepmf. フランスの環境派左派ジャーナリスト。クーリエ・アンテルナシオナルで働いた後、現在ル・モンド紙で働いている。主著 *Comment les riches détruisent la planète*, Paris : Seuil, 2007 はベストセラーとなり、英訳もされている。

▼31（原注）　Hervé Kempf, *Comment les riches détruisent la planète*, Le Seuil, Paris, 2007. ケンプはさらに、「しかし、われわれの方向転換を阻止しているのは、まさにその利潤と生活習慣である」と述べている。

意味を与えよう〉というスローガンの下で持続可能な発展が労働組合の真に目指すべき目標となり、新しい段階が開かれた」[32]とのことだ。同志よ、もうひと頑張りだ！

確かに、次の二つを区別しなければならない。一つは、（人口、ジャガイモの生産、ゴミの量、水質汚染など）現実に起こっている社会変化の諸現象としての「発展」と「成長」（小文字で綴られる développement、croissance）である。これらは非常に持続的であることも、またそうでないこともありうる。もう一つは、無限の経済成長を至上命題とするところの経済的な動態を意味する抽象的な概念としての「発展」や「成長」（大文字で綴られるDéveloppement、Croissance）である。両者を混同してはならない。もし混同すれば、支配的なイデオロギーの思う壺である。

しかし、われわれが希求するもう一つの世界が現に暮らしている世界とは異なるものであるためには、今こそわれわれの想念を脱植民地化する時機ではないだろうか。もう一つの世界を実現するのに、あと三〇年も待つことはないだろう。

〈脱成長《デクロワサンス》〉思想の二つの源泉

経済分野、政治、社会における様々な議論の場で、〈脱成長《デクロワサンス》〉という言葉は非常に目新しい言葉として扱われている。しかし〈脱成長《デクロワサンス》〉という言葉が伝える諸々の理念の起源は古く、一方では文化主義者たちによる経済批判の伝統に、他方ではエコロジストたちによる経済批判の伝統に根付いている。「熱産業」社会はその成立以来、多くの人々が望まないような苦悩と不公平を山ほど生み出してきた。ラッダイト運動[33]の時期を除いて、工業化と科学技術は今日にいたるまで殆ど批判されることはなかった。しかし他方で、理論そして実践としての経済の人類学的基礎——合理的経済人《ホモ・エコノミクス》——は、あらゆる人文科学によって還元主義者と非難されてきた[34]。経済学の理論的基礎とその実践への応用（近代社会）は、エミール・デュルケームとマルセル・モースの社会学によって、カール・ポランニーとマーシャル・サーリンズの人類学によって、そしてエーリッヒ・フロムやグレゴリー・ベイトソンの精神分析学によって問いに付されてきた。〈脱《デク》成長《ロワサンス》〉というスローガンをまとった自律的で無駄のない社会の構築を目指すプロジェクトは一朝一夕に生まれたものではない。最初期の社会主義[35]にみられるユートピアに回帰することなく、またシチュアシオニズムによって革新せられたアナーキズムの伝統に立ち戻ることもなく、自律的で節約的な社会を求めるプロジェクトは一九六〇年代末に、今日筆者が描くものに近い形で構想された。その立役者となったのはアンドレ・ゴルツ、フランソワ・パルタン、ジャック・エリュール、ベルナール・シャルボノーらであるが、なかでもコルネリュウス・カストリアディスとイヴァン・イリイチ[36]の働きかけによるところが大きい。南側諸国において開発政策が失敗し、北側諸国において社会発展に関する確実な目標が失われたことから、これらの思想家は消費社会とその根底に潜在する、進歩、科学、技術にまつわる想念を疑問視した。

▼32（原注）ベルナール・サンシーとファブリス・フリポに対するインタビュー。（«CGT et Amis de la Terre : quels compromis possibles? », *Cosmopolitiques*, no. 13, *op.cit.*, p.176.

▼33（原注）一八一一年から一八一二年頃に起こった英国の労働運動で、運動の指導者ネド・ラッド（Ned Ludd）の名前にちなんで付けられた。機械（機織）の破壊で知られている。

▼34（原注）Serge Latouche, *L'invention de l'économie*, Albin Michel, Paris, 2005 を参照のこと。

▼35（原注）ティエリー・パクオが指摘するように、最初期の社会主義の中のいくつかは〈脱成長《デクロワサンス》〉の真正の先駆者である（Thierry Paquot, *Utopies et utopistes*, La Découverte, Paris, 2007, p.33）。

▼36（原注）ヘンリー・デイヴィッド・ソローの弟子であり、米国の偉大な哲学者であるジョン・デューイについても言及する必要があるだろう。Philippe Chanial, «Une foi commune : démocratie, don et éducation chez John Dewey», *Revue du MAUSS*, no.28, second semestre 2006, La Découverte を参照のこと。

このような批判は〈ポスト開発〉の探究へと繋がった。と同時に、自然環境に対する危機意識を喚起し、「成長社会は望ましくないのではなく、維持不可能である！」という新しい批判の次元をもたらした。

おそらく、経済成長の物理的な限界に対して直観的な理解を提示した最初の学者はロバート・マルサス[37]（一七六六〜一八三四年）である。しかしマルサスの直観が科学的な基礎を得たのは、サディ・カルノー[38]による熱力学の第二法則（一八二四年）が確立してからである。つまり、エネルギーの様々な形態（熱、運動など）への転換は不可逆的な法則であるという事実――やがてエントロピー現象へとぶつかる――は、エネルギー転換に基礎を置く経済活動に諸々の論理的帰結を与えずにはおれない。熱力学の法則を経済に応用したパイオニアの中にはエネルギー経済思想の理論家であるセルゲイ・ポドリンスキー[39]がいるが、彼は社会主義とエコロジー思想を融合させようと試みた。しかし経済におけるエコロジーの問題が発展したのは一九七〇年代以降のことであり、ルーマニアの偉大な知識人であり経済学者であったニコラス・ジョージェスク＝レーゲンの功績によるところが大きい。ジョージェスク＝レーゲンは、アルフレッド・ロッカ、アーヴィン・シュレディンガー、ノルベール・ヴィエナー、またはレオン・ブリルイン[40]が一九四〇年代から一九五〇年代にかけて、すでに発表していたエントロピーの法則からなる生物経済学の見解を認めた。ジョージェスク＝レーゲンによれば、ニュートンの古典的な力学モデルを応用する以上、経済学は時間の不可逆性をその理論体系から排除してしまう。つまり、エントロピーという、エネルギーと物質変化の不可逆性を無視してしまうのである。その結果、特に経済活動によって排出されるゴミや汚染が標準的な生産過程から除外される。

一八八〇年頃、この生産過程から土地が取り除かれ、自然との最後の関係が崩れた。生物物理学的な何らかの基質へのあらゆる準拠が消え去ったことで、新古典派経済学者の大多数によって概念化されているところの経済的な生産活動は、生態学的な制約にも衝突することがなくなった。その結果はどのようなものであるか。利用可能な希少資源を無意識のうちに浪費し、あり余る太陽光を充分に利用しないという現状である。イヴ・コシェ[▼41]が指摘するように、「現代の新古典派経済理論は、優美で洗練された数学を装うことで、生物学、化学、物理学の根本的な法則、なかでも熱力学の諸々の法則に対して無関心を貫いている」[▼42]。新古典派経済理論はエコロジーの観点から言えば無用の長物である[▼43]。端的に言えば、理論モデルとは異なり、現実の経済の動きは純粋に機械的なプロセスでもなく、また可逆的なプロセスでもない。経済過程は本来エントロピーの法則にしたがうものであり、一方通行の時間の中で活動する生物圏においてそ

▼37 Thomas Robert Malthus (1766-1834). 英国の古典派経済学者の一人。その著『人口論』(初版一七九八年)において、富の増加にともなう人口増加が将来的には世界人口を養うだけの食糧生産を不可能にする水準にまで達することを指摘し、人口抑制の必要性を提案した。ローマクラブの『成長の限界』(一九七二年)に理論的な影響を与えたとされる。

▼38 Marie François Sadie Carnot (1796-1832). フランスの数学者・物理学者。仮想熱機関「カルノーサイクル」の研究で、熱力学の第二法則の原型を導いた。熱力学の歴史に関しては、山本義隆著『熱学思想の史的展開』(全三冊、ちくま学芸文庫、二〇〇九年)を参考にされるとよい。

▼39 (原注) セルゲイ・ポドリンスキー(一八五〇〜一八九一)。フランスに亡命したウクライナ貴族。マルクスをエコロジー的な批判へと向かわせようとしたが、失敗した。

▼40 (原注) 〈脱成長《デクロワサンス》〉思想の略歴に関しては、Jacques Grinevald, «Histoire d'un mot. Sur l'origine de l'emploi du mot décroissance», *ENTROPIA*, no.1, octobre 2006 を参照のこと。

▼41 フランス緑の党議員の一人。パリ一四区代表。現時点では、〈脱成長《デクロワサンス》〉を支持する唯一の議員である。

▼42 (原注) Yves Cochet, *Pétrole apocalyse*, Fayard, Paris, 2005, p.147.

▼43 (原注) 「一塊の純金は、海水における同じ数の溶解した金の原子に比べ、より自由なエネルギーを内包している」(*Ibid.*, p.153)。

の活動は展開する。[44] ニコラス・ジョージェスク＝レーゲンが指摘するように、有限の世界で無限の成長を求めることが不可能であること、そして伝統的な経済学に替わって生物圏の中で経済を考察する生物経済学を確立する必要があることがこの事実から明らかになる。〔収縮・縮小を表す〕décroissanceという言葉が彼の論文集のフランス語版のタイトルに使用されたのも、このような理由からである。[45]
ケネス・ボールディングは、生物経済学にまつわる諸々の結論を引用する類稀《たぐいまれ》な経済学者の一人である。彼は、一九七三年に発表した論文で、自然資源の略奪と強奪に依存しながら消費の最大化を目指す「カウボーイ」経済と、宇宙飛行士経済を対比している。後者は「地球が無限の資源を持たない一つの宇宙船となり、船内の汚染を汲み出したり吐き出したりする」[46] 経済である。有限の世界で無限の成長が可能であると信じるものは狂人もしくは経済学者である、とボールディングは喝破している。

成長中毒

> あらゆるビジネスと宣伝広告活動は、生産物の山に埋もれた世界の中で需要を創出することを目的とする。そのためには生産物をより迅速に流通させて消費する必要がある。つまり大量のゴミを矢継ぎ早に製造し、ゴミ処理活動をしてゆかねばならないのだ。
>
> ――ベルナール・マリ[47]

われわれの社会はその運命を無尽蔵の資本蓄積に基づく社会構造に委ねた。この社会体制は経済成長を続けることを余儀なくする。成長が減速したり停止したりすると危機が生じ、パニックとなる。老マルクスが遺した「蓄積せよ！　蓄積せよ！　これこそが法であり未来の予言だ！」という言葉が思い出される。この資本蓄積の必要性は、経済成長を「鉄のコルセット」〔抑圧〕に仕立て上げる。雇用、年金給付、公共支出の刷新（教育、安全保障、社会正義、文化、交通、保健衛生など）は、国民総生産が右肩上がりであることを想定して施行される。「永続的な失業に対する唯一の治療薬は経済成長である」と、サルコジと近しい関係にある「衰退学者」（déclinologue）ニコラ・バヴェレは強気に出るが、彼のそのような見解は多くのオルター・グローバリゼーション運動家も賛同するところである[48]。最終的に好循環は悪魔じみた凄まじい循環となる。労働者の生活はしばしば「給与を商品と共に代謝し、商品を給与と共に代謝し、製造場からスーパーマーケットへ、スーパーマーケットから製造場へと移動する、生ける消化タンク[49]」の生活に貶められる。

消費社会が悪魔の輪舞を踊り続けるためには三つの要素が必要である。消費欲を刺激する宣伝広告、消費手段である信用貸し付け、そして需要を更新するために生産物を短いサイクルで計画的に使用不可能とすること、である。成長社会に内在するこれら三つの原動力は、まったくもって「犯罪の種」である。

宣伝広告はわれわれに自分たちが所有していないものを欲しいと思わせ、現在享受しているものを蔑む

▼44（原注）ニコラス・ジョージェスク＝レーゲンは次のように述べている。「われわれは、〈より優れた、より大きな〉ゴミを生産しないことには、〈より優れた、より大きな〉冷蔵庫、自動車、あるいはジェット機を生産することはできない」（Nicholas Georgescu-Roegen, *La Décroissance*, présentation et traduction de Jacques Grinevald et Ivo Rens, Sang de la terre, Paris, 1994, p.63）。

▼45（原注）*La Décroissance*, *op.cit.*

▼46（原注）Denis Clerc, *Cosmopolitiques*, no.13, *op.cit.* p.17 から引用。

▼47（原注）Bernard Maris, *Antimanuel d'économie*, tome 2: *Les Cigales*, Bréal, Paris, 2006, p.49.

▼48（原注）*La France qui tombe*, Perrin, Paris, 2003 において議論されている。

▼49（原注）Paolo Cacciari, *Pensare la decrescita. Sostenibilità ed equità*, *op.cit.*, p.102.

心を植え付ける。宣伝広告は不満足感と苛立った欲望の緊迫感を絶えず作り続ける。米国の大企業の社長を対象に行われたアンケート調査によれば、九〇%の社長が、宣伝広告を行わずに新しい生産物を販売することは不可能であると認めている。また八五%が、広告は「頻繁に」人々に不必要なものを購入させる効果をもつと断言している。さらに五一%の社長が、宣伝広告は人々に本当は欲しくないものを買いに走らせると言っている。[50]〔宣伝広告によって〕基本的なニーズが忘却されるのだ。需要は次第に最も有用な財ではなくて最も不要でくだらない財を得ることを目指していく。[51] 軍事に次いで世界第二の予算額を誇る宣伝広告は、際限のない経済成長の悪徳で自殺的な循環の本質的な要素であり、信じられないほど貪欲である。二〇〇三年の米国では一〇三〇億ユーロが、フランスでは同年に一五〇億ユーロが広告費に使われた。二〇〇四年には、フランスの企業は三一二億ユーロが企業同士のコミュニケーションに投資された（フランス国民総生産の二%であり、社会保障費の赤字の三倍の額である！）。地球全体で合計すると、年間の広告支出は五〇〇〇億ユーロ以上にのぼる。〔宣伝広告がもたらす〕物質的、視覚的、聴覚的、心理的、そして精神的な汚染は計り知れない！ 宣伝広告システムは「街頭を支配し、公共空間に浸透し——そして公共空間を解体する——、道路、街、交通手段、駅、競技場、浜辺、祭りなどなど、公的な機能をもつあらゆるものを吸収する」[52]。広告システムの影響で情報発信は「窮屈」なものとなり、子供たちは操作され、動揺し（なぜなら最も弱い者たちが広告システムの第一のターゲットとなるからだ）、森林は破壊される（われわれの郵便受けには毎年四〇キログラムの広告紙が入れられる）。そして消費者は一人につき年間五〇〇ユーロの広告費を払わなければならない。

ところで、所得が不十分な人々に消費させ、必要な資本を持たずとも起業家に投資を促すために貨幣や信用の貸し付けが利用されるが、これらは北側諸国においては経済成長の強力な「独裁者」である上に、南側諸国では北側諸国以上に破壊的かつ悲劇的な威力をもつ。[53] この貨幣の「悪魔的な」論理は常により多くのお金を稼ぐことを目指すものだが、これはまさに資本の論理に他ならない。ジョルジオ・ルッフォロが「複利のテロリズム」[54]と巧みに名付けるところの論理である。複利を正当化するためにわれわれが用いる名前がどのようなものであろうとも――「投資に対するリターン」「株主にとっての価値」――、また複利を得る手段がどのようなものであろうとも――経費削減（コスト・キリング、ダウンサイジング）、私有財産（生き物に対する特許）の処分権の強奪、あるいは独占資本の構築（マイクロソフト社）――、利潤は一貫して市場経済と資本主義経済の原動力であり続ける。どんな代価を払っても為されるこの利潤追求は、生産＝消費の拡大と経費削減によって遂行される。われわれの時代の新しい英雄はコスト・キラー、

▼50（原注）André Gorz, *Capitalisme, socialisme, écologie*, Galilée, Paris, 1991, p.170（邦訳：アンドレ・ゴルツ著『資本主義、社会主義、エコロジー』前掲書、一六三ページ）。

▼51（原注）Paolo Cacciari, *op.cit.*, p.29.

▼52（原注）Jean-Paul Besset, *Comment ne plus être progressiste... sans devenir réactionnaire*, Fayard, Paris, 2005, p.251. この著者はさらに次のように述べる。「宣伝広告システムは、昼間を独占し、夜を洪水させ、インターネットを食い荒らし、新聞を植民地化し、これらのメディアが宣伝広告の資金に依存することを強要し、ついにはこれらのメディアのいくつかは宣伝広告の哀れな媒体になり下がってしまう。テレビのおかげで宣伝広告システムはその大量破壊兵器を所有し、時代の主要な文化の座標軸の上に視聴率という名の独裁者を導入する。〔しかし〕これでは不充分である。宣伝広告は、プライヴェートな空間、郵便受け、電子メッセンジャー、電話、ビデオゲーム、浴室のラジオにも押し入る。今では宣伝広告は口コミに依存している。〔……〕その攻勢はあらゆる方向に展開しており、その包囲網は延々と続く。宣伝広告は精神的な汚染であり、視覚の汚染であり、聴覚の汚染である」。

▼53（原注）米国連邦銀行によれば、米国の一般世帯の債務は、二〇〇七年に二八兆一九八〇億ドル（米国ＧＤＰの二四八％）という天文学的な額に達した。

▼54（原注）Giorgio Ruffolo, *Crescita e sviluppo: critica e prospettive*, Falconara / Macerata, 8-9 novembre 2006.

つまり多国籍企業がこぞって獲得しようとする経営管理者である。多国籍企業にとってこれら経営管理者は、ストックオプションが一杯詰まった財布と金箔のパラシュートを与えてでも獲得したい人材である。これらの戦略はしばしばビジネス・スクール――まさに「経済戦争学校」と呼ぶべきものである――において形成され、経済的負担を最大限外部化しようとする。こうして重荷は被用者、下請企業、南側諸国、顧客、国家、公共サービス、将来世代に転嫁される。何よりも負担がかかるのは自然であり、自然は資源の供給源であると同時にゴミ箱になる。あらゆる資本家、あらゆる金融資本家、またあらゆる合理的経済《ホモ・エコノミク》人《ス》（われわれは皆そうである）は、経済における悪の平凡さに加担する一般的な〈犯罪者〉となる傾向がある。[55]

一九五〇年以来、米国の市場分析家ヴィクター・レボウは、消費者の論理に次のような洞察を与えている。「われわれの経済はとてつもなく生産的であり、消費こそがわれわれの生活様式であることを要求する。〔……〕品物が消費され、焼却され、物価の継続的な上昇に応じて置き換えられ、廃棄されることが必要である」[56]と彼は言う。製品の耐久性を故意に短縮することで、成長社会は消費主義という絶対的な武器をその手の内に収める。電灯から眼鏡にいたるまでの装置や設備は購入した途端に部品が故障し、その後使い物にならなくなる。取り替え部品や修理屋を見つけることは不可能である。そのような希少な鳥〔取替え部品や修理屋のこと〕に上手く手を差し伸べることができたとしても、新しい製品を購入するよりも修理する方がより高くつくであろう（新品の製品は今日、東南アジアの強制労働工場で破壊的な価格で製造されている）。このようにして、テレビ、冷蔵庫、皿洗い機、ＤＶＤプレイヤー、携帯電話と並んでパソコンの山が積み上げられ、ゴミ箱やゴミ捨て場が様々な汚染の危険に包まれる。毎年一五〇〇億台のパソコンが第三世界のゴミ処理場に輸送される（ナイジェリアには不用となったパソコンが毎月五〇〇隻の船で運ばれる！）。しかもそれらは巨大で有害な金属（水銀、ニッケル、カドミウム、砒素、鉛）を含んでいるのだ。[57]

かくしてわれわれは経済成長「中毒」になっている。その上、成長依存症は単なるメタファーではない。それは様々な形となって顕現化する。スーパーマーケットや大店舗の消費主義的な拡大の背景には仕事中毒がある。この仕事中毒とは管理業務への中毒であるが、抗鬱剤の過剰摂取によって仕事を維持するような中毒であり、さらに英国の調査によれば、「常時ハイになっていること」を望む上級管理職の人々はコカインを摂取することもある。「ターボ消費者」である現代人のハイパー消費は、傷だらけの幸福ないし矛盾をはらんだ幸福へとたどり着く。[58] 人間がこれほどまでの精神的孤独を抱えて生きる時代はかつてなかった。「癒しグッズ」産業は、そのような精神的孤独を空しくも癒そうとする。[59] われわれフランス人は、その分野においては悲歎すべき記録を保持している。フランス人は二〇〇五年に四一〇〇万本の抗うつ剤を購入したという。[60] これら「人間が生み出した病」の詳細に立ち入らずとも、ベルポム教授の「経済成長は人類の癌となった[61]」という診断にただ賛同するのみである。

▼55（原注） *Justice sans limites. Le défi de l'éthique dans une économie mondialisée*, Fayard, Paris, 2003における筆者の分析を参照のこと。

▼56（原注） ワールドウォッチ研究所報告（*State of the World*, 2000）に掲載（Piero Bevilacqua, *La terra è finita. Breve storia dell'ambiente*, Laterza, 2006, p.80から引用）。

▼57（原注） Alain Gras, «Internet demande de la sueur», *La Décroissance*, no.35, décembre 2006.

▼58（原注） Gilles Lipoventsky, *Le Bonheur paradoxal, essai sur la société d'hyperconsommation*, Gallimard, Paris, 2006.

▼59（原注） Bernard Leclair, *L'industrie de la consolation*, Verticales, Paris, 1998.

▼60（原注） Pascal Canfin, *L'Économie verte expliquée à ceux qui n'y croient pas*, Les Petits Matins, Paris, 2006, p.110.

▼61（原注） Dominique Belpomme, *Avant qu'il ne soit trop tard*, *op.cit.*, p.211.

緑の藻とカタツムリ

有限の惑星の上で無限の成長を行うことが可能であると、われわれは本気で信じているのだろうか。確かに——そして実に好ましいことに——この地球は閉鎖的なシステムではない。地球は、必要不可欠な太陽エネルギーを受け取っている。しかし、たとえ太陽エネルギーがこの上なく効果的に利用されたとしても、受け取ることの可能なエネルギー量には限りがあり、使用できる地球の表面積や一次資源のストックは一定のままである。経済学者たちはしかし、「太陽が輝いているうちは、人間の活動自体が潜在的にもたらす生態系の崩壊は別として、地球上の経済活動の発展には、回避できぬ〈科学的な〉限界は存在しない」と主張する。そして彼らは次のように結論づける。「〔経済活動の〕機能不全を遅れずに直すことのできる唯一のチャンスは、われわれの自然環境をこれまで以上に理解し管理することである。つまり世界の人工化を一層進めていくことだ[62]」。〔この理屈に従えば〕ある意味、経済成長のみが〈脱成長《デクロワサンス》〉社会という贅沢な結果を生み出す、というものなのだ！[63]

古代の知恵は自然環境を妥当な手段で利用することを心得ていたが、今や傲慢さ、つまり自然を管理し所有する人間の行き過ぎた行動が支配するに至っている。すべてのものを無我夢中に計量するあまり、われわれは維持不可能な状況へと転落し、「複利のテロリズム」効果の下で生きている。これは「緑の藻の定理」と呼ばれるものである[64]。

ある日、沿岸に居住する農家が化学肥料を大量に使用したことが引き金となり、小さな藻が一つ、巨大な湖に棲息するようになった。藻は毎年二倍の等比数列にしたがって急成長するが、この事実を真剣に受け止める人は誰もいない。藻の量が毎年倍増するならば、湖の表面は三〇年後には藻で覆い尽くされることになる。二四年目の時点では、湖の表面積の三％のみが藻で埋まっているにすぎない！　この事実から、湖の表面の半分が藻で覆われ、富栄養化の脅威――水中生物の窒息死――が起こるのはいつなのかという疑問が湧いてくる。この状態にいたるまでには数十年を必要とするが、湖水の生態系を取り返しがつかないほどに壊滅させるのには一年あれば充分である。

われわれはまさに緑の藻がわれわれの湖の半分を覆ったその瞬間に到達しているのだ。もし迅速かつ強く行動に出ることがなければ、われわれは窒息死に至らしめられるであろう。経済成長を司る幾何学的な理性を抱えながら、西洋人はあらゆる尺度を捨てた。一人当たりの国民総生産（GNP）成長率を三・五%とするならば（一九四九～一九五九年の間のフランスの平均経済成長率である）、国民総生産は一世紀の内に三一倍となり、二世紀のうちに九七二倍となる。一〇%の成長率ならば――現在の中国の成長率である――、一世紀のうちに国民総生産は七八〇倍となる![65] 三%成長であれば、国内総生産は一世紀のうちに二〇倍に増大し、二世紀後には三六九倍、そして三世紀後には七〇九八倍となる![66] 経済成長が自動的に物質的に充足した生活を生み出すのなら、今頃われわれは真の楽園に生きている筈である。しかし実際のところわれわれは地獄で苦しんでいる。

▼62（原注） Guillaume Duval (*d'Alternatives économiques*), in «L'impasse de la décroissance», *Cosmopolitiques*, no.13, *op.cit.*, pp.38 et 41.

▼63（原注） *Le Pari de la décroissance*, *op.cit.* pp.46-53において、筆者は非物資的なものに基づくこの幻想を正した。

▼64（原注） アルベール・ジャッカールの「睡蓮の逆説」の変形である（Albert Jacquart, *L'Équation du nénuphar*, Calmann-Lévy, Paris, 1998）。

▼65（原注） Bertrand de Jouvenel, *Arcadie, Essais sur le mieux-vivre*, Sedeis, Paris, 1968.

▼66（原注） Jean-Pierre Tertrais, *Du développement...*, *op.cit.*, p.14.

これらの条件の下では、かたつむりの知恵を再発見することが先決である。かたつむりの知恵は、〔経済活動の〕速度を緩める必要性のみならず、もっと重要な教訓を与えてくれる。イヴァン・イリイチは次のように説明する。

「かたつむりは、精妙な構造の殻を幾重もの渦巻に広げると、そのあとは習熟した殻つくりの活動をぱたりとやめる。渦巻を一重増やすだけで、殻の大きさは一六倍にもふえてしまう。そうなると、この生き物には目方の負担がかかりすぎて、かたつむりという安定したくらしに貢献するどころか、生産を少しでもふやすと、目的にしたがって定められた限界以上に殻を大きくすることからくる困難に対処する仕事のために、文字通り重みがかかりすぎるという結果になるのである。この点で、過剰成長からくる問題は幾何級数的に増大しはじめるのにたいし、かたつむりとしての生物の能力はせいぜい算術級数的にしか大きくならない」[67]。

かたつむりは、幾何学的理性としばらくの間は共に生きていたが、ある時点で決別した。この譬喩は、われわれに「〈脱成長《デクロワサンス》〉」社会――可能ならば平和で共愉にあふれる〈脱成長《デクロワサンス》〉社会――を考える筋道を示している[68]。

維持不可能なエコロジカル・フットプリント

われわれが生活する経済社会の過剰成長は生物圏の限界にぶつかっている。地球の再生能力は、もはやわれわれの経済的要求に応えることはできない。人間は急激に資源をゴミに変えてしまい、自然はこれらのゴミを新しい資源に転換することができないのである[69]。

われわれの生活様式が自然環境に与える負荷を示す指標として、地表あるいは必要な生物生産空間における環境負荷のエコロジカル・「フットプリント」を用いてみよう。すると、自然を伐採する権利における公平さという観点でも、また生物圏の環境収容能力という点においても、維持不可能な結果が現れる。地上で利用可能な空間は限られており、五一〇億ヘクタール程度である。「生物生産」のための空間――われわれの再生産活動のために利用される空間――は一二〇億ヘクタールと、全体のうちの一部に過ぎない。▼70 これを現在の世界人口で割算すると、一人当たり約一・八ヘクタールとなる。物質とエネルギーの需要、つまり生産や消費において生じたゴミや投棄物を吸収するために必要な面積を考慮し（ガソリン一リットルを燃やす度に、二酸化炭素を吸収するための森林が年に五平方メートル必要となる）、そして住居や必要なインフラの影響を加味した場合、リディファイニング・プログレス研究所（在カルフォルニア）と世界自然保護基金（ＷＷＦ）の研究者の計算によれば、一人当たりが消費する生物生産のための空間は平

▼67（原注） Ivan Illich, *Le Genre vernaculaire*, in *Œuvres complètes*, tome 2, Fayard, Paris, 2005, p.291-2（邦訳：イヴァン・イリイチ著『ジェンダー――女と男の世界』玉野井芳郎訳、岩波現代選書、一九八四年、「第三章　ヴァナキュラーなジェンダー」一七三ページ）。

▼68（原注） 理論的には、幾何学的な理性を別の方向へ機能させることは可能である。「年率一％の〈脱成長《デクロワサンス》〉は、二九年後には（生産を）二五％、六九年後には五〇％ほど節約させる。年率二％の〈脱成長《デクロワサンス》〉は、三四年後に五〇％、五〇年後に六四％、そして一〇〇年後には八七％ほど〔生産を〕節約させる」（Paul Ariès, *op.cit.*, p.90）。明らかなことであるが、この推論は、われわれ〈脱成長《デクロワサンス》〉論者を石器時代へ後戻りすることを望んでいるとして糾弾する論敵たちを論駁するための理論的方法として特に価値あるものである。留意すべきは、〈脱成長《デクロワサンス》〉とは、成長を機械的に反転することではなく、より節度ある、より均衡のとれた自律社会を構築することを意味する。

▼69（原注） WWF, Rapport, «Planète vivante 2006», p.2.

▼70（原注） 例えば、一ヘクタールの恒久的な牧草地は、〇・四八ヘクタールの生物生産空間に相当し、一ヘクタールの漁業区域では、〇・三六ヘクタールに相当すると考えられる（Mathis Wackernagel, «Il nostro pianeta si sta esaurendo», in *Economia e Ambitente. La sfida del terzo millennio*, EMI, Bologne, 2005）。

均二・二ヘクタールである。したがって人間は、(現在の人口が安定的であるとするならば)自らの生活範囲を一・八ヘクタールに限定するために必要な持続可能な文明様式の小道を離れてしまったのだ。つまりわれわれは、すでに生態系に対して負債を抱えて生活を送っているのだ。さらにこのような平均的なフットプリントは非常に大きな格差を隠している。米国の市民は一人につき九・六ヘクタールを消費し、カナダ人は七・二ヘクタール、ヨーロッパ人は四・五ヘクタール、フランス人は五・二六ヘクタール、そしてイタリア人は三・八ヘクタールを消費している。生物生産のために各国で利用可能な空間には顕著な差があるとしても、地球規模での平等とは程遠い有様である。[71] 自然資源の一人当たり消費量は、米国人が九〇トン、ドイツ人が八〇トン、イタリア人が五〇トン(つまり一日一三七キログラム)である。[72] 換言すれば、人類は生物圏の実際の再生能力より三〇%以上多く消費していることになる。もし全人類が、われわれフランス人のように生活するならば、三つの惑星が必要になる。もしアメリカ人の生活様式を真似すれば、六つの惑星が必要となる。

このようなことが可能であるのはどうしてか。二つの現象によることが大きい。第一に、浪費癖のある子供のようにわれわれは自分たちの実際の収入で生活することに満足せず、資産に基づいて生活しているからだ。われわれは数十年のうちに、地球が何百万年もの年数をかけて造ったものを使い果たそうとしている。われわれの石炭と石油の年間消費量は、一〇万年の光合成を通じて地殻の下で蓄積されたバイオマスの量に等しい。[73] 第二に、北側諸国に住むわれわれは、南側諸国の莫大な技術支援を受けている。アフリカ諸国のほとんどは、地球全体の一〇分の一に相当する〇・二ヘクタール以下の生物生産空間を消費するだけであるが、他方でこれらのアフリカ諸国はわれわれ北側諸国の家畜に必要な食料を供給している。こうして一トンの大豆の搾かすを生産するのに一ヘクタールの森を伐採しなければならなくなる。もし今から二〇五〇年までの間にこれまでたどってきた道筋を改めなければ、生態学的な債務――環境に対して蓄積される負荷の合計――は、地球全体の生物生産性の三四年分に相当することになる。[74] たとえアフリカ人がこれまで以上に不自由な思いをしたとしても、環境に対する債務を返済するために三四の惑星を見つけることはできないだろう！

われわれが暮らす社会体制の誤りの起源は十八世紀にまで遡るが、生態学的な債務は最近のものである。環境債務は一九六〇年から一九九九年の間に、地球全体の七〇％から一二〇％へ増大した。[75]

さらに、生物多様性を維持するだけでなく、他の生物種――特に野生種――の生存を保証するために、生物圏の生産能力の一部を貯蓄することも重要である。生物圏のこのような備蓄は様々な生物地理領域と主要な生物群系の間で公平に配分されなければならない。[76] 保全すべきこのような領域の最低水準は、生物

▼71（原注） Gianfranco Bologna (sous la direction de), *Italia capace di futuro*, WWF-EMI, Bologne, 2001, pp.86-88.

▼72（原注） Paolo Cacciari, *Pensare la decrescita. Sostenibilità ed equità*, Cantieri Carta / edizioni Intra Moenia, 2006, p.27.「現在、米国の一人当たりの資源ニーズの年間総計は八〇トンである。言い換えれば〔……〕一〇〇ドルの所得を生み出すためには、約三〇〇キログラムの自然資源を必要とする」(Yve Cochet et Agnès Sinai, *Sauver la terre*, *op.cit.*, p.38)。

▼73（原注） ドイツ人歴史家R・ピーター・シエフェルの計算による（所収：Piero Bevilacqua, *Demetra e Clio : uomini e ambiente nella storia*, Donzelli, Rome, 2001, p.112)。一リットルのガソリンを生産するのに、一〇〇万年かけて変化した有機物が二三トン必要である！ (Dominique Belpomme, *op.cit.*, p.229)

▼74（原注） WWF, *op.cit.*, p.22.

▼75（原注）「人類の牧草地におけるフットプリントは、一九六一年から一九九九年にかけて八〇％ほど増加した」(Yve Cochet et Agnès Sinai, *op.cit.*, p.36)。

▼76（原注） WWF, Rapport «Planète vivante 2006», p.3.

生産空間の一〇％に相当する。[77] 問題となっている動物種や植物種にとって未だ利用可能な領域を備蓄するためのモラトリアムをただちに宣言することは、理に適っているだろう。

人口抑制という誤った解決法

生態学的な維持可能性という方程式を解くためには、正しいフットプリントが回復するまで分母〔人口規模〕を縮小すればそれで十分であろうか。保守的な地政学者はこのような怠惰な解決法を推奨する。ヘンリー・キッシンジャーは、『世界の人口成長が米国の安全保障とその対外利益に与える影響』という一九七四年十二月十日付の記録に次のように書き残している。「米国の覇権を世界に対して維持するためには、そして米国民が地球全体の戦略資源を自由に手にすることを保証するためには、第三世界の一三カ国（インド、バングラデッシュ、ナイジェリアなど）の人口を抑制、さらには削減することが必要である。人口の比重が大きいというただそれだけの事実ゆえに、これら第三世界諸国は国際政治における優先事項であることを余儀なくされる」。この目的を達成するために第三世界の指導者によって人口抑制政策がとられなければならなくなったが、その背景には一種の政治的煽動が働いている（そのような圧力が「経済的もしくは人種的な帝国主義の一形態」と見られないように気をつけなければならない！）。もしこのような人口抑制政策が非効率的であると判明すれば、一層強制的な政策に訴える必要がある。これは人口戦略責任者の一人であるM・キング博士の見解でもある。「家族計画を試してみよう。しかし、もしこれが上手くいかない場合、貧困層には死んでもらうしかない。なぜなら彼らは生態系にとって重荷であるからだ」！　すでに一九五〇年代には、米国の作家ウィリアム・ヴォグトが人口の大胆な削減を提案していた。「もし大規模な細菌戦争によって地球が森林と牧草地を取り戻すことができるなら、それこそが効率の良い方法であろう」[78]。人口削減を通じて生態学的な問題を「最終解決」しようとする考えは、「限りある地球は無制約な人口成長と折り合わない」という類いの幾つかの常識的な証拠に基づいている。

人口削減という考えに共鳴するデイヴィッド・ニコルソン卿によれば、「本当のところをいうと、たしかに生態系により配慮した生活様式は変化を与えるが、環境へのインパクトがゼロの生活は空想に過ぎず、人口の数は非常に重要である。最適人口トラスト（Optimum Population Trust）のアンドリュー・ファーグソンによるエコロジカル・フットプリントに関する研究によれば、もし世界の六〇億人が再生可能エネルギーに完全に基づいて平均的な西欧的な生活を送るのであれば、地球一・八個分の惑星がさらに必要となる」[79]。フランソワ・メイエは一九七〇年代に、その著『成長の過熱』において警鐘を鳴らしている。メイエによれば、常識を超えた指数で人口増加が加速化すればする程、われわれはある均衡点へと落ち着くためのロジスティックなあらゆる解決法を失っているとのことだ[80]。メイエは、地表一億三五〇〇万平方キロメートルを所与として次のような計算を行った。一六五〇年には、人間が利用できる地表は一人当たり〇・二八平方キロメートルであったが、一九七〇年には〇・〇四平方キロメートルしかない。つまり、七分の一ほど減少している。あらゆる確率を考慮すると、二〇七〇年には一人当たりに利用可能な地表面積は、

▼77（原注）「他の生物種との空間の共有――例えば人間がまだ利用していない地表の最後の二〇%を他の生物種に譲ること――は、森林伐採、インフラ整備、都市化を中断することで実現される」（Jean-Paul Besset, *op.cit.*, p.318）。

▼78（原注）Jean-Pierre Tertrais, *Du développement…*, *op.cit.* p.35.

▼79（原注）«Somme-nous trop nombreux?», *L'Écologiste*, no. 20, septembre-novembre, 2006, p20.

▼80（原注）*La Surchauffe de la croissance*, Fayard, Paris, 1974 (*Problématique de l'évolution*, PUF, Paris, 1954も参照のこと)。その著*Le Théorème du nénuphar*においてアルベール・ジャッカールは、年率〇・五%の継続的な人口成長率がおこったならば、われわれの時代の最初には二億五〇〇〇万人だった人類は、今頃五兆人に達していただろう、と指摘している。

〇・〇一一平方キロメートルにまで減少する。つまり一九七〇年水準の四分の一であり、生存のための生物生産空間としては不十分な水準に達することになる。

これに反して、完全に機械的な計算に基づく見地――ただし楽観主義的な見地――によれば、地球人口が係数六の割合で増加した期間、つまり過去二世紀半の間に一〇億から六〇億へと人口が増加した期間、生産力は何百倍もの比率で増加したという。したがって理論的には、六〇億人一人一人が統計的には過去の世代よりも一〇〇倍豊かになっていると推論できる。ゆえに人口を削減する必要はないのだ！

真実の時を告げる象徴的な（そして恣意的な）年である二〇五〇年――気候変動、石油（そして漁業資源[81]）の枯渇、そして予測されうる経済および金融危機の影響が蓄積される年である――に、地球の総人口はどれだけになっているだろうか。三五年前にローマクラブの最初の報告書が予測したように一二〇億人から一五〇億人に達するのだろうか。それとも「人口推移」に基づく人口分析にしたがって九〇億人であろうか。繁殖有害物質の効果の下で種の生殖不能が進展すれば、人口はもっと少なくなるであろう。そして人類は絶滅に向かうのだろうか。予言することは難しい。ベルポム教授によれば、「人類が絶滅にいたるには五つのシナリオがある。例えば原子力戦争のような暴力による自殺〔……〕、一大感染症や人口の不可逆的な減少の根元である生殖不能など、極めて深刻な病気の出現、自然資源の全滅〔……〕、生物多様性の破壊〔……〕、最後に、オゾン層の消滅や温室効果の増加など、われわれの不活性環境の物理化学上の極端な変化である[82]」。

これらのシナリオはしかし、問題を構成するものであるところのわれわれの経済体制の節度を超えた論理を無視している。経済論理が抑え込まれパラダイム転換が実現されるならば、人口問題はより穏やかな形で一件落着するであろう。制限は弾力的である。例えば富裕層による食肉の過度な消費は、保健衛生上ならびに生態系上の諸々の問題の原因である。なぜなら食肉を生産するにあたって、飼料生産のために地球全体の耕作可能地の三三％が（天然の牧草地からなる地表の三〇％に加えて）[83]使用されているからだ。家畜の飼育法を改良すると共に牧畜を相対的に縮小することで、より多くの人口をよりまっとうな方法で養うことができ、また二酸化炭素の排出を削減することも可能である。[84]ジャン＝ピエール・エルトゥレに賛同しながら次のようなことを認めることができる。「二十一世紀の間に人類は必然的にその人口を安定させなければならないといった、人類の様々な変化にともなう数学的な側面を調査することが問題なのではない。問題の本質は、そのような人口安定へ向かう動きが予期せぬ事態によって引き起こされるのか、権威的な政治によって引き起こされるのか、それとも強制的な──もっといえば野蛮な行為に基づいた──方法によって引き起こされるのか、ということを知ることである。もしくは、出産の欲望が知的エリートによって管理されうる可能性を拒否する一方で、人口の安定化が〔民主的な〕意思決定の結果生じるのかどうかを知ることである」[85]。おそらく、われわれと同種の知恵を持つ専門家に締めくくりの言葉を尋ねると良いだろう。フラン・ドゥ・ワールは、「加速的に増加する世界人口が投げかけている問題は、人口超過を管理することができるか否かということよりもむしろ、誠実さと公平さをもって資源を分配でき

▼81（原注）　ＦＡＯの報告書によれば、現在のペースで漁獲が続けられると、二〇四八年には海は枯渇し、すべての漁業関係者は路頭に迷うことになるとのことである（Boris Worm et al., «Impacts of Biodiversity Loss on Ocean Ecosystem Services», *Science*, novembre 2006, vol.314, pp.787-790）。

▼82（原注）　Dominique Belpomme, *Avant qu'il ne soit trop tard*, *op.cit.*, p.194.

▼83（原注）　Thierry Paquot, *Petit manifeste pour une écologie existentielle*, Bourin éditeur, Paris, 2007, p.13.

▼84（原注）　家畜は人間活動から生じるメタンガス排出量の三七％に寄与していることを思い出されたい。これは、運輸部門の二酸化炭素排出量に相当あるいはそれ以上である。

▼85（原注）　Jean-Pierre Tertrais, *Du développement...*, *op.cit.*, p.37.

るかどうかという問題である」[86]。〈脱成長《デクロワサンス》〉の挑戦は、まさにここにある。

成長政治の腐敗

黄金の三〇年の間、経済成長と開発の悪行は、南側諸国においてのみ非難することができた。なぜなら経済成長と開発がこれらの諸国にもたらす負の効果は瞭然としており、文化の破壊、社会の均質化、および貧困化をもたらしていたからだ。今日の消費主義的な時代において、経済的な意味での貧困化を北側諸国において経験的に確認することが困難であるとしても、文化の破壊と脱政治化は著しく進展している。このような現象を多かれ少なかれ直接的に分析し非難した知識人が存在する。ピエール・パオロ・パゾリーニやギー・ドゥボールらがそうである。平和な時代における都市の破壊は、新しい中産階級や移民層を（郊外の独立小住宅、団地、あるいはＨＬＭ〔低家賃住宅〕に）「周辺化」した。そして（スーパーマーケットやハイパーマーケットのような）大店舗、自動車、テレビが普及した。これらは狡猾にも市民性を破壊し、その存在がほとんど可視化されることのない、言葉をもたない「第二市民」を創り出した。これら第二市民は、多国籍企業と結託している思慮に欠いたメディア権力に操作されている。グローバリゼーションは産業の大規模な移転と社会保護の網の解体を推進し、民衆文化を破壊した。これら諸々の変化は、腐敗した、言うなれば犯罪的ともいえるポピュリスト政治階級へと道を譲った。イタリアでは「ベルルスコニ」現象がその戯画的な例である。しかし、「騎士《キャバリエ》」[87]の称号を保持していようがなかろうが、ベルルスコニ化がもたらす政治の荒廃ぶりはヨーロッパ全土および海外にも蔓延している。ジョン・ケネス・ガルブレイスの素晴らしい分析によれば[88]、「満たされた多数者《マジョリティ》」という現象——中産階級が連帯から個人主義的なエゴイズムへ移行し、福祉国家を解体する新自由主義的な政治的反動へと西欧の諸国家が傾倒することによって表される——は、〔新自由主義国家への〕移行を可能にすると同時に、そのような現象が起こっていることを隠蔽する。〈脱成長《デクロワサンス》〉社会の企て《プロジェ》が「政治的なるもの」を再興する必要に駆られているのはこのためである。

▼86 （原注） Frans de Waal, *Le Singe en nous*, Fayard, Paris, 2006, p213.

▼87 一九七〇年代、ベルルスコニは自身の経営する企業活動の成果が称えられ、イタリア政府から「騎士（キャバリエ）」の称号を受賞した。以来イタリアでは、ベルルスコニを「キャバリエ」と呼ぶことがある。

▼88 （原注） John Kenneth Galbraith, *Le Nouvel État industriel* (1967), trad. française, Gallimard, Paris, 1974（邦訳：ジョン・ケネス・ガルブレイス著『新しい産業国家』都留重人監訳、石川通達・鈴木哲太郎・宮崎勇共訳、河出書房新社、一九六八年）。

第2章 〈脱成長《デクロワサンス》〉――具体的なユートピアとして

より豊かに生きるためには、今後、今までとは違ったやり方で、生産したり消費したりすることや、より良く作ったり、より少ない量でより多く作ることも大切だ。そのためには、まずは、浪費の原因（例えば、使い捨ての容器、効率の悪い断熱材、道路の輸送優先といったことなど）を除去したり、生産物の耐久性を上げるということが必要になる。

――アンドレ・ゴルツ[1]

〈脱成長《デクロワサンス》〉の革命

今日の開発〔社会を発展させ﹅る﹅プロジェクト〕は、かつてないほどに民衆と彼らの具体的で地域に根差した充足した生活を、抽象的で脱領土化された「良き所有」という名の祭壇で供犠にかけている。もちろん、神話的で現実離れした一部の人々を讃えるこの犠牲は、「開発事業者」（多国籍企業、政治家、技術官僚《テクノクラート》、マフィア）を裨益するために為されている。今日の経済成長は、自然、将来世代、消費者の健康、給与所得者の労働条件をはじめ、南側諸国にも重荷と犠牲を担がせることによってのみ採算の取れる事業となる。〔成長パラダイムとの〕断絶が必要なのはそれゆえである。全人類――あるいは全人類のほとんど――がこの点に関して納得するが、誰も肝心の一歩を踏み出そうとはしない。あらゆる近代的な体制は、たとえそれが共和国であれ、独裁政権であれ、全体主義であれ——またこれらの政府が右派であろうが左派であろうが——生産主義的であった。それはまた、自由主義、社会主義、ポピュリズム、社会自由主義、社会民主主義、中道派、急進派、共産主義に関しても同様である。あらゆる体制は経済成長を自らの社会組織の盤石の構えとしていた。方向の必要不可欠な転換は、新政府の樹立や別の多数者《マジョリティ》への投票を通じてなされる単なる議会政治では解決不可能な性質をもっている。われわれに必要なことはもっと根本的なこと、つまり「政治的なるもの」[▼2]の再興にいたらしめる文化革命の他にはない。

〈脱成長《デクロワサンス》〉社会がいかなるものでありうるか、その輪郭を描いてみることは、今日の生態学上の要請を尊重するあらゆる政治行動計画の前提条件である。

したがって、〈脱成長《デクロワサンス》〉社会を目指す企て《プロジェ》[▼3]は、ある種のユートピア——希望と夢の源泉——である。〈脱《デク》成長《ロワサンス》〉のプロジェはしかし、非現実的な領域へ逃避するのではなく、〈脱成長《デクロワサンス》〉社会実現のための客観的

▼1（原注）André Gorz, *Capitalisme, socialisme, écologie, op.cit.*, p.194（邦訳：アンドレ・ゴルツ著『資本主義・社会主義・エコロジー』杉村裕史訳、新評論、一九九三年、一八八ページ）。

▼2「政治的なるもの」(le politique) は、「政治」(la politique) の対概念としてしばしばフランス社会思想において使用される。本書におけるラトゥーシュの使用方法は、政治哲学者クロード・ルフォールのものにほぼ近いと言えるだろう。ルフォールは、社会を統治・管理するための政策実行や権力執行の側面を「政治」と呼び、反対に、既存の社会秩序そのものを転換し、政治社会の表象を確立し直す（L'institution du social）行為あるいは「出来事」のことを「政治的なるもの」と呼んだ（参照：Claude Lefort, *Essai sur le politique*, Paris: Seuil, 1986）。ただし、ルフォールが近代国家単位の代表制民主主義を中心にその政治理論を組立てるのに対して、ラトゥーシュはローカルで小規模な参加型民主主義のネットワーク的拡大を構想しており、「政治的なるもの」の名で、草の根の民衆運動の中から地域に根差した社会変革の条件——特に新しい社会像を構想する力——を整えることを意味している。

な可能性を模索する。筆者が「具体的なユートピア」という表現を、エルンスト・ブロッホ[4]がその言葉に込めた肯定的な意味で用いるのは斯様《かよう》な理由からである。「もう一つの世界は可能であるという仮説なくしては、政治は存在しない。そこには人間と物の行政的な管理があるのみだ」[5]。〈脱成長《デクロワサンス》〉は政治的な企《プロジェ》てである。「政治的な企て」という言葉は本書では深い意味で使用されており、自律的で共愉にあふれる社会を北側諸国と南側諸国の双方で構築する企てのことを指す。だからといって、〈脱成長《デクロワサンス》〉運動の政治的企ては議会政治のためのプログラムではない。同運動は政治家による政策政治の一部に非ず、むしろ「政治的なるもの」へあらゆる尊厳を与えるものである。そして〈脱成長《デクロワサンス》〉は、現実的な状況分析に根差した企てを想定する。しかし、そのような企てが実行可能な種々の目標に直截に置換できるとは言えない。求められているのは、種々の要素の集合体に理論的な一貫性を与えることである。〈脱成長《デクロワサンス》〉の企ての説明について諸々の段階を明確にすることが通例ではあるが、これら諸段階をある特定の議題についての段階であると解釈してはならない。八つの再生プログラム（8R）による循環と、この循環図によって導出されるいくつかの視座は、右のように理解されねばならない。まずはこの転換プロセスの諸段階（第3章で検証する具体的な諸段階とは別物である）[6]を端的にまとめ、「戦略的な」位置を占めるいくつかの段階に関してより詳細に議論してゆく。実践においては――それは好ましいことである――これらの諸段階は継続的に影響を与え合い、相互作用を引き起こし、理論的枠組みにおいては考慮されることのない様々な変化を調整しながら徐々に変革を企てることを可能にする。

穏やかな〈脱成長《デクロワサンス》〉の好循環――八つの再生プログラム（8R）

一九六〇年代、経済学者と技術官僚は成長の好循環に狂喜乱舞していた。この「黄金の三〇年」と形容された時代の後は、批判的経済学者が「惨めな三〇年」として描写する時代が続いた。実際、黄金の三〇年自体も自然災害と人災[7]が一挙に出現した時代であり、「惑星の庭師」であるジル・クレモンが指摘するように「災害の三〇年」でもあった。最終的に明らかになったことは、成長の好循環は多くの点からみて異常な状態であるということである。今日、われわれを脅かす気候変動は、われわれが過去に行った「狂気」の結果である。

これに反して、経済成長を目的としない自律社会の構築が要請する一大転換は、それぞれが互いに補強し合う相互依存的な八つの変化の体系的かつ野心的な接合によって表現されうる。これら様々な変化の集合体を、「再評価する（réévaluer）」、「概念を再構築する（reconceptualiser）」、「社会構造を組立て直す〔再構造化〕（restructurer）」、「再分配を行う（redistribuer）」、「再ローカリゼーションを行う（relocaliser）」、「削減す

▼3 フランス語のprojet（プロジェ）は、英語のproject（計画、プロジェクト）と異なり、「企てる」という社会運動としての意味がある。この第二章では〈脱成長《デクロワサンス》〉の地域に根ざした社会運動としての可能性が議論されており、また「プロジェ」が社会変革を意味する「政治的なるもの」を再興するもの——言い換えれば、自律性の回復——として捉えられていることに留意されたい。次章では「政治プログラム」という名の下で、既存の議会政治（国民政治）の枠組みの中での〈脱成長《デクロワサンス》〉の政策としての可能性が議論されることからも、「プロジェ」のもつ「社会的企て」としての特質が理解される。

▼4 （原注）Ernst Bloch, *Le Principe Espérance*, (1re édition Frankfurt, 1953), Gallimard, Paris, 1976（邦訳：エルンスト・ブロッホ著『希望の原理　第一～三巻』山下肇ほか訳、白水社、一九八二年）。

▼5 （原注）Geneviève Decrop, «Redonner ses chances à l'utopie», *Utopia*, no.1, p.81.

▼6 （原注）この八つの再生プログラム（８R）は、拙著*Le Pari de la décroissance*において具体的に発展した。関心のある読者は参照にされたい。

▼7 （原注）Gilles Clément et Louisa Jones, *Une écologie humaniste*, Aubanel, Paris, 2006.

る（réduire）」、「再利用する（réutiliser）」、「リサイクルを行う（recycler）」の八つの「再生プログラム」（8R）における「好循環」として統括することができる。これら八つの相互連関的な目標は、平和で共愉にあふれ、なおかつ維持可能な〈脱成長《デクロワサンス》〉プロセスを引き起こすと考えられる[8]。

再評価する（réévaluer）

われわれは、誠実さ、国家のサービス、知識の伝達、勤労などの古い「ブルジョワ的な」価値に基づく社会の中で生活している。しかし「われわれは、それらの価値が、周知のように、取るに足らぬものになった社会〔……〕あなた方が手にしたお金の高だけが、そしてあなた方がテレビに登場する回数だけが評価される社会に生きています[9]」。ドミニク・ベルポムに賛同して言い換えれば、われわれの社会体制を裏返せば「個人主義的な誇大妄想、道徳の拒否、快適なものへの嗜好、自己中心主義[10]」が顔をのぞかせるのだ。では次に、優先すべき価値――今日支配的な価値（あるいは価値の不在）よりも前面に出なければならない価値――をみてみよう。愛他主義はエゴイズムよりも重視されるべきである。同様に、際限なき競争よりも協力が、労働への執着よりも余暇の快楽と遊びの精神《エトス》が、制約のない消費よりも社会生活の大切さが、グローバルなものよりもローカルなものが、他律性よりも自律性が、生産主義的な効率性よりも素晴らしい手作りの作品を好むことが、科学合理性（le rationnel）よりも思慮深さ[11]〔実践倫理〕（le raisonnable）が、そして物質的なものよりも人間関係が重視されるべきである。「真実への配慮、正義の感覚、責任、民主主義の尊重、差異の称賛、連帯の形成、既知に富んだ生活。これこそが何物に代えてもわれわれが取り戻さねばならない価値である。なぜならこれら諸価値はわれわれの成熟の土台であり、将来の安全弁であるからだ[12]」。

すでに哲学者ジョン・デューイは「金銭主義的な文化」を非難し、市民性を育む実験場である代わりに子供を競争の世界に送り出す学校制度を弾劾している。[13] もしデューイが広告による過剰操作に彩られる今日の情報社会を体験したならば、どのように答えただろうか。フランソワ・ブルーヌは次のように述べている。「修道士的な生活を送る禁欲的な風習を持つ市民で構成される社会において消費社会が生き延びる

▼8（原注） われわれは「再生プログラム」（R）の一覧表をさらに拡大することができるだろう。活動のほとんど各段階に応じて、重要だと思われる新しい再生プログラム（R）を提案する人が現れる。例えば、急進化する（radicaliser）、再変換を行う（reconvertir）、再定義する（redéfinir）、（民主主義を）再発明する（réinventer〔la démocratie〕）、次元の再調整を行う（redimensionner）、モデルを再構築する（remodeler）、リハビリテーションを行う（rêhabiliter）、再活性化する（relancer）、リラックスする（〔se〕relaxer）、返却する（restituer）、お返しする（rendre）、買い戻す／埋め合わせをする（racheter）、返済する（rembourser）、執着しない（renoncer）、再考する（repenser）などなど。しかし、これらの再生プログラムはいずれも、多かれ少なかれ先述した八つの「R」に含まれる。

▼9（原注） Cornelius Castoriadis, *La Montée de l'insignifiance, Les Carrefours du labyrinthe IV*, Seuil, Paris, 1996, p68（邦訳：コルネリュウス・カストリアディス著『意味を失った時代〈迷宮の岐路Ⅳ〉』江口幹訳、法政大学出版局、一九九九年、七六ページ）。

▼10（原注） Dominique Belpomme, 2007, *op.cit.*, p.220 ベルポムはさらに付け加える。「この世界でわれわれは何を目撃するのか。嘘、二枚舌からなる正義、権力を得るための権力の追求、お金を得るためのお金の追求、貧困層の排除、誹謗中傷、貪欲と腐敗、嘲弄された民主主義、価値の世俗化、自己目的化した手段の神聖化、文化の否定、戦争、拷問、権利の侵犯、である」。

▼11 本書第Ⅰ部『〈ポスト開発〉の思想』第3章の訳者注92を参照のこと。

▼12（原注） *Ibid.*, p.221.

▼13（原注） Phillippe Chanial, «Une foi commune : démocratie, don et éducation chez John Dewey» in *Revue du MAUSS*, no. 28, second semestre, 2006, La Découverte.

様を想像することは難しいが、同じように、自発的な欲動の奥深くにいたるまで『消費社会』の想念と『生活様式』によって条件づけられている諸個人と共に機能する〈脱成長《デクロワサンス》〉社会を想像することは不可能であろう[14]」。

われわれはしかし、自然支配の信仰を離れて自然と人間との調和へと移行しなければならない。侵略者のような態度を改め、庭師のような態度をとらねばならない。エコロジー派のキリスト教者にとって「自然を神の創造物として尊重せよ[15]」という第一一番目の掟は、まさにこの点に関わるものである。宇宙を人為的に造り替える技術主義的でプロメテウス的な幻想は、世界と存在を拒否する一形態である[16]。

概念を再構築する（reconceputualiser）

様々な価値観を変革することは、世界を別の角度から眺め、したがって現実を別の方法で理解することを可能にする。概念を再構築すること、つまり意味を定義し直すことと次元を調整し直すことは、例えば豊かさの概念や貧しさの概念だけでなく[17]、経済想念の根底にある悪魔的な対概念――なかでも希少性／豊穣性の対概念は早急に脱構築せねばならない――にとっても不可欠である。イヴァン・イリイチとジャン＝ピエール・デュピュイが明らかにしたように、経済は、自然の搾取とその商品化を通じて物質的不足と〔依存的な〕欲求を人工的に造り出すことで、自然の豊穣性を希少性に転換する[18]。このような現象の最新の具体例は、水の民営化を後追いする形で起こった、遺伝子改良食物に代表される生物搾取である。農家は、農産物の加工を行う商社に敗北し、植物本来がもつ繁殖力を手放すことを余儀なくされた。ベルナール・マリが指摘するように、「市場の空想は通約不能なものである。なんということか、市場はあらゆる無償のものにまで浸透している。そいつは互いに排除し合い、価格の付かないものに刻印を押し、ロゴ、商標、通行料をつけて、しまいには売りに出すのだ[19]」。エコノミストが提唱するところのこの希少性は自己実現的な予測となり、われわれは自然資源の消滅という課題に立ち向かう以外に経済から抜け出すことができない。

社会構造を組立て直す〔再構造化〕（restructurer）

「再構造化」とは、生産装置と社会関係を諸々の価値の変化に応じて調整することを意味する。このよう

▼14（原注）François Brune, «La frugalité heureuse : une utopie? », *Entropia*, no.1, p.73.

▼15（原注）神学者ポール・F・ニッターによって発展した「第一一の掟のフェローシップ」（the Eleventh Commandment Fellowship）に関しては、Vittorio Lanternari, *Ecoantropologia. Dall'ingerenza ecologica alla svolta etico-culturale*, Edizioni Dedalo, Bári, 2003 を参照のこと。ニッターが「宗教的相対主義者」であり異文化間の対話の推進者であること、そして新ローマ教皇ラトジンガーの選出以来追い風にのっている「保守派神学者」から非難を受けていることは偶然ではない。

▼16（原注）カミーラ・ナルボーニの素晴らしい論文を参照のこと（Camilla Narboni «Sull'incuria della cosa : considerazioni filosofiche sui rifiuti e sul mondo saccheggiato», Université de Pavie, 2006）。

▼17（原注）南側の社会では、グローバリゼーションの進展と有機的な連帯の破壊にともない伝統的で簡素な生活が正統性を失いつつあり、その代わりに生存の危機（misére）が現れてきている。Philippe Tanguy, «Pauvreté et cohésion sociale en Mauritanie. Construction sociale et fonction d'une catégorie stigmatisante : la pauvreté», revue *Maghreb-Machreck*, no.190, 2007を参照のこと。その他、Patrick Viveret, *Reconsidérer la richesse*, L'Aube / Nord, 2003 ; Majid Rahnema, *Quand la misère chasse la pauvreté*, Fayard / Actes Sud, 2003 ; Arnaud Berthoud, «La richesse et ses deux types», *Revue du MAUSS*, no.21, 1er semestre 2003を参照のこと。

▼18（原注）Paul Dumouchel et Jean-Pierre Dupuy, *L'Enfer des choses*, Le Seuil, Paris, 1979 ; Jean-Pierre Dupuy et Jean Robert, *La Trahison de l'opulence*, PUF, Paris,1976.

▼19（原注）Bernard Maris, *Antimanuel...*, *op.cit.*, p.48.

題も提起される。[20]

な構造転換は、支配的な価値体系を揺るがすだけに、一層、根元的なものであろう。ここで重要なことは、

〈脱成長〉《デクロワサンス》社会へ向かうことである。こうすることで、資本主義から脱出するための具体的な問題提起——後で検証する——が行われる。また、パラダイムの変化に適応する、生産装置の技術転換に関する問題も提起される。[20]

再分配を行う（redistribuer）

社会関係の再構造化は、すでに事実上の再分配である。再分配は、階級間、世代間、諸個人の間といった各社会の内部にとどまらず、北側諸国と南側諸国との間における富および自然資産へのアクセスの分配も含む。

再分配は、消費の削減に対して正の二重効果をもたらすだろう。直接的には、「グローバルな消費階級」の権力と手段、特に私腹を肥やす略奪者たちの寡占体制が保有する権力と手段を削減する。間接的には、誇大妄想的な消費への勧誘を削減する。ソースタイン・ヴェブレンの古典的な分析によれば、消費欲は結局、なんらかのニーズが存在するということよりも、自分たちよりも少しばかり上位の人々の生活モデルを模倣しようとする立場を肯定しようとする欲望に依拠する。[21]

南北間の再分配関係は、多大な問題を提示する。われわれは南側諸国に対して莫大な「生態学的な債務」[22]を負った。われわれの略奪を削減しながらこの債務をどのようにして返済するかは、正義のなせる業である。後で議論するように、より多くを与えるよりも、より少なく搾取することの方が重要である。[23]

エコロジカル・フットプリント（活動あるいは消費の型ごとに細分化することも可能）は、各国の「〈自然を〉利用する権利」を決定するための良い道具である。消費の割合および許可証を交換することを可能にするためのこのような自然を利用する権利の「市場」を様々な水準で想像することができる。ここで問

題となることは、自然をさらに一層商品化することではないことは明らかである。むしろ、自然の限界を管理する様式に柔軟性をもたらすことが重要なのである。他の問題と同様にこの点においても、行動に移す際に課題が浮かび上がる。

再ローカリゼーションを行う(relocaliser)

「再ローカリゼーション」は、当然のことながら、地域で集められた預金の融資を受ける地元企業を通じて、住民のニーズを満たす生産物を域内で生産することである。したがって、地域のニーズ充足のために地域レベルでなされるあらゆる生産活動は、地域単位で実現されなければならない。思想は越境的な性格

▼20 (原注) 例えば、熱電供給によるエネルギー再利用装置を作るために自動車工場の技術転換を行うことがあげられる。つまり、小型ジェネレーターを建設するためには、金属枠で囲まれた交流発電機付き自動車モーターが一つあれば充分である。競争、科学技術、そして必要な設置工事が、実践上一致する。ところで普及型熱電供給はエネルギー効率を約四〇%から九四%にまで上昇させるのだ! つまり化石燃料消費量と二酸化炭素排出量を同時に節約することになる (Maurizio Pallante, *Un futuro senza luce?*, Editori Riuniti, Rome, 2004)。

▼21 (原注) Thorstein Veblen, *Théorie de la classe de loisir*, Gallimard, coll. «Tel», Paris, 1970 (邦訳:ソースティン・ヴェブレン著『有閑階級の理論』高哲男訳、筑摩書房、一九九八年)。エルヴェ・ケンプは、その著 *Comment les riches détruisent la planète*, Le Seuil, Paris, 2007 において、非常に理に適った方法でヴェブレンの分析を復活させている。

▼22 (原注) ATTAC, *Pauvreté et inégalités, ces créatures du néolibéralisme*, Mille et une nuits, Paris, 2006, p. 44.

▼23 (原注) 「貧困国に対して富裕国がかかえている生態学的な債務は次のようなものである。富裕国は、自然資源、耕作地、森林の大部分を南側諸国から『拝借している』。そして、富裕国は、後者に汚染——温室効果ガスの汚染をはじめ、少なくとも国境を無視した汚染——を輸出している」(WWF, *op.cit.*, p. 25)。

能なあらゆる経済的、政治的、文化的な決断が、地域規模でなされなければならない。

を有して然るべきだが、商品と資本の移動は必要不可欠な範囲に制限されなければならない。平和な〈脱成長《デクロワサンス》〉社会を構築するという観点からいえば、再ローカリゼーションは経済的な領域のみに止まらない。政治、文化、生活の意味こそが生活圏《テリトワール》においてその立脚点を見出す必要がある。地域レベルで実行可能なあらゆる経済的、政治的、文化的な決断が、地域規模でなされなければならない。

削減する（réduire）

「削減する」とは、第一に、われわれの生産様式と消費様式が生物圏に与える影響を縮小することを意味する。まず、われわれの生活習慣となっている過剰消費と信じられないような贅沢な食生活を制限する必要がある。[24] 市場に供給される財の八〇％は、直接ゴミ箱に廃棄されるまでに一回きりしか使用されないのである！ 富裕国は今日、年間四〇億トンのゴミを排出している。[25] 住民一人当たりの家庭ゴミの排出量は、米国が七六〇キログラム、フランスが三八〇キログラム、南側諸国の大部分では二〇〇キログラムである。[26] ゴミの削減以外にも、保健衛生上のリスクの削減から労働時間の削減にいたるまで、種々の削減プロジェクトが必要である。ベルポム教授の造語を借用すれば、保健衛生上のリスクの削減は、〔事後的な〕補償よりもむしろ、「慎重に慎重を重ねた予防策」（précauvention、予防／慎重の合成語）によって達成されねばならない（二〇〇五年、フランスの薬局は二六億個の薬箱と薬瓶を販売したが、これは前年比八％の増加である！）。

加えてもう一つの削減策が必要である。それは大衆のツーリズムである。長距離旅行を消費する黄金時代は、すでに過去のものである。株式会社ヴァージンのオーナーであり英国の億万長者でもあるリチャード・ブランソンは、すべての人が宇宙旅行を享受できるようにしたいと望んでいるが、[27] これに対して、伝統あるファイナンシャル・タイムズ紙は次のようにコメントを残している。「ツーリズムはやがて、世界の公衆環境の最大の敵と見なされるであろう」[28]。旅行欲と冒険趣味は、間違いなく、人間の心の奥底に潜んでいる。それらは人間生活を充実させる源泉であり、枯れることがあってはならない。しかし、正当な好奇心と知識欲〔異国の他者を知ろうとすること〕は、旅行産業の下、「対象」となる国の環境・文化および社会関係を破壊し、それらを商品化する消費行為へと変化した。「移動主義」、つまり、常により遠くへ、より速く、より多く（そして常により安く）移動することに躍起になっている人々——換言すれば、「超近代的な」生活の影響を受け、メディアによって煽られ、旅行会社、旅行趣味の人々、ツアー・コンダクターによって喧伝されている多分に人工的なこの欲求——は軽蔑に値する。大衆ツーリズムの代替案として提案されるところの倫理的で、公平で、ないし責任あるツーリズムであるとされている「エコ・ツーリズム」が、持続可能な発展に内在するものと同質の自家撞着を形成してはいないだろうかと問うことは理に適っているであろう。エコ・ツーリズムは、すでに非難されている——あるいは今後非難されるべき——、商品化された活動をいつまでも生きながらえさせることに加担しはしないだろうか。エコ・ツーリズムが南側諸国の「発展」を手助けするというアリバイはまやかしである。アルティザン・デュ・モンド[29]

▼24（原注）Nicolas Hulot, *Pour un pacte écologique*, *op.cit.*, p.237.
▼25（原注）Bernard Maris, *Antimanuel...*, *op.cit.*, p.327.
▼26（原注）Thierry Paquot, *Petit manifeste pour une écologie existentielle*, *op.cit.*, p.45.
▼27（原注）ルモンド紙、二〇〇六年四月十九日付。
▼28（原注）Richard Tomkins, «Welcome to the age of less», ファイナンシャル・タイムズ紙、二〇〇六年十一月十日付。
▼29　Artisans du monde. フランスの代表的なフェアトレード組織。

によれば、一〇〇〇ユーロのパッケージツアーのうち、受け入れ国に還元される額は二〇〇ユーロ未満である。石油不足と気候変動のおかげで次のような未来がわれわれを待ち受けている。それは、常により近く、常により少なく、常により遅く、常により高く、という旅行スタイルである。実を言うと、このようなことが劇的に起こるのは、われわれが地球を犠牲に旅行を行う反面、ますますヴァーチャルな世界で生きてゆかざるをえないという空虚感と幻滅感ゆえにこそ、である。われわれは今こそ過ぎ去りし古の智慧を学び直さなければならない。それは、スロー・ライフを愛好し、自らの住む土地を誇りに思うことである。ベルナール・レヴェルによれば、「かつて旅行に出かけることは、帰還のための冒険にはじまり、予期できない、時間のかかる、不確実性の高い正真正銘の冒険であった。〔……〕しかし往々にして、根っこのついた靴を履いた人間であるわれわれは、生まれた土地で過ごしていた。町の中心の教会の鐘楼と地平線の周りに見えるあらゆるものが、人間の生活にとって十分な生活域を決定していた。無数の可能性の中で、われわれが生まれたまさにその場所において偶発的に提示される可能性を選択することは、必ずしも想像力の欠如ではない。むしろその逆でありうるだろう。想像力がその翼を広げるためには移動する必要はないのである」[30]。数千年にわたり、生存圏（その中で非常に苦しんだようにはみえない）の仕切られた地平の中で人間としてのあらゆる経験を得ることを余儀なくされたパプアの七五〇部族とは異なり、われわれは、科学技術の驚異的な成果のお陰で外出しなくともヴァーチャル空間で旅行ができる前代未聞の機会を享受している。さらに、真正の冒険家であれば、セーシェル諸島が海に呑込まれていなければ、そこまでヨットに乗って出かけることができる。

最後に、労働時間の削減は肝要である。われわれはこれを反失業の政治闘争を通じて成し遂げるであろう。仕事をしたいと望むすべての人々が雇用されるようにワークシェアリングを実施することが大切なのは無論のことである。労働時間の削減は、景気循環や個人生活の周期にともない人間の活動が変容する可能性と折り合いをつける形で実施されなければならない。ヴィレム・ホーゲンジックによれば、労働の型をいくつかに分けて考えるべきである。「例えば、仮にテレビ受像機の組み立てが〔ある社会において〕主要な雇用を構成しているのであれば、テレビの需要が低い時期には、〔テレビ組立て産業の〕給与所得者は、農業、商業向けガーデニングセンター、建設現場での作業に従事したり、もしくは教育、輸送、保健介護、問題児とのスポーツ・リクリエーションなどに取り組んだりすればよいだろう。民衆の大部分は、自分たちの通常の仕事以外の領域で活動する要望をもっている——彼らが余暇に行うあらゆることがそうであるように。今のところ組合側は全体としてこのような意見に反対の姿勢を示しているが、今日の臨時仕事（アンテリム）のエージェンシー[31]——雇用者だけでなく多くの被用者の間でも提供される仕事が多様であることが魅力となり、人気を博している——は、正当かつ公平な方向に一歩前進している」[32]。これらの雇用支援機関を新たな観点から見直すとよい。

何よりも大切なことは、生産主義のドラマの中心的な要素である「仕事」中毒を解毒することである。経済成長を目的としない平和な社会は、生活の中の抑圧された様々な次元を回復することなくして創造されることはないだろう。そのような次元とは、市民の義務を果たすための余暇であったり、芸術もしくは職人芸に関するような自由な製作活動を行う楽しみであったり、遊び、観照、瞑想、会話、さらには生き

[30]（原注） Bernard Revel, *Journal de la pluie et du beau temps*, Trabucaire Canet, 2005, p.119.

[31] les agence d'interim. フランスにおける派遣仕事斡旋機関のこと。ちなみにパートタイム仕事のエージェンシーは、les agences de travail temporaireという。

[32]（原注） William Hoogendijk, «Let's Regionalise the Economy—and Cure Ourselves of a Host of Ills! », note d'avril 2003.

ていることそのものを素直に喜ぶための時間を実感したりすることである。[33]

再利用する（réutiliser）／リサイクルを行う（recycler）

良識のある人であれば、抑制の効かない美食を制限し、設備の周期的な廃棄を止め、直接には再利用不可能なゴミをリサイクルすることが必要であることには反対しない。再利用・リサイクルの可能性は多岐にわたり、その多くは十中八九比較的小規模で試行されている。例えばスイスでは、ローナー社、デザイン・テックス社といった企業が、寿命を迎える頃には自然に分解される生地を壁紙用に発案し生産している。別の企業は、使用後は庭の敷き藁として再利用可能な有機物質製のカーペットを発明した。ドイツの巨大化学企業ＢＳＡＦ社は、無限にリサイクル可能なナイロン繊維でできた生地を構想した。この生地が使用されている製品の寿命が尽きると、新しい製品に再利用する前に、生地を基本的な要素に分解することができる。また、コピー機に特化した企業であるゼロックス社は、一九九〇年以降、使用後にはリサイクル可能な様々な部品によって製品が組立てられるような生産プログラムを開発している。ゼロックス社は、自社のコピー機を復元する際に、コピー機を構成する物質の大部分を再利用するように努めている。[34]ここでもまた、企業や消費者を「有徳な」道へと押し出すために欠けているのはインセンティブである。が、そのようなインセンティブを発案することは至極簡単である。足りないのは、そのようなインセンティブを実行に移すための政治的な意志である。

以上にあげた八つの再生プログラムのすべては、その言葉の最良の意味において、ユートピアを描くものである。つまり、理想的な――しかしまた、現存する所与の事実から始まり実現可能な変化をたどるという点において具体的な――活動を知的な作業を通じて構築することを意味する。これは、願うべき、必要な、そしてわれわれが望むならば可能となる、もう一つの世界である。

この企《プロジエ》てにおいて自律性は、その語源学上の最も深い意味（*autonomos*,「自らに固有の法を自らに与える者たち」）で、つまり、市場の「見えざる手」、金融市場の独裁、（超）近代社会における技術科学《テクノサイエンス》の強制、といった諸々の他律性に抗う反応として捉えられる。この自律性が含意するものは、際限なき自由に非ず。アリストテレスが喚起するように、他人に命ずることを学ぶためには、まず他者に従うことを知ることから始めねばならない。自由な市民から成る社会という視座においては、服従に関する「知識」は何よりもある習得過程、つまり盲目的にならない程度に自らに与えられた法に自ら服すること、という意味で理解されねばならない（盲目的な服従は専制政治の習得に至る）。自由な市民社会と専制政治の双方において、自発的な服従の中での享楽が存在するであろうことは否定できない。また、これら二つの服従形態の間の微妙な境界線は依然として問題含みである。微妙でありかつ問題含みであるというのは、「消費」活動において、人間を尊重する道具の使用法と人間を尊重しない使用法との間にある境界線のことである。以上に述べた二つの形態の間に明確な違いが生まれるのは、互酬性の存在とその上手な活用においてであ

▼33（原注） ティエリー・パクオは次のように著している。「解放的な時間とは『自由な時間』のことではない。後者はレジャー、健康、癒し産業に占領されている。解放的な時間とは、むしろ、自らを自らに対して、時として緊迫感や矛盾をともなう形で和解させるための時間のことである。解放的な時間は、輸送、労働、買い物、家庭などの日常の仕事をこなした『後に残るもの』というような残り物では断じてない。むしろ、人間の尊厳や、個人の運命を可能な限り未完のままで統御するような、ある種の要請である」。*Petit manifeste pour une écologie existentielle, op.cit.*, p.65.

▼34（原注） Piero Bevilacqua, *La terra è finita, op.cit.*, p.129.

る。民主主義社会が永続的に取り組まねばならぬ多くの挑戦の一つはまさにここにある。ゆえに「共愉《コンヴィヴィ》の倫理《アリテ》」が重要となる。

「コンヴィヴィアリテ」とは、イヴァン・イリイチが、十八世紀フランスの偉大な美食家ブリア＝サヴァラン[35]から借用した言葉であるが、これはまさに、「経済の恐怖[36]」によって解体した社会関係を結び直すことを意味する。コンヴィヴィアリテは、ジャングルの法にしたがう社会的交換に贈与の精神を再導入し、アリストテレスのいうところの友愛（philia）に立ち返る。

一部の人々は、八つの再生プログラム（８Ｒ）が「再（フランス語でいうre）」という接頭辞に大々的に依存している事実に、ある種の反動的な思想の徴候――過去への回帰というロマンティシズムとノスタルジーに溢れた意志――を見出さずにはおれない。再生プログラムの諸段階を「Ｒ」の文字でまとめて提示するそのやり方に筆者のちょっとした洒落を効かした言葉遊びがあることを除外すれば、先に提案した様々な行動は過去への回帰であると同じくらいに革命的な性格を有しており、また過去の繰り返しであると同様に革新的な性格も有している。反動的な徴候が存在するとしたら、それは現行の社会システムの常軌を逸した状況――「再生（re）」プログラムが必要とされるほどにまで「行き過ぎた（sur）」と表現されるような現状――に対する反動である。ジャン＝ポール・ベッセは〔このような現状を〕「過剰活動、過剰経済発展、過剰生産、過剰な物質的豊かさ、過剰吸水、魚の乱獲、過密放牧、過剰消費、過剰包装、過剰収益、過剰コミュニケーション、過剰交通量、医療付け、累積債務、過剰設備……[37]」と非難している。このような超過回転する熱産業システムは、マイケル・シングルトン[38]が指摘するように、「否定接頭辞〈dé〉を冠するような一連の言葉の氾濫」で表されるように、ますます甚大な損害を引き起こす。「例えば、『産業の脱地域化（délocalisation industrielle）』、『通貨デフレーション（déflation monaitaire）』、『政治の脱魔術化（désenchantement politique）』、『文化活動のやる気の喪失（démotivation culturelle）』、『宗教の脱神話化（démystification religieuse)』。いずれにせよ、〈脱成長《デクロワサンス》〉(décroissance) の〈dé〉は、その接頭辞の語源であるラテン語 dis が意味するところの『他所』に上手に飛躍するために、〔経済成長神話からの〕後退運動〔離脱〕を象徴する必要がある」[39]。八つの再生プログラム（8R）で表される文化革命の好循環の中心には、各再生プログラムに共通して見出される、もう一つ別のRが存在する。それは「抵抗」(résister) である。

地域《ローカル》プロジェクトとしての〈脱成長《デクロワサンス》〉

八つの再生プロジェクト（8R）は、どれもみな等しく重要であるといえるが、その中の三つ——再評価する、削減する、再ローカリゼーションを行う——は、「戦略的な」役割を担うように思われる。なぜなら、再評価することはあらゆる変化を引き起こし、削減することは〈脱成長《デクロワサンス》〉のあらゆる実践的な要請を濃縮しており、また再ローカリゼーションを行うことは日常生活と数百万の人々の雇用に関わるからだ[40]。

▼35（原注）　アンテルム・ブリア＝サヴァラン（Anthelme Brillat-Savarin）。*La Physiologie du goût ou Méditations de gastronomie transcendante* の著者。

▼36（原注）　アルトゥール・ランボーによる表現。

▼37（原注）　Jean-Paul Besset, *Comment ne plus être progressiste*, *op.cit.*, p.182. さらにベッセは、「生物の欠如している中で過剰摂取が行われている。過大評価が個人をダメにする」と述べている。

▼38　Michael Singleton. ベルギーのルーヴァンカトリック大学（Louvain la Neuve）の文化人類学者。〈ポスト開発〉と〈脱成長《デクロワサンス》〉の主要な提唱者で、特に文化人類学の見地から相対主義的な規範を深める論文を多く執筆している。その著作は英語圏でよく知られており、フランスでは、*Critique de l'ethnocentrisme : Du missionnaire anthropologique à l'anthropologue post-développementiste* (Paris, Parangon, 2004) がラトゥーシュによって紹介された。

▼39（原注）　Michael Singleton, «Le coût caché de la décroissance», *ENTROPIA*, no.1, p.53.

したがって再ローカリゼーションは具体的なユートピアにおいて中心的な位置を占めるものであり、直ちに政治プログラムとして活用される。〈脱成長《デクロワサンス》〉は「グローバルに考え、ローカルに行動する」というエコロジストの伝統的な定式を刷新するように思われる。〈脱成長《デクロワサンス》〉のユートピアがグローバルな思考を包含するのだとすれば、その実現は、具体的な場所において生起する。地域に根差した〈脱成長《デクロワサンス》〉は、政治的革新と経済的な自律性の二つの相互依存的な側面を擁する。

地域に根差したエコロジカルな民主主義の創造

成長社会によって生み出された都市と政治の周辺化に対抗するためには、マレイ・ブクチン[41][42]の「エコ自治体主義」の「ユートピア」を再検討することが解決案になりうるだろう。ブクチンは、次のように述べている。

「エコロジカルな社会は複数の小規模自治体の集合体によって構成される一個の自治体――さらに小規模自治体の一つ一つは〈複数のコミューン[43]の集合体から成るコミューン〉によって形成されており、〔……〕それぞれの自治体のエコ・システムと完全に調和している――によって構成されると考えることは、決して馬鹿げた発想ではない[44][45]」。

「コモンズ」（公有地、公共財、共同生活のための空間）の奪還や再生、ならびに「生物域」（biorégions）の自己組織化は、このようなエコ自治体の戦略の可能な具体例の一端である[46]。地理的・社会的・歴史的な現実を表す一貫性のある空間的な実体として定義される生物域もしくは生態系域は、多かれ少なかれ農村的ないし都市的な性格を帯びる可能性がある。都市的な生物域は、自治体の中の自治都市、あるいは「都市の中の都市」――端的に言えば、多中心的ないし多極的なネットワーク、つまりエコロジカルな都市国家《ポリス》[47]――として捉えられるだろう。ローカルな生活域体系の複雑な集合体によって構成され、また生態学的な

自己維持可能性という強力な能力を与えられ、都市的な生物域は外部不経済とエネルギー消費を削減することを目論む。▼48

▼40 (原注) イヴ・コシェによれば、「地域および地方規模の自給自足、権力の地理的な分権、経済の再ローカリゼーションと保護主義、そして計画化と配給制、の四つのテーマが空間を構造化し、簡素な社会を形成していく」(Yve Cochet, *Pétrol apocalypse*, *op.cit.*, p.208)。

▼41 Murray Bookchin (1921-2006). ニューヨーク生まれのロシア系思想家。アナーキズムに傾倒し、一九七〇年頃よりエコロジー思想とアナーキズム思想を接合させたエコロジカル社会主義を提唱する。人間社会に確立している富や権力の不平等・不正義を考察せずしては環境問題や生態系の問題に取り組むことができないことを強調。環境倫理思想の文脈では、アルネ・ネスの環境中心主義を真っ向から批判している。主著に『エコロジーと社会』(藤堂麻理子訳、白水社、一九九六年)がある。

▼42 (原注) Murray Bookchin, *Pour un municipalisme libertaire*, Atelier de création libertaire, Lyon, 2003.

▼43 コミューン(commune)はフランスにおける地方自治体を表す言葉(イタリアではコムーネという)であり、人口規模にかかわらずすべてコミューンと呼ばれる。パリのような人口数百万人の大都市、リヨンのような中規模地方都市、人口数百人の農村は、すべて一個の地方自治体として捉えられ、「コミューン」である。

▼44 (原注) Alberto Magnaghi, «Dalla città metropolitana alla (bio) regione urbana», in Anna Marson (a cura di), *Il progetto di territorio nella città metropolitana*, Alinea editrice, Firenze, 2006, p.100.

▼45 ブクチンのこのような自治体中心の自主管理は「自治体連合論」とも呼ばれる。

▼46 (原注) Gustavo Esteva, *Celebration of Zapatismo*, *Multiversity and Citizens International*, Penang, 2004 ; Gustavo Esteva and M. S. Prakash, *Grassroots Postmodernism : Remaking the Soil of Cultures*, Zed Books, London and New York,1998.

▼47 (原注) Alberto Magnaghi, *op.cit.*, pp.69-112.

▼48 (原注) Paola Bonara, «Sistemi locali territoriali, transcalarità e nuove regole della democrazia dal basso» in Anna Marson (a cura di), *Il progetto di territorio nella città metropolitana*, Alinea editrice, Firenze, 2006.

確かに〔エコ自治体主義では〕、「政治的実体・単位が小さくなるほど、市民による統制は小規模に、したがって直接的なものになる。ゆえに彼らの主権の領域はより制限されたものとなる」[49]という「民主主義のジレンマ」が起こる。市民の決断と行動の能力は、彼らの領土的な限界を超える諸問題には行使されず、なかんずく生態学的な領域においては外的な動態[50]の影響を被る。反対に、領土的な政治区域が拡張されると市民参加の機会は弱まる。まさにこの点において一つの事実が確認されるのだが、パオラ・ボノラは、規模の点からではなく、アイデンティティの観点から問題提起すべきだと主張している。重要なことは、共有の、つまりは万人の財を保全し配慮する生活の場としての生活域に根差した集合プロジェクトが存在するかどうかということである。参加はこの場合行動の一部を成すのだが、同時に「様々な土地がもつ精神の守護者であり推進者」[51]となる。規模は決して地理的な問題ではなく、むしろ社会的な問題である。アイデンティティを承認するための空間があるかどうか、そして連携的かつ連帯的な行為を起こす能力があるかどうかが重要である。ブクチンが構想するように、複数の並列的なコミューンとして機能する様々な自律的な地区の接合として都市環境を考えることは興味深い。しかしそのような都市環境は、各地区の決定機関が実質的な権力を所有し、単なる中継地点に終始しない場合にのみ機能しうる。

イタリアの「新しい自治体〔コムーネ〕のネットワーク」が最も独創的で有望なイニシアチブの一つであることには間違いない。イタリアでは研究者、社会運動、小規模コムーネの代表者からなるアソシエーションが存在するが、それだけでなく、ミラノ地方（県）やトスカーナ地域のように、地域レベルで成長社会の逸脱した効果が生み出した諸問題を真摯に解決しようとする比較的大規模な実体もある。二〇〇五年十月にバリで行われた集会において五〇〇人を動員した同ネットワークの独自性は、生活域に基づいた戦略を選択すること、つまり地域を、社会的アクター、物理的な環境、そして地域的な財産との間に相互作用が起こる場所として認識しようとする事実にある。同組織の憲章によれば、重要なことは「自覚的で責任のある自律自治のプロセスを奨励し、また、グローバル市場の見えざる手という外部からの操作（他律的な管理）を拒否しながらも、地域の資源および特性を価値づける政治的なプロジェクト[52]である。換言すれば、批判的な分析のための実験場があるかどうか、そして公共財を守るための自治があるかどうかが問題である。このような社会的実験は「アーバン・ヴィレッジ（都市型村）」という発想、ならびに「スローシティ[53]」運動がたどってきた道に通ずるものである。[54]このような社会運動は、味覚と風味を回復するために食物の画一化に反対する闘争を繰り広げる十数万の生産者・農家・職人および漁民が参加するスローフード[55]運動を補完するものである。[56]このようなローカルなプロジェクトは地域に深く根差しながらも閉鎖的でも自己中心的でもなく、「むしろ逆に、開放性、さらには〔域外の他者に〕贈与することや〔域

▼49（原注） R.A. Dahl, *I dilemmi della democrazia pluralista*, Milano, Il Saggiatore, 1988.
▼50（原注） Paola Bonora, *op.cit.*, p.113.
▼51（原注） *Ibid.* p.114.
▼52（原注） Carta del Nuovo Municipio in www.nuovomunicipo.org および www.communivirtuosi.org を参照。
▼53 一九九九年にイタリアの四つの都市で始まった、スローフードに基づいた都市づくりが切っ掛けで世界的に広まった運動。消費主義的な生活様式を見直し、環境に優しい人間の身の丈にあった町づくりを目指す。農村の自立や過疎地の復興に貢献している。
▼54（原注） スローフード・ネットワークの結果として組織化された、中規模都市の世界的ネットワークが存在する。これらの都市は、市内の人口成長の上限を六万人に抑えようと努めている。人口がこれ以上増加すると、「地域」や「緩慢さ」について語ることは不可能となる。
▼55 グローバリゼーションの影響下で食物・食事スタイルの均質化が進むことに反対して、イタリアを中心に起こった運動。効率優先・画一的な食生活から、地域社会の文化を活かした食生活を目指す。
▼56（原注） Carlo Petrini, «Militants de la gastronomie», *Le Monde diplomatique*, juillet, 2006.

外の他者を〕受け入れることといった寛容さを前提とする」[57]。〈脱成長〉《デクロワサンス》社会は、野蛮で卑怯な競争に抗する堅実な保護主義の立場を採用するが、それだけでなく、類似する対策を採用する「空間」に対して大いに開かれた存在でもある。すでに一九五四年にミシェル・トルガが述べているように「普遍性とは、壁に遮られていない地域である」ならば、同様に地域は、境界線、限界、危険地帯、渡し守、通訳、ならびに翻訳者をともなう普遍性であると演繹することができる。〔普遍性としての地域で〕選択されるアイデンティティは、多かれ少なかれ複数でありながらも、自らの運命に関して共通の展望を有する。そのようなアイデンティティは、一個の生物域的な単位に一貫性を与えるための重要な要素である[58]。

マイケル・シングルトンによれば、抽象的な政治的普遍主義（つまりは世界政府）を建設する可能性ないし機会を疑問視しつつ、地域と共同体について語る者は「ファシズム、ナショナリズム、男性優位主義、家父長主義、エリート主義、懐古趣味などなど、大文字の近代が排斥したあらゆる名前によって扱われるリスクを負う」。「〈脱成長〉《デクロワサンス》が〔伝統的な〕共同体的束縛（小規模の核家族、上流階級の界隈、地域的な自己中心主義）への回帰ではなく、地域の有機的な再編への回帰であることを理解するにはどのようにすればよいだろうか（一九六〇年代頃までがそうであったように、人々が皆で一緒に生きることを可能にするような街作りである。当時は、村落学校や『家族経営の』企業、街角の食料品店や地元のミニシアターのお陰で、人々は教育施設、工業地区、郊外のスーパーマーケットとの間を往復するような生活を送らないで、お互いが近接して生活していた[59]）」。このような観点において、地域は閉鎖的な小宇宙ではなく、経済自由主義の支配への抵抗を可能にするような、民主主義を強化する諸実践（例えば参加型予算）を試みるための、有徳性と連帯感をともなう横断的な様々な関係のネットワークにおける一つの結節点である。

地域経済の自律性を再発見する

再ローカリゼーション・プログラムは、第一に食料自給、次いで経済・金融の自給を模索することを意味する。季節に応じた有機農業・有機園芸など、各地域における草の根の活動を維持し発展させなければならない。[60] ヴィレム・ホーゲンジックはオランダの興味深い事例について検証した。「一九八〇年に行われたオランダ農村経済研究所（LEI）の計算によれば、農産物の自給自足は当時、世界で最も人口密度の高い国であるオランダにとって、持続性のある選択肢であった。近年LEIは、（食肉消費を削減し、旬の食べ物を消費することで）一六〇〇万人の住民が現在、国産の有機食品を食べているという計算結果を――研究所スタッフ自身も驚きを隠せずに――算出している」。

ホーゲンジックは、農業生産の新しいモデルが想起させるものは何であるか、次のように説明している。「屋外の混合農場で行われる拡張的な農業である〔……〕。生産物の保存および乾燥、そしてその他の付随する変化をともなう拡張的な園芸でもある。次に、われわれのゴミ――そのうち排泄物も含めて――は、

▼57 （原注） Paola Bonora, «Sistemi locali territoriali...», *op.cit.*, p.118.

▼58 （原注） マルティン・ハイデッガーに倣って、言語は「存在の住処」である、とするならば、ティエリー・パクオが言うように「〔言語の〕異種混交化は、文化の多様性のみならず、存在様式や思考様式の多様性をも保証する」。異種混交化は、パクオが定義するところの「言語のエコロジー」という性質を帯びている（Thierry Paquot, *Terre urbaine, Cinq défis pour le devenir urbain de la planète*, La Découverte, Paris, 2006, p.181）。

▼59 （原注） Michael Singleton, *ENTROPIA*, no.1, *op.cit.*, p.52.

▼60 （原注） 「農民に十分な所得を保証し、地元農民の手による、持続可能な有機農業に基づいた農村共同体の再生を促進することで、可能な限り完全な、国民規模の、かつ地域的な自給自足を目指すこと」（Yves Cochet, *Pétrole apocalypse*, *op.cit.*, p.224）。

堆肥、家畜用食料、あるいは肥料として、土に還らなければならない。（世界のほとんど至る所で、すでに実践されているように）個人農家と産直提携を結び、収穫の際に彼らに手を貸し出すことで、われわれは、農家・畜産家と、彼らの生産物を消費する人々との間に、より密接な関係を作り出すことができる。このような食物は新鮮かつ安全だろう。そのエコロジカル・フットプリントは、極めて軽いものとなるだろう（より少ない在庫、より少ない冷却保存、より少ない輸送）[61]」。

だからといってこのような自律自治は完全な封鎖経済（アウタルキー）を意味しない。「われわれは、同じような選択を行った地域と交易を行い、生産主義を『脆弱化させる』ことができる。地域的な独立を尊重するバランスのとれた交換、つまり、人間とエコ・システムに負荷をかけることなく、お互いの地域で生産された余剰に関して交易を行う（バターとオリーブの交換といったような）のである」。

地域レベルでのエネルギーの自律性も模索されるだろう。再生可能なエネルギーは、「人口の大規模な集中が起こらない分権化された社会に適用される。しかしながらこのような分散は、世界の各地域がひとつないし複数からなる再生可能なエネルギーの経路を発展させるための自然の潜在性を所有するという利点でもある[62]」。

われわれはローカルなビジネスを奨励する。大規模供給システムにおいて創出される一人分の雇用は、近隣商業における五人分の雇用を破壊する[63]。フランス国家統計局（ＩＮＳＥＥ）によれば、（一九六〇年代末に）スーパーマーケットが登場したことで、フランス国内のベーカリーの一七％（一万七八〇〇店舗）、個人食料品店の八四％（七万三八〇〇店舗）、そして金物屋の四三％（四三〇〇店舗）が廃業に追い込まれた。地域の生活基盤の大部分がその時消滅し、社会構造が解体した[64]。今日、大規模供給システムの大手五社がフランスの小売業の九〇％を占めていることを考慮すると、これらの企業が大量の仕事を抱え込んでいることになる。

つまり、地域に根差した実質的な貨幣政策を発明することを構想する必要がある。「住民の購買力を維持するためには、貨幣のフローは可能な限り地域の内側に留まるべきである。他方で、諸々の経済的決断も可能な限り地域レベルでとられるべきである。専門家（この場合、ユーロの発案者の一人）は次のように語る。『国民通貨の独占を保持しながら地方の発展や地域開発を奨励することは、アルコール中毒者をジンで解毒しようと試みるようなものだ』と」[65]。地域通貨、社会的通貨、もしくは補完的通貨の役割は、未だに満たされていないニーズを未開墾のまま放置されているリソースに結びつけることにある。地域交換システム（SEL）、減価する貨幣[66]（自由貨幣）、アルゼンチンのクレディトス[67]から、特定の購買目的の

▼61（原注）Willem Hoogendijk, «Let's Regionalise the Economy – and Cure Ourselves of a Host of Ills! », note d'avril 2003.
▼62（原注）Yve Cochet, *op.cit.*, p.140.
▼63（原注）Christian Jacquiau, *Les Coulisses du commerce équitable*, *op.cit.*
▼64（原注）Nicolas Ridoux, *La Décroissance pour tous*, Parangon, Lyon, 2006, p11.
▼65（原注）Bernard Lietaer, «Des monnaies pour les communautés et les régions biogéographiques : un outil décisif pour la redynamisation régionale au XXIe siècle», in Jérôme Blanc (sous la dir.), «Exclusion et liens financiers, monnaies sociales», *Rapport 2005-2006*, Economica, p.76.
▼66　ドイツ出身の経済学者シルヴィオ・ゲゼル（Silvio Gesell, 1862-1930）よって発案された補完通貨。蓄積をせずに流通させることを目的とした貨幣で、使用後時間の経過とともに価値が減少するという特徴をもつ。フランスの文脈では、一九三三年にニースの商人たちの間でこの減価する貨幣による社会的実験が行われ、その後一九五六年から一九五七年にかけて、リニエール・アン・ベリー村（シェール）とマラン村（シャラント＝マリチーム）で実験が行われた（参照：Jean-Michel Servet, sous-la-direction-de, *Une Économie sans argent. Les système d'échange local*, Paris: Seuil, 1999, pp.75-81）。

ための商品券（交通、食事、日本の「ふれあい切符」、高齢者介護のための「連帯クーポン」など）にいたるまで、そのようなミクロな実験は数多ある。しかしこれまでのところ、貨幣の創造およびその地域的な使用を体系的に確立するまでにはいたっていなかった。そのような社会的実験にとっての理想的な第一歩は間違いなく生物域であろう。「生物域に関する通貨」の発明を企てる必要がある。

要約すると、地域化が意味することは次のようなことである。それは、より少ない交通、透明性のある生産チェーン、維持可能な生産・消費の推進、資本のフローおよび多国籍企業への依存の削減、そしてあらゆる意味において可能な限り大きな安全、である。地域経済の再生および経済の地域社会への再組み込みを行うことは、最終的にはあらゆる経済の基礎である自然環境を保護し、経済のより民主的な方法を各人に対して開き、失業を削減し、〔社会〕参加（したがって〔社会〕統合）を強め、連帯を強固なものにする。さらには途上国に対して新しい視座を提供し、遂には、簡素な生活の拡大とストレスの縮小のお陰で富裕国の市民の健康を促進する。▼[68]

〈脱成長《デクロワサンス》〉的な地域イニシアティブ

グローバルな「統治」が変化すること、ならびに経済成長に反対の立場をとる国民政府が政権を掌握することを期待しながら、地方で活動する多くのアクターは、含意的にせよ明示的にせよ、〈脱成長《デクロワサンス》〉の豊かなユートピアの道のりをたどってきている。フランスの北キャロリーヌからシャロン・シュール・サオネ近辺の地元集団は先手を打って、気候変動に反対する闘争計画を実行に移し始めている。エネルギー消費の削減は、英国のベディントン・ゼロ・エネルギー開発（BedZED）▼[69]の事例がモデルになるであろう。いくつかの地域では、遺伝子組換え食品を拒否することが決定された（オーストリア、トスカーナ地方、そしてポーランドにおいても）。地方自治体と公共施設（学校、病院など）の発注は、公共部門における需要の大部分（フランスの国内総生産の一二％）を占めるので、契約書を通じて受益者に環境に優しい実践を要請しさえすれば、経済全体にエコロジカルな転換を普及するための手段となる。[70] 市政は自らが担当する公共施設に対して、地元の企業や供給者を優遇する物資調達を行うように推進することができる（例えばシャンベリーの事例がそうである）。または、公共の食堂やレストランで有機農業によって生産された食物を使用するように義務づけることも可能である（ローリアン、パミエールの事例）。あるいは公共空間（道路や緑化空間）の維持に関して、機械や熱エネルギーを利用した除草技術を優先し、殺虫剤の使用を禁止することもできる（レンヌ、グルノーブル、ミュルースの事例）。その他、化学肥料よりも堆肥を選択するという政策がある。[71] 公共交通機関はフランスの多くの地域で促進されている。例えば、ローヌ・アルプス地方の地方議会によれば、一九九七年以降、同地方では四〇〇台の電車が補充され、約一一五の

▼67 一九九五年にアルゼンチンの首都ブエノス・アイレスに設立されたオルタナティブ通貨ネットワーク（Argentina's Alternative Currency Network）によって発行されている補完通貨。同ネットワークの参加者は、国内各地にあるnodoと呼ばれる市場において、creditosと呼ばれる貨幣を使って取引を行う。Nodoは往々にして地域コミュニティの教会であることが多い（参照：Pete North, 'Voices from the trueque : barter networks and resistance to neoliberalism in Argentina' in Adrian Smith, Alison Stenning, and Katie Willis (eds.), *Social Justice and Neoliberalism : Global Perspectives*, London : Zed-Books, 2008）。
▼68 （原注） Willem Hoogendijk, *op.cit.*
▼69 Beddington Zero Energy Development の略称。南ロンドンのサットンにある街ベディントンで実践されている環境に優しい住宅の実験。
▼70 （原注） Pascal Canfin, *L'Économie verte expliquée à ceux qui n'y croient pas*, les Petits Matins, Paris, 2006, p.72.
▼71 （原注） Nicholas Hulot, *op.cit.*, p.170.

駅が改装、さらに設備の六〇％が新調されたことで、電車の利用客は年率五％から六％程増加した[72]。イヴ・コシェによれば、「今日からわれわれは選挙に参加し、議会の集会に出席し、何かしらの簡素な暮らしをすることを目標とする市民アソシエーションのメンバーとなることで、都市生活に熱中しなければならない。ウォーキングとサイクリングのための場所が増えるにつれて自動車を走らせるための場所が少なくなる。多様な商店が近隣に増えるほど、スーパーマーケットの数は少なくなる。小さな住居が増えるほど、高層ビルの数が少なくなる。身近なサービスが増えるほど、都市の区分けは少なくなるなど[73]」。

地域的な企てに明らかな限界が存在したとしても、地域水準で実施される政策の先進的な可能性を過小評価してはならない。ムーアン＝サルトゥー市のアンドレ・アシエリ市長の指導の下で行われている試みは興味深い。同市では、鉄道駅と鉄道網の再開、「共通の公共財」（水、交通機関、葬儀にいたるまで）の公的管理の増大、サイクリング用道路と緑化空間の拡張、地元農家と零細商業の支援、不動産投機とスーパーマーケットの導入の禁止が施行されている。これらは三〇年前には不可避であると思われた「地方の周辺化」を回避することに成功し、地域生活に新たな意味を与えた。とりわけ毎年行われる本の祭りは生き生きとした象徴である。

「地球規模で地域を守れ[74]」をスローガンに掲げながら、世界貿易機関（ＷＴＯ）を、「世界ローカリゼーション機関（ＷＬＯ）」と入れ替える必要がある。

縮小することは、退行を意味するのか？

場合によっては、後退することは、ある領域においては知恵の証しとなる。とりわけ、われわれの食料供給に関してはそうであるといえる。今日、ＯＥＣＤ諸国では、地域性と季節性を欠いた、野菜よりも獣肉中心の、より安い食生活を目指す傾向にある。しかしながら近年、地域的な食料依存が目立ってきている。農村地域と見なされているリムーザンの例を挙げてみよう。エマニュエル・ベイリーによれば、同地域で消費されている食料生産物のうち、域内で生産・加工されているものは一〇%のみである。「ジャガイモの耕作は完全に放棄され、かつては七四〇〇ヘクタールだった耕作地も今では三〇〇ヘクタールとなっている。〔……〕同様に、野菜の耕作地は、一九七〇年には六三〇〇ヘクタール近くを占めていたが、二〇〇〇年においては三〇〇ヘクタール（六七〇〇トン）である。域内の食料生産は、生鮮野菜に関しては、地域人口のニーズの八・一%を賄うのみである」[75]。

リムーザンのゴールデン・デリシャスは、輸送費を含めて約半額の中国産のゴールデン・デリシャスとの競争にさらされている！　そして間もなく、食肉が小売りされた後で、地元の牛肉は南米産の家畜と競合しなければならない。生産の脱地域化は株主の命令によって実行され、域外供給は大型店舗供給網の購買センターの注文にしたがう。このような諸実践は〔経済〕システムを著しく脆弱なものへと変えていく。国営海運会社「地中海コルス」（ＳＮＣＭ）のストライキ中の船員達によって二〇〇五年十月に行われた海上封鎖の際、同社は四日間から五日間の間、野菜および生鮮食品の供給停止を被った。

デンマーク産のエビの輸送——非常に戯画的である——もまた、悲しいことに例外ではない[76]。エビの皮

▼72（原注）Nicholas Ridoux, *La Décroissance pour tous*, *op.cit.*, p.86.
▼73（原注）Yve Cochet, *Pétrole apocalypse*, *op.cit.*, p.200.
▼74（原注）Yve Cochet, *Pétrole apocalypse*, *op.cit.*, p.224 における提案を借用した。
▼75（原注）Emmanuel Bailly, «Le concept de l'Écorégion ou comment restaurer le système immunitaire des régions», bulletin *Ligne d'horizon*, no.36, août-septembre 2006.

むきはモロッコで行われ、その後商品流通の場に出荷するためにデンマークに戻ってくる。これ以上に常軌を逸している事例としては、次のようなものがあるだろう。それは、フィンドゥス工場において手作業で皮むきされるためにタイに出荷されるスコットランド産の欧州アカエビである。このアカエビは、マークス＆スペンサーで販売される前に調理されるために、スコットランドに再び輸送される。このような傾向を反転すれば、贅沢な食生活が抑えられ、われわれの供給――特に食料供給は――燃料費用の上昇および炭化水素の希少化の影響を受けにくくなるだろう。[77] イヴ・コシェによれば、「燃料に対してより節約的な食生活は今日の傾向とは正反対の三つの方向性にしたがう。それは、より地域に根差した、より季節性を重視した、そして肉食よりも菜食中心の食生活である」[78]。そのような食生活は、われわれが犠牲者に賠償金を支払い続け、汚染者に補助金を与え続けるのであれば、依然として「より高価なもの」であり続けるだろう。

　ここでもまたある種の想念の脱植民地化が必要である。進歩と近代性の崇拝者（われわれのほぼ全員である）とまではいかないが、「善良な」人々は後方に戻ること――彼らにとっては惨めさと恥ずかしさを意味するであろう――の恐怖に取り憑かれている。あるシシリアの友人は、筆者に次のように語りかけた。「わたしが若かった頃は、仲間内で革靴を履いているのはわたしひとりだけだった。みんな裸足で遊んでいたものさ。今では、子供たちはだれもが靴を履いている。これこそが経済成長がわたしたちにもたらしたものだ」。「成長の反対者」は、この手の意見――その妥当性は否定しようがない――を述べる「〈脱成長《デクロワサンス》〉の反対者」としばしば激突する。惨めな過去に再び陥ることを心配することは、思い出の一時的な歪曲であるとはいえ、妥当でないとはいえない。しかし重要なことは、多くの場合堪え難い不平等によって悪化するところのこのような極貧生活に戻ることではない。大事なことは、何よりもまず、生きられた経験として現れる充足した生活が、高品質の一足や二足の靴よりも、往々にして質の悪い一〇足の靴を絶対に必要とするかどうかを知ることである。マレイ・ブクチンが述べるように、「良き生活を送るのに、豪華な設備、プール一〇個、テレビ五〇台を所有しなければならないとは思わない。ある放蕩家は次のように反論するだろう。『わかった。しかし、プールを一〇個欲しいと望む者がいるのなら、彼らは手に入れることができなければならない。彼らの欲求を妨害してはならない。彼らは自由だ』と。わたしは、次のように答える。容認されうる欲求は、コミュニティ全体——自治体単位——で決定されなければならない、と。この場合、自治体の集会は次のように言うかもしれない。『二足の靴で十分だ。一〇足も必要ない』と。ある程度の消費で十分だ、現実離れした生活は必要ない、と彼らは言うだろう」[79]。

ヴィレム・ホーゲンジックは、欲求の自主規制は、理に適ったものであると評価した。「われわれのいわゆる欲求に関して、いくつかの経済学の教科書では〈無制限である〉と定義されている。しかし今となっては、一次的欲求と二次的欲求との間に、あるいはケインズの用法にしたがえば絶対的欲求と相対的欲求との間に、より明確な区別をつけた方が賢明であるように思われる。前者は生来の限界を有しており、後者は無制限である」。ホーゲンジックは、基本的ないし正常な欲求とその他の欲求を区別することを提案しているのだ。基本的ニーズ（食料、衣服、住居、労働、社交性／異性との交際）は、理に適った範疇を超えて膨張することもありうる（より広い居住空間、より多くの靴、より多くのセントラル・ヒーティ

▼76（原注）Phillippe Mühlstein, «Les ravages du mouvement perpétuel», *Le Monde diplomatique*, janvier 2005.
▼77（原注）Yves Cochet, *Pétrole apocalypse*, *op.cit.*, p.97.
▼78（原注）*Ibid.*, p.89.
▼79（原注）«Interview with Murray Bookchin» par David Vanek in *Harbinger, A Journal of Social Ecology*, vol.2, no.1, 2001.

ングなどなど）が、相対的に飽和状態に達しやすい。二番目の欲求は、欲求を際限なく創造する力学である成長社会によって優遇されているのだが、分類すると次のようなものがあるだろう。

・損失を補償する欲求。例えば、道路を走る車両が原因で失われた緑化空間、閑静な場所、汚染河川に替わるプールなど。

・損害の修復あるいは予防を行う欲求。例えば、空気・水の浄化、酸性雨林に石炭水をかけることなど。つまり、拡大中のエコ産業王国である。

・従来の開発によって造られたその他の欲求。例えば、機械化が原因で起こった新しい雇用のニーズ。さらに、殺人的な競争を目指してより迅速に生産を行う機械のために、離れた空間を物理的に編成することから必要とされる交通手段など。

成長主義的な社会体制の目的の一つは、修復、補償、癒しに関連する商品を生産しながらも、同時に充足しなければならない欲求を創出することである[80]。

削減することは緩慢になることでもあり、したがって速度の支配と今日の趨勢に抵抗することを意味する。卑近な例としては、スペインのシエスタ廃止が成長社会の馬鹿げた性質の一端を垣間見せている。ティエリー・パクオは、次のように指摘する。「シエスタの恣意的な廃止は、グローバルに展開する同一の多国籍企業の内部で労働時間を均一化することを名目にしているが（ここで念頭に置かれているのは、窓口営業時間をヨーロッパ標準にしようとするスペインの銀行部門のことである）、これは極めて象徴的な暴力であり、期待はずれの結果を生む措置である[81]」。つまるところ、すべての医者はこの伝統的な習慣「シエスタ」の効用を認めているのだ。

要するに、禁欲的な修行者になるよう消費者を責め立てることが重要なのではない。むしろ消費者に市民としての責任意識を持たせることが重要である。〈脱成長《デクロワサンス》〉の秘訣は、より少ない物でより多く、より良く生活することにある。このようなイリイチ的な定式を経済合理化の文脈で理解してはならないし、また技術官僚的なイメージで解釈してもならない。福祉国家の解体とそれにともなう財政縮減は、結果として、一連の予算配分の合理化（RCB）を行う新しい公共管理（NGP）[▼82]をもたらした。現在では、助成金市場で競合するアソシエーション（そしてボランティア・セクター）を活用してより少ない財政支出を行うことでより良い社会政策の結果を得ることが〔政府の〕重要課題となっている。[▼83]〈脱成長《デクロワサンス》〉の精神は、効率性、パフォーマンス、卓越性、短期的な収益性、コスト削減、可変性、投資に対するリターンなどなど、その結果が社会関係の崩壊を導くような言葉を金科玉条として掲げる、あらゆる分野における右のような経済の強迫観念的な追求ならびに潜在的な新自由主義イデオロギーの対極に位置する。確かに、地球の有限な自然資源をより少なく消費することは重要であるが、それは経済外の財を生産するためであり、その目的は技術官僚のそれとすべての点において対立するのだ。

では、〔資源の〕配給を行うまでにいたる必要があるのだろうか。一部の人々は、たとえ配給制が戦間期

▼80（原注）ヴィレム・ホーゲンジックの二〇〇三年四月のノートより。「際限なき欲求？　それは欲求の際限なき創出だ！」と彼は分析を締めくくっている。

▼81（原注）Thierry Paquot, *Terre urbaine. Cinq défis pour le devenir urbain de la planète*, *op.cit.*, p.178.

▼82 Nouvelle gestion publique. 英語でNew Public Managementといい、新自由主義的な財政政策のことを指す。

▼83（原注）Marie-Dominique Perrot et al (sous dir.), *Ordres et désordres de l'esprit gestionnaire*, *Éditions Réalités sociales*, Lausanne, 2006を参照のこと。特にGilbert Rist, «La nouvelle gestion publique peut-elle être sociale? ».

経済を想起させたとしても、エネルギーおよび温室効果ガスの排出に関しては真剣にそのようなことを思案している。しかし、われわれは人類生存のための闘いの道を切り開いている、と実際に言えるだろう。戦争という緊急事態に直面し、米国経済は一九四二年に特定の自動車生産をたちまち攻撃用戦車の生産に変換することができた、とレスター・R・ブラウンは指摘している。これに比肩する挑戦は、例えばこの同じ自動車産業を小型発電機〔小型風車、太陽光発電など〕の生産に再変換することであろう。民主国家イギリスは、この緊急を要する条件において血と涙の計画を受け入れることができた。このような犠牲を必ずしも意味しないが、われわれの社会のエコロジー的再変換は、例えば衛生的な食物、さらには余暇や共愉といったより多くの生活の歓びを、近い将来にではなく現在において約束するものである。

より良い技術とより良い管理の影響でエコロジー上の効率が増大すること〔生物許容能力の増大、そして耕作地、漁場、森林の収穫能力の増大など〕を期待することは妥当であるといえるので、必要な削減〔の度合い〕はかなり軽減されるだろう。[84] 換言すれば、「正確な」エコロジカル・フットプリント〔地球一個分〕へ戻るためには自然資源の採取を七五％削減することを必要とするが、それは、最終消費を五〇％未満縮小し、生活の質を比較にならないほど向上させることによって実現可能である。

南側諸国の課題

逆説的に映るが、〈脱成長《デクロワサンス》〉という考えはある意味南側諸国において、なかでもアフリカで誕生した。つまり自律的で節約的な社会というプロジェクトは開発批判の潮流の中で出現したのである。四〇年以上もの間、反開発主義ないし〈ポスト開発〉主義を掲げる小さな「インターナショナル」は、ブーメディエンのアルジェリアからニエレレのタンザニアにいたるまで、アフリカにおける開発の弊害を分析し非難してきた。[85] 現に起こっている発展は、コート・ジヴォワールにおける発展政策のように資本主義的あるいはウルトラ・リベラルであるのみならず、表向きには「社会主義的」「参加型」「内発的[86]」「自力更生」「民衆中心・連帯的」なものであり、しばしば人道主義的な非政府組織によって運営されたり、支持されたりもしていた。何らかの注目すべき成果は微細にせよ確認されたが、それでもやはり失敗は甚大であった。「全人類ならびにすべての人々の文明開化」を達成することを目指す開発プロジェクトは、腐敗、一貫性のない政策、そして物質的不足を生存の危機にまで変えた構造調整プログラムが展開する中で崩壊した。

　南側諸国に向けられたこのような批判は、歴史的なオルタナティブ、つまりはヴァナキュラーな社会経済の自主組織化へといたった[87]。当然のことながら、これらの分析は、単一の社会的なオルタナティブではなく、むしろ地域交換システム（SEL）、オルタナティブかつ連帯的な諸実践の交換ネットワーク（REPAS[88]）、時間銀行[89]（住民同士のサービスの交換）、協同組合など、北側諸国における複数のオルタナ

▼84（原注）世界自然保護基金（WWF）によれば、二一〇〇年までに約三〇％の軽減である。

▼85（原注）Wolfgang Sachs (ed.) *The Development Dictionary*, Zed-Books, London, 1992（邦訳：ヴォルフガング・ザックス編『脱「開発」の時代——現代社会を解読するキイワード辞典』三浦清隆ほか訳、晶文社、一九九六年）を参照のこと。フランス語訳は*Dictionnaire des mots toxiques*というタイトルでParangon社より出版予定。

▼86 ここにおける「内発的発展」の意味については、第Ⅰ部『〈ポスト開発〉の思想』第3章の訳者注3を参考にされたい。

▼87（原注）拙著*L'Autre Afrique. Entre don et marché*, Albin Michel, Paris, 1998を参照のこと。

▼88 第Ⅰ部『〈ポスト開発〉の思想』第5章の訳者注3を参照のこと。

▼89 Banche del tempo. 一九九〇年代初頭よりイタリアで始まった補完通貨システムの一つで、主に貧困層の女性が主体となって展開した。現在ではスペインにも同様の組織がある。

ティブな実践にも関心をよせるにいたっている。環境の危機とグローバリゼーションの出現が引き金となり、長い間誰も耳を傾けることのなかったこのような開発批判の予想外の――そしてある程度の――成功は、われわれをして北側諸国の経済と社会に関する発展パラダイムの批判の意義を深めるにいたらしめた。結局のところ、持続可能な発展の茶番劇は南側諸国だけでなく北側諸国にも関係していることであり、経済成長が抱える危険性は今や地球規模である。〈脱成長《デクロワサンス》〉という命題が生まれたのもこのような経緯によるのだ。

アフリカにとって、エコロジカル・フットプリント（さらには国内総生産）の縮小は必要ではないし望ましくもない。だからといってアフリカに成長社会を構築すべきであるという結論を下してはならない。南側の社会が成長型経済の建設に取り組んでいるかぎり――また、経済成長を求める冒険がもたらす隘路に南側の社会が陥ることを避けるためにも――、〈脱成長《デクロワサンス》〉はこれらの社会に関係していることである。[90]インフォーマル経済を無批判に称賛することはしないが、筆者が考察するに、南側の社会は、未だ時間が残されているならば「包囲網の解体・変容」（se désenvelopper）――つまり自らを別の形で構築するために、目の前に立ちはだかる障害から自らを解放してゆくこと――ができるであろう。何よりも明らかなことは、北側諸国における〈脱成長《デクロワサンス》〉は、南側諸国においてあらゆる形態のオルタナティブを実現するための条件であるということだ。[91]最も深刻な飢饉にあるエチオピアとソマリアは、北側諸国のわれわれの家畜のための食料を輸出することを余儀なくされている。また、われわれはアマゾンの森林の焼き畑の上で入手した大豆の搾かすを使って食肉用の家畜を飼育している。こうしている間にも、われわれは南側諸国において真の自律性が芽生えるあらゆる可能性を停滞させているのである。[92]

南半球において〈脱成長《デクロワサンス》〉を敢行することは、南側諸国を八つの再生プログラム（8R）の好循環の軌道に乗せるために、螺旋状に運動を展開していくことを意味する。〈脱成長《デクロワサンス》〉に導くこの螺旋は、例えば、

「決別」(Rompre)、「伝統に立ち戻る」(Renouer)、「再発見する」(Retrouver)、「再導入する」(Réintroduire)、「回復する」(Récupérer) など、オルタナティブであると同時に補完的でもあるその他の再生プログラム(R) とともに組織されうるだろう。北側諸国に対する経済的・文化的従属からの決別。植民地化、開発、グローバリゼーションによって中断された歴史の流れと関係を結び直すこと。固有の文化アイデンティティを再発見し、再領有化すること。忘却された、あるいは捨て去られた特殊な生産物、およびこれらの諸

▼90 *L'autre Afrique entre don et marché*(前掲書)において、ラトゥーシュは西アフリカのインフォーマル経済を(1)国際的な密売ネットワーク、(2)非正規労働・低賃金労働、(3)民衆経済(l'économie populaire)、(4)オイコノミア・ネオクラニーク(oikonomia neoclanique)の四つの類型に分類している。このうち最初の三つは、多かれ少なかれ市場経済に寄生的であり、グローバル資本主義の経済権力から逃れることができない。他方で四番目のオイコノミア・ネオクラニークは、西アフリカの土着の社会関係――とくに拡大家族のネットワーク――における複雑な象徴交換を通じて形成される自主組織化された経済である。ラトゥーシュによれば、発展パラダイムのオルタナティブとなる自律社会の萌芽は、このオイコノミア・ネオクラニークにおける実践に見出される。

▼91 ラトゥーシュの〈脱成長《デクロワサンス》〉論の根底には、南北関係をより公正で平等なものに転換することを目指す倫理が働いている。この点については、Serge Latouche, *Le Pari de la décroissance*, Paris: Fayard, 2006の第二部において詳説されている。また、訳者論文«Singuraity and ethics in Post-development Thought: Interpreting Serge Latouche's l'autre Afrique entre don et marché» (*Journal of Internataional Relations and Development*, vol.12, no.1, pp.31-57, 2009)は、*L'autre Afrique*(1998)から〈脱成長《デクロワサンス》〉論にいたるまでのラトゥーシュ思想における倫理について議論しているので参考にされたい。

▼92 (原注)これらの地球規模での「移転」が気候変動にある程度寄与していること、また、大土地所有制に基づくこれらの投機的耕作がブラジルの貧困層からインゲン豆を収奪していること、さらに、われわれが「狂牛病」という生物発生的な惨事を被るリスクをもっていることは別にして考えている。

国の過去と結びついた「反経済的」な諸価値を再導入すること。伝統的な技術・技能を回復させること、が重要である。

二〇〇七年二月、ベナンのコトヌー付近のエンモー・ドゥ・トウ（Emmaus de Tohu）の中心で、イタリアの非政府組織「アフリカを呼ぼう」（Chiama l'Africa）が「貧困と〈脱成長《デクロワサンス》〉」というテーマの下、ベナン出身の知識人数人と討論を行った。アルベール・テヴォエジレに関するこのような会合を通じて、この問題に関するアフリカの逆説について現況を明らかにすることができた。

アルベール・テヴォエジレをまだ覚えている人はいるだろうか。一九七八年、彼はイヴァン・イリイチの教導の下で『貧困――民衆の富』という〈脱成長《デクロワサンス》〉に関する様々な考えを先取りする、当時人気を博した本を出版した。[93] 同書でテヴォエジレは、文化と産業を模倣することの不条理を論じ、アフリカの伝統の一つである清貧を称え、そしてまがいものじみた〔依存的な〕欲求の巧妙な創造、貨幣関係の支配によって生み出された人間関係の否定、環境破壊、という諸々の事実を並べて成長社会の逸脱性を非難した。最後にテヴォエジレは、村落単位による自主生産へ回帰することを提案した。

あれから二五年間、形式の上ではテヴォエジレは自身の考えを少しも諦めることはなかった。しかしアフリカで暮らす人々は誰も彼の考えに興味を示さなくなった。アフリカの知識人の多くがそうであるように、テヴォエジレは政治に全力を注ぎ、おそらくは無我夢中で活動したが、閣僚ポスト在任中に自らの信念を実行に移すことはできなかった。

『他のアフリカ――贈与と市場の狭間で』（一九九八年）において、筆者は、経済的近代から排除された人々が現況を切り抜ける手段として生み出した自主組織化のプロセスを分析した。自主組織化の中には自律的で節約的な社会を構築するための一つの具体例が含まれているが、これは、北側諸国の〈脱成長《デクロワサンス》〉社会が経験すると思われるものよりも気が遠くなるほど不安定な条件においても持続的で、なおかつアフリカ大陸のエリート知識人やエリート政治家たちにほとんど依存することなく実践されている。市場経済が支配する地球社会の周辺部において生き残りを賭けるだけでなく、充足した生活の構築も行うこのような能力は、三種類のブリコラージュ[94]に基づいている。それは第一に、混合宗教と宗派の増加（ムスリム社会においては各教団やその亜流組織も含む）にともなって生まれた想像力のブリコラージュ。第二に、創意工夫、器用さ、進取の精神の回復と共に生まれた技術＝経済的なブリコラージュ（エンジニア、工業、起業家に基づく西洋の経済合理性とは正反対である）。第三に特筆すべきことは、（無数のアソシエーションに雑種混交的に参加することによって構築される）「ネオ・クラニーク」と呼ばれる社会関係の発明とともに生まれた社会的なブリコラージュである。

政治的・国際的な舞台での承認と出現が期待される正真正銘のオルタナティブ社会であるこの実践は、（現在危機に陥っているとはいえ）支配的で傲慢なグローバリゼーションによって繰り返される種々の脅威に晒されている。仮に筆者がこのようなオルタナティブ社会の驚くべき「成功」を立証することができたとしても、想念の植民地化は、「公式のアフリカ」を破壊した今日、「他のアフリカ」〔ヴァナキュラーな社会〕を脅かしている。[95]ラジオ、テレビ、インターネット、携帯電話を通じた国際メディアの侵略は、社

▼93 （原注） Albert Tévoédjrè, *La pauvreté, richesse des peuples*, Paris, Éditions ouvrières.
▼94 bricolage. 身の周りにあるありあわせの道具や器械を組み合わせて既製品の代用品をつくる技能のことで、転じて置かれた状況の中で偶発的に生まれる道具や技術（アート）のことを言う。クロード・レヴィ＝ストロースが『野生の思考』（一九六二年）において同概念を用いたことは有名である。ブリコラージュの概念の説明については、川田順造「レヴィ＝ストロースから学んだもの」（『現代思想』二〇一〇年一月、第三八巻一号、四六〜五一ページ）が参考になる。

会関係に対して辛辣な影響を与えている。母国を地獄であると見切りをつけ、北側の人工の楽園を目指して目の前に仁王立ちする空港ゲートに抵抗してまで出国しようとする若者たちの欲望について思いを巡らせるだけで充分である。格安の中国製の大量消費財の侵略は時として、これまでヨーロッパの工場で生産された輸出品に打ち勝ってきたところの、復興中の伝統職人と競合する。個人化のプロセスは正真正銘の個人主義を生み出すことなく、オルタナティブな世界が依存していた共同体的な相互関係を見事に動揺させる。つまるところ、国境を無視した汚染は、悪化の一途をたどる環境をますます生存不可能なものに変えている。バラバラに壊れた中古車、使い物にならない携帯電話、廃品回収されたパソコン、そして西洋社会から出たあらゆる不良品で埋め尽くされた正真正銘の中古商品の消費社会は、離反のただ中で抵抗するための能力を癌のごとく蝕んでゆく。北側諸国がその幸運のすべてを「他のアフリカ」に譲るような危機がやがて到来することが望ましいだろう。数年前、この同じベナンで、年老いた村人数人が筆者に次のようなことを述べた。「今度、あなたたち、そう、あなたたちフランス人が帰国するのは、いつだろうか。あなたたちが母国を離れて以来、わたしたちは非常に苦しんでいるのです」。今日、われわれを責め立て詰問するのは若者たちである。「わたしたちがフランスに行くのを手伝って下さい」。ここでは何の希望も持てない」。アフリカの逆説は、かくして悲劇的にも西洋社会の逆説に通ずる。筆者の友人である故ジャン・ボードリヤールが著したように、「西洋文化は、世界の他の社会が追いつきたいと望むことによってのみ維持される▼96」のである。

エコロジカル・フットプリントの唯一かつ必要な削減以上に強力な正義への配慮を、北側諸国に実質的に導入することを望むのであれば、生態学的な債務とは別に、その「返済」が時として土着の人々によって要請されるところのもう一つの「債務」にも配慮すべきではないだろうか。それは再生である。失われた名誉／尊敬を再生すること（強奪された財産の再生は何よりも重大な問題である）は、南側諸国ともに〈脱成長〉《デクロワサンス》を実行するためのパートナーシップを結ぶことを可能にするだろう。

反対に、南側諸国において成長論理を維持したり、もしくは——それよりももっと怖いのは——これらの諸国に成長論理を導入したりすることは、まさにこの成長論理によって創られた生存の危機からこれらの諸国を脱出させることを口実として、これらの諸国をより一層西洋化することを許すのみである。筆者の友人であるオルター・グローバリゼーション運動家たちの良心的な想い——「学校、介護施設、上水道を建設し、食料主権を回復すること」[97]を望むものである——から提案されているこの命題の中には、ありふれた自文化中心主義——まさしく開発に内在する自文化中心主義——が存在する。ここで二つの選択肢がある。まず一点目。われわれは南側諸国に対して政府やメディアに操作された世論調査を通じてこれら諸国が何を望むのか尋ねるが、解答は間違いなく「西洋の家父長主義によって南側諸国に帰属するものであると定義されるこれら『基本的ニーズ』以前に、南側の人々は、エアコン、携帯電話、冷蔵庫、『自動

▼95 l'Afrique officielle et l'autre Afrique. *L'autre Afirque* (1998) においてラトゥーシュは、「公式のアフリカ」と「他のアフリカ」という二つの概念を導入して、アフリカにおける開発とグローバリゼーションの言説と経済権力を批判している。「公式のアフリカ」とは、国連、国際金融機関、ＯＥＣＤ諸国らの開発言説によって表象されるアフリカ像であり、これによればアフリカ社会は近代化に乗り遅れ、開発にも失敗した一群の国家社会からなる。つまり「公式のアフリカ」とは、アフリカを経済的な実体として捉え、グローバルな市場経済化に取り込むことを可能にさせる表象である。反対に「他のアフリカ」とは、そのような近代化、発展、経済グローバリゼーションの言説によっては表象されない土着のインフォーマル領域の社会関係のことであり、ラトゥーシュの文献では特に西アフリカのネオ・クラニークと呼ばれるインフォーマル経済がその典型例とされる。

▼96 (原注) Jean Baudrillard, chronique de *Libération* du 18 novembre 2005 (reprise le 7 mars 2007).

▼97 (原注) Jean-Marie Harribey, «Développement durable : le grand écart», *L'Humanité*, 15 juin 2004.

車』、さらには政治家の愉楽のために、原子力発電所、ラファエルジェット機、ＡＭＸ戦車、を求める……」というものである。もう一つの選択肢は、「貧困層を静かにさせておいてくれ、彼らに開発や発展を語ることはもう止めてくれ！」[98]というグアテマラの農民の指導者の心の底からの叫びに耳を傾けるというものである。インドのヴァンダナ・シヴァからセネガルのエマニュエル・ンディオンにいたるまで、民衆運動のリーダーは皆、各人各様の言葉で同じことを述べている。結局、南側諸国において「食料主権の回復」が間違いなく重要課題であるのは、そのような自律性がすでに失われてしまったからである。開発の大攻勢が始まる一九六〇年代までアフリカには食料主権が存在した。このような食糧自給を破壊し、日ごとにアフリカの先進工業国への従属を深めたのは、植民地化、開発、グローバリゼーションから成る帝国主義に起因しているとはいえないだろうか。産業廃棄物によって大量汚染を被る以前、アフリカの水は蛇口があろうがなかろうが口にすることができた。また学校と介護施設に関してだが、それらは文化と健康を導入し保護するために必要な制度なのだろうか。イヴァン・イリイチは、北側諸国にとってのこれら諸制度の正当性について深い疑問を投げかけた。[99]南側諸国については、これらの諸国の一部の知識人（間違いなく少数派であるが……）がイリイチの思想を援用して試みているように、一層用心深く問いただすべきである。援助を施すという称賛に値する計画を以て南側諸国における〈脱成長〉《デクロワサンス》を憂慮する〈白人〉の心遣いは胡散臭いものである。まさにマジード・ラーネマが強調するように、「われわれが援助と呼び続けるものは、極度の貧困が発生する構造を強化するに至らしめる財政支出に他ならない。反対に、真の財産をだまし取られた犠牲者たちは、彼ら固有の望みに合致したオルタナティブを見つけ出そうとしてグローバル化した生産体制とは距離を置くことを望むがゆえに、決して援助の対象となることはないのだ」[100]。

だからといって、南北双方における「開発」「発展」に対するオルタナティブは、過去への不可能な回帰や均一的な「無成長」モデルのことを意味するものではない。排除された人々――「開発から遭難した人々」——にとって、失われた伝統と接近不可能な近代を何らかの形で統合することのみがオルタナティブの可能性である。これは二重の挑戦を上手く統合させる逆説的な方程式である。創造性と創意工夫の精神が経済主義的で「発展主義的な」足枷から自由になれば、この二重の挑戦との決闘を受け入れるために、人々は社会的な発明の豊かさに賭けることが可能となる。〈ポスト開発〉パラダイムは必然的に多元的なものであり、自然環境と社会関係を破壊する物質的な豊かさに特権を与えない集合的な成熟の様式の探究のことを意味する。「良き生活」のための目標は文脈によって様々に変化するものだ。換言すれば、様々な新しい文化を再構築／再発見することが肝要である。

ここでもまた、われわれは政策的なプログラムではなく具体的で豊かなユートピアの中に自らを位置づけている。第Ⅱ部第3章では、南側諸国における自律社会の構築に関する課題について触れることはない。なぜなら、自律社会構築の企ての内容を決定するのは南側諸国で暮らす人々本人たちである、と筆者は考えるからだ。南側において自律社会の構築を実践することは、確かに多くの障害にぶつかる。「ライオンのことが気になるなら、木に登るがよい」と、バンツー族の諺は教えてくれる。仮に北側諸国においてそのような政治的企てに取り組む人が暗殺される危険があるのだとすれば、南側諸国においては、自律社会

▼98（原注） Alain Gras, *Fragilité de la puissance*, Fayard, Paris, 2003, p.249.

▼99（原注） フランスでは二〇〇四年と二〇〇五年にファヤール社からイリイチ全集全二冊が刊行された（Ivan Illich, *Œuvres complères volume 1 & 2*, Paris, Fayard, 2004, 2005）が、これは、未だに今日性を有している*Une société sans école*（邦訳：『脱学校の社会』東洋・小沢周三訳、東京創元社、一九七一年）と*Némésis médicale*（邦訳：『脱病院化社会——医療の限界』金子嗣郎訳、晶文社、一九七九年）を読み直す機会である。

▼100（原注） Majid Rahnema, *Quand la misère chasse la pauvreté*, *op.cit.*, p268.

を夢見るただそれだけで、あなたはパトリス・ルムンバやトマス・サンカラ、もしくはサルバドール・アジェンデのような運命をたどることになりうるだろう。ピエール・ジュヴァエールは、この問題に対して多くの省察を行い、次のように述べている。

とりわけて近代的な生活の奴隷になるまでにはいたっていないアフリカ人にとって、次の七つの点に留意すれば十分であろう。

一、西洋の誤った豊かさに過度に囚われないこと、したがって西洋的な豊かさに対して最大限の自律性を回復すること。
二、外国の兌換紙幣（ＣＦＡフラン、ドル、ポンドなど）を部分的にＳＥＬに代表される地域通貨に取り替えること。
三、藁の繊維、堆肥、その他の有機生物を活用した肥料を利用して、外国からの投入（化学肥料、殺虫剤など）に依存しない食糧生産を推進し、輸出品目の一毛作を漸次的に止めること〔……〕。
四、収穫が過剰である場合は、一次産品そのものを加工するように努力すること。さらに、不公平な市場ゲームに回帰することなく、加工（例えば胡麻や落花生のパテ）によって発生する付加価値から利潤を得ること〔……〕。
五、土壌浸食防止の「堤防」を積み上げて自分たちの土地と土壌を保護すること〔……〕。
六、地元の職人が最大一〇〇ユーロ程度のコストで製作することができる太陽熱の竈《かまど》を使用し、太陽熱を利用して料理をすること〔……〕。
七、雨水を貯めるための大きな貯水槽あるいは貯水池を創設すること[101]〔……〕。

農村世界に限定されるこのようなプログラムは、自律性を回復することによって現れると考えられる実践の諸形態の一例となる。

では、中国についてはどうだろうか。これまで述べてきたように、問題は〈脱成長《デクロワサンス》〉に関するあらゆる議論に立ち戻ることになる。われわれは「インドはどうだろうか」、はたまた「ブラジルはどうだろうか」と想像することは比較的少ない。中国の（そしてインドの）経済成長が地球規模の問題を投げかけていることには疑問の余地はない。相対的な数値では程遠いとはいえ――二〇〇四年の中国国民一人当たりのエコロジカル・フットプリントは地球一個分であり、米国のエコロジカル・フットプリントの約六分の一である――、中国は地球最大の汚染者になりつつある（二〇〇七年の夏に、中国は温室効果ガス排出において世界第一位となった）。中国はすでに世界の工場である。中国国民に彼らの嗜好に反するものを何でも押し付けることは不道徳であるし、今や難しいことであろう。同国で台頭してきている上流階級（それでも一億人から二億人である）が自家用車や西洋の消費主義から生まれた節度のない贅沢な食事を望むことは、われわれ西洋人が多大な責任を負っていることに比べればさほど非難すべきことではない。フォルクスワーゲンやジェネラル・モーターズは、今後数年間をかけて中国で年間三〇〇万台の自動車を製造する予定である。そしてプジョーは競争に取り残されないように、巨額の投資を実行する。確かに中国には、外国ブランドを模倣して国内市場のために（そして少しばかりほど輸出向けに）生産を行う自国の自動車

▼101（原注） Pierre Gevaert, *Alerte aux vivants et qui veulent le rester*, Ruralis, Commarque, 2005, pp.97-98.

産業もある。たとえ自律社会を素晴らしいと思ってはいても、われわれは未だに、自律的で維持可能な――そして物質的な水準では必然的に質素な――社会に向かう道の入り口には立っていない。

いずれにせよ、世界と人類の運命は中国の政治家の決断に大きく依存している。彼らが現行の生態学的な災害と自国の未来（そしてわれわれの未来）にのしかかっている逼迫する脅威に気がついているだろうということ。そして生態学的なバランスという観点からとらえたとき、中国の経済成長の生態系に与えるコストが同国の経済成長の利益を相殺ないし超過すること（しかし、配当を受け取る者は、この生態学的なコストを負担する人々ではない）を彼らが存知しているであろうということ。これらすべては、西洋の権力の合理性と意志とは縁遠い一〇〇〇年の歴史をもつ深い知恵と結びついているので、われわれ西洋人が到達しつつある成長の隘路に中国の政治家が到達することはないだろうと期待させる。スターン報告に[102]よれば、中国はすでに、二〇〇六年から二〇一〇年の間に国内総生産の各部門に対して使用されるエネルギー量を二〇％ずつ削減し、再生可能なエネルギーを促進することを目指す野心的なプログラムを採択した。インドもこれに類する状況にあり、同時期にエネルギー効率性を改善する政策を実行する予定である。[103]

西洋社会で暮らすわれわれが〈脱成長《デクロワサンス》〉社会の道へ決定的に踏み出し、そして〈脱成長《デクロワサンス》〉社会の「モデル」は望ましいものであり、ゆえに模範的であると証明してこそ、われわれは最善の方法で、中国国民、インド国民、ブラジル国民に手段を与えながら、彼らに方向転換をするように説得することができる。また、そうすることで不吉な運命をもつ人類を救うように彼らを説得することができる。

〈脱成長《デクロワサンス》〉は改革的なプロジェクトか、それとも革命的なプロジェクトか？

なんらかの革命が必要である。しかし、コルネリュウス・カストリアディスにとってそうであったように、われわれにとっても「革命は市民戦争も流血も意味しない」ということを諒解しておかねばならない。

このような現実に存在した暴力は避けられないものではない。アンドレ・ゴルツの言葉を信用するならば（この点に関して晩年のカストリアディスはゴルツと完全に一致していた）、「〔……〕資本主義的文明は無情にも破壊的壊滅を迎えるという論理である。また、資本主義打倒にはもはや革命的階級は必要なく、資本主義自身が墓穴を掘り、傍らには同時に産業文明の墓が並び立つという次第である」[104]ということである。

▼102　Stern Review. 二〇〇六年十月三十日に、英国政府の地球温暖化対策のために、経済学者ニコラス・スターン卿が発表した報告書。正式名称をThe Economics of Climate Changeという。

▼103（原注）　Nicholas Stern, «The Economics of Climate Change», Executive summary, www.sternreview.org.uk, autumn 2006, p.15.

▼104（原注）　André Gorz, *op.cit.*, p.27（邦訳：アンドレ・ゴルツ著『資本主義・社会主義・エコロジー』二六ページ）。

▼105（原注）　Cornelius Castoriadis, *Une société à la dérive*, Le Seuil, Paris, p.177.

▼106　近年のラトゥーシュは、〈脱成長《デクロワサンス》〉の理念を現実的な政治として実践していくため「戦略的な理論」を構築しようとしている。この際ラトゥーシュは、〈脱成長《デクロワサンス》〉論の思想としての理念（ユートピア的な社会像）を保持しながらも、実践レベルではある種のプラグマティズムを受け入れる必要性を主張している。それは特に、〈脱成長《デクロワサンス》〉社会のもつ規範性に関して言える。マックス・ウェーバーの「信念と責任」に関する議論と、ハンナ・アーレントの政治哲学に依拠しながら、ラトゥーシュは、実践レベルにおいて〈脱成長《デクロワサンス》〉社会は、近代産業社会がもたらすすべての悪を消し去るのではなく、何からの共通善を求める運動の中で〈脱成長《デクロワサンス》〉社会が目指すべき規範を公共の討議を通じて常に問いかけてゆくことが重要であると述べている（参照：Serge Latouche, «Castoriadis, penseur de la décroissance : Megamachine, développement et société autonome» in Blaise Bachofen, Sion Elbaz and Nicholas Poirier (eds), *Cornelius Castoriadis: Réinventer l'autonomie*, Paris : Édition du Sandre, 2008）。

▼107（原注）　*Candidat rebelle* (Hachette Littérature, Paris, 2007)においてジョセ・ボヴェがきれいに述べている通りである。

これは幸運なことである。なぜならわれわれは、階級闘争が消滅したことを資本の勝利とともに目にしているからだ。この数世紀にわたる闘争に敗北した者たちはかつてなく多いが、彼らは分裂し、破壊され、文化を失い、一つの革命的な階級を構築することは（もはや）ない。だからといって資本主義のこのような望ましい崩壊は勝利の凱歌に満ちた未来を保証するものではない。革命がその権利を復興させるのはまさにこの点においてである。カストリアディスが強調するように、「革命とは、社会それ自体の活動によって、社会の中枢にある諸制度を変革することである。それは短期間に凝縮された形で行われる社会の明確な自己転換である。〔……〕革命は、政治的な、つまり社会を構築する活動のある段階において共同体の根拠となるもの（l'essence）が現れることを意味する。社会的想念が活動を始め、現存する諸制度の転換に明白な形で取り組む」[105]。この意味において〈脱成長《デクロワサンス》〉社会の企てはすぐれて革命的である。法体系や生産関係の変革にとどまらず、文化の変革が起こる。しかし政治的な企てに取り組む際、〈脱成長《デクロワサンス》〉社会の実践は信念の倫理以上に責任の倫理にしたがう。政治は道徳ではないし、責任は悪の存在と妥協しなければならない。共通善の模索は善そのものの探究ではなく、むしろ悪をより少なくしてゆく道の模索である。だがしかし、このような政治的な現実主義は悪の平凡性に身を委ねることを意味するのではなく、悪の平凡性を共通善の地平の中に含めることを意味する[106]。この点において、あらゆる政治は、急進的で革命的なものでさえも改革主義的なものにしかなりえないし、またテロリズムに陥ることを回避するためにもそうであって然るべきである。筆者が第3章で展開する政治行動のこのような必然的なプラグマティズムは、具体的なユートピアの様々な目標を諦めることを意味するものではない。行動において妥協が不可避であることは思想の妥協に堕することにはならないので、具体的なユートピアの革命的な潜在性——その想像力および創造力の豊かさ[107]——は、政治的な改革主義と適合するものである。

第3章

政策としての〈脱成長《デクロワサンス》〉

左翼でありながら、成長をともなわぬ公正さという問題に、こうした角度から接近することを拒否するすべての人間は、社会主義とは、資本主義的社会関係と資本主義文明、ブルジョア的生活様式とブルジョワ的消費モデルを、違った手段で継続することにほかならないことを証明しているのである。

——アンドレ・ゴルツ[1]

〈脱成長《デクロワサンス》〉社会の一貫性のある望ましいモデルを描くことは、理論的な省察の一部を成すだけでなく、政治的な実践においてある重要な段階を提供する。いくつかの具体的な提案を通じて議論をより一層深めてゆく必要がある。社会とそこに暮らす市民の〔精神性の〕深層において自主転換が起こるように働きかけることは、政策運営よりもなお重要なことであると思われる。このことはしかし、変化が自生的に、苦痛をともなわずに生み出されるということではない。今日、政治家の手によってなされる政治は変革すべき

▼1 （原注） André Gorz, *Écologie et liberté*, Galilée, Paris, 1977(邦訳：アンドレ・ゴルツ著「エコロジーと自由」『エコロジスト宣言』高橋武智訳、緑風出版、一九八三年、二一一ページ)。

現実にほとんど対応しておらず、そのような議会政治を利用する際には慎重になるべきである。これは、議会政治に関する課題が全く存在しないという意味ではない。政府ができることといえば、反体制側に移ろうとする人々がいる場合、せいぜい、これら体制から離れてゆく傾向を抑制したり、遅らせたり、緩和すること以外のことはない。実際にグローバルな「世界官僚」が存在するが、彼らは表立った決断を行わないまま〈政治的なるもの〉からその実質を抜き去り、「金融市場の独裁」を通じて「自分たちの」意志を押し付ける。[2] あらゆる政府は、望もうが望むまいが、資本の「官吏」である。

生産主義に対するオルタナティブは、個人、地域、地方、国家、そして世界のあらゆる水準で構築される（ヨーロッパには特別な注意を向けなければならない）。しかし「新しい世界の支配者」による専制政治は最上の水準で行われており、具体的かつ補完的な方法で行動を起こすためには最適な手段を見つける必要がある。

「〈脱成長《デクロワサンス》〉主義者」は、政策案をもっているのだろうか。彼らは、失業問題をどのようにして解決するのだろうか。〈脱成長《デクロワサンス》〉は、資本主義において解決可能だろうか。右派的なあるいは左派的な要請があるのだろうか。〈脱成長《デクロワサンス》〉運動は、新たな政党を結成するに至るのだろうか。これらの政治的問いに対して、今から応答しなければならない。

〈脱成長《デクロワサンス》〉の政策案

筆者が案ずるところ、非常に単純で一見ほとんど害のないように思える政策は、〈脱成長《デクロワサンス》〉の好循環を起こすことである。[3] われわれは、いくつかの点において前章で行った診断の「良識的な」結論を引き出すような、仮の政策案を通じて行われる移行過程を想定することが可能である。

例えば——

（1）地球と同等、あるいはそれ以下のエコロジカル・フットプリントを回復すること。つまり、あらゆる条件を同じとするならば、物質的生産は一九六〇年代から一九七〇年代にかけてのそれと均等であるべきだ。石器時代に戻ることなく、われわれのエコロジカル・フットプリントを約七五％削減するには、どのようにすればよいだろうか。それは、最終消費に着目するのではなく、広義の意味での「中間的な消費」（輸送、燃料、包装、広告）を大幅に削減することによって可能である。地域へ回帰し「浪費」を追い払うことがこれに貢献するであろう。

（2）適切な環境税によって、輸送活動によって生じる公害を輸送コストに含めること。自動車利用者によって負担されない最小限の外部コストは、フランスにおいて年間二五〇億ユーロ以上であり、これは石油製品に対する特別国内税[4]（ＴＩＰＰ）よりも大きい[5]。

（3）諸活動の再ローカリゼーションを行うこと。

▼2（原注）Dunis Duclos, «La cosmocratie, nouvelle classe planétaire», *Le Monde diplomatique*, août 1997.

▼3（原注）それに加え、公共衛生政策、最高所得に対する課税（社会科学における反功利主義運動〔ＭＡＵＳＳ〕が提案している）、もしくはあらゆる特許の完全撤廃（ジャン＝ピエール・ベルランの提案による）など、その他の諸政策も効果的である。

▼4　フランス国内の石油製品にかけられる物品税のこと。

▼5（原注）Gilles Rotillon, «L'économie de l'environnement définit un espace de négotiation rationnel», *Cosmopolitiques*, no.13, Apogée, Paris, p91.

地球上の人間と商品の天文学的な移動量を特に問題視し、これらの移動が環境に与える有害な影響を考慮すること。

(4) 農民による農業の再生。

つまり可能な限り地域に根差した、旬の、自然な、そして伝統的な生産を奨励すること。化学殺虫剤の使用を徐々に中止することが重要である。化学殺虫剤はアレルギーの原因であり、神経を毒し、免疫抑制を引き起こすばかりでなく、突然変異を起こしたり、がん細胞を活性化させたり、内分泌腺を撹乱させるため、再生産機能を毒する(不妊症を引き起こす可能性がある)。[6]

(5) 失業が続く間は、生産性の増加分を労働時間の削減および雇用の創出に転換させる。

フランスでは、約二世紀にわたり時間当たり労働生産性は三〇倍となり、生産量も二六倍となったが、一人当たり労働時間は二分の一となったのみであり、雇用も一・七五倍となっただけである。[7] 重要なことは、ワークシェアリングと余暇の増加へ向けて優先順位を逆転することである。

(6) 友情や知識など、人間関係に基づく財の「生産」を推進する。

これらの財は「消費」によって絶対量が減少するどころか増加する。

ベルナール・マリが説明していることだが、「知識の交換は商品交換とは根本的に異なる。知識の交換においては、与える者は何も失うことがなく、受け取る者は知識を受け取るけれども、送り主から知識を奪うことはない。学識、専門知識、技術は、このようにしてすべての人に分有され『消費』されうる。ピタゴラスの定理は、誰からもその使用を奪うことなく、何百万の人々によって使用され、幾千もの仕事に応用されている。知識は公共財であり、他者に少しの不満を与えることなく、われわれすべてが飲むことが可能な若返りの水である」[8]。

また、ラウル・フォルローは次にように述べている。「幸福は、それを与えた時に所有していると確認される唯一のものである」。このようなあらゆる「お金では買えないものの喜び」、つまり、「生き生きとした会話、友達との食事、適切な労働環境、快適だと思える街、あれやこれといった（専門的、芸術的、スポーツなどの）文化活動への参加、そしてより一般的には、一連の他者との関係をもたらすものである。社会生活の基礎となるこれらの〈財〉の大部分は、複数の人々と享受することによってのみ存在する」[9]。ジャン＝ポール・ベッセが示唆するように、「草原の最後のオオカミでさえも、〈関係性〉が存在の喜び（そして苦痛）の大部分を構成するということに納得するだろう」[10]。

（7）燃料の浪費を削減すること[11]。

アソシエーション・ネガワットの研究にしたがって、燃料の浪費を〈現行水準の〉四分の一まで削減すること[12]。

▼6（原注）Fabrice Nicolino et François Veillerette, *Pesticides, révélations sur un scandale français*, Fayard, Paris, 2007.

▼7（原注）Jean-Marie Harribey, *Développement soutenable et réduction du temps de travail. Analyse critique appliquée au cas de la France*, Thèse Paris 1, 1996, p.562. Olivier Marchand et Claude Thélot (1997)も参照のこと。

▼8（原注）Bernard Maris, *Antimanuel d'économie*, tome 2 : «les cigales», *op.cit.*, p.182.

▼9（原注）François Flahaut, *Le Paradoxe de Robinson. Capitalisme et société*, *op.cit.*, p.151.

▼10（原注）Jean-Paul Besset, *Comment ne plus être progressiste...sans devenir réactionnaire*, *op.cit.*, p.254.

（8）広告支出を徹底して罰金化すること。

ニコラ・ウロの次のような提案を借用されたい。「この基本的理念において、児童向けTVプログラム放送中に流れるすべての宣伝広告——特に児童の健康に有害な製品を促進するメッセージ——を徐々に禁止する可能性について研究する必要がある。この場合の目標は、宣伝広告の刺激に対して必要な批判的な距離をとる能力が不十分な年齢にあるテレビ視聴者の消費に条件を設けることである[13]」。

（9）科学技術のイノヴェーションにモラトリアムを設けること。

つまり、詳細なバランスシートを作成し、新たな要望に応じて科学および技術の研究の方向性を再調整すること[14]。例えば、有毒分子よりも「緑の化学」、そして遺伝子操作された薬よりも環境に優しい薬を開発すること、また、農業関連産業（遺伝子改良作物やその他の人工の生物）よりも農業生物学や農業生態学における研究を発展させることが重要である。モラトリアムは、川下産業においては巨大インフラ計画（国際熱核融合実験炉、高速道路、TGV、ゴミ焼却炉など）にまで延長されなければならない[15]。

このプログラムは、『ル・モンド・ディプロマティーク』の記事において、二〇〇四年に初めて提案されたが、ニコラ・ウロの生態学的な契約やパリ宣言覚え書き一六四箇条[16]など、その後に作成されている様々な提案に通じるものである[17]。これら二つの事例においては脅威に関する診断がなされており、またわれわれが本書で提案したものに類する対案が見出される。これらの提案は豊富な情報を含んでいるばかりでなく、われわれの小さな〔ローカルな〕手段——自分達を満足させることができるのみである——が及ぼす影響力の範囲外にある具体的な諸政策についても詳細に触れている。これらすべては、機械の課税、労

▼11（原注）ネガワット（Nega Watt）とは、専門家と実務家一一〇名が集まるアソシエーションであり、エネルギー節約（浪費の削減）とエネルギー効率性（能率の向上）を組み合わせることで、フランスにおける温室効果ガス排出量を二〇五〇年には現行水準の四分の一に削減する可能性について研究している。

▼12 国際的にはファクター4と呼ばれている。資源生産性（資源の投入量当たりの財・サービスの生産量）を四倍にすること、言い換えれば、同一の財やサービスを得るために必要な資源やエネルギーを四分の一とすること。その実現により、豊かさを二倍にし、天然資源の浪費などの環境負荷を半減できるとする。環境効率の指標のひとつ。
一九九二年にローマクラブのレポートである「第一次地球革命」で提示され、一九九五年のエイモリ・B・ロビンスらによる報告書で広く紹介された。同報告書には太陽エネルギーを利用する住宅や高効率冷蔵庫、省エネ型コンパクト蛍光灯など五〇の事例が挙げられている（参照：ポール・ホーケン、エイモリ・B・ロビンズ、L・ハンター・ロビンズ著『自然資本の経済』前掲書、一〇ページ、三九〜四四ページ）。

▼13（原注）Nicolas Hulot, *Pour un pacte écologique, op.cit.*, p.254. 緑の党は、二〇〇七年の選挙プログラムにおいて、国営TVネットワークにおける宣伝広告の禁止を提案している（Pascal Canfin, *L'économie verte expliquée à ceux qui n'y croient pas, op.cit.*, p.112）。

▼14（原注）この点は、コルネリュウス・カストリアディスの次のような問題関心に合致する。「どのようにして限界を描けばよいのだろうか。世俗化した社会において初めて、われわれは『知識それ自体の拡大を統制する必要はあるのだろうか』という問題に取り組まなければならない。また、精神に対する専制政治に陥らないでこのような統制を行うには、どのようにすればよいだろうか。思うに、何らかの簡単な原則を設けることが可能である。(1)われわれは、生産の無制限で無反省な拡大は望まない。人間生活の手段としての経済を望み、経済が人間生活の目的となることは望まない。(2)われわれは知識の自由な拡大を望むが〔……〕知慮《フロネーシス》をともなう知識を望む」（Cornelius Castoriadis, «L'écologie contre les marchands» in *Une société à la dérive, op.cit.*, p.238）。

▼15（原注）「新たな焼却炉の建設と共同焼却の認可の引き渡しに対してモラトリアムを設けることは焦眉の急である」（アペル・ド・パリの覚え書き）、Dominique Belpomme, *Avant qu'il ne soit trop tard, op.cit.*, p.257より引用。

働の非課税、地所の改革（農民の再生）、そしてエネルギーおよび自然資源の節約を優先する仕事に基づくような、エコロジストが推進する諸政策の大部分に通じるものであるか、もしくはそれらを補完するものである。[18]またわれわれは、相対価格が低下し続ける製品の消費に関して、付加価値税などの強力な税制によって選択的時間[19]のための政策に出資することを構想することができる。

また、ＡＴＴＡＣが推奨する、特に税制について世界規模で実施されるべきプロジェクトも再確認できる。

・金融に関する税――「為替と株式市場における取引に関して課税を行う」。
・税金のダンピングを規制するために、多国籍企業が生み出した利潤に関して一律の追加税。
・資産に対する課税を地球規模で行うこと。タックス・ヘイヴンの撲滅と銀行機密の廃止が、これにともなう。
・炭素排出に関する税。
・長期の寿命をもち、高度の活力をもつ核廃棄物に関する税。[20]

環境保護に取り組む際、グローバルな次元は無視することのできないものである。なぜなら汚染は国境を無視するからである。地球規模での環境保護の実現に関する問題は一層複雑である。なぜなら現今の状況では、物事が進展するのは直接的にせよ間接的にせよ国家の領域においてであるからだ。

このプログラムの中心には、外部不経済（集団に支払うべきコストを拒否する経済主体の活動によって生み出された害）の内部化が見出される。あらゆる生態学的かつ社会的な機能不全――例えば抗ストレス剤を使用中に起こる交通事故――については、責任を負うべき主体に環境税《エコ・タックス》を通じて負担をかけることが可能であるだろうし、またそのようにしなければならない。第1章で非難した「犯罪の萌芽」の三つの要素——宣伝広告、プログラム化された廃用、信用貸し付け——は、成長社会の負の外部性としてとらえることができる。これらの有害な効果が甚大であったとしても、課税と規制を通じてこれらの影響力を削減

▼16　Mémorandum de L'Appel de Paris. 二〇〇六年十一月九日、ユネスコ本部（パリ）で、「第二回パリ宣言国際シンポジウム」が開催された。同シンポジウムでは、EU加盟二十五カ国の二〇〇万人の医師が所属する「ヨーロッパ医師の常任委員会」（Le Comité Permanent des Médicins Européen）および、数千人の科学者たち、そして二〇万人以上のヨーロッパ市民によって「パリ宣言覚え書き一六四箇条」が採択された。同宣言は、六八人の医療・科学専門家によって発案された「持続可能な保健サービスのための環境に優しい医療」実現のための一六四の提案と対策が提示されている。

▼17（原注）　Dominique Belpomme, *ibid.* 2007.

▼18（原注）　Fabrice Flipo, «Pour l'altermondialisme. Une réponse à Isaac Johsua», document Internet (http://decroissance.free.fr/Reponse-Isaac_Johsua.rtf).

▼19　Le temps choisi. 時間の自主管理政策（L'auto-gestion du temps）とも呼ばれる。フレキシブル時間労働、臨時仕事、パートタイムなど、労働者が自由に労働時間を選択できる社会を創ることで強制的な労働時間を減らし、過剰生産による消費の悪化という問題を解消し、最終的には生産主義・消費主義的な経済社会システムを〈脱成長《デクロワリンス》〉的なシステムへ転換していこうとする試みである。フランスの文脈では、一九七〇年代後半から一九八〇年代初頭にかけて社会経済学者ジャック・ドゥロール（Jacques Delors）が主宰する研究グループ「交換とプロジェ」（Échange et Projets）が刊行した『選択的時間の革命』（*La Révolution du temps choisi*, Paris: Albin-Michel, 1980）において初めて議論された。その後、アンドレ・ゴルツが*Métamorphoses du travail. Critique de la raison économique*, Galilée, Paris, 1988（邦訳：アンドレ・ゴルツ著『労働のメタモルフォーズ——働くことの意味を求めて・経済的理性批判』真下俊樹訳、緑風出版、一九九七年）において、時間の自主管理というテーマでさらに理論化している。

▼20（原注）　ATTAC, *Pauvreté et inégalités, ces créatures du néolibéralisme*, *op.cit.*, pp.186-187.

することは可能である。これは二重の緩和政策である。一方では、このような政策はエコロジカル・フットプリントを徐々に減少させる。他方では、この政策は衝撃を和らげたり、必要不可欠な再変換のための投資を促したり、あるいは物財の新しい流れによって生み出される不可避的な機能不全を一時的に修繕するための貴重な資源を集団に提供する。

輸送コストの内部化が環境と健康に与える影響力および民間企業の教育・安全・失業などの負担がわれわれの社会機能に与える影響力を想像してみるがよい！　これらの「改革主義的な」[21]諸政策は、原則として主流派経済理論に合致する——自由主義経済学者のアーサー・セシル・ピグーが二十世紀初頭にこの原理を立てた！[22]　ピグーは、最適均衡点（消費者・生産者全体の最大効用）に達するためには、税制あるいは補助金システムによって価格を修正する必要があることを説明した。つまり問題となる生産者に対して、当人が隣人に与えている有害な外部効果を負担させるための税金、そして正の外部効果を生み出す生産者を補償するための補助金のことである。このような措置は、経済主体に対して、自らの個人的な決断が生み出す社会的な効果を考慮し、結果それらの効果を調整することを奨励するにいたった。かくして汚染者支払い原則が誕生したのだ。ドゥニ・クレールによれば、「（強制的な規制とは反対に）市場それ自体のメカニズムを何も変えることなく、税制によって市場メカニズムを修正することで、私的な利益と社会的な（あるいは公共の）利益を一致させることが可能となった」[23]とのことである。これはニコラ・ウロの提唱する生態系に関する協約を根底から支える原則でもある。ただし、これらの政策がその究極の結論にいたるまで推進される場合、真なる革命が起こり、ほぼ全域にわたって〈脱成長《デクロワサンス》〉社会のプログラムを実現することが可能となるであろう。確かに、資本主義の論理にしたがう企業は大いに落胆し、多くの活動が「利潤」を生み出すものではなくなるだろう。そのとき、現行のシステムは停止するであろう。国際技術評価センター[24]の推計によれば、米国において石油燃料の隠れたコスト——自動車事故、大気汚染、石油産出国の人々が自分たちの石油を所有することを妨害するための軍事基地の運営費、石油会社への補助金――を内部化する場合、石油価格は、今日の一ガロン＝一ドルから、一ガロン＝一四ドルへと高騰する。[25]この価格では民間の航空機はなくなり、間違いなく多くの自動車が道路から姿を消すであろう。

現行の体制によって生み出される負の外部効果を内部化するためのもう一つの方法はまったく簡単なことで、企業に対して、自らの企業活動が社会に与えたリスクと被害を対象とする保険に加入することを義務づけることである。原子力のリスク、気候変動のリスク、遺伝子組み換え作物のリスク、そしてナノテクノロジーのリスクの負担を受け入れる保険会社は一つもないことは承知である。[26]健康に関するリスク、

▼21　Arthur Cecil Pigou (1877-1959). イギリスの経済学者。一般均衡論を打ち立て新古典派理論の創始者であるアルフレッド・マーシャルの後継者。厚生経済学を確立した。外部不経済を是正する課税措置として、ピグー税を理論化したことで有名。マーシャルの兄弟子であるケインズが新古典派に反対しケインズ経済学を打ち立てたのに対し、ピグーは古典派経済学を擁護した。

▼22（原注）「理論的にいえば、市場経済において〈外部性〉は、租税あるいは所有権の創設を通じて内部化されなければならない。そうすれば、市場メカニズムは社会的に好ましい状況に達する」。Catherine Aubertin et Franck-Dominique Vivien (sous la direction de), *Le Développement durable. Enjeux politiques, économiques et sociaux*, La Documentation française, Paris, 2006, p.64.

▼23（原注）«Peut-on faire l'économie de l'environnement?», *Cosmopolitiques*, no.13, Apogée, 2006, p.15.

▼24　International Center for Technology Assessment. 米国ワシントンに拠点を置く非営利組織シンクタンク。科学技術の社会への影響を評価することが主な任務である。詳細は、http://www.icta.org/template/index.cfm を参照のこと。

▼25（原注）*Sierra Magazine*, avril 2002.（Derek Rasmussen,«Valeurs monétisées et valeurs non monétisables», in *Interculture*s, no.147, octobre 2004, Montréal, «Le terrorisme de l'argent I», p.19からの引用による）。

社会的なリスク（失業）、さらには〔景観や芸術など〕美に関するリスクの保証金を義務づけることで〔保険業界が〕麻痺することが想像されうる。

このようなプログラムを提案して当選後に実行に移す政治家は、その翌週には暗殺される可能性があることは明らかである。一九七二年十二月、国連での演説においてサルバドール・アジェンデ大統領――筆者が提案するものよりもはるかに穏健な政治を実行したために、その数カ月後にまさしく暗殺された――は、この点について、その希代の明断さをもってして未だに今日性を失わない説明を行った。「我が祖国の悲劇は沈黙のヴェトナムのようである。チリの国土には占領軍もなく、空爆も受けていない。されどわれわれは経済停滞に直面し、国際金融機構からの貸し付けを剝奪されている。われわれは多国籍企業と国家との間の真の紛争に直面しているのである。いかなる国家にも依存せぬ多国籍企業の影響で、国家はもはや基本的、政治的、経済的、軍事的決断主体ではなくなった。多国籍企業は自らの責任を認めることなく活動し、いかなる議会の統制も、そしていかなる一般利益の代表決定機関の統制も受けることはない。端的に言おう。動揺しているのは世界の政治構造である。巨大な多国籍企業は開発途上国の利益を妨害している。われわれを隷属化する抑制なきこれら多国籍企業の活動は、これら企業の母国である工業国にも害を与えている」[27]。一九七二年当時、人々はまだ「グローバリゼーション」について語ることはなかった。

われわれが直面しているのは、世界を支配する金権政治的な寡頭政治の実質的な権力である。そのような政治においてはロビー活動が最も目につく政治の意思表示である。公権力、政権、研究機関そのものが、多かれ少なかれ今や世界的なこの権力政治の複合体の指令下にある。経済的利益の圧力の下、科学者たちが発信した多くの警告（アミアンタス、アフラトキシン、フリプトニルとイミダクロプリド、ヘパリン、電磁場、ダイオキシン、内分泌攪乱物質〔環境ホルモン〕……）が政府機関によって黙殺されたこと――

問題となる研究室の資金援助を遮断し、さらには主任研究員を解任した（雇用を「保護」するために組合員と結託した）――を思い出してみよう。[28]
〈脱成長《デクロワサンス》〉の国民規模での政策案は逆説的な様相を呈する。現実主義的で妥当な諸々の提案の実行は、全面的な体制転覆なしにはほとんど採用される見込みがなく、達成は程遠いものとなるからだ。体制を転覆するためには、自律的で共愉にあふれる社会という豊穣なユートピアの実現のみが生み出すことのできる、想念の変革が必要である。

したがって、欠けているのは視座でもなく解決方法でもなく、それらを実行するための条件である。必要な縮小を行う非常に進歩的な諸政策によって、われわれは穏健に体制移行を遂行するためのいくつかのシナリオを描くことができる。重要なことは、根本的な方向転換を行うことである。ゆえにそのような転換の条件を創出することが大事である。〈脱成長《デクロワサンス》〉のプロジェを深化させる試みとは、まさしくこのような条件を整えることを目指すのである。

〈脱成長《デクロワサンス》〉社会では、すべての人に労働が保障される

〈脱成長《デクロワサンス》〉論に敵対する者の中でも「左派」陣営からの最も激しい批判は、われわれのプロジェが完全雇用を放棄している点を問題視する。[29] この文脈において「現実主義者」であることを促されるとしたら、成

26 （原注） 保険会社は、携帯電話の電磁波によって引き起こされる不確定の健康被害も排除している。
27 （原注） 雑誌*Politis*の二〇〇六年十二月十四日付のブロック・ノートにおいて、ベルナール・ラングロワが引用したものである。
28 （原注） André Cicolella et Dorothée Benoît-Browaeys, *Alertes santé*, Fayard, Paris, 2005.

長の反対者たち――ルモンド紙のある記者によれば「この金持ちのガキンチョたち」――は、失業問題に取り組むためにどのような対策を提案するのだろうか。[30]

「成長の反対者」にとっては、消費による経済再生政策、つまり経済成長による再生策を排除するならば、強制的な労働時間の抜本的な削減こそが成長主義的な労働社会モデルを脱出するために必要なことである。また労働時間の削減は、（フランスにとって）必要だと言われている、われわれの自然資源消費の三分の二ほどの削減を実現することに加え、満足のゆくあらゆる雇用を保障するためにも必要である。われわれの提案と「経済再生政策者」との間にある、現実主義の水準と時間性の水準に関するこの――明らかな――隔絶はどこから来るのだろうか。その必要性が逼迫しているにもかかわらず、われわれは自分たちの過剰消費（われわれの消費の大部分でもある）を輸送する大型トラックを直ちに停止することはしないだろうし、ましてや自動車駐車場や航空機を廃止することもないだろう。生産、交換、ならびに生活様式を再びローカルなものにするためには時間を要する。確かにそこには挑むべき課題がある。なぜなら、社会的な困難や、政治家たちの蟻の巣を覆さなければならない問題があるけれども、長期的には環境政治を拒否することはできないからである。環境政治は今日始動し、目的地を見失うことなくそこにいたるまでの段階を準備しなければならない。その上、われわれを中傷する人々の見解がどのようなものであれ、環境政治は社会政策をたやすく統合する。環境政治は、社会体制のうわべを取り繕うことのみに終始することのない変革を起こすための条件そのものである。「社会問題の解決なくしては環境の危機を解決することはできない」と、一九九〇年にマレイ・ブクチンは述べている。ブクチンの見解は間違いないことであるが、しかし今日その逆も一層真実味を帯びている。われわれは、環境の危機の解決をなくしては社会問題を解決できないのである。[31]

雇用に関して、「成長の反対者」の中には「生活を営むために熱心に、特に苦労を重ねて働いてきたわれわれの先人たち」に言及する人々がいる。彼らの考えにしたがえば、〈脱成長《デクロワサンス》〉は失業を生み出すどころか労働時間の増加を要請し過剰雇用を創出することすらあるのだ。[32] 生産主義と南側諸国の労働者搾取を放棄することは、（中間的な消費の大胆な削減にともない獲得される）同等の最終消費水準を満たすためのより多くの労働を生み出す。[33] 有機農業に関する国民連盟[34]の研究によれば、有機農業の割合が最悪水準である現行の二%からオーストリアにおけるような九%にまで増加するのであれば、フランスでは九万人の雇用が創出される可能性があるとのことだ。これが一五%台まで増加すると、一二万人から一五万人の

▼29（原注）ポール・アリエスがいみじくも指摘していることだが、「ジャン＝マリー・アリベーは、次の四つの理由からわれわれを真っ向から批判している。資本主義から離脱せずに縮小する、際限なく縮小する、資本主義以外の経済が可能であることを考慮しない、そして、完全雇用という目標を破棄している」Paul Ariès, *Décroissance ou barbarie*, Golias, Lyon, 2005, p.87.

▼30（原注）「〈脱成長《デクロワサンス》〉の原理は、完全に自己中心的な金持ちのガキンチョどもの気まぐれであると見なさなければならない」Pierre-Antoine Delhommais, *Le Monde*, 30 juillet 2006.

▼31（原注）«We cannot solve the environmental crisis without solving social problems.»

▼32（原注）Vincent et Denis Cheynet, «La décroissance pour l'emploi», *La Décroissance*, no.3, juillet 2004. このような過去への言及は、「先人とは誰のことか」という問題を提起する。マーシャル・サーリンズがその代表作『石器時代の経済学』（山内昶訳、法政大学出版局、一九八四年）（フランス語版：Marshall Sahlins, *Âge de pierre, âge d'abondance. L'économie des société primitives*, Gallimard, Paris, 1976）において分析しているように、石器時代の人々は、集団生活を保証するためには一日三時間から四時間の「労働」で事足りていた。そこまで過去に遡らないが、ゴルツによれば、十八世紀初頭においては、標準的な年間労働時間は一〇〇〇時間だったという（アンドレ・ゴルツ著『資本主義・社会主義・エコロジー』前掲書、一七一～一七二ページ）。ところで、年間一〇〇〇時間労働は、一週間で平均二〇時間の労働を意味し、石器時代のさほど地獄的でないリズムに近く、取るに足らないものである。

雇用が創出されるといわれている。[35] 石油の終焉もまた、われわれに雇用せざるを得ない状況を生み出す。化石燃料（石油、天然ガス）は今日、世界の一次エネルギー消費の八〇％を支えている。一バレルの石油は人間労働に換算して二万五〇〇〇時間（より正確に言えば、ガソリンを機械労働へ変換する最良のエンジンによる生産量を考慮すれば、一万時間）に相当するエネルギーを含むが、われわれの日常生活における炭化水素の消費量は、三〇〇〇億人以上の日常労働に相当し、「まるで地球上の一人一人が奴隷を五〇人所有しているかのよう[36]」である。

もしフランスがヨーロッパの基準を応用し、太陽または風力などの再生可能エネルギーによってその電力の二〇％を生産するならば、二四万人の雇用を創出することになるだろう。[37] 欧州委員会が二〇〇五年に発行した報告書によれば、エネルギー効率性に一〇〇万ユーロを投資する度に一二人から一六人の完全雇用が創出されるが、原子力発電所に同じ額を投資する場合は四・五人、石炭発電所の場合は四・一人である。[38] 換言すれば、時間当たりキロワットを生産するよりは節約した方が、コストは半減するのだ。

われわれは様々な方面で起こる四つの要素に直面する。(1)熱産業モデル、環境を汚染する技術、そして膨大なエネルギーを消費する設備の放棄に起因する、生産性の不可避的な低下。(2)諸活動の再ローカリゼーションと南側諸国の搾取の停止。(3)新しい活動部門における（環境に優しい）雇用の創出。(4)生活様式の変化と不必要なニーズの廃止（宣伝広告、ツーリズム、自動車産業、農業関連ビジネス、生物工学などにおける大幅な「経費削減」）。最初の三つは労働量増加の方向へ働きかけ、四番目の要素は低下に働きかける。〔労働の〕「予備軍」は非常に大きいので、すべての人にとって共に生きる歓びを分かち合えるような生活手段を使用して欲求《ニーズ》の充足を実現するためには、義務労働時間を大幅に縮小する必要がある。なぜなら過去数世紀の間、生産性の向上は、労力の減少よりはむしろ、生産物の増加を組織的に生じさせたからである。また、技術革新――コストがあまり可視化されることのないものである――による生産性の増加を全体的に過大評価していることも忘れてはならない。対照的にわれわれは、共愉を与えうる道具が有している生産性向上の潜在性を過小評価している。[39] 有毒な技術を放棄することで生産性が地球規模で著しく低下した後には、われわれは控えめな、しかしとりわけ環境効率性において安定した生産性の増加を期待することができるだろう。こうすることで少なくとも理論上では穏やかな移行が可能になる。もちろんこの点に関しては議論の余地があるし、様々なシミュレーションに基づくモデルを発展させることが

▼33（原注）有機農業に関する国民連盟所属のドミニク・ヴェロは、伝統農業と比べて、耕作地の一ヘクタールあたりの補完的労働力を三〇％と評価している。しかし、収穫高は約半分で、〔同一量を収穫するためには〕二・五倍の労働力が必要となる。Eva Sas, «Conversion écologique de l'économie : quel impact sur l'emploi? », *Cosmopolitiques*, no.13, *op.cit.*, p.188.

▼34　Fédération nationale des agricultures biologique

▼35（原注）Pascal Canfin, *L'Économie verte*, *op.cit.*, p.107.

▼36（原注）Yve Cochet, *Pétrole apocalypse*, *op.cit.*, pp.192 et 139.「平均的な稼働力をもつモーター一台は、ガソリン一リットルの一万カロリーを機械エネルギーの二・三キロワット時に転換することが可能であり、コンクリート・ミキサーのろくろ、もしくは自動車のクランク軸を動かすことができる。これは、平均的な人間の肉体労働四日以上に相当する」（前掲書、九一ページ）。

▼37（原注）Pascal Canfin, *op.cit.*, p.19.

▼38（原注）Commission européenne, «Livre vert de l'efficacité énergétique», juin 2005.

▼39（原注）このようにして、「新石器時代の二つの石臼の間に十分に刻み目をつけたボールベアリングをはめると、祖先たちが一週間かかって砕いたものを一日で砕くことができるだろう」（イヴァン・イリイチ著『エネルギーと公正』大久保直幹訳、晶文社、一九七九年、五四ページ）（フランス語版：Ivan Illich, *Énergie et équité*, in *Œuvres complètes*, volume 1, Fayard, Paris, 2004, p.419)。

できる。いずれにせよ〈脱成長《デクロワサンス》〉社会は、多かれ少なかれ人為的に非市場／非商品的活動を給与労働に転換することで寄生的ないし隷属的な雇用を倍増させるよりか、むしろ、給与雇用を望むすべての人々に対して生産的な給与雇用を提供しなければならないだろう。

その上、生態系に優しい製品と設備、そしてあらゆる必要な職業に需要が集中することで、〈脱成長《デクロワサンス》〉政策はその初期の段階において、逆説的にもマクロ経済の水準では生産の増加となって現れるであろう。レスター・R・ブラウンは、「太陽系」経済——つまり、再生可能エネルギーに基礎を置く経済——において発展させる必要がある生産的な九部門を取りあげている。それは、風車と風力発電機の建設、太陽電池の生産、自転車産業、水素とこれに対応するモーターの生産、軽量な地下鉄の建設、有機農業、そして再造林である。産業の川上と川下の双方で、森林の専門家から環境建築家にいたるまで、新しい仕事を発展させる必要がある。▼40

プログラム化した廃用の放棄に関連して現れる削減、再利用、修繕、リサイクルは、伝統的左派の専売特許となっている反自由主義者たち——雇用救済のために病院や学校の建設を求める——が提唱する諸々の活動とは異なる様々な新しい活動を創出するであろう。ここで重要なことは、盲目でグローバルな「経済再生策」ではない。最大の敵は、消費が無気力であることでは決してなく、むしろ過剰消費や過度な消費である。しかし〈脱成長《デクロワサンス》〉は硬直した原理ではなく、成長のために成長を求める論理に対する根本からの問いかけである。つまり、労働時間が削減され有害な諸々の活動が減少する一方で、望ましい新しい活動の拡大が減少分を上回る雇用の増加を生み出すであろう。

〔生産の〕内容が変わることを除けば、給与所得（特に最低水準の所得）と最終生産物に危害を与えることなく、しかも生産性の向上が労働時間の削減と雇用の創出に繋がるような、多かれ少なかれ長期的な移行を構想することができる。この移行は苦痛をともなうことなく実行に移すことができる。くれぐれも諸々の目標に妥協しないことが重要である。雇用そのものに関する問題に焦点を当てることで、社会が全く変革することなく袋小路に至る危険がある反面、失業問題は生活を変革することで解決されるだろう。

〈脱成長《デクロワサンス》〉によって労働社会を脱出する

労働時間の大胆な削減は、フレキシビリティと不安定性に対抗する主要な保護策に数え上げられる。労働権は自由主義者たちの間では硬直性の源であるとみなされているので維持・強化されなければならない。労働権は必要な〈脱成長《デクロワサンス》〉を促進することができる。自発的失業という経済理論――この理論の欺瞞性――に反対して、常識にかなった最低給与水準を守る必要がある。労働の「脱商品化」への回帰は必須である。「社会的な最低価格入札」という今日のゲームは環境の最低価格入札という競争と同様、容認することはできない[41]。一九四六年には、二十歳の給与所得者は、彼／彼女の人生の最も活動的な時期の三分の一を労働に費やさなければならなかったが、一九七五年には四分の一のみとなった。今日ではその割合は五分の一以下である。われわれはしかし、労働から解放された感覚をもっているだろうか。おそらくは、昔と変わらずそのような感覚をもってはいないだろう。ベルナール・マリが指摘するように、「給与所得者にとって、労働時間の漸次的短縮が示すように思われたのは労働の終焉ではなく、むしろ終わりなき労働、〔雇用の〕不安定性、孤立、ストレス、不安、そして早期退職をしなければならないということが確実になったことである[42]」。

▼40（原注）Lester R. Brown, *Éco-économie : une autre croissance est possible, écologique et durable*, Le Seuil, Paris, 2003（邦訳：レスター・R・ブラウン著『エコ・エコノミー』福岡克也監訳、北濃秋子訳、家の光協会、二〇〇二年）。

▼41（原注）この点について、拙著*Justice sans limites*の第六章において展開した議論を参照されたい。

したがって労働時間の短縮とその内容の変化はなによりも社会的選択であり、〈脱成長《デクロワサンス》〉が喚起する文化革命の結論である。政治生活、私生活、芸術的な生活、そしてまた遊びや観照的活動における市民の成熟を可能にするために制約のない時間を増やすことは、新しい豊かさの条件である。ガブリエル・タルド[43]がすでに述べていることであるが、「才能――芸術、詩、科学の才能――は、日に日に増大し定着してゆき、心の中に残された、閉じ込められた欲求が潜む場所を探り当てる[44]」。

ゆえに根本的な問題は、必要〔労働〕時間の正確な数字ではなく、社会における「価値」としての労働が占める場所である。準拠すべき枠組みの喪失は、過去数年にわたって労働の変容もしくは労働の終焉の予言[45]と労働階級イデオロギーの非現実的な再活性化との間で、左派政治家たちを動揺させ続けている。定年退職年齢に対しても同じような悪習がある。早期退職の流行が終わった現在、退職年齢を延長する傾向がある。[46]ＲＭＩ[47]（社会参入最低限所得）によってスピーンハムランドに回帰することを非難することで、また、「三五時間労働」を全面攻撃することで、右派あるいは左派は「市民所得」を要求し、フランス社会（右派・左派の混合）は、すべての西洋社会と同じように、労働問題に関して大きな混乱劇を呈している。

〈脱成長《デクロワサンス》〉は労働の量的な削減と質的な転換の双方を意味する。人々の中には、すでに個人的に労働社会からの脱出に成功した者がいる。このような経験は、無制限の蓄積という悪循環に抵抗し、〔依存的な〕欲求と所得の悪循環から身を守るという条件の下で、ある一つの活路を示しうるものだ。これは、オルタナティブで連帯的な実践の交換ネットワーク（ＲＥＰＡＳ）の事例が示していることである。[48]より少なく、これまでとは異なる方法で働くことは、余暇の楽しみを再発見し、マーシャル・サーリンズが分析するところの狩猟生活社会の失われた豊かさに戻ることを意味する。[49]自主規制とは、ある意味「成長の反対者」になることである。〈脱成長《デクロワサンス》〉社会の構築が具現化しなければならないものは、社会全体でこのような変革の客観的な諸条件を実現することである。

▼42（原注） Bernard Maris, *Antimanuel d'économie*, tome 2, *op.cit.*, p.109.

▼43 Gabriel Tarde (1843-1904). フランスの社会心理学者。近代社会における諸個人間の心理的作用の研究を通じて犯罪の仕組みを検証する犯罪社会学を確立したことで有名。フランスでは近年、社会学者ブルーノ・ラトゥールがタルドを「行為ネットワーク理論の始祖である」と評価している（参照：Bruno Latour, 'Gabriel Tarde and the End of the Social' in Patrick Joyce (ed.), *The Social in Question. New Bearings in History and the Social Sciences*, Routledge, London, 2002）。

▼44（原注） Gabriel Tarde, *Fragment d'histoire future*, (1896), Slatkine, Genève, 1980, p.92.

▼45（原注） 下記の文献を参照のこと。André Gorz, *Métamorphoses du travail, Quête de sens. Critique de la raison économique*, Galilée, Paris, 1988（邦訳：アンドレ・ゴルツ著『労働のメタモルフォーズ――働くことの意味を求めて・経済的理性批判』真下俊樹訳、緑風出版、一九九七年）; Jeremy Rifkin, *La fin du travail*, La Découverte, Paris, 1996（邦訳：ジェレミー・リフキン著『大失業時代』松浦雅之訳、ＴＢＳブリタニカ、一九九六年）; Dominique Méda, *Le Travail. Une valeur en voie de disparition*, Alto/ Aubier, Paris, 1995 ; Jacques Robin, *Quand le travail quitte la société post-industrielle*, GRIT-éditeur, Paris, 1994.

▼46（原注） Wim Kok (2003), «Travailler après 60 ans doit devenir la norme» におけるヨーロッパに関する報告を参照のこと（Christophe Ramaux, *Emploi : éloge de la stabilité. L'État social contre la flexicurité*, Mille et une nuits, Paris, 2006, p.89 より引用）。

▼47（原注） この所得は、最低賃金（ＳＭＩＣ）の半額に相当し、社会参入を模索することを条件として、失業中の活動人口に給付される。スピーンハムランドとは、ＲＭＩが生まれた場所の地名であり、一八三〇年以前に英国の貧困労働者層に供与され、期待はずれの結果を生んだと判断された助成金制度を表す。

▼48（原注） Repas出版社刊行の、Michel Lulek, *Scions...travaillait autrement? Ambiance bois, l'aventure d'un collectif autogéré*, 2003およびBéatrice Barras, *Moutons rebelles : Ardelaine, la fibre du développement local*, 2002 を参照のこと。

▼49（原注） *Âge de pierre, âge d'abondance, op.cit.*（邦訳：『石器時代の経済学』前掲書）。

「生活の変革」（一九八一年のフランス社会党のスローガン）あるいは「もう一つの世界」に向けて働くこと（二〇〇二年のＡＴＴＡＣのスローガン）は、二〇〇七年には実現可能である。しかしそのような変革は旧態依然とした方法では実現されず、また〔過去や現行のシステムとの〕断絶なしには不可能である。〔新しい社会への〕移行のための手段に関する可能な妥協を行うことで、妥協不可能な種々の目標を見失うことがあってはならない。「三五時間労働」の相対的な失敗は、このような決定が不在していた結果であった。一九八九年のドイツ社会民主党の政策案が失敗した理由に立ち戻ることは実に有意義である。この政策案は、「週あたりの労働時間を、五日で三〇時間へと縮める労働時間短縮、あるいはサバティカル・イヤーの、低年齢の子供や介助を必要とする人を抱える夫婦のための追加的休暇（有給の）の権利が与えられるような労働時間短縮（一年間のトータル平均で約一〇〇〇時間までの労働時間にあたるだろう[50]）」――つまり年平均一〇〇〇時間労働を計画していた。また、ドイツ社民党ははっきりと〈脱成長《デクロワサンス》〉を提唱していた。「生活の本質的基盤を脅かすものが減少し、消滅するようでなければならないのだ[51]」――その中には、原子力、そして部分的には自家用車も含まれる。この政策案は、有名なウィン＝ウィン戦略によって生態学的な合理性と経済合理性（つまり資本主義的合理性）を組合わすという発想に支えられていた。「時が経つにつれて、エコロジー的には不合理なものが、経済的に合理的であることはありえないだろう。（……）エコロジー的必然性が経済活動の基本原理にならなければいけない。もし、われわれが、エコロジー的近代化をシナリオ通りに進めるならば、明日の市場を制覇するチャンスをより大きなものにし、われわれの経済の競争力を強化することになるだろう[52]」。

　失敗の原因はまちがいなく、資本主義の論理を問題から外そうとするこの欲望の中に潜んでいる。ゴルツは、次のように指摘する。

「そう信じても無駄だろうし、『環境の経済』においては、労力と他の場所で蓄積した資本を使いながら、古典的な工業の衰退や方向転換の埋め合わせをできると期待するのは筋違いというものだろう。数多くの企業にとって、エコロジー的方向転換は、過渡期においては成長の原動力になりうるが、このようなことはマクロ経済的観点からすると長期的目標にはなりえないのだ。〔……〕ここで重要なことは、こうした政策を無視してはならないということであり、また、これを経済的な楽観主義に裏打ちされた選択として示してはならない」[53]。

ヨーロッパでは左派政権が大多数であるにも関わらず[54]、結局のところ、ドイツの環境計画における注目すべきいくばくかの前進とフランスにおけるいくつかの社会的な経験（RMI、三五時間労働）を除いて、社会的なヨーロッパもエコロジカルなヨーロッパも、その実現への兆しを少しも見せていない。

では、このような解放された時間の政治の内容についてこれから正確に説明しよう。一九六二年、社会学者ジョッフル・デュマズディエールは『余暇社会へ向けて？』という先駆的な研究を出版した。同書で彼は、気晴らし、娯楽、（個人の）発達という余暇の三つの機能について詳細に検証した。デュマズディエールの研究の全体は「自律的な主体」という仮説に基づいている。ところで同時代にアンリ・ルフェー

▼50（原注）André Gorz, *Capitalisme, socialisme, écologie, op.cit.*, p.83（邦訳：アンドレ・ゴルツ著『資本主義・社会主義・エコロジー』杉村裕史訳、新評論、一九九三年、七八ページ）。
▼51（原注）*Ibid.*, p.91（邦訳：アンドレ・ゴルツ、前掲書、八五ページ）。確かに、「生活の基盤を強化するものが増加し、その質を改善し、〔……〕自主決定や創造の自律的活動を助成するようでなければならない」（八五ページ）。
▼52（原注）*Ibid.*, p.92（邦訳：アンドレ・ゴルツ、前掲書、八六ページ。引用に当たって、邦訳を一部変更した）。
▼53（原注）*Ibid.* pp.92-93（邦訳、アンドレ・ゴルツ、前掲書、八六〜八七ページ）。
▼54　本書が刊行された二〇〇七年十月時点のことである。

ブルは、もし「管理された消費活動からなる官僚的な社会」において「労働によって、労働の中で、そして労働とともに、われわれが自己を形成することができないのである」ならば、「人生の意味——それは意味を失った人生である」と述べている。[55]

生活の「再魔術化」[56]なくしては、〈脱成長〉《デクロワサンス》はそこでまた失敗を余儀なくされる。解放された時間に新たに意味を与える必要がまだ残っている。給与労働が変わらない限り、勤労者階級は「余暇への適性」——つまり「自律的な諸活動によって解放された時間を満たすための客観的かつ主観的な様々な方法」——を獲得することはないだろう。[57]ダニエル・モテは、「今日の条件では、労働から解放された時間は依然として経済から解放されてはいない」と述べている。自由時間の大部分は実存を再領有化するまでには至らず、また支配的な市場モデルの外部へと脱出するには至らない。自由時間は往々にして消費者が自主生産の道を選択することができないような諸々の商品生産活動のために運用され続ける。自由時間は並行的な道をたどる。自由時間は今よりももっと多く職業化され、産業化されるのが常である。[58]今日の生産主義的で労働主義的なシステムから脱出するためには、労働よりも余暇と遊びが価値を持ち、そして使い捨てで役立たずの——さらに言えば有害な——製品の生産と消費よりも社会関係が優先されるような、まったく新しい社会組織が必要である。フランソワ・ブルーヌが述べていることだが、「われわれが闘っているのは、根本的には、個性のある時間の奪還に関してである。つまり質のともなった時間である。生産について考察することから解放されることで、ゆったりとした生活と観照的な活動を培う時間である」。ハンナ・アーレントの言葉を借用すれば、活動的生活（*vita activa*）の中で抑圧されている二つの要素——職人または芸術家の仕事と本来の意味での政治的な活動——が労苦に対して市民権を回復するだけでなく、観照的生活（*vita contemplativa*）自体が再生するであろう。アンドレ・ゴルツによれば、「生活環境の整備・文化政策・職業訓練・教育などを包括し、また、相互扶助・協力・積極的自主生産などを、もっと大きな自主管理の活動の場にするようなやり方で、社会サービスや公共設備を作りなおすような時間政策を必要としているのだ」[59]。筆者と筆者を批判する者との間にある「感性」の相違が最も鮮明に現れるのはおそらくこの点においてである。クリストフ・ラモーが――そしてよりニュアンスを置いた立場からジャン＝マリー・アリベーが――提案するように、何に代えてでも雇用を確保することは、意識的にせよそうでないにせよ、往々にして労働社会への根深い執着を意味する。しかし大事なことは労働社会を救済することではなく、労働社会から脱出することである。労働社会の犠牲者たちは、「働く」女性の誕生に言及することで「本当の」労働を創造的活動として再定義することを提案し、歴史的に結びついている賃金制度から切り離して労働を捉えることを促した。結果、労働主義的なプロパガンダは、まさにその犠牲者たちの手によって若返るまでにいたった[60]。われわれは今や、労働がその帝国と生活に対する支配を十分に拡大していないこと、そして家事「労働」や奉仕が考慮されず、賃金を与えられていないことを嘆くまでにいた

▼55（原注）Henri Lefebvre, *La Vie quotidienne dans le monde moderne*（1968）（Thierry Paquot, *Éloge du luxe. De l'utilité de l'inutile*, Bourin éditeur, Paris, 2005, p.29より引用）。

▼56 マックス・ウェーバーの「脱魔術化」に対応する言葉として使用されている。

▼57（原注）Rainer Land, «Ist Wirtschaftliche Entwichlung gestaltbar? », dans Michael Brie, Dieter Klein (eds.), *Umbruch zur Moderne?*, Humburg, 1991 (Andre Gorz, *op.cit.*, p121)（アンドレ・ゴルツ著『資本主義・社会主義・エコロジー』、前掲書、一一五ページより引用）。

▼58（原注）Daniel Mothé, *L'utopie du temps libre*, Esprit, Paris, 1997（イタリア語版 *L'utopia del tempo libero*, Bollati Boringhieri, Turin, 1998に基づく）。

▼59（原注）André Gorz, *Capitalisme, socialisme, écologie*, *op.cit.*, p.127（邦訳：アンドレ・ゴルツ著『資本主義・社会主義・エコロジー』前掲書、一一九～一二〇ページ）。

っている。

市場の錬金術を通じて、経済は雇用の増加を促進し貨幣価値の増加を効果的に生み出すが、満足感の増加は起こらずむしろ減少する、としばしば教えられる。一方で、輸送、梱包、宣伝広告、ブランドを合わせることで、薬の錠剤、ヨーグルト、水、そしてあらゆる食糧の値段は、その製品としてのパフォーマンスが改善されることなく上昇する。[61]ところで価値のこのような作為的な増加は、著しい量の燃料（輸送）と多様な物資（梱包、缶詰、宣伝広告……）を消費するが、〈脱成長〉《デクロワサンス》の試みが優先すべきはこのような中間的な消費の削減である。枯渇した惑星で商品価値を今よりもっと増加させようとする今日の傾向（例えば養殖、遺伝子組み換え作物、核燃料）はほとんど絶望的であり、生態系に対してまさに壊滅的な影響を与えている。確かに、これらの傾向は（しばしば不当な賃金の）雇用を創出するが、〔これらの諸活動によって〕最終的に得られる満足感と同じ質の満足感は、労働時間の劇的な削減とエコロジカル・フットプリントの大幅な削減によっても獲得されるだろう。

他方でアンドレ・ゴルツは、「マネタリズムと専門職化によって、われわれ自身で今なお引き受けている、自己生産的・自己サービス的なわずかな活動を、雇用に変えることによって、結局は実存的自律性の根拠だけでなく、生きられる社会や人間関係のある組織といった根拠まで突き崩すことによって、自分で何とかやっていけるというわれわれ自身の能力を劣化させ、いずれは無化してしまうことにならないだろうか」[62]と問いかける。「雇用創出」の名の下で自律的な諸活動を労働に転換するための様々な策略が実行されているが、これらは計算方法を変えて統計上の失業者数を消滅させるために使用される策略に通ずるものがある。ゴルツはさらに次のように述べている。「これまで人々が自分自身のために引き受けてきた活動を、有償のサービス業務に変えるならば、雇用の発展に限界などありえない[63]」。そして、「今後雇用の創出は、主として、経済活動にではなく、反経済的な活動にかかることになる。つまり、給与労働を、プライベートな自己生産労働に、生産的に置き換えることではなく、生産とは対立した置き換えにかかると言えよう」▼64、と。つまり新しい召使い——新しい奴隷——の創出である。われわれが自らの耳に蛸ができる程繰り返して言い聞かせなければならないのは、対人的なサービスがもつあらゆる曖昧な性質である。

反対に、商品経済の論理の外で職業を再発見することは経済的価値を減少させる。例えば、自ら市場の外で生産することである形態の個人的な充足感を向上させながらエコロジカル・フットプリントと国内総生産を同時に減少させることができるだろう。一部のオルター・グローバリゼーション運動家たちの要求（失業に抗して闘うためにサービス雇用を倍増する）が上面だけ体裁の整った考えであるのは、このよう

▼60（原注）労働を理想的な方法で再定義し、「現に存在する」労働を忘却することで「労働の救済」を切に求める研究者もいる。これはアラン・スピオの立場である。この立場が、緑の党の活動家たちとの議論で、「発展パラダイムの救済」を求めて筆者に反対したのは偶然ではない。実際のところ、論争と争点は全く同じである。Dominique Méda, «Notes pour en finir vraiment avec la "fin du travail"», *Revue du MAUSS*, no.18を参照のこと。

▼61（原注）ベルトラン・ドゥ・ジュヴネルが報告しているように、「米国では、物価変動率を除いた一人当たり食糧消費は一九〇九年から一九五七年の間に七五％増加した。ところで、農務省の計算によれば、この間の身体の生理機能維持に関する消費の増加は、せいぜい一二％から一五％までであった。つまり、クズネッツの分析によれば、少なくとも食糧消費の明確な増加の五分の四は、実際のところ、食糧に帰属する輸送ならびに流通サービスの増加を反映したものであるといえる」（B. de Jouvenel, *Arcadie, Essais sur le mieux-vivre*, Sedeis, Paris, 1968, p.178）。

▼62（原注）André Gorz, *Capitalisme, socialisme, écologie*, *op.cit.*, p.65（アンドレ・ゴルツ著『資本主義・社会主義・エコロジー』六二ページ）。ゴルツはさらに「経済学の創始者たちが非生産的とみなした雇用を増やすことによって、賃金社会が救われうるのか?」（邦訳：前掲書、一二ページ）と述べている。

▼63（原注）*Ibid.*, pp.57-58（邦訳：前掲書、五五ページ）。

▼64（原注）*ibid.*, p.63（邦訳：前掲書、六〇ページ）。

な理由からである。[65]

「自由」時間のこのような奪還は想念の脱植民地化を行うための必要条件である。自由時間の奪還は、労働者と給与所得者のみにとどまらず、成長への強迫観念に囚われ、競争と自由主義的な職業によってストレスを感じている管理職や経営者にも関係している。管理職や経営者は〔労働者の〕敵ではあるが、〈脱成長《デクロワサンス》〉社会を構築する中で彼らと連携することが可能である。

〈脱成長《デクロワサンス》〉は資本主義の中で実現可能か？

〈脱成長《デクロワサンス》〉は、資本主義からの脱出なくして実現することが可能であるのか。実際にこの点は公の場で常に議論の的となっている。筆者がグローバリゼーションと経済成長を超自由主義的で資本主義的であると明確に形容せずに非難していることを理由に、一部の人々は、筆者が資本主義的な搾取に満足していると糾弾している。[66] ところが事実としては、多くの人々は、筆者を資本主義と自由主義の汚れた水と同時に発展・成長および経済の赤ん坊を投げ捨てているとして批判しているのである。[67] 換言すれば、もう一つの経済、もう一つの成長、もう一つの発展（例えば、ケインズ経済、公共経済、社会主義経済、人間開発、持続可能な発展・成長、適切な経済・成長・発展……）という幻想を「保守」することを筆者は拒否しているのだ。

一部の極左活動家たちによる伝統的な応答は、要するに、あらゆる停滞とわれわれのあらゆる無力の源泉を「資本主義」という実体に起因させ、そうすることで打倒すべき城塞の場を定義するというものであった。しかし現実問題として、敵と正面衝突することは今日においては問題含みである。なぜなら多国籍企業をはじめ権力の実態を掌握している諸々の経済的な実体は、その性質上権力を直接行使することができないからである。ビッグ・ブラザーは匿名であるが、主体の隷属はかつてなく自主的であり、商業用宣伝広告の操作は政治プロパガンダの宣布にも増してどこまでも狡猾である。このような条件の中でどのようにして巨大な機械《メガマシン》〔近代社会の総体〕に「政治的に」立ち向かえばよいのだろうか。

資本主義の特殊な批判に筆者が拘泥しないのは、開いた扉を打ち壊すことが無意味なことと思われるからだ。端的に言えば、このような批判はカール・マルクスによって最も洗練された形でなされた。しかし資本主義を問題視するだけでは不充分であり、あらゆる成長社会をも批判する必要がある。この点においてマルクスは道を誤った。成長社会の批判は資本主義の批判を包含するが、その逆は有り得ないのだ。多かれ少なかれ自由主義的な資本主義と生産主義的な社会主義は、成長社会という同一のプロジェクトの二つの類型であり、人類を進歩へ向かう行進へと担ぎ出すとされる生産力の発展に基づいている。

生態系の制約を考慮することができないため、マルクス主義的な近代批判はある恐ろしい曖昧性に打ちのめされたままである。マルクス主義は資本主義経済を批判し非難すれども、資本主義経済が引き起こす諸力の成長に関しては「生産的である」と評価する（これらの諸力がまったくもって破壊的であるとして

▼65（原注）このような考えは、「雇用の模索をある一つの活動として考慮することは、失業の消失に繋がるだろう」というアタリとシャンパンの分かり切った発言とともに頂点に達した。クリストフ・ラモーは、「この二人の著者は敢えてそのように発言したのだ、と考えなければならない」とコメントを残している（参照：«Changer de paradigme pour supprimer le chômage», Fondation Jean-Jaurès, novembre 2005）。

▼66（原注）これは、〈脱成長《デクロワサンス》〉戦略に対してジャン＝マリー・アリベーが提示した四つの批判のうちの第一番目である（本章の注29を参照）。

▼67 *Faut-il réfuser le développement?* (Paris : PUF, 1986)（『開発を拒否すべき理由』）を刊行して以来、ラトゥーシュは、主流派開発研究者や経済学者たちと、発展パラダイムと国際開発体制の是非をめぐって多くの論争を繰り広げている。

もだ）。その結果、生産／雇用／消費の三重奏の視点から言えば、この諸力の成長はほとんど完全な恩恵であると認められるのである。資本蓄積の観点から言えば、成長が、帝国主義、戦争、危機（もちろん生態系の危機も含む）は言うまでもなく、労働者のプロレタリアート化、搾取、貧困化などのあらゆる災禍の責任主体であると評価されるとしても、だ。この事実から、生産関係の変革（必要かつ望ましい革命を含む）は、成長の果実の分配において権利を所有する人々の地位を多かれ少なかれ暴力的に動揺させることに還元されてしまう。つまり〔マルクス主義的な批判にしたがえば〕、われわれは成長の中身について理屈を述べることができるが、その原理を根本から問うことはできないのである。

　成長と発展はそれぞれ資本蓄積の成長と資本主義の発展であり、〈脱成長《デクロワサンス》〉は、蓄積、資本主義、搾取、略奪の縮小のほかにはない。蓄積の速度を緩めるだけでなく、資本蓄積の破壊的なプロセスを逆転させるために、蓄積概念を根本から覆すことが重要である。▼68

　至極明白なことは、問題を解決するために考慮に入れるべき選択肢は非マルクス主義左派――随分昔から現行のシステムと抱き合わせの関係である――ではない、ということだ。

　筆者が提案する〈脱成長《デクロワサンス》〉社会という考えは、過去への不可能な回帰ではなく、また資本主義との妥協でもない。それは近代の（可能ならば適切な方法による）「超克」である。「人間に呼吸を止めるように説得することが不可能であるのと同様に、われわれは資本主義に成長を制限するように納得させることはできない」とマレイ・ブクチンは述べている。▼69〈脱成長《デクロワサンス》〉は断固として反資本主義の立場をとる。それは資本主義の矛盾や生態系ならびに社会における限界を非難するという理由のみにとどまらず、何よりもマックス・ウェーバーが「資本主義の精神」を資本主義社会の実現の条件と捉えるまさにその意味において、〈脱成長《デクロワサンス》〉は「精神」を根本から問いただすからである。仮に抽象的な思考の次元において、非物質的なものに依拠する資本主義を維持しつつ環境と両立する経済を描写することが可能であるとしても、斯様《かよう》な経済像は、節度のない活動や際限のない（偽りの）支配といった、市場社会の想念の次元における基礎については非現実的である。今日世界に広まっている資本主義は、社会とあらゆる集団的なものを破壊するゆえに地球を破壊せずにはおれないのだ。

「資本主義からの脱出」。これは決して単純ではない歴史的な過程を表すための分かり易い公式だ。資本家の消滅、生産手段の私的所有の禁止、そして社会を混沌に貶めるような給与関係または貨幣の放棄は、大規模なテロリズムによってのみ可能であるかもしれないが、反対に、資本主義的な想念を放棄するには不充分であろう。

〈ポスト開発〉社会において、お金《かね》（l'argent）[70]と「市場《いちば》」（小文字で複数形のmarchés）[71]、そして利潤と給与について未だに語ることができるのだろうか。[72]一部の少しせっかちな人々によって資本主義と同一視されるこれらの「諸制度」は、それ自体障害ではない。人間社会の大部分は市場《いちば》（特にアフリカ）、お金《かね》、そしてもちろん、商業、金融、さらには工業（industriel）（職人に関しては「勤勉」（industrieux）と呼んだ方

▼68（原注）カール・マルクスとセルゲイ・ポドリンスキー（一八五〇〜一八九一）（フランスに亡命したウクライナの貴族出身の科学者）の関係が短命に終わったことは遺憾——おそらく悲劇的なこと——である。環境経済学のこの天才的な先駆者は、つまるところ、社会主義思想と熱力学の第二法則を融合させ、マルクス、ダーウィン、そしてカルノーとの間を統合することを試みた。この知的な交流が実際に生じていれば、社会主義の隘路の多くが回避され、それに付随して〈脱成長《デクロワサンス》〉論の右派的あるいは左派的な性格についてのいくつかの論争も避けられていただろう。（Joan Martinez Alier et J. S. Naredo, «A Marxist Precursor to Energy Economics : Podolinsky», *Peasant Studies*, no. 9, 1982.

▼69（原注）ニューヨーク・タイムズ紙、二〇〇六年八月七日付«Murray Bookchin, 85, Writer, Activist, and Ecology Theorist, Dies»（ダグラス・マーチン執筆）。

が良いだろう）から得られる利潤を経験している。またこれらの社会は、われわれが賃金制と呼ぶところの請負契約労働に対する報酬も経験的に知っている。しかしこれらの「経済的な」諸関係は、生産においても「財・サービス」の流通においても支配的ではない。特に、これらの諸関係は「体制の形成」にいたるほどには接合されてはいない。たとえこれらの社会に資本や資本家が存在するとしても、それは市場社会や賃金制社会でもなければ産業社会でもなく、ましてや資本主義社会でもない。これらの社会を形成する想念はその大部分が経済に植民地化されてはいないため、これらの社会はその事実を知らずに自らの経済生活を営んでいる。したがって、発展、経済、成長からの脱出は、経済と関わっている社会制度のすべてを放棄するのではなく、むしろそれら諸制度を別の論理に組み込むことを意味する。▼73〈脱成長《デクロワサンス》〉はおそらく「エコロジカルな社会主義」と見なすことができるだろう。なかでもゴルツが言うように、社会主義を通じて「資本主義の特徴である商取引関係や競争の影響下で、社会的絆を分断することに対する積極的な反応に耳を傾けなければならない▼74」と理解するならば、なおさらそうだといえる。

▼70　フランスの経済人類学では、l'argent（物財の交換に使用される具体的な金銭）とla monnaie（近代資本主義の中で発展した、商品価値の一般的均等を表す抽象的な概念としての貨幣）を厳密に分ける。この二分法にしたがえば、近代的な経済空間の外では、蓄積の対象とならないような貨幣の使い方が多様に存在することになる。「お金は事実と想念の双方でどこにでも存在しますが、この世界では、なかでもインフォーマルの世界では、その意味と使用は多様です。近代社会では、お金と言えば一般的均等（équivalent général）のことで、抽象的な概念です。それは貨幣（la monnaie）です。銀行紙幣や硬貨の使用方法には制約があります。貨幣は何よりも数量化できるもので、それは小切手やクレジット・カードを通じて流通します。固定的な制度――銀行――の保証を通じて経済主体

間の諸々の権利を決定するのは、〔貨幣価値の数値を書き込むという〕帳簿付けのゲームです。反対にアフリカの都市郊外では、お金は具体的で有形です。それは投資のゲームを通じて社会的な位置を獲得する道具です。お金は、金銀の装飾品、家畜、布といった古代の形態をとり、社会的な地位に関連しています。〔……〕」(Serge Latouche, *Décoloniser l'imaginaire: la pensée créative contre l'économie de l'absurde*, Paris : Parangon, 2003, p.126)。近代以外の歴史的・社会的空間における貨幣の役割に関しては、ミシェル・アグリエッタ／アンドレ・オルレアン編『主権貨幣』（坂口明義監訳、中原隆幸・中野佳裕訳、藤原書店、近刊予定）を参照のこと。

▼71　*L'autre Afrique* (1998) においてラトゥーシュは、近代資本主義と共に発展した抽象的でグローバルに拡大する大文字で単一の「市場」(Marché) に対して、アフリカなどの途上国や先進国の周辺に残っている、人と人が実際に出会って財を交換する小文字で複数の「市場《いちば》」(marchés) を対峙させている。

▼72（原注）この点については、拙著 *Justice sans limites. Le défi de l'éthique dans une économie mondialisée* の第三部において詳細に説明されている。

▼73（原注）この点に関して、筆者はコルネリュウス・カストリアディスの分析に賛同する。カストリアディスは次のように述べている。「マルクス主義の中には、市場自体が、そして商品それ自体が、疎外を〈擬人化する〉とする馬鹿げた考えがある。この考えが馬鹿げている理由は、拡大した社会においては、人間関係は家族内の関係のように〈人格的〉ではありえないからだ。人間関係は常に社会的な媒介を通じて形成されており、これからもそうであるといえる。十分に発展した経済の枠組みの中では、このような媒介は市場（交換）と呼ばれる」(*Une société à la dérive, op.cit.*, p.190)。カストリアディスはさらに次のように述べる。「私をして言わしめれば、例えば交換の非人格的な手段なくしては複雑社会は存在しえないということは、旗幟鮮明の事実である。貨幣はこのような〔非人格的な交換の〕機能を充たし、この点において非常に重要である。資本主義経済および前資本主義経済における貨幣の諸機能のうちの一つを取りあげてみよう。つまり、個人による富の蓄積と生産手段の獲得の道具としての機能のことであるが、これは別問題である。しかし、交換の価値・手段の単位としての貨幣は大きな発明であり、人類の巨大な創造物といえる」(*Ibid.* p.198)。

▼74（原注）André Gorz, *Capitalisme, socialisme, écologie, op.cit.*, p.87（邦訳：アンドレ・ゴルツ著『資本主義・社会主義・エコロジー』八一ページ）

〈脱成長《デクロワサンス》〉は右派か、それとも左派か？

〈脱成長《デクロワサンス》〉運動は革命的で反資本主義的（さらには反功利主義的）であり、そのプログラムは根本的に政治的である。しかし〈脱成長《デクロワサンス》〉運動は右派だろうか、それとも左派だろうか。エコロジストの多くはティエリー・パクオに賛同し、「今後、真に問題となる政治的な二分法は、〈右派〉と〈左派〉を区別するものではなく、生態系への配慮を尊重する党派と〔他の生物種を〕略奪する者たちとの間を区別するものである」[75]と考えている。おそらくわれわれは、筆者が提案するプログラムがまずは良い意味で左派にも右派にも共有されないことを支持するだろう。しかし、生態系への配慮を尊重する党派の中で「左派」ではない人々（ニコラ・ウロ、コリーヌ・ルパージュ、ヤン・アルトゥ＝ベルトラン）は、往々にして略奪者たちに対して奇妙なほど沈黙を保っている……。

反功利主義右派や反資本主義右派が存在するように、右派による近代批判が存在する（右派議員の中では非常に少数派である）のは確かである。反労働主義右派や反生産主義右派が筆者と同じ議論を展開していることは驚くに値しない。マルクスの娘婿のポール・ラファルグの素晴らしい著作『怠ける権利』[76]――労働主義と生産主義に対する最も痛烈な批判の書の一つ――にもかかわらず、また、フランクフルト学派、評議会共産主義[77]、シチュアシオニズムによって再評価されたマルクス主義における無政府主義の伝統にもかかわらず、近代を根源から批判する活動は左派陣営よりも右派陣営においてより多くの展開を見せている。近代批判は、エドムンド・バーク、ルイ・ボナルド、またはジョセフ・ドゥ・マイストルのような反革命思想家達の議論に魅了されたハンナ・アーレントやコルネリュウス・カストリアディスの思想と共に瞠目に値する発展を経験したが、このような批判は政治的には依然として周辺化されている。毛沢東主義、トロツキズム、その他の左翼主義はいずれも皆、典型的な共産主義であるだけでなく生産主義でもある。

だからといって反生産主義の右派と反生産主義の左派を混同する理由などない。反資本主義や反功利主義に関しても然りである。

たとえ左派政府が右派的な政治を行い、「想念の脱植民地化」を断行できずに社会自由主義の一途をたどったとしても、成長の反対者――共愉にあふれる平和な、そして維持可能な〈脱成長《デクロワサンス》〉社会の構築を目指す人々――は、（たとえその違いが微々たるものだとしても）ジョスパンとシラク、ロワイヤルとサルコジ、シュレーダーとメルケル、プロディとベルルスコニとの間に、そしてブレアとサッチャーとの間にさえも分別をつけることを心得ている。成長の反対者は、投票する（筆者は彼らにそうするように勧めている）際に、たとえ政府のいずれのプログラムもわれわれのエコロジカル・フットプリントの削減を考慮していないとしても、票を入れなければならないのは、企業活動（そして搾取）の自由に価値を置く陣営ではなくて、共有、連帯、平等、友愛といった諸価値を重視する陣営に対してである、ということを了知している。[78] ハンス・ヨーナスに賛同し、われわれがこれらの〈左派的な〉諸価値を将来世代の利益にまで延長させるならば、自然の略奪およびその他の種の大量虐殺を問題視し、視野の狭い人間中心主義から脱出すること以外に可能な選択肢は存在しない。われわれの闘争がグローバリゼーションと経済自由主義に

▼75（原注） Thierry Paquot, *Terre urbaine. Cinq défis pour le devenir urbain de la planète*, *op.cit.*, p.113.

▼76（原注） Paul Lafargue, *Le Droit à la paresse*, Mille et une nuits, Paris, 1994（邦訳：ポール・ラファルグ著『怠ける権利』田淵晋也訳、平凡社、二〇〇八年）。

▼77　conseillisme. 別名communisme de conseilsという。一九二〇年代にドイツとオランダを中心に起こった極左運動。反レーニン主義を唱え、共産党主導による共産主義ではなく、労働者評議会を中心とした自主管理的な共産主義の実現を試みる。フランスでは一九一八年にストラスブールにおいて最初の評議会共産主義運動が起こった。

▼78　二〇〇七年四月に行われた大統領選を背景としている。

断固として対立するのは右で述べた所以である。

反対にエルヴェ・ケンプが述べるように、「歴史の悪知恵が証明するであろうことは、不平等の問題に取り組む替わりに自由に規制をかけることを人々に受け入れさせるために、権威主義的な権力がエコロジーの必要性を誇張する、ということである。感染症の管理、原子力事故、汚染のピーク、気候変動による移民の〈管理〉は、自由に規制を加えてゆくに十分な動機である」[79]。このようにしてわれわれは、今日の金権主義的な寡頭政治に傾倒する全体主義――依然として形式的な民主主義の面影を保存している――から、力を誇示するエコファシズムあるいはエコ全体主義――アンドレ・ゴルツがそのようなシナリオの一端をわれわれに示唆している――へと移行するかもしれない。「生活の『本質的』基盤が、他の消費産業と同様に、最大限の収益という絶対要請に従うような、エコロジー産業やエコロジービジネスの発展によって、工業的に生産されたり、再生産されたりする危険のことである。〔……〕生活基盤の再生が、エコ・テクノ・ファシズムの環境において、組織化される可能性がある。この環境は、自然のサイクルを、わざと人工的ニッチ〔生態環境〕に置き換えたり、生命環境を経済化したり、人間の生命も含めた生命そのものの生産を産業化したり、胎児や他の身体器官を商業化したり、遺伝子工学の方法を用いて、人間の機能も含めた生体の機能を極大化するような、危険を冒しかねないのだ[80]」。

〈脱成長《デクロワサンス》〉のための政党は必要か？

カストリアディスはかつて、「世界的な生態系の崩壊に直面した今日われわれが目にするものは、権威主義的な諸体制が、動転した無気力な民衆に厳格な規制を強要するという様相である。民主主義的企ての復活という新しい運動が存在しない場合、〈エコロジー〉は容易にネオファシストのイデオロギーに組み込まれうる」と述べた。このような恐ろしい展望に対して、〈脱成長《デクロワサンス》〉の賭けは、共愉にあふれるユートピアの魅力が、変革への制約の重圧と組み合わさりながらも「想念の脱植民地化」を推進し、エコロジカルな民主主義という妥当な解決に向けて「有徳な」行動を十分に呼び起こすことを想定する。これはカストリアディスの分析でもあった。「生態系に関わる要素をラディカル・デモクラシーの政治的企てに組み入れることは必須である。エコロジーの民主主義プロジェクトへの組み込みは、そのような政治的企てに内包されている、現行の社会の価値と方向性への根本的な問いかけが、われわれの生活の基礎にある〈発展〉想念の批判と不可分であるゆえに、重要なことである」[81]。

　だからといって、〈脱成長《デクロワサンス》〉の政党を結成し、今から〈脱成長《デクロワサンス》〉運動を凝固させる必要があるだろうか。筆者はそのようには思わない。政党の存在を通じて〈脱成長《デクロワサンス》〉プログラムを未成熟なままで制度化することは、われわれを政党政治の罠に貶める危険がある。そのような政治は、政治アクターによる種々の社会的現実の放棄を意味し、〈脱成長《デクロワサンス》〉社会の構築を実行に移すことを望むための諸条件が整備されないうちに、そして〈脱成長《デクロワサンス》〉社会が国民国家を超克した枠組みの中に効果的に含まれることがはっきりしないうちに、〈脱成長《デクロワサンス》〉の政党を政党政治のゲームに閉じ込める[82]。しかし政治家による政治の誘惑は、その馬鹿げた非力さと共に増加しているように思われる。候補者たちはあれやこれやといった正当な要請の（まったくもって相対的な）成功をせいぜい速やかに蓄積するためにあくせくしている。反対に筆者は、慎重に

▼79（原注）Hervé Kempf, *Comment les riches détruisent la planète, op.cit.*, p.114.
▼80（原注）André Gorz, *Capitalisme, socialisme, écologie, op.cit.*, p.109（邦訳：アンドレ・ゴルツ著『資本主義・社会主義・エコロジー』一〇三ページ）。
▼81（原注）Cornelius Castoriadis, *Une société à la dérive, op.cit.*, p.246.
▼82（原注）拙著«Pour une renaissance du local», *L'Écologiste*, no.15, avril-mai 2005およびTakis Fotopoulos, *Vers une démocratie générale. Une démocratie directe, économique, écologique et sociale*, Le Seuil, Paris, 2001を参照のこと。

議論を重ね、様々な立場に変化を加え、いくつかの議論を考慮の対象とさせ、そうすることで物の見方や考え方を変えていくことの方がより重要であると考える。これが今日における筆者の使命であり、願望である。

〈脱成長《デクロワサンス》〉は人間主義か？

人間は狂人になったのだろうか？　そう思わずにはおれない。残された唯一の可能性は、われわれの敗北である。もし……でない限り。

——ドミニク・ベルポム[1]

すべてのエコロジストと同様に、〈脱成長《デクロワサンス》〉の支持者は、完全無欠の環境中心主義を擁護し、啓蒙の伝統をなす人間中心主義を拒否するものとして、つまり「生物種間差別反対」の立場を支持するディープ・エコロジーに賛同するものとして嫌疑をかけられる。換言するならば、〈脱成長《デクロワサンス》〉論は人間よりもゴキブリの生存を優先しているのだと嫌疑をかけられている。〈脱成長《デクロワサンス》〉論に精神的な次元や宗教的な次元を加える人々は即座に神学教師として非難される。閉鎖的な地域共同体主義への回帰を奨励しているという糾弾に続いて、退行主義、反啓蒙主義、反動主義という罵倒が浴びせられる。[2]

▼1（原注） Dominique Belopmme, *Avant qu'il ne soit trop tard*, *op.cit.*, p.56.

▼2（原注） 例えば、Jean Jacob, *L'Antimondialisation. Aspects méconnus d'une nébuleuse*, Berg International Éditeurs, 2006を参照されたい。

上辺だけのエコロジー観に妥協することなく、〈脱成長《デクロワサンス》〉は「深遠な《ディープ》」エコロジーの陣営に自らを位置づけてきた。しかし「〈脱成長《デクロワサンス》〉論者たち」の多くが人間主義《ユマニスム》を要求するのに対して、アルネ・ネス[3]が広めた類のディープ・エコロジーは、おそらくは環境中心主義の傾向が強過ぎる。この点に関して、二元論による説明では明らかにされることのない随分と大きな混同が拡大している[4]。環境中心主義と人間中心主義との間、人間主義と反生物種間差別との間、絶対的な相対主義と教条的な普遍主義との間、そして近代と伝統との間のいずれかを絶対に選択しなければならないのだろうか。何度も繰り返された揚句に未解決のまま終わっているこれらの連動した旧態依然とした議論を逃れるにはどうすればよいだろうか。ジョージ・W・ブッシュの人間主義、デカルト、ベーコン、テイラール・ドゥ・シャルダンの人間中心主義、そしてカントの人種差別的な普遍主義[5]を拒否することは、必然的に人間の固有性を拒否し、その尊厳を誤認し、各文化共同体のゲットーに閉じ込もることを意味するのだろうか[6]。

第一に、人間主義なるものについて、次の点をよく理解しておきたい。人間主義とは、「人間」という概念の下、ある本質的／実質的な実在が種の固有の実存を超越していることを信じることをいう。換言すれば、人間の人間性が「共通因子」ではなく「抽象概念」として（現在、過去、未来の）具体的な人間とは独立して存在すると仮定することをいう。人間の本質が、人間と他の様々な種を根本的に区別する何らかのもの――魂だとか、理性と呼ばれるもの――に起因するという考え方である。この超越性は人間存在の一般性に内在するだけでなく、問題となる概念の永続性を構成する一要素となる。この事実から、人間は優越した存在として他の生物種や自然を支配する（生得の）権利を所有しているという結論が導出される。ゆえに十六世紀には、アメリカ先住民の魂に関するバシャドリード[7]の論争が重大事件となった（神々、祖先、悪魔といった形而上の実体が本当に存在するかどうかを確認するために、これら同じアメリカ先住民が白人の囚人たちを水中に浸して腐らせようとしている間に起こった論争である）。「人間を世界の中心

▼3　Arne Ness (1912-2009). ノルウェー出身の環境倫理学者。自然環境を人間に従属させる人間中心主義的な環境倫理を批判し、人間をあくまで生態系の一部としてとらえる全体論的な環境倫理学を打ち立てた。そのような環境中心主義的・反人間主義的なエコロジー思想を、みずから「ディープ・エコロジー」と呼んでいる。今日の世界の環境倫理学では、人間主義的なエコロジー思想とネスのディープ・エコロジー思想との間の隔絶をどのように克服するかが焦点になっている。環境倫理一般とディープ・エコロジーの是非を巡る論争の歴史に関しては、山内廣隆ほか著『環境倫理の新展開』（ナカニシヤ出版、二〇〇七年）を参照されたい。

▼4（原注）　アレクサンドル・アドラーは、「虚無主義的な革命の回帰」(Le retour de la révolution nihiliste) という論評（ルモンド紙、一九九九年四月二十四日付）において、この点に関して典型的な説明を行っている。それは、「商業・技術・権利・民主主義および女性の社会進出といった普遍的な勢力」に対して、「地球の至るところで現れている新しい権威主義的なポピュリスト思想潮流の中で沸き上がっている反グローバル化・反人間主義・反自由主義といったまことしやかな共同のプログラム」を対峙させるというものである。

▼5（原注）「カントの、そして西洋ヨーロッパにおけるカント思想の後継者たちによる人種差別主義とあからさまな反ユダヤ主義の源泉は、啓蒙主義に固有の論理的内容にある」Robert Kurz, *Critique de la démocratie balistique*, Mille et une nuits, Paris, 2006, pp. 36-37. テイラール・ドゥ・シャルダンに関しては、Fabrice Flipo, *Justice, nature et liberté. Les enjeux de la crise écologique*, Parangon, Lyon, 2007, p. 201 を参照のこと。

▼6　ラトゥーシュは西洋近代の啓蒙主義に基づく様々な価値を自文化中心主義として批判し、近代西洋以外の歴史社会において培われている様々な価値を承認することの重要性を主張している。しかし他方で、西洋近代の普遍主義の批判の反動として生じる保守的な多文化主義に対しても警鐘を鳴らしており、特に、社会集団のアイデンティティを「文化」というカテゴリーを通じて本質化し、マイノリティの隔離政策を是認するヨーロッパ大陸の新右翼の多文化主義言説を批判している。

▼7　一五五〇年にスペインの街バシャドリードで起こった、植民地（ラテン・アメリカ）の先住民の地位を巡っての論争。先住民が西洋人と同じ「人類」に属するかどうかという問題に関して、ドミニコ会修道士のベルトロメ・ラス・カサスは先住民が人類に所属することを主張したが、哲学者セプルヴェーダは先住民は支配されるために生まれてきた種であるとして、彼らの人間性を否定した。

に置く人間主義は、人間中心主義的な特殊主義と定義されうる」▼8とジュミル・ケッスは述べている。

　この点において人間主義が善いことであることは、西洋人にとって（ゆえに一西洋人としての筆者にとっても）疑問の余地がない。われわれがあらゆる形態の人種差別そして差別一般（皮膚の色、性、宗教、民俗……）に抵抗する／しなければならないのは、そのような理由からである――不幸にも、西洋はこの点において今日でも口数が少なくない。グアンタナモ、アブ・グレイブ、サルコジ法、そして米国とメキシコの国境沿いの壁を思い起こしてみよう。拷問を合法化する米国の立法は、自らを民主主義と人権の守護者として表現するキリスト教的人間主義の最も不快な部分の中でも偽善の頂点に達している。問題の発端は、大多数の文化にとっては文化と自然との間の大きな区別はまったく存在しないということである。このようにして、パプアのアスマット族にとって、一部の「動物」は間違いなく「人間」家族の一員であり、むしろ近隣の部族の成員が食べ物に分類される！　彼らは間違っている、と筆者は心底思っている。厄介なことは、彼らが間違っているということを、筆者は自身に固有の文化の内側からでしか証明できないのである（もし彼らが筆者をアスマの世界観に「改宗」させたいと思うならば、同じ理屈が彼らに対しても適用される）。この事実によって、己の信念を力づくで押し付ける権利が筆者に付与されるだろうか。

　仮に筆者の考えるところにしたがって、自律社会の企ての基礎となる哲学として理解される〈脱成長《デクロワサンス》〉論が人間主義ではないであろうとするならば、それは、〈脱成長《デクロワサンス》〉論が発展、成長、進歩、技術の批判、そして最終的には近代の批判に基づいているということであり、西洋中心主義との断絶を意味するということだ。〈脱成長《デクロワサンス》〉論の先駆者の多く（イリイチ、エリュールだけでなく、クロード・レヴィ＝ストロース、ロベール・ジョーラン、マーシャル・サーリンズなど）が西洋の人間主義を非難しているのは偶然ではない。

　近代の最悪の形態であるグローバリゼーションという想念の勝利は、相対主義の言説――最も緩やかな相対主義であったとしても――を非合法化するという異常な事態を可能にしたし、現在もそのような事態は続いている。人権、民主主義、そしてもちろん（市場の恩恵を受ける）経済と共に、超文化的な要素が世界に浸透し尽くし、これらの存在を疑うことはもはや不可能な状態になっている。われわれは、西洋の自文化中心主義――市場による全体化の神格化という傲慢さがその新しい形態である――が勢いをつけて戻ってきている様子を目の当たりにしている。レヴィ＝ストロースが指摘していたように、相対主義者であることを使命とする人類学者たち自身がグローバリゼーションに降伏したのだ。[9]

アンナ＝マリア・リヴェラが述べていることだが、相対主義は昨今「共同体主義」という汚名を着せられており、これは「特に二〇〇一年九月十一日以降、覇権的な傾向をカムフラージュするために利用されており、これまで様々な集団および異文化の間での解釈および互酬的な承認の政治を追求してきた、苦労をともなう種々の試みを動揺させている」[10]。このような「普遍主義者の猛威」（クラウディオ・マルタ[11]の表現による）は、理論家や政治家から教皇自身にいたるまで、近年あふれるほどの証言によって指摘されている。[12]

二〇〇〇年八月以降、「イエスは主である」（*Dominus Iesus*）との宣言と共に、後のブノワ十六世であるラ

▼8（原注） Djémil Kessous, *La Révolution moderne*, éd. de l'auteur, 2006, p. 54.
▼9（原注） 例えば、文化相対主義に対するフランソワ・エリチエによる批判を参照されたい。«La femme comme question politique»（ル・ソワール紙〔ブリュッセルの高級紙〕、二〇〇七年五月二日付）。
▼10（原注） Annamaria Rivera, *La guerra dei simboli. Veli postcoloniali e retoriche sull'alterità*, Edizioni Dedalo, Bari, 2005, p. 60.
▼11（原注） Claudio Marta, *Relazioni interetniche. Prospettive antropologiche*, Guida, Napoli, 2005.

トジンガー枢機卿（当時）の指導の下にある神学者集団が、異宗教間の対話を推進する思想体系を「相対主義の原理」と評して非難している。「真実の完全性は教会の中においてのみ見出せる[13]」と主張するその宣言書は、カトリック教会に、他の伝統的な宗教に対する新たな福音伝導の使命を求めている。このような原理主義的な立場は、それまでヴァチカンが許していた異教に対する無関心（incluturation）の努力と、異文化共存の母体としての異宗教間対話の推進に一生を捧げたインド系カタロニア人神学者ライモン・パニカーの尊敬に値する仕事を破壊した。

普遍主義のこのような猛威は、フランコ・カルディーニによって正しく非難された。「われわれは、支配的なパラダイムによって押し付けられている生活ならびに思想形態とは異なる生活・思想形態のすべてを〈相対主義者〉として悪者扱いにし、そして宗教、市民、社会に関する異なる思想や展望はすべて〈野蛮〉あるいは〈専制〉であるとして追放することで、この地上における善の探究を占有しているかのように振る舞う新しい全体主義が組織的に造られる渦中に生きている[14]」。かくしてイラン人のマリアム・ナムジーにとって相対主義は「野蛮人を正統化し養う」という点で「われわれの時代のファシズム」である。「相対主義は、人々の権利はそれぞれの国籍、宗教、文化に依存することを認めている。〔……〕文化相対主義の信奉者は、文化や宗教を、たとえ軽蔑に値するものであったときでも、尊重しなければならないことを認める。〔……〕文化相対主義者たちは、普遍的人権が西洋の概念であるということを躊躇せずに述べる〔……〕。彼らはわれわれの時代に起きたホロコーストを擁護する者たちである[15]」。

自文化中心主義に基づく普遍主義のこのような妄想に直面した際には、一九四七年に、米国の偉大な人類学者の一人であるメルヴィル・J・ヘルコヴィッツが、米国人類学学会の代表議会の一員として世界人権宣言の作成を担当していた国連委員会に向けて発表した勧告を思い出すとよい[16]。この勧告文の中でヘルコヴィッツは、普遍主義の〈普遍性という概念ではなく、普遍主義を装うイデオロギーのこと〉予防的批判を行っていた。「ある一つの文化が有する信念あるいは道徳体系から導き出される種々の前提を表現しようとするあらゆる試みは、人権宣言に代表される何かしらの宣言を人類全体に適用する可能性を削減する」▼17と彼は述べている。当時「ナチス文化」をも相対化しうるのではないかという理由のある恐怖は、ヘルコヴィッツの警告と、普遍性と多元性とを接合すべきであるという彼の要求を退けた。今日イスラム主義は、ぞっとするような恐ろしいものとして〔ナチズムの〕後を引き継ぎ、シャリーアに縛られている女性たちの正当な要求を道具化することで、人権を自分たちの文化の文脈に適応させることを同様に拒否することを正当化している。

要するに、全体主義やテロリストに偏向し、そこにさらに成長の帝国主義が加わることで随分と色褪せ

▼12（原注）そういうわけで、イタリアのジャーナリストのアンゲロ・パネビアンコは、世界貿易センター爆破事件の後に、暗示的な手法で次のような記事を書いた。「対テロ戦争が数年続く場合、ビン・ラディンの主要な手下と、彼らの最も貴重な〈第五列〉〔スパイ組織〕である西洋のテロリスト仲間達――文化相対主義――を制圧するために装備しなければならないだろう」Annamaria Rivera, *op.cit.*, p.66.

▼13（原注）*Ibid.*, p.67.

▼14（原注）*«Il pensiero vuoto dei "neocons" italiani»*, L'Unità du 25 août 2005 (Annamaria Rivera, *op.cit.*, p.69 より引用).

▼15（原注）同様に、ワッシラ・タムザリは、「知的左派の列にまで奇妙にも浸透した文化相対主義の襟首をねじ曲げること」を熱烈に説得している（Annamaria Rivera, *op.cit.*, p.90より引用）。

▼16（原注）同宣言の産みの親であるフランス人法学者ルネ・カッサンの側で、本来「国際」という言葉に替えて「世界（普遍的）」という言葉を用いるように主張したのは、ドゥゴール将軍である。

▼17（原注）Annamaria Rivera, *op.cit.*, p.90より引用。

てしまった普遍主義の夢を、（クレオール作家ラファエル・コンフィアンの造語にしたがえば）「多様な普遍性」の必然的な承認、あるいは絶対的に相対的な「複数普遍主義」[18]（pluriversalisme）、つまり真なる「文化の民主主義」によって置き換えることを構想する必要はないだろうか。〈脱成長《デクロワサンス》〉のプロジェが使い勝手の良いある特定のモデルではなく、多様性の源泉であるのはこのような所以である[19]。

しかし誤解してはならない。〈脱成長《デクロワサンス》〉論のこのような考えは、いかなる場合でも反人間主義――つまり反普遍主義――ではない。動物と物を人間のように扱うこと（アニミズムが行っていることである）と、近代の技術経済《テクノ・エコノミー》のように人間を物として扱うことの間には、物、生命、人間の尊重のための場所が残されている。おそらくは筆者が無成長について語るがごとく、ある種の無＝人間主義について語ることが可能であるかもしれない。これは決してあらゆる価値論を否定することを意味するのではなく、むしろその逆である[20]。〈脱成長《デクロワサンス》〉運動構築のための好循環の最初の再生プログラム（R）が「再評価」と名付けられていることにはそれなりの根拠がある。必要な価値（愛他主義、共愉、自然の尊重など）は、支配的な勢力がもつ傲慢な普遍主義が為すところの文化的差異の破壊は行わずに、異文化との対話を始めることを可能にする価値でもある。なぜならわれわれは、自分たちの信ずる事柄の相対性を認めることを受け入れるからだ。西洋人として筆者は「人間主義」に関する多くの価値を保守する心積もりである。しかし筆者は人間主義を絶対的なものとして掲げることはしないし、ヒンドゥー教信者が雌牛の殺害を罪とすることを阻む権利を筆者が有しているとも思わない。

以上のことから言えることとは、近代批判とは、近代を真っ向から完全に否定することではなく、近代の超克を意味するのである。われわれが、今日勝ち誇っている金融市場の独裁という他律性のただ中で近代の欠陥を非難することが可能なのは、啓蒙主義のもつ解放のプロジェと自律社会の構築の、まさにその名においてである。

西洋近代の盲目的ないし教条的な人間中心主義とアニミストによる自然の神聖化との間には、環境人間中心主義のための場所が残されていると考えられる。▼21 生態系への配慮を人間生活の社会的・政治的・文化的および精神的関心事の中心に再導入するようにわれわれを差し向けるのは、まさに人類の生存であり、深遠な理解をともなう人間主義である、と言うことができるかもしれない。自然（動物、植物、その他の生物）の権利を承認すること、そして「環境正義」と「環境道徳」を求めて闘うことは、必ずしも生態系に関する新しい宗教の説教師に与することでもなければ、異教徒からなる混合宗教に属するエコフェミニズムの女祭司や、方向性を失ったわれわれの社会のいたるところで栄えているニュー・エイジに助けを求めることでもない。仏教に代表される他の宗教的伝統とは異なり、キリスト教の伝統は西洋において人間とその生命系および非生命系環境との間に調和的な関係が造られることを好まなかったことを確認すべきである。マルクス主義はそのような伝統の一環を成すため、ハンス・ヨーナスをして次のように言わしめている。「マルクスにとって自然の人間化は、人間に固有の欲求を充足するための完全な搾取という視角

▼18　ラトゥーシュの造語。各文化がそれぞれの固有性に対して正統性を与えられながらも、異文化間の対話のために自らを開いていくような、多元主義的な普遍性のことである。

▼19　本書「日本語版序文」においても、〈脱成長〉《デクロワサンス》が「オルタナティブの原型《マトリックス》である」と述べられていることを思い出されたい。

▼20　（原注）　筆者の友人のミシェル・ディアがそのように考えている通りである。Michel Dias, «Un idéalisme politique», *ENTROPIA*, no.1 を参照のこと。

▼21　（原注）　Vittorio Lanternari, *Ecoantropologia. Dall'ingerenza ecologica alla svolta etico-culturale*, Edizioni Dedalo, Bari, 2003 を参照のこと。

から、まさにこの自然を人間の手によって完全に従属させる計画を構想するための偽善的な優生論である[22]」。

筆者が主張したように、〈脱成長《デクロワサンス》〉社会は世界を再魔術化することによって実現する。[23] 再魔術化が意味することについて今から合意にいたる必要があるだろう。近代世界の脱魔術化は、マックス・ウェーバーの分析が行ったものよりもずっと単純であると同時に一層根深いものである。脱魔術化は、科学の勝利と神々の消失に起因するよりも、熱産業システムによって生産された様々な物が尋常ならぬ平凡化を経験したことに起因する。この意味において近代世界は「脱神話化[24]」しただけでなく本当に脱魔術化したのである。自然が無償で提供する化石燃料を大量に利用することは、人間の労働の価値を下げ、天然の「富」の際限なき略奪を容認する。その結果、抑制の効かない人工的で過剰な豊かさが誕生し、「創造主」からの贈与や敏腕な技量を有する職人業を目にして感動するあらゆる能力が破壊された。イヌイットのコミュニティにおいてトナカイの商品化を定着させようとする試みは、驚くべき事例である。[25] そのコミュニティの村長は政府の使節に次のように答えた。「あなたはご存知であろう。わたしたちにはトナカイとともに暮らした長い歴史があることを。そして、トナカイにこのようなことをさせることができるかどうか、わたしたちが疑問に思っていることを」。というのも、「トナカイを商品流通（空間的関係）に参入させるためには、トナカイをその時間的な繋がり――イヌイットとの関係からなる歴史――から切り離さなければならない。トナカイを客体化し、断片に切り分け、売り出さなければならない。まさにわれわれが近代の生産活動のためにしたようにして」ということだからだ。芸術家――その役割は平和な〈脱成長《デクロワサンス》〉社会の構築のためには不可欠である――が反対しているのは、まさにこのような商品の平凡化である。「芸術家は近代人に次のようなことを思い出させる。物が意味をもつことを望むならば、何を為すにしても、芸術家は何らかの形のアニミズムに傾倒する必要があるということを〔……〕。おそらく芸術家は、アニミズムが物と自然環境を尊重する唯一の哲学であるという事実、つまり様々な物の中を流れる贈与の精神に適応する哲学であり、近代がわれわれから奪った哲学であるという事実を立証するのだ」[▼26]。アニミストであろうがなかろうが、オスカー・ワイルドだけでなく〈脱成長《デクロワサンス》〉社会にとっても「芸術は無用なものであるゆえに絶対に必要なのだ」！

▼22（原注）　Vittorio Lanternari, *Ecoantropologia. Dall'ingerenza ecologica alla svolta etico-culturale*, Edizioni Dedalo, Bari, 2003, p.330 から引用。
▼23（原注）　拙著 *Le Pari de la décroissance* の結論を参照されたい。
▼24（原注）　ウェーバーの公式の成功が多いに誤解によるものであるということは知られている。彼がいうところのEntzauberungは——オーギュスト・コントの議論に少し似ているが——、ただ単に、近代において、魔術的な説明が科学による説明に置き換えられたことをいう。この点において、その結果は肯定的なものだけではないにせよ、大部分においては肯定的である。科学は、迷信のない世界を完全に魔法にかけることができる。反対に「不思議」の平凡化は治療の余地がない。
▼25（原注）　Jacques Godbout, «Les conditions sociales de la création en art et en sciences» in *Revue du MAUSS, no.24 ; Une théorie sociologique générale est-elle pensable?*, La Découverte, 2e semestre 2004, p.420.（*Ce qui circule entre nous. Donner, recevoir, rendre*, Le Seuil, Paris, 2007, p.72にも所収）。
▼26（原注）　*Ibid.*

【セルジュ・ラトゥーシュ・インタヴュー】

目的地の変更は、痛みをともなう

インタヴュアー　パスカル・カンファン▼1

セルジュ・ラトゥーシュによれば、まことしやかに囁かれる自然環境の危機に直面する現在、北側諸国の「エコロジカル・フットプリント」を速やかに縮小させる必要がある。この〈脱成長〉プロセスは経済の再ローカリゼーション、労働社会からの脱出、より一層地域に根差した民主主義的な生活への回帰によって達成される。

――〈脱成長《デクロワサンス》〉をどのように定義しますか?

〈脱成長《デクロワサンス》〉は、経済モデルと経済理論のテーマである成長に反対し、「成長主義者」の言語体系をぶち壊すことを目的とする一種のスローガンです。正確に言えば、わたしたちは、無神論を語るように無成長について語らなければなりません。

▼1　雑誌『コスモポリティーク』第一三号編集責任者。

——では、何を縮小▽2する必要があるのですか。国民総生産ですか。それともエコロジカル・フットプリントですか?

エコロジカル・フットプリントです。フランス人のように生活するためには三つの地球を必要とします。ということは、わたしたちの生活様式は、生物物理学の観点から言えば維持することが不可能なのです。理屈としては、資本主義ならびに国民総生産の増加と折り合いのつくようなエコロジカル・フットプリントの削減を思い描くことは可能でしょう。例えば、非物質的な財の生産を増やして物質的な財の生産を縮小する、マッサージ業を増やして自動車の数を減らす、という具合にです！　しかし実践においては、成長の論理を破壊すること——有限の世界で無限の資本蓄積を求める論理を破壊すること——は、資本主義の息の根を止めるということです。過去三世紀にわたって、経済システムは地球資源の無分別な使用を資本主義に許してきましたが、私達は今日、すべてがバランスを失う地点にまで達しています。緑の藻の譬え話がよく示していることです。そう、池の中の棲息空間を毎年二倍増大させる植物のことですね。藻は微小ですが、止むことなしに池の大部分を覆い尽くします。池のすべての空間を占領するにはほんの数年しか要りません。

——あなたは、自分が負担しているエコロジカル・フットプリントを計算しましたか?

はい。しかし、私はテストを行うまではしませんでした。なぜなら厳密な意味での個人の水準で推論することに困難を感じたからです。例えば人々は私に対して、肉を食べるのかどうか尋ねるでしょう。しかし本質的な問題は私が肉を食べるかどうかを知ることではなく、この食肉がどのように生産されたかを知ることです。私は一九六〇年代のときと同じように現在でも肉食の生活を送っています。しかし、今日私が消費しているステーキは〔消費者の手に届くまで〕

昔と比べて多くの石油を消費していますし、その元となる動物は、アマゾンの原始林の焼け跡で栽培された大豆の搾かすを飼料として飼育されています。朝食に食べるヨーグルトに関しても同じことで、一九六〇年代には近くの家畜の乳から生産されていたのですが、現在では九〇〇〇キロメートルも離れたところから消費者の元へ配給されます。過去四〇年の間に爆発的に広まったのは、個人消費それ自体ではなく、個人の消費にともなう環境コストです。だからこそ各人が簡素な生活を送る必要があるのは自明なのですが、そのような個人の質素倹約は、相対的にいって役に立たないものでないかぎり、公共政策と経済システムの変革にいたる必要があります。

――エネルギーのような重点領域における「〈脱成長《デクロワサンス》〉的な」公共政策とは、どのようなものですか?

エネルギー領域では、ネガワットが提案しているシナリオを応用することがよいでしょう。それは、充足感を減少させることなく、エネルギー消費を大胆に削減する、というものです。緑の党議員〔パリ区代表〕のイヴ・コシェがエネルギー政策に関する法案に関して議会で討論を行った際に提案した改善案を実践することもできるでしょう。重要なことは、石油消費であれば年率二%の縮減、エネルギー消費であれば年率一%の縮減、といった年間目標を設定することです。こうすれば四〇年後には、私達は石油に対する依存から脱出し、石油資源の不足を理由に適った条件の中で対処することになるでしょう。これらの提案は無視され、議論にも上りませんでした。

▼2 〈脱成長〉を表すフランス語décroissanceの原義は「縮小」「減少」「弱体化」である。

――あなたは経済の「再ローカリゼーション」を望んでいます。具体的にはどのようなことでしょうか。

再ローカリゼーションとは、例えば、完全に無駄な国際的な輸送交通機関を廃止することを意味します。毎日ピレネー山脈を往来する四〇〇〇台のトラックの殆どは、両車線ともに同じ物を輸送しています。モンブランで事故が起こったとき、炎上したトラックの中には、フランスの飲料水をイタリアに運んでいたトラックがあり、また、イタリアの飲料水をフランスに運んでいるトラックがありました。また、イタリアにトイレット・ペーパーを運ぶトラックがあり、フランスにトイレット・ペーパーを運ぶトラックがありました！

経済の再ローカリゼーションとは、諸々の脱ローカリゼーションに対抗することも意味します。人々は、故郷で生活を続けることができるようになるためにいつでも闘う心積もりでいるものです。食糧問題に関しては、例えば農民による農業を維持するための消費者アソシエーション（AMAP）があります。このアソシエーションは、都市近郊の農業を維持することを可能としています。

しかし、経済の再ローカリゼーションは、わたしたちが生活をローカルなものにし、多国籍なものに反して地域に根差した生活を送る意味を回復したとき、初めて可能なものとなります。わたしたちは今日、架空の生活を送っています。なぜなら自分たちが存在するその場所には決して立ち止まらないからです。この不満を補うために私たちは常に旅行をします。この傾向とは逆に、自分たちが生活するこの場所で幸せになり、新しい技術を使って仮想空間を使って旅行することを学ぶ必要があるのではないでしょうか。同時に、自らの運命をローカルな次元で決定できるようになるためにも、政治の再ローカリゼーションを行うことが必要です。なぜなら、民主主義が何らかの意味をもつとすれば、それは六〇〇〇〇万人規模ではありえないことですし、ましてや六〇億人規模ではなおさら不可能なことです。

——厳密には、〈脱成長《デクロワサンス》〉の政治はどの水準において優先されるべきですか?

これら〈脱成長《デクロワサンス》〉の政治はあらゆる水準で取り組まれなければなりませんが、おそらくはローカルな水準から始まるでしょう。なぜなら、人々が自らの運命を管理することができるのはローカルなレベルにおいてだからです。〔政治的な〕駆け引きの余白は局地的にはより大きいように思われます。〔例えば〕米国連邦政府は京都議定書の適用を拒否していますが、米国の各州は適用しています。ヨーロッパの地方や自治体は貿易とサービスに関する一般協定あるいは遺伝子組み換え食品に賛同しないことを宣言しましたが、これはいずれの国家も行わなかったことです。私が住居を構えている東ピレネーに見られるようなコミューンは、その土地の水を管理するためにブイグー社（Bouygues）を立ち退かせることに成功しました。これは国民レベルでは不可能であるように思われます。標準的な町は、「スロー・シティ・クラブ」の中で集まります。これらの町は、直接民主主義の実施を試みる上に、人口規模を最大六万人に抑えています。国民レベルの政治では、そのようなイニシアティブを発展させることはさらに難しいことでしょう。なぜならそこにはあらゆる企業談合主義が根付いているからです。現在わたしたちは、全フランス規模で提案すべき諸々の明確な政策を兼ね備えた〈脱成長《デクロワサンス》〉プログラムを持ち合わせてはいません。というのも、政策実行のための最低限の条件が揃っていないため、具体的な内容に立ち入ることが有用ではないからです。

――グローバルな水準ではどのようなことを提案しますか？

グローバルな水準で真っ先に思い浮かぶことといえば、やるせない気持ちを掻き立てているのは、多国籍企業と金融投機の権力であるということです。ユートピアを目指しながらも、ローカルな民主主義を再建することから始めなければなりません。そうすることで、ある種の「異文化間対話」の中で〔個別のローカルな〕民主主義を包摂するような様々な民主主義が構築されていくでしょう。

――〈脱成長《デクロワサンス》〉のための公共政策は社会的に容認されうるものでしょうか？　そのような公共政策は精神構造の変革を必要としますが、肝心の精神の変革はまだ起こっていません。

政策を転換する前に、わたしたちが重要だと判断する事柄を効果的に再評価する必要があります。想念の脱植民地化なくしては〈脱成長《デクロワサンス》〉の政治は起こりえません。現実を経済的な視点からのみで捉えようとするのは、西洋に特殊な傾向です。ルネッサンス期まで、ヨーロッパの諸社会は宗教的な動機に支えられていて、宗教裁判や〔異教徒に対する〕不寛容のような、今日のわたしたちには常軌を逸していると思われることを正当化していました。今日わたしたちは、生物多様性の破壊や地球上の人間生活の条件の不安定化のような、これまた常軌を逸しているようなことを正当化する経済的な動機に支えられています。別の価値観を復活させなければ〈脱成長《デクロワサンス》〉の政治を行うことは難しいでしょう。

では、これらの〈脱成長《デクロワサンス》〉政治のいくつかが今日から容認されうるものなのか――もしくは望まれるものなのか――を知るためには、なかんずく国民投票という形で市民に直接問うてみてはどうでしょうか。私は、政治家たちが「われわれは〈脱成長《デクロワサンス》〉を望んでいるが、世論は準備ができていないのだ」と述べるのをよく耳にします。例えば遺伝子組み換え作物や原子力に関してですが、〔実際のところ〕〈脱成長《デクロワサンス》〉を阻んでいるのは一般大衆ではなくて政治家たちの方です。スイスでは、経済・政治・科学分野のエリートたちは皆、遺伝子組み換え作物に対してモラトリアムを設けることに反対しています。〔しかし〕国民がイニシアティブをとった投票がそのモラトリアムを強要したのでした。

――しかし、自動車の使用を一気に制限したら皆反対しますよ！

確かにみんな精神錯乱状態になるでしょう。人々の問題意識はますます強まっていますが、努力するのは〔自分ではなくて〕隣人であることを欲しています。もし燃料価格が急激に上昇したら、トラック運転手と農家がデモを行うでしょう。今日、一キロの食肉を生産するには六リットルの石油が必要です。私達は農家を生産主義的な論理に押しやったのですが、政治家や組合の責任者たちは、そのような生産主義的な論理が行き詰まっていることを知っています。しかしわたしたちは活動家たちを偽りながらこの論理を保守し続けています。活動家たちはわたしたちが彼らを騙していることを十分承知ですが、抗議行動に出ないように見て見ぬふりをしているのです。しかし、政治の役割とは、政治に「血と涙」が必要であるかどうかを予期して約束することであり、すべての問題を解決するかのように装ったり、目的地の変更に痛みがともなわないように思わせたりすることではありません。

――社会的な計画について、エコロジカル・フットプリントの縮小のための政策と労働組合を連携させるにはどのようにすればよいでしょうか？ 組合の優先事項は依然として購買力の増加です。

この点に関する対策は、何よりもまず、労働時間の大胆な削減にあります。この削減が会社幹部の利益と願望だけでなく、失業者とプレカリアートの利益と願望にも対応することを望むのであれば、第一に、生産性の向上が労働時間の削減と雇用の創出に転化するような、しかも給与水準や生産水準に支障を来さないような、多かれ少なかれ長期的な移行を展望することがより価値のあることでしょう。アンドレ・ゴルツはすでに一九九一年にこのことを提案していました。しかし、労働時間の削減は何を措いても社会的な選択なのです。それは〈脱成長《デクロワサンス》〉が要請する文化革命の結論です。積極的な縮小が明らかな方法で存在するのです。政治的、私的、芸術的な生活だけでなく、遊びや観照において市民の成熟を可能にするために抑制的ではない時間を増加させることは、新しい豊かさの条件です。組合も組合員もこの点を理解できると私は信じています。

――ということは、経済領域の縮小は、社会において労働が占める領域を縮小することで達成されるのですか?

労働の削減は消費社会から抜け出すために必要不可欠な条件です。経済なるものによって押しつぶされた生活を回復する必要があります。ルネッサンス期までは、人間生活の半分は観照的なものでした。その後、勤労的な活動が他のあらゆる生活時間よりも上位に立つようになりました。しかし、わたしたちは給与に縛られずに生産を行うことができますし、ハンナ・アーレントの区別を借用するなら、〈労働〉ではなくて〈仕事〉の論理において物事を為す喜びを見出すことができます。つまり〈脱成長《デクロワサンス》〉へ向かう運動とは、労働時間が削減された完全雇用社会に向かうことなのです。そのような社会では、ほんの少しの事柄について働くためにこれまでとは随分少ない時間しか労働をしなくてすむのです。言い換えれば、豊かさと貧しさについてこれまでとは異なる形で考えていくことなのです。これは、多くの社会では物質的に質素であることが価値あることである、ということを思い出す機会です。

——〈脱成長《デクロワサンス》〉の政治を容認しうるものにし、さらに行動を変えるためには、惨事も期待しますか?

惨事が教育的な効果をもつことには十分納得しています。チェルノブイリ原発事故の後、多くの人々が原子力を拒否しました。しかし、それよりももっともっと大きな惨事が今後起こるでしょう。海面水位の上昇で、バングラディッシュの人口の半分は消え去り、二億人が漂泊すると言われています。また、水戦争が起こるでしょうし、さらに、最後の一滴の石油をめぐる戦争が起こることは間違いないでしょう。

——エコロジカル・フットプリントを縮小する方向に進むために、わたしたちがフランスあるいはヨーロッパで為し得るあらゆる努力は、中国やインドの年率一〇%の経済成長によって台無しになりませんか?

これまで数世紀もかかりましたが、遂に西洋は中国を悪い方向に乗せることに成功したように思われます。しかし私は完全に悲観的ではありません。なぜなら文化的な基礎が中国とヨーロッパでは非常に異なるからです。インドの多くのエリートは環境問題に気がついており、「すべての人が簡素に生活できるために、もっと簡素に生活しよう」というガンジーの格言を忘れないようにしています。

より一般的に言えば、一国のみにおいて〈脱成長《デクロワサンス》〉を行うことはできないというのが本当のところです。しかし、他人が行動を起こさないことが理由でやる気が失せてしまうというリスクは、悪魔の誘惑です。反対に、他の諸国が変革を望むならば、それらの国々が実際に変革を起こすことができるような道筋を示す必要があります。ユートピアが一つの原動力になります。

――アフリカについてはどうですか?

アフリカ人の極端な条件の中で生存する能力は、わたしたち西洋人と比べて随分と優れています。ある意味、アフリカ人は未来に対してずっと用意周到なのです。さらに、輸送コストの上昇が原因で商品流通が不可避的に制限されており、その上空輸が中断しているため、グローバリゼーションは今後アフリカに対してより少ない影響力しか及ぼさないでしょう。おそらくアフリカは自律自治の空間を回復するでしょう。

さしあたって心に留めておかねばならないことは、もしわたしたちが今日と同じような生活を送ることが可能であるならば、それは、人類の大多数がほとんど消費しないからである、ということです。今日の消費水準で見ると、地球の生物物理学的な許容能力は二三〇億人のブルキナ人を擁することができますが、六億人のオーストラリア人しか擁することができません。つまり、生物圏を利用する権利の大幅な再分配が必要です。南側諸国のエコロジカル・フットプリントが増大するためには北側諸国のエコロジカル・フットプリントを削減しなければなりません。

(*Revue Cosmopolitiques 13 : Peut-on faire l'économie de l'environnement?*, 2006, pp.27-34)

日本語版解説

セルジュ・ラトゥーシュの思想圏について

中野佳裕

あらゆる時代は、それ自身の像を自らに与えている。時代の経験のすべてを統一する何らかの地平を（それがどんなに虚ろで不確かな地平であろうとも）。

——エルネスト・ラクラウ[1]

社会の理想は実在しない。われわれが進むにしたがって少しずつ変化する地平線があるだけである。矛盾も緊張関係もない完全に調和した社会など決して存在しないであろう。そのような社会があるのは墓場においてのみである。したがって、あらゆるオルタナティブがどのように生きねばならないのかを決めたり、ましてや、将来世代の生まれる機会が完全には危ぶまれない場合に、彼らがどのように生きねばならないのかを決めつけたりすることが重要なのではない。重要なことは、今日地平線として現れているものについて語り、それに向かって進む道筋を提案することにほかならない。

—フランソワ・パルタン[2]

本書は、フランスの経済哲学者セルジュ・ラトゥーシュ（Serge Latouche、一九四〇〜）の二冊の単著、*Survivre au développement : de la décolonisation de l'imaginare économique à la construction d'une société alternative*, Paris : Mille et une nuits, 2004 と *Petit traité de la décroissance sereine*, Paris : Mille et une nuits, 2007 の全訳に、学術雑誌 *Revue Cosmopolitiques* の第一三号に掲載された〈脱成長《デクロワサンス》〉論に関する対談記録を収録したものである。前二冊は、フランスの市民団体ATTACによって編纂されている市民向け啓蒙書シリーズより刊行されており、過去四〇年にわたるラトゥーシュの思想活動と今日における問題関心を要約したものである。

前者（邦題『〈ポスト開発〉という経済思想』）は、いまやその活動が国際的に認知されている所謂〈ポスト開発〉と呼ばれる思想について、同思想のパイオニアであるラトゥーシュ自身がその根基となる議論を今日的な視点からまとめなおしたものである。他方で後者『〈脱成長《デクロワサンス》〉による新たな社会発展』は、二〇〇〇年代以降ラトゥーシュを中心に提唱され始め、フランスとイタリアでは社会現象ともなっている「〈脱成長《デクロワサンス》〉」（仏 décroissance／伊 decrescita）と呼ばれる社会運動の骨子をまとめたものである。この二冊の著作は、フランス語以外に、一九九〇年代以降ラトゥーシュ思想の人気が根強いイタリアとスペインでも刊行されている。また、『〈脱成長《デクロワサンス》〉による新たな社会発展』に関しては、カタロニア語版、英語版[3]が二〇〇九年から二〇一〇年初頭にかけて刊行されたほか、現在ハンガリー語版の翻訳がこの日本語版の編集をモデルとして進められている。

本書の邦訳にあたってはフランス語版（初版）を底本として使用したほか、適宜イタリア語版[4]（初版）も参照した。また、本書はラトゥーシュ思想のエッセンスが凝縮された二冊の著作を一冊にまとめた点において世界初の試みであり、画期的といえると思われる。二冊を一つにまとめたのは次のような理由による。当初この翻訳プロジェクトは〈脱成長《デクロワサンス》〉論に関する著作のみを扱う予定であったが、同理論を正しく理解するためには、過去数十年にわたるラトゥーシュの学術活動が反映された〈ポスト開発〉思想について知る必要がある。『〈ポスト開発〉という経済思想』と『〈脱成長《デクロワサンス》〉による新たな社会発展』は執筆の目的と時期が異なるが、共に市民向けの小冊子として刊行されている点、そしてそれぞれが互いを補強するような内容である点から、これら二冊を統合して「ラトゥーシュ思想入門の決定版」として出版することが適切であろう、と判断した経緯である。事実、フランスにおいても、『〈脱成長《デクロワサンス》〉による新たな社会発展』の読者が、ラトゥーシュ思想のよりよい理解のために『〈ポスト開発〉という経済思想』を参照する傾向は強まっており、結果として同二冊が互いの評価を高め合っている。この二冊は「今日のラトゥーシュ思想を象徴する双子」として、今後多くの人々に読まれていくであろう。

ラトゥーシュの単著が邦訳されるのは本書が初めてであるが、すでに読了された読者の中には、これまで日本に紹介されることのなかったフランスの〈ポスト開発〉思想家の壮大なプロジェクトに新鮮さを感じると同時に、彼の著作の中にイヴァン・イリイチ、コルネリュウス・カストリアディス、アンドレ・ゴルツなどの国内でも著名な往年の思想家たちの痕跡を発見し、懐かしさを覚えている人もいるかもしれない。いったいこのセルジュ・ラトゥーシュはどのような人物であり、その思想はどのような歴史と経験に

▼1　Ernesto Laclau, *Nuevas reflexiones sobre la revolución de nuestro tiempo*, 2 Edición, Buenos Aires, Nueva Vision, 2000, p19.
▼2　François Partant, *La fin du développement : Naissance d'une alternative?*, Malakoff: Babel, 1982, p.252.
▼3　英語版タイトルは、*Farewell to Growth* (Cambridge: Polity Press, 2009)である。
▼4　Serge Latouche, *Come Sopravvivere Allo Sviluppo : Dalla decolonizzazione dell'immaginario economico all costruzione di una società alternativa*, Bollati Boringhieri, 2005 ; Serge Latouche, *Breve Trattato Sulla Decrescita Serena*, Bollati Boringhieri, 2008.

裏打ちされているのだろうか。また、ラトゥーシュ思想は、今日の日本にどのような示唆と地平を与え、われわれにどのような行動の契機を与えるのだろうか。この解説書では、まず、ラトゥーシュのおよそ四〇年にわたる研究経歴を紹介した後に（第一節）、彼の思想の主題と枠組みを、本書収録の二冊の著作を解題することで明らかにする（第二節、第三節）。第四節では、ラトゥーシュの〈ポスト開発〉思想／〈脱成長《デクロワサンス》〉論を日本の思想潮流の中で位置付け、最後に日本における〈ポスト開発〉思想研究の意義を示唆して結論に代えたい。

1……セルジュ・ラトゥーシュの研究経歴と問題関心

フランス社会科学におけるラトゥーシュの位置付け

セルジュ・ラトゥーシュは、フランスにおいて経済哲学、社会科学哲学、南北問題研究分野で指導的立場を誇る研究者・思想家であり、現在パリ南大学（オルセー）の名誉教授を務めている。その著作は一九七〇年代より多数あり、経済哲学・社会科学哲学における主著は以下である。

- *Épistemologie et économie : essai sur une anthropologie sociale freud-marxiste*, Paris : Anthropo, 1973（『エピステモロジーとエコノミー――フロイド＝マルクス派社会人類学について』）
- *Le projet marxiste : analyse économique et matérialisme historique*, Paris : PUF, 1975（『マルクス主義プロジェクト――経済分析と史的唯物論』）
- *Critique de l'imperialisme*, Paris : Anthropos, 1979（『帝国主義批判』）
- *Le Procès de la science sociale*, Paris : Anthropos, 1984（『社会科学のプロセス』）

・*La mégamachine : Raison techno scientifique, Raison économique et mythe du progrès*, Paris : La Découverte, 1995（『メガ・マシン――技術科学理性、経済理性、進歩の神話』）

・*La déraison de la raison économique : Du délire d'efficacité au principe de précaution*, Paris : Albin-Michel, 2001（『経済理性の非理性』）

・*L'invention de l'économie*, Paris : Albin-Michel, 2005（『経済の発明』）

そして、南北問題研究としては、本書に収録されている二冊を除いて以下がある。

・*Faut-il refuser le développement? essai anti-économique du tiers-monde*, Paris : PUF, 1986（『開発を拒否すべき理由』）

・*L'Occidentalisation du monde : Essai sur la signification, la portée et les limites de l'uniformisation planétaire*, Paris : La Découverte, 1989（『世界の西洋化』）

・*La Planète des naufragés : essai sur l'après-développement*, Paris : La Découverte, 1991（『遭難者たちの惑星――〈ポスト開発〉について』）

・*Le danger du marché planétaire*, Paris : Science Po, 1998（『グローバル市場の危険』）

・*L'autre Afrique entre don et marché*, Paris : Albin-Michel, 1998（『他のアフリカ――贈与と市場の狭間で』）

・*La Planète uniforme*, Paris : Climat, 2000（『単一化された惑星』）

・*Justice sans limites : Le défi de l'éthique dans une économie mondialisée*, Paris : Fayard, 2003（『無限の正義――グローバル経済における倫理的課題』）

・*Le Pari de la décroissance*, Paris : Fayard, 2006（『〈脱成長《デクロワサンス》〉の賭け』）

・*Entre mondialisation et décroissance : l'autre Afrique*, Paris : A plus d'un titre éditions, 2008（『グローバリゼーションと〈脱成長《デクロワサンス》〉の狭間で——他のアフリカ関連論集』）

フランスの学界でラトゥーシュの著作は、多方面において評価されている。たとえばグルノーブル大学経済学教授アンヌ＝マリー・シャルチエは、ラトゥーシュを経済学者フランソワ・パルタンとともに「フランスにおける〈ポスト開発〉思想の先駆者」として位置づけている。[5]また連帯経済論を専門とする社会学者ジャン＝ルイ・ラヴィルらが編集した『もう一つの経済の辞典』（二〇〇五年）において、インフォーマル経済を反功利主義的な視座から理論化した先駆者として、また「〈脱成長《デクロワサンス》〉」論の思想的支柱としてラトゥーシュが紹介されている。[6]加えてラトゥーシュは、同僚の社会学者アラン・カイエ（Alain Caillé）とともに一九八一年に研究グループ「社会科学における反功利主義運動」（通称ＭＡＵＳＳ）[7]を設立し、フランスにおいて反経済学・反功利主義的な社会理論の創設と発展に貢献した先駆者であり、そして今日では、イヴァン・イリイチ、コルネリュウス・カストリアディス、ジャック・エリュール、アンドレ・ゴルツなど、一九七〇年代に活躍した産業社会批判の大家の再評価を務める中心人物である。

国際的文脈では、ラトゥーシュは〈ポスト開発〉学派の代表的思想家に数え上げられる。〈ポスト開発〉思想（post-development / l'après-développement）とは、戦後の国際開発政治を規定する文明的構造を批判する思想潮流である。同思想は一九八〇年代頃から英語圏やフランス語圏の開発学・人類学分野に登場し、現在では同思想に関する研究は世界規模で行われている。[8]日本においても、近年、環境平和学の郭洋春、戸崎純、宮寺卓、横山正樹らが所属する「環境・平和」研究会、[9]国際政治学の元田結花、[10]そして開発社会学の北野収[11]らによって海外の〈ポスト開発〉思想の動向を取り入れながら開発研究を行う動きがみられる。

代表的な〈ポスト開発〉思想家としては、イヴァン・イリイチ（オーストリア、米国）、アルトゥロ・エスコバル（コロンビア、米国）、グスタボ・エステバ（メキシコ）、マジード・ラーネマ（イラン）、ヴァンダナ・シヴァ（インド）、アシス・ナンディ（インド）、エマニュエル・ンディオン（セネガル）、アミナタ・トラオレ（マリ）、ヴォルフガング・ザックス（ドイツ）、マリー＝ドミニク・ペロー（スイス）、ジルベール・リスト（スイス）、マイケル・シングルトン（ベルギー）、フランソワ・パルタン（フランス）、アッサン・

▼5　Anne-Marie Chartier, *Essai critique sur le concept de développement*, Grenoble : Presse Universitaire de Grenoble, 1996, pp.13-14.

▼6　Jean-Louis Lavaille et A. D. Cattani, *Dictionnaire de l'autre économie*, Paris : Desclée de Brouwer, 2005.

▼7　ＭＡＵｓｓのフランス経済学における位置付けに関しては、Jean Weiller et Bruno Carrier, *l'économie non conformiste en France au XXe siècle*, Paris : PUF, 1994を参照にされたい。

▼8　英語圏における〈ポスト開発〉思想の入門書としては、Wolfgang Sachs (ed.), *The Development Dictionary: A Guide to Knowledge as Power*, London: Zed-Books, 1992; Majid Rahnema with Victoria Bawtree (eds.), *The Post-development Reader*, London: Zed-Books, 1997; Krimild Saunders (ed.) *The Feminist Post-development Thought*, London: Zed-Books, 2002がある。最新の研究書（アンソロジー）としては、Aram Ziai (ed.), *Exploring Post-development: Theory and Practice, Problems and Perspectives*, London: Routledge, 2007を参照にされたい。また、フランス語圏における〈ポスト開発〉思想のアンソロジーとしては、La Ligne d'Horizon (ed.), *Défaire le développement, refaire le monde*, Paris : UNESCO, 2002を参照にされたい。

▼9　郭洋春・戸崎純・横山正樹編『脱「開発」へのサブシステンス論』法律文化社、二〇〇四年および同編『環境平和学――サブシステンスの危機にどう立ち向かうか』法律文化社、二〇〇五年。

▼10　元田結花著『知的実践としての開発援助――アジェンダの興亡を超えて』東京大学出版会、二〇〇七年。

▼11　北野収著『南部メキシコの内発的発展とＮＧＯ――グローカル公共空間における学び・組織化・対抗運動』勁草書房、二〇〇八年。

ザヴアル（モロッコ、フランス）、ロベール・ヴァション（カナダ）、ヘレナ・ノーバーグ＝ホッジ（イギリス）、チャールズ・ダグラス・ラミス（日本）などがいる。

〈ポスト開発〉思想家たちは、第二次世界大戦後の国際開発政治が近代西洋文明に特有の経済的価値観（成長および発展パラダイム）、政治観（近代国家システム）、および世界認識（近代科学パラダイム）を基底として運営されている事実を批判的に検証する。国際開発機構は一連の経済援助と技術援助を通じて途上国社会の近代化を促し、同社会に内在する低発展や貧困を解決することで物質的な豊かさを世界規模で実現することを試みる。ところが、〈ポスト開発〉思想家に言わしめれば、開発政策はその当初の目的と理想に反して途上国社会の貧困解決に至ることなく、むしろ同社会に固有の文化様式・社会関係および自然環境を否定し破壊することで、これら諸社会を西洋近代の諸価値に依存しなければ生存が望めないような状況に追い込んでいるのである。換言すれば、開発プロジェクトの根底には文化的な――もっと言えば文明的な――支配権力が働いており、途上国の民衆は自らが馴れ親しんだ歴史や文化から培われる土着の自律性を喪失し、西洋文明が与える諸々の生活様式と文明様式を意識的にせよ無意識的にせよ模倣することを余儀なくされている。結句開発プロジェクトは、南側諸国の民衆を実存的な剥奪状況に陥れ、西洋近代が有する特殊な世界観を普遍化するのである。この近代西洋文明の世界的支配がもたらす存在の意味の均質化作用に抗して、〈ポスト開発〉思想家たちは、途上国の民衆の自律性を再生させ、西洋近代の諸価値――特に経済論理――に支配されない多様な価値観と生活様式に基づく世界――〈ポスト開発〉の時代――を創造することを提唱する。

日本では〈ポスト開発〉思想の内容の一端は、ヴォルフガング・ザックス編『脱「開発」の時代』（晶文社、一九九六年）、ヘレナ・ノーバーグ＝ホッジ著『ラダック――懐かしい未来』（山と渓谷社、二〇〇三年）、C・ダグラス・ラミス著『ラディカル・デモクラシー――可能性の政治学』（岩波書店、一九九八年）、そしてイヴァン・イリイチやヴァンダナ・シヴァの一連の著作の邦訳によって知られているところであろう。ラトゥーシュの著作は多くの〈ポスト開発〉文献の中でも最も理論的な部類に数え上げられ、コロンビアのアルトゥロ・エスコバルの研究[12]と並んで同思想を現代思想における様々な主題（政治、倫理、エコロジー、技術）に開く可能性を有している。また、南側諸国の〈ポスト開発〉思想家たちが自らの社会を西洋近代の発展パラダイムから解放していくための様々な批判と戦略を構想するのに対し、ラトゥーシュは、自らが先進国フランスの人間であることを自覚し、先進国の途上国に対する歴史的・文明的責任という倫理的な問題から〈ポスト開発〉思想を組立てている。また、「発展」問題は歴史的・構造的に言って北側諸国においても根を下ろしているため、発展パラダイムから離脱した自律社会を先進国において創造する可能性も模索している。この試みが理論化されたものが、近年ラトゥーシュが提唱している〈脱成長《デクロワサンス》〉論である。

次項では、ラトゥーシュの〈ポスト開発〉思想の主要テーマを、彼の研究経歴とともに紹介する。

ラトゥーシュの思想背景

ラトゥーシュは一九四〇年、フランスのブルターニュ地方ヴァンヌに生まれた。一九六六年にパリ大学政治学院（Science Po）に『世界規模の貧困化』[13]と題する博士論文を提出し、数年間アフリカのザイールや

▼12　英語圏の開発学・人類学では、エスコバルが〈ポスト開発〉思想の中心人物として位置づけられている。エスコバルの代表作としては、Arturo Escobar, *Encountering Development: Making and Unmaking of the Third World*, Princeton, NJ: Princeton University Press, 1995, Arturo Escobar, *Territories of Difference, Place, Movement, Life, Rede*, Durham and London: Duke University Press, 2009.

アジアのラオスでフランスの開発協力（mission de coopération）に携わった後、一九六八年から一九九〇年代半ばまで、リール大学で社会科学哲学と経済思想を教えるようになる。大学教員としての職務をこなす傍らで、アソシエーション「フランソワ・パルタンの友」（Les Amis de François Partant）や国際的な〈ポスト開発〉ネットワーク（ROCADe）を主宰し、左派系雑誌『ポリティス』（Politis）や環境派雑誌『エコロジスト』フランス語版に寄稿するなどの知識人活動も行っている。二〇〇〇年代以降は、フランスとイタリアにおける〈脱成長《デクロワサンス》〉（décroissance）運動の立役者として、〈脱成長《デクロワサンス》〉論を広めるための啓蒙活動に従事している。

今日のラトゥーシュ思想の原型は、先述の博士論文執筆からリール大学就職の間に形成された。ウェブ雑誌*Revue critique d'écologie politique*の対談（二〇〇六年一月二十五日掲載）で本人が答えていることだが、ザイールでパリ大提出用の博士論文を仕上げた後にラオスへ移ったラトゥーシュは、現地の村落共同体の生活様式に、西洋近代の経済発展とは全く無関係な自己組織化の論理を見出した。ラオスの村落共同体は、近代経済学の基礎となる希少性概念に支配されることなく食糧の自主生産を行っており、ここにラトゥーシュは、人類学者マーシャル・サーリンズがその著『石器時代の経済学』で述べていた「元来の豊穣の社会」が現代においても実践されていることを知ったという。[14] この経験以来、ラトゥーシュは西洋の経済主義的な世界認識の普遍性を疑うようになり、西洋近代特有の経済的思考——なかでも「発展」に関わる諸概念・諸価値——を解体するための方法論を発明するために、哲学、人類学、精神分析学などの現代思想を独自に吸収して南北問題研究に応用するようになる。

科学認識論プロジェクト——経済想念の解体作業

ラトゥーシュの〈ポスト開発〉思想の核となる方法論は、自らが「科学認識論プロジェクト」（Le projet

épistémologique）と名付ける経済のメタ理論的批判である。『エピステモロジーとエコノミー』（一九七三年）においてラトゥーシュは、カール・マルクスの経済学批判をジグムンド・フロイドの精神分析学および構造人類学によって補完することで、政治経済学が概念化する「経済的現実」の基底を成す知の言説構造（経済思想史、主体概念、合理性概念、自然認識の総体）を検証する。

政治経済学を批判するとは、単にある特定の活動に関する理論を批判したり、革命的闘争を通じてこの現実を具体的に攻撃したりすることのみを意味するのではない。それは理論レベルで経済的現実を批判することでもある。経済生活とは何か。経済行為とは何か。マルクスが『資本論』以上にその全著作において素描したこれらの問いは、経済の意味に関する問題提起である。この問題によりよい形で取り組み応答するためには、民俗学、精神分析学、動物社会学、児童心理学などの隣接する学問分野に依拠しなければならない。現代経済の現実は、経済主体——文明化した正常な成人——と、その他の社会的規律の主体——原始人、神経症患者、動物社会、幼児——との間の対称性と近似性によって確立されている。こうして与えられた脱中心化〔他の学問分野による経済学の相対化〕の効果は、われわれが目にする事柄をよりよく観察することを可能にする。▼15

▼13　*La Pauperisation à l'échelle mondiale*, Thése soumise à l'Université de Paris et soutenue par Serge Latouche, 1966（パリのBibliothéque CUJASにおいて閲覧可能）。

▼14　Serge Latouche, «De Marx à la décroissance : entretien avec Serge Latouche», *Revue critique d'écologie politique*, mercredi 25 janvier 2006, http://ecorev.org/

▼15　Serge Latouche, *Épistemologie et économie: essai sur une anthropologie sociale freudo-marxiste*, Paris: Anthropos, 1973, p.8.

このようにして、ラトゥーシュは事物を「経済的な対象」として表象し、われわれの実存を「経済現象」として意味付ける認識論上の諸前提を分析するための方法論を確立せんと試みる。つまり、「合理的経済人」「市場」「労働」「富」「効用」といった、近代の経済的現実や経済行為を規定する概念・価値および原理を、それらが発生した歴史的・社会的構造とともに明らかにし、経済学の認識パラダイムの普遍性を問いに付すような方法論である。換言すれば、科学認識論プロジェクトとは、近代経済パラダイムを相対化することで、経済的現実には還元されない人間の行為や価値を顕現化し、そのような非経済的な実態を表象する新しい知識を構築する理論的実験である。自身が認めるように、このようなアプローチは多分にマルティン・ハイデッガーの「基礎存在論――解体作業」やフーコーの「知の考古学」から着想を得ている。[16]『経済の発明』(二〇〇五年)において、ラトゥーシュはコルネリュウス・カストリアディスの「社会的想念」(La signification imaginaire sociale)という概念に言及しながら、自身の研究プロジェクトが、個別の経済現象や開発政策の実証分析ではなく、これら諸現象を成立せしめる意味体系――「想念」――のメタ理論的検証であることを説明している。

これまで私が出版してきた著作の多くは、南北問題と世界的な社会経済のダイナミズムに対して非常なる注意を喚起してきた。しかし今や、これらは私の研究プロジェクトの多かれ少なかれ周辺的な要素として解釈されうる。というのも、「発展」の発明と進歩の想念の脱構築こそが問題の本質的な側面であるからだ。この科学認識論アプローチがすべての著作において働いており、なかんずく第三世界問題に応用されているのである。西洋化とグローバル化の歴史的過程を文化論的にかつ人類学的に分析することは、近代を構造化する社会的想念としての「経済なるもの」を第一に――そして同時に――省察することなくしては不可能である。社会的想念とは、マックス・ウェーバーとコルネリュウス・カストリアディスが定義するところの、近代西洋の基礎となる歴史的かつ文化的な諸価値および諸前提の総体のことである。[17]

したがってラトゥーシュの思想を理解するには、彼が行っている開発批判やグローバリゼーション批判に関する記述を経験主義的に評価するのではなく、まずそれらの記述を構成する思想的主題をメタ理論的に検証することから始めなければならない。[18] 次節では、本書第I部収録の『〈ポスト開発〉という経済思想』を、ラトゥーシュの過去の著作に一貫して流れるテーマを明らかにすることで解題していきたい。

2……解題『〈ポスト開発〉という経済思想』

経済時代の経済観に人倫的意義の喪失を認め、その人倫的意義の回復によって経済を本来の姿に還そうとする仕事は、さらにこの逆倒せられた価値秩序の再逆倒という意義を担わねばならない。

和辻哲郎[19]

▼16 Serge Latouche, *L'invention de l'économie*, Paris : Albin-Michel, 2005, p.13.
▼17 *ibid.*, p.9.
▼18 この点は、筆者が英国サセックス大学に提出した博士論文*Emancipation and Overcoming Metaphysics in Post-development Thought: Singularity, the Political, Responsibility*（二〇〇八年二月）やその他の論文で、英語圏の〈ポスト開発〉思想研究の実証主義的な傾向に対して、筆者がメタ理論研究の必要性を主張していることと関連する。

第Ⅰ部『〈ポスト開発〉という経済思想』は、一九八〇年代より展開されているラトゥーシュの国際開発政治批判の内容を現代的な文脈で総括し、近年彼が携わっている社会運動プロジェクト「〈脱成長《デクロワサンス》〉」(décroissance)への橋渡しを行ったものである。一九八〇年代半ばから一九九〇年代初頭にかけて、ラトゥーシュは近代西洋の発展パラダイムを批判し、〈ポスト開発〉の道を提唱する三部作を発表している。第一の著作は『開発を拒否すべき理由』(一九八六年)である。同書では、新古典派経済学とマルクス主義発展理論(帝国主義論、従属学派)の理論体系に内在する矛盾を明らかにし、国際開発問題を経済問題から文明の問題へと再解釈している。第二の著作は『世界の西洋化』(一九八九年)である。同書では、前作の着想を敷衍し、第二次世界大戦後の国際開発プロジェクトが、古代ギリシャ文化および中世キリスト教文化を経て近代に至るまでの間に発展した西洋文明特有の排他的な「普遍主義」原理によって規定されていることを明らかにするとともに、この世界化する西洋普遍主義の内的矛盾を指摘している。第三の著作は『遭難者たちの惑星』(一九九一年)である。副題として「〈ポスト開発〉に関する論考」と形容されている同書は、過去二作における開発の文明論的・人類学的批判を踏まえた上で、一九八〇年代初頭から世界銀行とIMFの構造調整政策によって途上国社会に浸透している新自由主義イデオロギーを、近代西洋の主要な経済原理である功利主義と共に批判し、開発＝経済成長主義＝市場経済万能主義＝功利主義の体系に替わる新しいパラダイム構築の可能性を模索している。同書においてラトゥーシュは、西アフリカ地域におけるインフォーマル領域の社会実践を経済理論とは異なる立場から理論化することを試みており、この認識論的転回を通じて「発展パラダイムを超克する社会(〈ポスト開発〉)」の理念型を素描している。[20]『遭難者たちの惑星』は、前作『世界の西洋化』とともに、英語、イタリア語、スペイン語、ポルトガル語、ドイツ語にも翻訳されており[21](後者に関してはアラビア語版とトルコ語版もある)、国際的にもラトゥーシュの代表作として、また〈ポスト開発〉思想の重要書として認知されている。

これら三部作刊行後、ラトゥーシュは〈ポスト開発〉社会創造のための倫理的条件と可能な社会的実践の理論化を目指して、『他のアフリカ――贈与と市場の狭間で』（一九九八年）と『無限の正義』（二〇〇三年）の二冊を発表している。前者では、「ネオ・クラニーク」と呼ばれる西アフリカ地域のインフォーマル領域の自己組織化の論理を、自身のフィールドワーク経験を踏まえて分析し、同地域のインフォーマル実践を近代の発展パラダイムには還元されない自律社会の模範例として再評価している。後者では、二〇〇一年九月十一日の米国同時多発テロ事件以後の世界情勢を踏まえながら、新自由主義市場経済の世界的拡大に加担する西洋近代の啓蒙主義、人間主義、経済成長主義の矛盾と限界を明らかにするとともに、エマニュエル・レヴィナスの倫理学を部分的に援用しながらグローバル経済という全体性に回収されない多元主義的な「〈ポスト開発〉の倫理」を模索している。[22] 本書第I部収録の『〈ポスト開発〉という経済思想』は『無限の正義』の翌年に刊行されており、過去の著作においてなされた開発批判を総括すると同時

▼19　和辻哲郎著『倫理学』第二巻、岩波文庫、二〇〇七年、三三八～九ページ。

▼20　『開発を拒否すべき理由』から『遭難者たちの惑星』までにいたるラトゥーシュの開発批判の根本テーマ、および現代思想における意義については、拙著 'On the Singular Name of Post-development: Serge Latouche's Destruktion of development and the possibility of emancipation' in Aram Ziai ed. *Exploring Post-development: Theory and Practice, Problems and Perspectives*, London: Routledge, 2007において詳細に議論されている。

▼21　『世界の西洋化』の英語タイトルは、*Westernization of the World*, Cambridge: Polity Press, 1996。『遭難者たちの惑星』の英語タイトルは、*In the Wake of the Affluent Society: An Exploration of Post-development*, London: Zed-Books, 1993である。また、『世界の西洋化』以降のラトゥーシュの単著はすべてイタリア語に、また主要なタイトルはスペイン語とカタロニア語に翻訳されている。

に、『無限の正義』の第三部で議論されているオルタナティブ経済運動（補完通貨、フェアトレードなど）や〈脱成長《デクロワサンス》〉運動に関する最新の事例を追加し、新たに理論的省察を行ったものである。

紙面の都合上、『〈ポスト開発〉という経済思想』の背景となるすべての議論を紹介することは不可能であるが、以下ではラトゥーシュの開発批判の骨子について、先述の三部作における議論を中心に明らかにしていく。

開発＝西洋化――われわれの〈運命〉の問題として

ラトゥーシュの〈ポスト開発〉思想の最大の功績の一つは、国際開発問題の研究にハイデッガー哲学以後の現象学（特にフランスの実存主義と現象学の流れを汲むもの）から派生した存在論的なテーマを導入したことにある。戦後の国際開発体制樹立とともに誕生した開発学は、元来、途上国の低発展と貧困の解決を目的とする政策科学の性格が色濃い学問分野である[23]。主流派開発理論としては、英米の経済学者や政治学者が提唱するマクロ経済成長理論（アーサー・ルイス、サイモン・クズネッツ）や近代化論（W・W・ロストウ、バーナード・ホースリッツ、サミュエル・ハンチントン）が最初期から指導的な役割を担っており、その理論的枠組みは、米ソ冷戦構造における米国の地政学的戦略を反映していた。英国の批判系政治地理学者デイヴィッド・スレイターは第二次世界大戦後の世界政治イデオロギーを「ユーロ・アメリカニズム」と評価しているが、まさに戦後の主流派開発理論は、旧大陸と米国の文化帝国主義に支えられて生み出されたと言える[24]。

以降、先進国の開発経済理論をラテンアメリカの視点から修正する構造派・新構造派という改良主義的な開発理論も提唱されたが、経済成長と近代化を標榜する開発言説は、国際開発の表舞台から消えることはなかった。このことは、世界銀行やＩＭＦのエコノミストたちによって従来の国家主導型の経済発展政策が見直され、新古典派理論に基づく構造調整プログラムが標準的な開発政策になった一九八〇年代以降も同様である。いずれにせよ、途上国の物質的欠乏という問題を経済学的に認識・分析し、経済的な解決を与えようとするのが開発政策の基本的な視座である。

確かに、一九七〇年代以降は近代化と経済成長を必ずしも主要な目的とは掲げないオルタナティブな発展が国際舞台で提唱されてはいる。例えばダグ・ハマーショルド財団の『何を為すべきか？（*What Now?*）』（一九七五年）では、これまでの官僚的な開発独裁体制や経済成長主義とも異なる社会発展の道が模索されており、同書から「内発的な発展」「コミュニティ主体の開発」「基本的ニーズアプローチ」などのオルタナティブな発展パラダイム／アプローチが提案されている。また一九七二年のストックホルム環境会議で開発が環境に与える負の影響が問題提起され、その後ブルントラント委員会の『われわれの共通の世界（*Our Common Future*）』（一九八七年）を経て、一九九二年のリオ第一回地球サミットでは「持続可能な発展《サステイナブル・デイヴェロップメント》」というテーマが北側諸国と南側諸国の共通の社会発展の課題として流通するようになった。さらに一九九〇年代以降は、人間開発、人間の安全、社会開発、ジェンダーと開発、権利ベース・アプローチ

▼22　『他のアフリカ』から『無限の正義』に至るまでのラトゥーシュの倫理学的アプローチに関しては、拙著 'Singularity and Ethics in Post-development Thought: Interpreting Serge Latouche's L'autre Afrique entre don et marché', *Journal of International Relations and Development*, vol. 12, no. 1, March, 2009, pp. 31-57において詳細に分析されている。

▼23　Jan Nederveen Pieterse, *Development Theory: Deconstruction/ Reconstruction*, London and New Delhi: Sage Publication, 2001, Ch. 1.

▼24　David Slater, *Geopolitics and the Postcolonial: Rethinking North-South Relations*, Oxford: Blackwell, 2004, pp. 10-17, Ch. 3.

など、社会発展にともなう個別の具体的な問題を政策課題とし、これに対応するための開発アプローチが提案されている。しかし、ラトゥーシュをはじめとする〈ポスト開発〉論者やその他の批判系開発研究者[25]が指摘するように、こうして社会発展のテーマやアプローチが多様化するにも関わらず、最終的に経済学的な視座で途上国社会を価値評価する態度は依然として国際開発政治に支配的である。

また、このような主流派発展パラダイムに挑戦する批判的な理論として、一九六〇年代以降、マルクスの資本主義批判を南北問題に応用する従属学派（アンドレ・グンドレ・フランク、テオトニオ・ドス・サントス）やネオマルクス主義理論（サミール・アミン、ウォルター・ロドニー）が活躍したが、これらマルクス主義発展理論に関しても、世界資本主義の搾取の構造を克服することを目指す一方で経済成長と近代化を中心的な価値とする点では、西洋近代の発展パラダイムを逃れるものではない[26]。『開発を拒否する理由』においてラトゥーシュは、主流派開発理論（特に新古典派経済理論）とマルクス主義発展理論が共に経済成長と近代化を至上命題とする近代西洋の文化価値から発生していることを指摘し、両理論を規定する近代の文明的構造自体を批判的に検証することを提案する。

「発展《デイヴェロップメント》」とは、物質や商品の生産である以上に、何よりもまず西洋のパラダイムである。これによって私が意味するところは、西ヨーロッパに誕生し、次いで特定の地域圏にまで拡大あるいは再発明された、今日では誤ったかたちで模範例とされているような歴史的経験のことではなく、「ヘレニズム－ユダヤ－キリスト教文化」に依拠する枠組み・構造および価値の総体のことである。「発展」は何よりも、それが普及させようとするものを高く価値付け、それとは別のものを低く価値づける、世界に対する一つの眼差しである。これらの諸価値を模範に見せかけることで、発展はこれらの価値を他者に受け入れさせるのである[27]。

右の引用文では近代西洋が自らのアイデンティティを確立していく中でアジア、南米、アフリカの諸社会を「非西洋」の「他者」として差別してきた表象の権力が問題視されているが、このようにラトゥーシュは、発展パラダイムを西洋文明の普遍主義の一形態であると捉える。したがってラトゥーシュにとって

▼25　例えばポストコロニアル理論やフーコー、グラムシ理論を応用する以下の研究者たちの著作を参照にされたい。Eiman O. Zein-Elabdin and S. Charusheela (eds.), *Postcolonialism meets economics*, London and New Yokr: Routledge, 2004; Mark Duffield, *Development, Security and Unending War: Governing the World of Peoples*, Cambridge: Polity Press, 2007; Ilan Kapoor, *The Postcolonial Politics of Development*, London and New York: Routledge, 2008; Michael Goldman, *Imperial Nature: The World Bank and Struggle for Social Justice in the Age of Globalization*, Los Angels: Yale University Press, 2005（マイケル・ゴールドマン著『緑の帝国——世界銀行とグリーン・ネオリベラリズム』山口富子監訳、京都大学出版会、二〇〇八年）。また、開発研究者ではないが、ポストコロニアル理論家ガヤトリ・C・スピヴァクの以下の文献は、フェミニズムの視点から開発とグローバリゼーションの経済権力を批判している。Gayatori Chakravorty Spivak, *A Critique of Postcolonial Reason: Towards a History of the Vanishing Present*, Cambridge, Mass.: Havard University Press, 1999 および、ネルミーン・シャイク編『グローバル権力から世界をとりもどすための31人の提言』（篠儀直子訳、青土社、二〇〇九年）所収のスピヴァクへのインタビューを参照にされたい。

▼26　従属学派とネオマルクス主義理論が近代西洋の経済想念と発展主義を克服できていないという問題は、〈ポスト開発〉思想家たちによって指摘されていることである。例えば、Arturo Escobar, *Encountering Development: Making and Unmaking Third World*, Princeton: Princeton University Press, 1995; Serge Latouche, *Faut-il réfuser le développement?*, Paris : PUF, 1986; Gilbert Rist, *Le Développement: Histoire d'une croyance occidentale*, Paris : PUF, 1996 を参照のこと。

▼27　Serge Latouche, *Faut-il réfuser le développement?*, *op.cit.*, p.11.

戦後の国際開発政治は、古代ギリシャ時代から続く「世界の西洋化」の一段階であると理解される。
ここで留意すべきは、ラトゥーシュが「西洋」というカテゴリーを特殊な意味において使用しているということである。『世界の西洋化』の「二〇〇五年版序文」において、この点について簡潔に説明がなされている。

されど西洋は特定不能な場所である。近代世界の唯一かつ特殊な歴史的経験を観ずると、形相の上では常に変化を繰り返すが、その根底には相対的にみて永続的な諸力と持続的な諸次元が存在することが看取される。こうして明らかにされる持続的な諸要素が「西洋」と呼ばれる主体に帰趨するのは至極当然のことである。日常的に使用される「西洋」という言葉は、つまるところ、ある千変万化を繰り返す経験と歴史的進化の総称である。それは、ハイデッガーが「運命」と呼ぶところのものである。[28]

ラトゥーシュの思想において「西洋」は、ハイデッガーが定義するところの「運命」（独 Geschick／英 Destining）に相応するものとして扱われる。ラトゥーシュのハイデッガー解釈は、『思惟とは何の謂いか』[29]に代表される後期ハイデッガー思想に依拠するものが多いが、これによれば、「運命」とは、現存在（Dasein）の現在における維持可能性（sustainability/ capacity）と向かうべき未来の方向性（destiny）の二重の意味をもつ。[30]とくにハイデッガーは、近代技術が科学合理性にしたがって人間存在の可能性を集＝立（Ge-stell）することで生じた近代人特有の「運命」のあり方を批判的に考察している。[31]つまり、ラトゥーシュは、西洋近代の歴史的および社会的経験が、植民地主義と戦後の国際開発プロジェクトを通じてあたかも世界のすべての人々が通過すべき普遍的な目的（テロス）として表象されている現実を問題視しているのである。かくして彼の批判の矛先は、経験的事実として把捉される途上国社会の近代化現象（例えばマクドナルド化、市場経済化、都市化など）の現象学的・人類学的検証を通じて人間存在の意味と可能性の均質化という存在論的問題へと向けられる。ラトゥーシュによれば、世界の人々の未来が「西洋」と呼ばれる特殊文明の諸力によって全体化されるのは、社会関係を創造する構想力が、近代西洋の価値・原理によって——わけても「経済想念」によって——支配されることに起因する。自然・人間およびその他の社会関係を経済的なるものとして対象化し、それらを無限の経済成長のための手段として配置・管理する経済想念が開発政策を通じて途上国社会にも浸透し、途上国の人々は次第に西洋の経済パラダイム以外の認識枠組みで自分たちの社会を建設する力を失っていく。イリイチが定義するところの土着の文化に根差した「ヴァナキュラーな自律性[32]」が破壊され、人々は自らの運命を決定する力を失っていく。このような

▼28　Serge Latouche, 'Préface à l'éditon de 2005 : L'occidentalisation du monde à l'heure de la «globalisation», in *L'Occidentalisation du monde*, l'édition de 2005, Paris : La Découverte, p.10.
▼29　Martin Heidegger, *Qu'appelle-t-on penser?*, Paris : PUF, 1959.
▼30　George Pattison, *The Later Haidegger*, London: Routledge, 2000, p.3.
▼31　Martin Heidegger, 'The Question Concerning Technology' in *Basic Writings revised and expanded edition*, London: Routledge, 1993。ハイデッガーの技術論の批判的考察については、Richard J. Bernstein, *The New Constellation: the Ethical and Political Horizons of Modernity/ Postmodernity*, Cambridge, Mass.: The MIT Press, Ch.4; Julian Young, *Heidegger's Later Philosophy*, Cambridge: Cambridge University Press, 2002; Ian Thomson, *Heidegger On Ontotheology*, Cambridge: Cambridge University Press, 2005を参照のこと。
▼32　Ivan Illich, *Le travail fantôme*, reprinted in Œuvres comlètes volume 2, Paris : Fayard, 2005（邦訳：イヴァン・イリイチ著『シャドウ・ワーク——生活のあり方を問う』玉野井芳郎・栗原彬訳、岩波現代文庫、二〇〇六年）。

文化の自律性の破壊をラトゥーシュは「文化喪失現象」(déculturation) と名付け、開発・発展がもたらす世界の西洋化の最大の問題点であると主張する。[33]

発展パラダイムの超克——インフォーマル領域の自律性

以上の理由からラトゥーシュは、開発による途上国の民衆の自律性の破壊を抑止し、近代西洋の経済想念によって支配されない社会を創造する可能性を探究する。

発展パラダイムの支配を逃れるには、開発・発展の神話を完膚なきまでに拒絶しなければならない。〈西洋近代の支配としての〉発展以外に発展は存在しない。しかし、他所を、別のパラダイムを、探してはならないのだろうか。「開発・発展以外に救済はない!」という西洋のディクタートは、その恐ろしいほどまでの圧力にもかかわらず、治療不可能なものではない。歴史に新しい意味を与え、文化殺戮的な単一的な意味の束縛を打破することは不可能ではない。[34]

発展パラダイムと異なる価値・原理を「他所」と表していることから、ラトゥーシュが現行の国際開発体制の修正や改革ではなく、発展パラダイムの「超克」(overcoming) を試みていることがわかる。この「発展パラダイムの外部へ向かう意志」がより具体的に理論化されたものが、『遭難者たちの惑星』である。同書においてラトゥーシュは、発展パラダイムから脱した社会(〈ポスト開発〉)の模範例を西アフリカのインフォーマル領域に見出すのだが、この結論に至るまでのラトゥーシュの理論的省察は非常に独創的であり、現代思想における「単独性」(singularity) の思想に通ずるものである。以下で彼の方法論を検証してみよう。

まず、世界銀行や国際労働機関（ＩＬＯ）の公式的見解では、アフリカ、南米、アジアにみられるインフォーマル領域は近代化に乗り遅れた「経済部門」と見なす傾向がある。これら国際開発機関によれば、インフォーマル「経済」と呼ばれる社会集団は、往々にして途上国の発展に役立たない「非合法な闇経済」であるとして問題視される。あるいはよりましな場合では、近代化や市場経済化の社会的歪みを一時的に是正し、最終的には近代化を助ける補完的な経済部門であると見なされる。[35] ラトゥーシュは、このような見解の問題点は、インフォーマル領域を経済的現実の一部としてとらえており、開発・発展の手段としてのみ評価する点にある、と指摘する。つまり、国際開発機関は、インフォーマル領域に内在する社会的諸実践や価値・原理を、当事者に即してあるがままに認識しようとしないのである。そこで、この支配的な見方に反して、ラトゥーシュはインフォーマル領域を現象学的還元にかける。

インフォーマル領域は、正常ではない不可視の〔闇経済的な〕経済的現実を表しているだけではない。それは、近代に寄り添いながらも、合法でもなければ非合法でもない、それ自体読解不可能な社会をも表している。インフォーマル領域は文字通り他所であり、支配的な価値の準拠枠の外部に存在する。〔……〕インフォーマル領域は、近代の巨大社会の他者である。[36]

▼33 Serge Latouche, *Faut-il refuser le développement?*, *op.cit.*, pp.164-165.
▼34 Serge Latouche, *Faut-il refuser le développement?*, *op.cit.*, pp.11-12.
▼35 Serge Latouche, *La Planète des naufragés*, Paris : La Découverte, 1991, pp.112-115.
▼36 *ibid.*, p.116.

このようにラトゥーシュは、インフォーマル領域をそれ自体自律的な、経済的現実の外部性として捉える。つまり、インフォーマル領域は、発展パラダイムの一般性（generality）に還元されない単独性（singularity）として理解されるのである。このインフォーマル領域の単独性を、ラトゥーシュは「〈ポスト開発〉の状況」と名付ける。

イヴァン・イリイチが述べるように、「経済発展は常に、人々が物を作る代わりにものを購買することができるようになることを意味してきた」。しかし、開発の遭難者たち〔インフォーマル領域で生存活動を行う人々〕は、全く購買する能力を持ち得ていない。いまや彼らの生存は自らの機転に依存している。ここで問題となることは、もう一つの開発ではなく、むしろ、開発の内側にいながらも開発を超越した世界を目指すことである。彼らは文字通り他所——開発の外部——に生きており、ある意味、近代の断絶が起こるよりも以前の状態と結びついている。また彼らは近代の後の時代にも生きている。われわれが目にしているのは、〈ポスト開発〉の状況（un après-développement）である。なぜならインフォーマル領域のダイナミズムは近代が過ぎ去り開発体制が倒壊した後に顕現化されるからであり、また、遭難者たちの惑星は、近代の巨大な社会が座礁したときはじめてその威力を発揮するからである。[37]

西アフリカ地域のインフォーマル領域は、開発政策からも経済グローバリゼーションからも取り残され、近代の経済想念の公準から言えば最も低く価値づけられる社会領域である。しかし、この領域で生活する人々は、西洋から輸入された近代的な市場経済制度を現地のアニミズムの象徴交換体系の中に組み込んだり、補完通貨を発明したり、ネオ・クラニークと呼ばれる独自の社会ネットワークを発展させることで、国際機関やアフリカの開発主義国家がもたらす近代化とグローバル化の波を乗り切る独自の方法を発明している。[38]ラトゥーシュは、このようなインフォーマル領域の自己組織化の論理を、開発経済の成長論理や経済合理性とは全く異なる論理にしたがって社会編成を行う自律社会として評価している。『他のアフリカ』（一九九八年）においてラトゥーシュは、われわれ先進工業国の人間は、このようなアフリカの自律社会の視点から国際関係を新たに捉え直す必要がある、と主張している。今日の国際開発政治はアフリカ社会を近代化とグローバリゼーションに乗り遅れた経済的弱者として捉える傾向にあるが、アフリカ社会のこうした解釈は必然的に先進工業国のアフリカ諸国への開発援助を正当化する。この視角においてインフォーマル領域の単独性は陰に隠れ、アフリカ社会は経済想念によってますます支配されてしまう。したがって必要なことは、国際関係の認識論上のヒエラルキーを完全に逆転させることである。

他のアフリカ〔インフォーマル領域〕の援助は、人道援助よりも、われわれ北側諸国の自主規制（l'autolimitation）――われわれの社会モデルの抜本的な変革と発展パラダイムの転覆――によって達成される。ポール・ファイヤベンドが述べるように、「人々を助けるとは、他人の楽園にたどり着くまで彼らを追い立てること〔他人の価値観に従わせること〕を意味するのではない。人々を助けるとは、

▼37　*ibid.*, p.145.
▼38　この点に関しては、Serge Latouche, *L'autre Afrique entre don et marché*, Paris : Albin-Michel, 1998において詳細な分析が成されている。また、サブサハラアフリカの雑種混交的な貨幣文化については、ジャン＝ミシェル・セルヴェ著「西・赤道アフリカにおける脱貨幣化および再貨幣化（十九・二十世紀）」（ミシェル・アグリエッタ／アンドレ・オルレアン編著『主権貨幣』坂口明義監訳／中原隆幸・中野佳裕訳、藤原書店、近刊予定）が参考になる。

一介の友人として――つまり、彼らの知恵と狂気の双方を認め、彼らの狂気が広がることを許せるほどに十分成熟した人間として――変化をもたらすこと」、である。[39]

先進工業国の価値・原理にしたがって非経済的で非近代的なインフォーマル領域を時代遅れの弱者と見なすのではなく、われわれと対等な自律した社会として承認する必要がある。そのためには、まずわれわれ先進国の人間が、開発・発展パラダイムから自由になり、自らの産業社会の諸制度を、西アフリカのインフォーマル領域の自律性を損なわないようなものへと転換していく必要がある。イリイチがその著『コンヴィヴィアリティの道具』（一九七三年）の結論で述べているのと同様に、ラトゥーシュはそのような先進工業国の制度的変化を「自主規制」と呼んでいる。つまり、先進工業国の社会発展の根本価値である経済成長を問い直し、経済成長を維持するために組織される資本主義的な経済関係（労働・消費様式）、北側諸国と南側諸国の双方での労働力と資源の搾取、ならびに金融投機などの諸制度を、より倫理的な体制へと転換していく必要がある。

ラトゥーシュにしたがえば、北側諸国のこのような体制転換は、南側諸国のインフォーマル領域の自律性を維持するためだけでなく、北側諸国の人々の生存のためにも必要なことである。というのも、経済グローバリゼーションによって先進国の内部においても低成長、所得格差、失業、資源枯渇、食糧の安全などなどの問題が生じている今日、先進国自身が「近代西洋が生み出した発展パラダイムの犠牲者」となっており、ゆえに〈ポスト開発〉の正客であるからだ。重要なことは、南側のインフォーマル領域の人々が経験しているものと同質の問題を北側の人々が抱えていることを北側諸国の民衆自身が自覚し、より公正な社会体制と国際関係を確立することである。「われわれは、われわれのパートナーとともに社会をつくっていること、そして彼らの問題はわれわれの問題であり、われわれの問題は彼らの問題であることを念頭に置くことで、公正な交換関係を模索しなければならない」[40]。このような自覚を通じて、より連帯的で互酬的な国際関係が生まれ、世界の人々の生存の問題に取り組むための新しい「正義」の文法が創造されるのである。

本書第I部第5章において、北側諸国の様々なオルタナティブ経済運動を〈脱成長《デクロワサンス》〉(décroissance)社会の構築のための運動へと統合していくことが提案されているのは、右に述べた理由からである。近年のラトゥーシュの関心は、北側諸国の内側から〈脱成長《デクロワサンス》〉の企てを興していくための具体的な社会運動理論を構築することにあり、本書の第II部『〈脱成長《デクロワサンス》〉による新たな社会発展』は、『無限の正義』(二〇〇三年)以降に発展したラトゥーシュの〈脱成長《デクロワサンス》〉論に関する省察を総括したものである。次節ではこの〈脱成長《デクロワサンス》〉論について解題する。

3……解題『〈脱成長《デクロワサンス》〉による新たな社会発展』

〈脱成長〉(décroissance)論——その歴史と言葉の意味

〈脱成長《デクロワサンス》〉(décroissance)は、ラトゥーシュをはじめとするフランスやイタリアの〈ポスト開発〉論者たちを中心に提唱されている社会運動プロジェクトである。同運動は二〇〇〇年頃からフランス語圏の〈ポスト開発〉関連文献に登場し、その後『宣伝広告壊し屋』(Casseurs de Pubs)などのアソシエーションによ

▼39 Serge Latouche, *L'autre Afrique*, *op.cit.*, pp.212-213.

▼40 Serge Latouche, *Die Unvernunft der ökonomischen Vernunft*, 2004 (Wolfgang Sachs and Tilman Santarius eds., *Faire Future: Resource Conflicts, Security & Global Justice*, London: Zed-Books, 2007, p140 から引用)。

って具体的な実践に移された。以来、ルモンド紙等のフランスの有名メディアにも取りあげられるようになっている。今日では〈脱成長《デクロワサンス》〉に関する著作は雑誌、市民向け啓蒙書から専門研究書に至るまで多数存在し、批判書も刊行されている。また、学会や研究会が開催されるほか、フランスやイタリアでは〈脱成《デクロワサ》長《ンス》〉をマニフェストに盛り込む地方政党も結成されている。〈脱成長《デクロワサンス》〉運動に関するこのような社会的反応に関しては、本書第Ⅱ部の第1章も参考にされたい。

第Ⅰ部第5章の一節「共愉にあふれる〈脱成長《デクロワサンス》〉」において説明されているように、〈脱成長《デクロワサンス》〉（décroissance）という言葉自体は、ルーマニアの経済学者ニコラス・ジョージェスク＝レーゲンの理論において議論されている「経済成長の均衡点の縮退（declining）」のフランス語訳[41]から借用されたものである。ジョージェスク＝レーゲンの経済理論については本書第Ⅰ部と第Ⅱ部の双方でラトゥーシュが簡潔にまとめているし、また日本においては一九七〇年代より経済学者・玉野井芳郎[42]らによって紹介されており、訳書も多く存在するので、本稿での解説は割愛させて頂く。ジョージェスク＝レーゲンの理論の骨子は次のように要約される。ジョージェスク＝レーゲンは、ニュートン力学に基づく近代経済学の理論的前提を離れて、熱力学における第二法則（エントロピー法則）に基づいて経済活動を理論化しようと試みた。熱力学の視座によれば、地球上のあらゆる物質は常に代謝を繰り返しており、時間の経過にしたがって消滅していく。自然資源の利用を通じて物財の生産を行う経済活動もこの法則の例外ではなく、したがって近代経済学が前提とする無限の経済成長——その中身は無限に生産を拡大し、無限に消費を続ける——を実現することはそもそも不可能である。経済成長の均衡点はむしろ漸次的に縮退（décroissance）するのであり、この傾向に合わせてわれわれの産業社会の諸制度も収縮していく必要がある、というものである。

英米や日本に比べ、フランスにおけるジョージェスク＝レーゲンの経済理論の受容は遅れており、本格的な議論が始まったのは一九九〇年代以降のことであった。一九九三年にエコロジー運動の学術誌

『S!lence』においてジョージェスク＝レーゲンが特集されたが、当時はそれ程注目を集めなかったという。▼43 彼の名前が本格的に認知され始めたのは二〇〇〇年代に入ってからであり、とりわけラトゥーシュらが主宰した〈ポスト開発〉のシンポジウム「開発を解体し、世界を再生する」（二〇〇二年）において〈脱成長《デクロワサンス》〉が議論されたことが契機となっている。同年に再び雑誌『S!lence』の特集「Objectif décroissance」▼44 において、「成長の反対者」と題してジョージェスク＝レーゲンが取り上げられ、多くの反響を得た。彼の経済理論がもつ「縮退」「収縮」という考えは、発展主義や経済成長主義に与しないエコロジカルな循環型社会を構築するためのキーワードとして、〈ポスト開発〉論者たちの間で受け入れられるようになったのである。したがってフランスの〈ポスト開発〉論者たちの間では、décroissanceという言葉はジョージェスク＝レーゲンの著作で定義されている資源物理学的な意味よりはもっと広い、政治的かつ倫理的な意味で使用されており、「経済成長を抜け出た状態」（l'après-croissane）を含意している。▼45 また、本書第Ⅱ部でラトゥーシュが説明しているように、décroissanceは「成長想念から解放された状況」を指すと同時に、「成長想念から抜け出るために近代産業社会の諸制度を、より少なく生産し、より少なく消費するエコロ

▼41 Nicholas Georgescu-Roegen, *La Décroissance : Entropie – Écologie – Économie*, Paris : Éd. Le Sang de la terre, 1979.
▼42 玉野井芳郎著『エコノミーとエコロジー――広義の経済学への道』みすず書房、一九七八年。
▼43 Eric Dupin, «La décroissance, une idée qui chemine sous la récession», *Le Monde diplomatique*, août 2009, p20.
▼44 *Objectif décroissance*, Lyon : Parangon, 2002. 同書には、ラトゥーシュのほか、ジョセ・ボヴェなどの論考が収録されている。
▼45 Jacques Grinevald, «Histoire d'un mot : Sur l'origine historique de l'emploi du mot décroissance», *ENTROPIA* no. 1, automne 2006, p. 187.

ジカルなものに転換していくプロセス」という社会運動としての意味も内包している。本書において訳者がdécroissanceを「縮小」「収縮」「縮退」という辞書的な意味で訳さずに「〈脱成長《デクロワサンス》〉」という訳語をあてたのも、右で述べたdécroissanceの社会運動としての意味と効果を表すためである。

エコロジカルな自主管理運動としての〈脱成長《デクロワサンス》〉論

〈脱成長《デクロワサンス》〉論を社会運動理論としてとらえたとき、同理論は一九六〇年代から一九七〇年代にかけて興隆した自主管理運動（L'autogestion）の系譜に位置づけることが可能である。自主管理運動とは、市民社会が協同組合やアソシエーションなどの市民組織を通じて、企業などの経済活動の自主経営管理（self-management）と、地域社会の自己統治（self-governance）を行う社会的企《プロジェ》てのことである。[46] 自主管理運動は、一九五〇年代に旧ユーゴスラビア等の東欧諸国において、社会主義国家の官僚的な計画経済体制に抗する運動として組織される一方で、フランス、ドイツ、英国などの資本主義諸国においても、資本主義経済のもたらす格差や不平等を是正する実験として広まった。自主管理運動は、ヨーロッパ大陸以外にも北米、アフリカ、アジア、南米と世界各地で展開しており、今日、新自由主義グローバリゼーションへの対案として国際的に展開されている連帯経済運動の原型となっている。[47]

フランスの政治社会学者ピエール・ロザンバロンがその著『自主管理の時代』（一九八一年）で説明しているように、自主管理運動とは「民主主義的な社会主義の伝統を引き継ぐと同時に、現代の技術と文化、政治の諸条件に応じて民主主義の理論を実践的に深め、これを革新する」ところの「新しい政治理論」である。[48] 自主管理運動は、市民社会という中間組織のイニシアチブを通じて、国家・市場および市民社会の間にある権力関係を再編・刷新する民主主義理論である。自主管理運動のこのような視座は、政治の実践を政府組織による政策運営の力学としてとらえることもなく、また、政治の主体を選挙で選ばれた代表者によって運営される政党に還元することもない。かくして自主管理運動理論は、社会に生きる人々の多様な要求を節合することで既存の社会秩序を問いに付し、政治共同体のアイデンティティ——「人民」(le peuple)——の転換を画策するラディカル・デモクラシー理論の確立へと貢献した。カストリアディスの自律社会論、クロード・ルフォール、ロザンバロンの近代民主主義論、エルネスト・ラクラウとシャンタル・ムフのヘゲモニー理論、ボアヴェンチュラ・デ・ソウサ・サントスの社会的解放プロジェクト、アントニオ・ネグリとマイケル・ハートのマルチチュード理論などが、この自主管理運動の影響を受けている政治理論の代表として挙げられる。

フランス社会理論では、自主管理運動理論とラディカル・デモクラシー理論は、アラン・カイエとラト

▼46　Henri Arvon, *L'Autogestion*, Paris : PUF Que-sais je?, 1980, p.3.

▼47　Boaventura de Sousa Santos (ed.), *Another Production is Possible: Beyond the Capitalist Canon*, London: Verso, 2006において、南側諸国における連帯経済運動の動向が確認できる。例えば一九七〇年代から一九八〇年代にかけて起こったスペインのモンドラゴン協同組合運動や南米の自主管理運動は、現在、連帯経済運動やコミュニティ・エコノミーのモデルとして再評価されている。モンドラゴンの事例としては、William Foote Whyte and Kathleen King Whyte, *Making Mondragon: the Growth and Dynamics of the Worker Cooperative Complex*, Ithaca and London: ILR Press を参照のこと。また、一九八〇年代の南米の事例としては、アルバート・O・ハーシュマン著『連帯経済の可能性——ラテンアメリカにおける草の根の経験』（矢野修一・宮田剛志・武井泉訳、法政大学出版局、二〇〇八年）を参照にされたい。福祉国家崩壊以後の先進工業国の視点から連帯経済の意義を捉えた文献としては、西川潤・生活経済政策研究所編著『連帯経済——グローバリゼーションへの対案』（明石書店、二〇〇七年）が参考になる。

▼48　ピエール・ロザンバロン著『自主管理の時代』新田俊三・田中光雄訳、新地書房、一九八一年、一三ページ（原題：Pierre Rosanvallon, *L'âge de l'autogestion ou la politique au poste de commandement*, Paris : Seuil, 1976)。

ゥーシュが一九八一年に設立した「社会科学における反功利主義運動」（ＭＡＵＳＳ）という研究グループ▼49や、この研究グループと関わるオルタナティブ経済運動研究プロジェクト▼50の間で理論的発展を見せている。

これら社会理論の近年の動向を知るためには、ＭＡＵＳＳが刊行している学術雑誌*Revue du MAUSS*において特集された反グローバリズムの社会運動の潮流を参照するとよいだろう。同雑誌は、第二〇号（二〇〇二年下半期）と第二一号（二〇〇三年上半期）の二回にわたり、「もう一つのグローバリゼーションとはどのようなものか」という主題の下、今日のフランスにおける反グローバリズムの社会運動を支える四つの理論（あるいは思想潮流）の代表者を相互に議論させている。四つの理論とは、

1、ラトゥーシュ等〈ポスト開発〉／〈脱成長《デクロワサンス》〉論者（あらゆるグローバリゼーションを拒否し、政治と経済の再ローカリゼーションを提唱する立場）、

2、アントニオ・ネグリ（「マルチチュード」理論）やドミニーク・プリオン（ＡＴＴＡＣの代表者）らの資本主義的なグローバリゼーションを拒否する立場、

3、ダニエル・コーエンやパスカル・ラミーらの「改革主義的」なグローバリゼーションを提唱する立場、

4、アラン・カイエやジャック・ジェネルーらの「現実主義・理想主義総合」としてのグローバリゼーションを提唱する立場、

である。

これら四つの立場は、今日の経済グローバリゼーションの負の効果を、政府や国際機関によってではなく、グローバル資本主義において排除されている民衆（あるいは3と4の場合は、より統合された政治主

体である市民社会）のイニシアチブを通じて転覆または是正して行こうとする点では、一九六〇年代以来の自主管理の政治理論の流れを汲むものである。しかし、グローバリゼーションの定義、グローバリゼーションに対する立ち位置（1完全拒否、2部分的拒否、3改革主義、4現実主義的・理想主義的変容）、市民社会と国家／国際機関との間の権力関係の捉え方、ならびに政治主体の自律性に関する考察に関して意見が分かれる。

この雑誌の特集においてラトゥーシュは、他の三つの潮流のように、何らかの形で「新自由主義的でもない資本主義的でもない、別の形のグローバリゼーション」を容認する立場を拒否しているが、同誌収録の論文の中では特に、2の亜流に属すると考えられるオルター・グローバリゼーション運動と連帯経済論の二つを直接的に批判している。[51]

まず、オルター・グローバリゼーション運動と連帯経済論について簡単に説明しよう。オルター・グローバリゼーション運動とは、スーザン・ジョージや市民組織ATTACによって推進されている社会運動である。[52] 同運動はグローバリゼーションの問題の本質が新自由主義にあると見なし、新自由主義の機動力である金融投機、タックス・ヘイブン、ならびに多国籍企業の途上国における搾取を規制することを目標としている。市民社会のイニシアチブによって国家社会を立て直し、トービン税の導入や途上国債務帳消

▼49　実際にMAUSSにはクロード・ルフォールやシャンタル・ムフも参加している。
▼50　例えばジャン＝ルイ・ラヴィルらの連帯経済研究者のネットワークがそうである。
▼51　Serge Latouche, «D'autres mondes sont possibles, pas une autre mondialisation», *Revue du MAUSS*, no.20, *Quelle «autre mondialisation»?*, 2e semestre 2002, pp.77-89.
▼52　スーザン・ジョージ著『オルター・グローバリゼーション宣言』杉村昌昭・真田満訳、作品社、二〇〇四年。

しなどのマクロ政策を通じてグローバルな正義（グローバル・ジャスティス）を実現しようというものである。先進国と途上国双方に新自由主義に替わる新たな社会発展プログラムが必要であると考えており、「持続可能な発展」を一つの指針としている。

次に、連帯経済は、フランスの社会学者ジャン＝ルイ・ラヴィルらによって提唱されているオルタナティブ経済運動である。[53] 連帯経済論は、経済人類学者カール・ポランニーがその著『人間の経済』[54]において導入した、形式的経済（市場経済）と実質的経済（互酬性に基づくサブシステンスの再生産）という経済様式の二つの類型に倣い、グローバリゼーションの問題の本質を、市場経済（形式的経済）の地球規模での拡大にともなう実質的経済の崩壊にあると考察する。そこで連帯経済論者は、協同組合、非営利組織（NPO）、近隣コミュニティにおける対人サービスなどの相互扶助的で非貨幣の経済活動を強化することで、市場経済からも国家の公共政策からも排除されている社会的弱者の社会的自立を促進することを提案している。連帯経済活動によって周辺化された人々のエンパワーメントと新しい公共空間の創出を行い、市民社会の要求を通じて国家と市場経済の関係を調整し、その結果新しい形態の福祉国家が建設されることを画策する。連帯経済イニシアチブには、フェアトレード、企業の社会的責任の促進、市民金融、産直運動、補完通貨、女性のエンパワーメントなどが含まれる。

本書第Ⅱ部第3章「政策としての〈脱成長《デクロワサンス》〉」でも明らかなように、ラトゥーシュはこれらの潮流が取り組んでいる諸々の政策提言（トービン税導入、タックス・ヘイブンの規制・廃止）や実践（AMAPの産直運動など）を評価している。しかし、オルター・グローバリゼーション運動も連帯経済も、ともに経済想念の根基である成長論理と発展パラダイムを十分に批判しておらず、国民経済の制度的枠組みを市民社会の自主管理イニシアチブを通して再建することを目指している。そのような視座は十九世紀の啓蒙の近代の時代に展開された連帯主義（solidarisme）や福祉国家プロジェクトの伝統を継承するものにほかならない。[55]そこでラトゥーシュは問う。第二次大戦後の栄光の三〇年の後に崩壊したのは、まさにこの福祉国家的な発展モデルではなかったか。したがって本書の日本語版序文で言明されているように、ラトゥーシュは、オルター・グローバリゼーション運動や連帯経済運動が取り組んでいる様々な諸実践を、新しい開発・発展モデルの建設のためではなく、経済成長を目的としない社会（〈脱成長《デクロワサンス》〉社会）の創造へと再編成していくことを主張する。つまり、〈脱成長《デクロワサンス》〉論は、先に述べた様々な反グローバリズムの社会運動理論と全く無関係な文脈で現れた理論ではなく、一九六〇年代以降フランスで実践されている自主管理運動やオルタナティブ経済運動、そして今日の反グローバリズムの社会運動を省察し、さらにこれらの運動を指揮する他の社会理論の議論を踏まえた上で、これらの実践と理論に未だ残存する経済論理（成長主義、発展主義）を破棄した結果生まれた理論である。この意味で、『〈脱成長《デクロワサンス》〉による新たな社会発展』は、それ自体独立した自己完結的な理論書として読まれるのではなく、むしろ、自主管理運動論や連帯経済論における様々な研究成果、そしてオルター・グローバリゼーション運動やその他の改革主義的な反グローバリズムの理論が提供するマクロな視角と常に引き合わせながら読まれるべきものである。こうすることで、ラトゥーシュの〈脱成長《デクロワサンス》〉論の立ち位置と社会的文脈、そして理論としての応用範囲と有効性がより明確に理解されることであろう。

　ラトゥーシュの〈脱成長《デクロワサンス》〉論は支持するものがいるのと同じくらいに——あるいはそれ以上に——、様

▼53 Jean-Louis Laville (ed.), *L'Économie solidaire : une perspective internationale*, Paris : Hachette Littérature, 2007 における各論文を参照のこと。（邦訳は、北島健一、鈴木岳、中野佳裕の訳で、生活書院より近刊予定）。
▼54 Karl Polanyi, *The Livelihood of Man*, New York and London: Academic Press, 1977.
▼55 Serge Latouche, «D'autres mondes sont possibles, pas une autre mondialisation». *op.cit.*, pp.81-84.

々な批判も受けている。本書第Ⅱ部でラトゥーシュは〈脱成長《デクロワサンス》〉論に対する誤解や批判者の見解を論駁しているが、批判の中には、単に思想的・政治的立場の相違からくるものだけでなく、ラトゥーシュに一定の理解を示した上で成される建設的なものもある。例えば長年の同僚の社会学者アラン・カイエは、〈脱成《デクロワサ》長《ンス》〉論の全体的な枠組み自体は認めるものの、「成長を目的としない社会へ向けての運動が短期的に効果を発揮するかどうかは不確かである」として保留を措いている。[56]また、社会学者シルヴァン・ドゥジミラは、〈脱成長《デクロワサンス》〉プロジェクトの内容が実践的な次元においては連帯経済運動とさほど変わらないことから、ラトゥーシュが連帯経済論と〈脱成長《デクロワサンス》〉論の間に明確な区別を立てようとすることに疑問を投げかけている。[57]

また、ラトゥーシュと他の〈脱成長《デクロワサンス》〉論者との間にも様々な見解の相違がある。〈脱成長《デクロワサンス》〉論者は生態系の維持可能性の問題を取り上げ、近代産業社会の生産主義と消費主義を抜け出す点については意見が一致している。また国民国家規模で行われる代表制民主主義よりもローカルな水準で実践される参加型民主主義を強調する点も共通している。しかし、キリスト教左派であるポール・アリエス（Paul Ariès）やヴァンサン・チュイネ（Vincent Cheynet）は、共和政の伝統を重視した政治を掲げており、パトリック・ヴィヴレ（Patrick Vivret）は「幸福」概念の再検討を主張している。[58]このような多様な論者の中でラトゥーシュは南北問題の視点から〈脱成長《デクロワサンス》〉論の理論化に努めているのだが、〈脱成長《デクロワサンス》〉の実践においては国民政治／政党政治から距離を措く点で、近代民主主義制度を重視するチュイネと意見が分かれたり、また南側諸国の文化の多様性を擁護する立場から、他の論者以上に近代西洋の啓蒙主義と普遍主義に対する厳しい批判を行ったりしている。

ラトゥーシュに対する批判は現行の彼の〈脱成長《デクロワサンス》〉論の曖昧な点を突いており無視できないものであるし、〈脱成長《デクロワサンス》〉派内部における様々な思想潮流も個別に検証して行く必要があるのは無論である。さりとて、ラトゥーシュの〈脱成長《デクロワサンス》〉論がフランス社会理論に与えている影響は一際大きいと言えよう。彼の

〈脱成長《デクロワサンス》〉論の独創性と貢献は、次の三点にまとめられる。

第一に、近代産業社会を規定する成長論理を根本から批判すると同時に、連帯経済などのオルタナティブ経済運動とエコロジー思想との間の節合を試みることで、経済想念に依存しない自律社会の基礎を構築しようとしている。ハーマン・デイリーに代表される持続可能な経済発展論／ゼロ成長論など、経済成長中心の発展理論を環境経済や資源物理学の見地から批判する学派はこれまでも多く存在するが、これらの学派の間では、成長論理をはじめ近代経済に関わる諸原理を完全に超克する試みは行われていなかった。対照的に、経済想念の解体を目指す「科学認識論プロジェクト」から派生したラトゥーシュの〈脱成長《デクロワサンス》〉論は、社会を経済的視座から捉えようとするあらゆる所作の止揚・転覆を試みるものであり、アンドレ・ゴルツ[59]の言葉を拝借するならば、脱経済（ポスト・エコノミック）的な自主管理社会の建設を画策するものである。〈脱成長《デクロワサンス》〉論が、フランス国内の社会科学では比較的研究が遅れていたジョージェスク＝レーゲンの生物経済学、ポリティカル・エコロジー、エコロジー思想などを導入し、経済（エコノミー）と生態系（エコロジー）の間に倫理的な関係が構築されるような自主管理運動を提案した功績は大きい。

第二に、〈脱成長《デクロワサンス》〉論は、イリイチ、ゴルツ、カストリアディスなど、一九七〇年代から一九九〇年代にかけて活躍した自律社会とエコロジズムに関する代表的思想を再評価し、これらの思想が示唆する社会

▼56 Alain Caillé, «Présentation», *Revue du MAUSS*, no. 20, *Quelle «autre mondialisation»?*, 2e semestre 2002, p. 12.

▼57 Sylvain Dzimira, «Décroissance et anti-utilitarisme», 2007, p22. www.journaldumauss.net.

▼58 Eric Dupin, «La décroissance, une idée qui chemine sous la récession», *op.cit.*

▼59 アンドレ・ゴルツ著『資本主義、社会主義、エコロジー』杉村裕史訳、新評論、一九九三年（原題：André Gorz, *Capitalisme, Socialisme, Écologie*, Paris : Galilée, 1991)。

的実践を経済グローバリゼーションへの対案として発展させようとしている。右に述べた思想家の議論を南北問題の視角から捉え直そうとしている点は、わけてもラトゥーシュの著作の独創性である。

この点は、国際開発政治の規範の歴史的展開を省みたとき、大局的には非常に重要な貢献を行っていると言える。スウェーデンの開発研究の大家ビョルン・ヘットネが近著で指摘していることだが、第二次世界大戦後の国際開発政治は西洋近代を起源とする「自由」「秩序」「正義」の三つの価値を核として成立している。[60] ヘットネはこれらの価値の源泉となる思想潮流を、それぞれ自由主義、保守主義、社会主義に帰趨している。このシェマを訳者なりに応用して戦後の国際開発政治の規範の推移を省察すると、「自由」に関しては、戦後直後から一九七〇年代まではケインズ主義に基づく社会自由主義が中心的なパラダイムであったが、一九八〇年代の構造調整政策の実施から今日に至るまでは市場原理主義を掲げる新自由主義が国際開発における支配的な「自由」の価値を表すようになっている。次に「秩序」であるが、戦後から一九九〇年代初頭までは、米ソ冷戦構造の中での第三世界の国家発展が、米国の地政学的な戦略に支えられる形で国際秩序形成の鍵として取り扱われてきた。しかし冷戦終結後は、アフリカを中心とした途上国における紛争・飢饉および災害に対する人道支援、脆弱国家・破綻国家の国際的な管理・統制、ならびに「人間の安全」の実現が主要な言説となっている。最後に「正義」については、一九六〇年代から一九七〇年代にかけて、脱植民地化運動を契機に、途上国社会の民衆の解放と自立、そして国家発展を主張する第三世界主義が、南北格差を是正する政治闘争において指導的な役割を果たしていた。この第三世界主義を支えた主要な思想潮流が社会主義であった。しかし、一九七〇年代後半より南側諸国の発展経路が分化し、「第三世界」というカテゴリーが国際的な連帯を生み出すに充分なイデオロギー的紐帯の象徴ではなくなるにつれ、第三世界主義は衰退した。そして一九八〇年代末から一九九〇年代初頭にかけて旧ソビエト連邦の解体に代表されるユーロコミュニズムの崩壊は、自由主義の対抗原理として実験されていた国家社会主義プロジェクトの終焉あるいは「失敗」を歴史的に裏付けることに至ったのである。

この歴史的文脈から一九九〇年代以降の国際開発の規範形成の構造を分析すると、次のような全体像が見えてくる。まず、グローバリゼーションの名の下で極端な経済自由主義（新自由主義）が支配的な価値となり、市場原理を支える理想的かつ合理的な統治形態として自由民主主義制度が「良き統治」の名の下で途上国社会にも輸出されている。この「良き統治」という政策概念は、米国を中心とした「文明化した西洋諸国」と「野蛮な非西洋社会」との間の二項対立イメージを新たな形で再生産し、戦後の国際開発政治に支配的なユーロ・アメリカニズムを強化する上に、脆弱国家・破綻国家の統制、紛争解決、人道支援を進める中で北側諸国の南側諸国への介入が正当化される構造を整備している。▼61 つまり、西洋近代から派生した「自由」と「秩序」は、今日の世界情勢において、新自由主義の世界的拡大を意図せずとも推進するという状況を作り出しているのである。これは、おそらく国際開発の規範の中では最も革新的な部類に数え上げられるであろう「人間の安全」（human security）においても例外ではない。「人間の安全」は、近代の国家中心型の安全保障パラダイムを人間中心のものへと転換することを主張しており、旧来の安全保障パラダイムでは可視化されることのなかった様々な社会問題に光を当てることに貢献するものである。▼62

▼60　Bjorn Hettne, *Thinking About Development*, London: Zed-Books, 2009.

▼61　ユーロ・アメリカニズムの再生産の構造については、David Slater, *Geopolitics and the Postcolonial*, *op.cit.* を、紛争解決に対する人道的介入の権力構造の分析についてはMark Duffield, *Global Governance and the New War*, London : Zed Books, 2001 およびBernard Hours, *Domination, dépendances, globalisation : Tracés d'anthropologie politique*, Paris: L'Harmattan, 2002を参照のこと。

▼62　武者小路公秀著「羅針盤としての「人間の安全保障」」（武者小路公秀編『人間の安全保障——国家中心主義をこえて』ミネルヴァ書房、二〇〇九年）。

しかし、新自由主義的なグローバリゼーションや米国主導の「テロとの戦争」という覇権的な言説が拡大する中で、「人間の安全」が、途上国の民衆の安全を保障するという名目で北側諸国の安全と秩序を維持するための様々な管理権力を拡大延長させ、グローバル資本主義のもつ原始的蓄積の暴力や規律訓練、生政治を再生産する役割を果たしてしまう危険があることも、一部の批判的な国際政治学者によって指摘されている。[63]

したがって、今日の国際開発政治に欠如しているのは、支配的な「自由」と「秩序」の対抗価値として存在し、戦後の国際開発政治の規範を形成するに貢献してきたもう一つの価値である「正義」であると言える。第三世界主義と国家社会主義プロジェクトが崩壊して以降、広義の社会主義思想が培ってきた正義や平等という価値は、国際開発の政策現場では表立って語られることは少なくなっている。確かに開発倫理分野では、アマルティア・センのケーパビリティ・アプローチ[64]や、オノラ・オニール[65]やトマス・ポッゲ[66]のようなカント派のグローバル・ジャスティス理論が、正義の問題を議論しているが、前者においては、その国際開発における多大な貢献と影響力にも関わらず、依然として現行の経済自由主義の流れを克服するものではないし[67]、後者に関しては、グローバル資本主義や南北関係の抜本的な構造転換というよりも、既存の国際開発制度の条件に基づいた改革主義的なアプローチの範囲内に留まるものである。要するに、これらの開発倫理は「社会秩序そのものを民衆の手によって転換する原理」としての「政治的なるもの」の視点から正義や平等を思考するものではないのである。

しかし、国際開発の政策現場から離れ生活世界へ目を移すと、新自由主義グローバリゼーションが席巻する今日において、新しい社会を創造するための民主主義的な原理としての「正義」を希求する動きが、南北両側の民衆の社会運動の中に胚胎していることが看取される。例えば、途上国債務帳消しを目指すジュビリー債務帳消し運動（一九九八〜二〇〇〇年）、トレード・ジャスティス運動、国際金融取引への規制を要求するアソシエーションATTACの活動、世界社会フォーラム（二〇〇一年以降）、連帯経済運動などなどである。これらの社会運動は、広く「経済の民主化」を目指す運動であると評価できるが、〈脱成長《デクロワサンス》〉論は間違いなく、このような草の根の民主化運動の一潮流を形成するものであり、（政策的な富の再分配や法学的な見地としてではなく）秩序転換を促す文法あるいは地平としての「正義」を、新自由主義的な国際開発の対抗原理として導入することに貢献するものである。とりわけ、社会主義思想の多様な潮流の中でも、マレイ・ブクチンが提唱するソーシャル・エコロジーやアナーキズムの自主管理思想の伝統に基づいた、人間社会の不平等と生態系の破壊を同時に是正するような、急進的な平等原理を導入することに貢献するであろう。結句、思想史的な観点から大局的に捉えたとき、〈脱成長《デクロワサンス》〉論は社会主義の精神（エトス）を再生し、国際開発における「自由」「秩序」「正義」の三つの主要価値の間の均衡を再調整し、

▼63　Mark Duffield, *Development, Security and Unending War, op.cit.* を参照のこと。また、人間の安全保障と開発主義との共犯関係については、蓮井誠一郎著「開発・安全保障からサブシステンスへ――脱安全保障論序説」郭洋春、戸崎純、横山正樹編『環境平和学』（前掲書）所収において包括的に議論されている。

▼64　Amartya Sen, *Development as Freedom*, New York: Alfred Knopf, 1999.

▼65　Onora O'Neill, *Faces of Hunger: An Essay on Poverty, Justice and Development*, Allen and Unwin, 1986; *Bounds of Justice*, Cambridge: Cambridge University Press, 1996.

▼66　Thomas Pogge, *World Poverty and Human Rights: Cosmopolitan Responsibilities and Reforms*, Malden, MA: Blackwell.

▼67　例えば、Anthony Payne, *The Global Politics of Unequal Development*, Basingstoke: Palgrave, 2004, pp.99-100を参照のこと。センのケーパビリティ理論が近代化のパラダイムと開発主義を克服することができず、特に生態系への配慮が欠けている点については、鴨原敦子著「潜在能力アプローチの批判的検討」郭洋春、戸崎純、横山正樹編『環境平和学――サブシステンスの危機にどう立ち向かうか』（前掲書）所収、を参照のこと。

南北関係の民主化を促進するための思想的地盤を提供する可能性を内包している。

第三に、右で述べた「社会主義の精神」の再生の展望は、ラトゥーシュの〈脱成長《デクロワサンス》〉論においては再ローカリゼーション戦略が目指す「ローカルな自律社会の創造」に集約される。再ローカリゼーション戦略は、その実践は現実的かつ地道なものであるが、理論として要求するものは極めて急進的であり、「地域《ローカル》」と呼ばれる場所を経済学の認識・価値体系から「離脱」させようとする試みである。従来の開発学では、「地域」は往々にして開発・発展の対象と見なされ、地域社会は経済成長を達成するために組織化されていた。地域開発研究において地域の自立が議論されるとき、それは主として地域の「経済的自立」であり、その判定基準は例えば、後進的な地方経済が都市の経済成長モデルに追いつくかどうか、というものであった。しかもそのような地域経済の自立と成長は、最終的には国民経済の成長への寄与として回収されてしまうのである。この傾向に反して、ラトゥーシュは、地域社会の自律性はそのような経済的な認識とは根本的に異なる次元で獲得されると考えており、「地域」を経済的現実の外部性として——単独性として——捉えることを提案している。例えば『〈脱成長《デクロワサンス》〉の賭け』（二〇〇六年）には次のように述べられている。

> この視座においては、地域は閉鎖的な空間ではなく、有徳と連帯の精神で結ばれた横断的な関係ネットワークの一つの結節点である。そのような関係ネットワークは、〈経済〉自由主義の支配に抵抗することを可能にする民主主義を強化する様々な実践を実験することを目指して編成されている。換言すれば、共通善を守るためには、批判的分析と自己統治の実験場が必要なのである。▼68

多様な社会関係ネットワークの「出会いと節合と変容の場」として地域を捉え直すことは、経済的には生産と消費のローカリゼーションと自主管理、そして政治的には民主的討議と意思決定を行う公共空間のローカリゼーションと自主管理を行うことを意味する。[69]『〈脱成長《デクロワサンス》〉による新たな社会発展』では、農業の産直ネットワーク（AMAP）、補完通貨、スローフード／スローシティ運動などの様々な事例が議論されているが、さらに、これらを統合する理論として、マレイ・ブクチンのエコ自治体主義が導入されている（第2章「地域プロジェクトとしての〈脱成長《デクロワサンス》〉」の節）。自主管理運動の要諦が草の根の社会運動の節合としての民主的な経済主体および政治主体を創造することにあるならば、〈脱成長《デクロワサンス》〉論の再ローカリゼーション戦略は、そのような自主管理の主体を農村から都市にいたるまで、多中心的に形成していくための素地を提供するものである。社会運動理論としての〈脱成長《デクロワサンス》〉論のこのような視座は、国際的な文脈では、フェミニスト人類学者J・K・ギブソン＝グラハム[70]の「多様な経済（diverse economies）」論、コロンビアの〈ポスト開発〉人類学者アルトゥロ・エスコバル[71]の「生活域《テリトリー》」の再構築戦略、ヘレナ・ノーバーグ＝ホッジ[72]のローカリゼーション理論と呼応するものであり、今後、北側諸国と南側諸国の双方において〈脱成長《デクロワサンス》〉／〈ポスト開発〉を実践する主体がどのようにして誕生するか、理論的・実践的に検証する必要がある。

▼68　Serge Latouche, *Le Pari de la décroissance*, Paris : Fayard, 2006, p.208.
▼69　*ibid.*, pp.202-211.
▼70　J.k. Gibson-Graham, *The End of Capitalism (as we know it): A Feminist Critiaue of Political Economy, with a New Introduction*, Minneapolis and London: University of Minnesota Press, 2006.
▼71　Arturo Escobar, *Territories of Difference: Place, Movements, Life, Redes*, Durham and London: Duke University Press, 2009.
▼72　ヘレナ・ノーバーグ＝ホッジへの対談（ネルミーン・シャイク編『グローバル権力から世界をとりもどすための13人の提言』前掲書）、および「ローカリゼーションの持続可能性――二者択一からのオルタナティブ」（雑誌『オルタ』二〇〇九年一・二月号、三六〜三九ページ）。

4……日本におけるラトゥーシュ思想の位置付け

日中戦争から太平洋戦争にいたる、悪しき時代に書かれたこの文章〔ヴァレリー〕を読み、勇気づけられ、また鞭打たれるようにも感じます。それはほかならぬ日本人の社会が、明日の「人間」たる若者らへの教育について、それこそ国家によく仕える国民を作ろうとしている現状を見るからです。そして若者らの精神の自由と、文化の最も繊細なものが衰退しつつあるかに感じられるのでもあるからです。

社会主義国家の教育こそ、国家に仕える国民を作ろうとしているものではないか、という声がすぐさまうちかえされてくるのかも知れません。〔……〕そのとおりだろうと思います。こう認めた上で、僕はそれに対抗するようにして日本人が、産業の「方法的制覇」に効率よく仕える明日の「人間」を作ろうとするならば、すでに現在見えている日本の社会の歪み・ひずみは増大する一方だろうと思います。

大江健三郎▼73

これまで論じてきたように、ラトゥーシュの〈ポスト開発〉思想と〈脱成長《デクロワサンス》〉論は、戦後の国際開発問題を文明論的な視点でとらえ、その中で今日の先進工業国の人々が途上国の人々と共に進むべきオルタナティブ社会の道筋を提供するものである。では、ラトゥーシュ思想は日本においてどのように議論される可能性があるだろうか。

太平洋戦争終結から六十有余年の間、日本は他の先進工業国と同様に生産至上主義を掲げながら近代史上稀に見る急速な経済発展を実現した。一九七〇年代の二度の石油危機の際も国民的な節約政策と生産プロセスの技術革新に挑戦し、一九七〇年代末には、ある側面では米国を凌ぐほどの経済的地位を確立した。本書の日本語版序文でラトゥーシュが触れているように、戦後の日本は「西洋化」の模範生として世界の人々の目に映るまでに至ったのである。しかしこの輝かしい経済的成功は、様々な人道的・社会的・文化的・生態学的犠牲の上に成立していた。日本国内の有名な事例をあげるならば、水俣病や四日市ぜんそく等の人類史上に残る公害、アイヌ民族差別、部落差別や在日朝鮮・韓国人問題などの人権侵害、沖縄米軍基地問題、経済と行政の中央集権化による地方自治の抑制、太平洋ベルト地帯を中心とする工業化にともなう村落の消滅と自然環境破壊、生活様式の現代化による衣食住の世代間格差、過剰消費と過剰労働による見えない社会的ストレスの増加、都市化や核家族化による伝統的な社会的紐帯の喪失と個人化の進展などがあげられる。また、国際的な問題としては、政府開発援助や日系企業によるアジア・アフリカ・ラテンアメリカ地域の人権侵害や環境破壊、公害の輸出などが挙げられる。これらは生命の尊厳や基本的人権の侵害に関わる事件であるだけでなく、急激な経済復興・発展と社会開発にともない、日本社会が数世紀にわたって培ってきた、人々の生活経験と歴史性に根差した変化への対応能力と技法《アート》——イリイチが定義する「ヴァナキュラーな自律性」——を攪乱させ、忘却の危機にまで至らしめた出来事であったように考えられる。

しかし、戦後日本の高度経済成長モデルを疑問視し、これらの環境・人権および社会問題を解決するための社会運動は確実に存在していた。国際的に有名な運動としては、一九六〇年代に展開した水俣病公害反対のための住民運動である。この住民運動は公害や環境破壊を人権問題として取り上げたが、これは当

▼73 「核時代のユートピア——堀田善衛氏への四通の手紙」（所収『小説のたくらみ、知の楽しみ』新潮文庫、一九八九年、二一一三ページ）。

時の欧米の環境運動と比べても類を見ない画期的なものであり、その歴史的意義は日本だけでなく国際的にも非常に重要なものである。[74]また栗原彬が指摘するように、水俣病は、アウシュヴィッツやヒロシマとともに考察されるべき、生命の尊厳に関わる重大な倫理的かつ政治的な問題を今日なお提起している。[75]

この他にも、戦後の経済発展と社会変動に付随する社会問題を背景に、一九六〇年代半ばから一九八〇年代にかけて、戦後日本の社会開発の歩みを再検討し、近代主義的な発展政策に対するオルタナティブを模索する知的潮流も現れた。例えば、民俗学による村落の生活と生態系の再考（宮本常一）、公害問題研究（宇井純、宇沢弘文、宮本憲一、栗原彬）、地域主義（玉野井芳郎、中村尚司）、地方自治論（宮本憲一）、内発的発展論（鶴見和子、宮本憲一、西川潤、保母武彦）、沖縄の自治論（都留重人、宮本憲一、玉野井芳郎）、アジアの南北問題（鶴見良行、北沢洋子、武藤一羊、村井吉敬、西川潤、武者小路公秀）、アジアのジェンダー問題（松井やより）などがそうである。これらの潮流は、久野収、平田清明、鶴見俊輔、高畠通敏、横田克己、松下圭一など、六〇年安保闘争以後に展開されることになる市民運動や住民運動（例えば、べ平連、部落解放運動、公害反対運動、生活協同組合運動）の推進者／理論家の動き[76]と呼応しながら、日本の市民社会の自立と活性化に貢献し、高度経済成長とは異なる社会モデルを求めてきた。また同時に、アジアにおける日本の歴史的・政治的および社会的責任を求める平和運動としてアジア地域を中心に国際的な連帯を形成していった（これが理論家から住民への上意下達的な知識の伝達によってではなく、住民の自主的な活動の賜物であることは無論のことである）。

このオルタナティブな思想および社会運動潮流は、経済的には、GNP成長という貨幣価値の量的増加という視点のみで社会の豊かさを測る近代主義的な社会発展モデルを離れ、日本の各地域社会に固有の文化や生態学的特性に根差した複数の自律社会を国内に創出することを提唱するものであった。また政治的には、そのような地域社会本位の社会発展の担い手として、人権を軸に連帯した市民社会の役割を重視するものであった。これらの思想と運動は、しかし、一九八〇年代の中庸から末期にかけて、中曽根政権下の民営化政策に続いて起こったバブル経済の熱狂の中で日本社会全体が投機的な消費主義を謳歌するそのただ中で、日本社会の価値観の変革を実現する大きな動きを形成することなく、実社会においても学界においても周辺化していった。しかしその痕跡は完全には途絶えることなく、右の潮流が投げかけた様々な問題領域は、一九九〇年代以降も、コモンズの研究（中村尚司、鶴見良行）、循環型社会モデルの研究（エントロピー学会）、定常型社会・ゼロ成長社会研究（都留重人、宮本憲一、須藤正親、広井良典）、アジアの内発的発展の実証研究（西川潤、野田真里）、環境平和学（郭洋春、戸崎純、横山正樹、戸田清）、補完通貨・新アソシエーション運動（柄谷行人、オルタートレード・ジャパン）の中で、現代的問題と合わせて研究が続けられている。

ラトゥーシュの〈脱成長《デクロワサンス》〉論は、右で述べたオルタナティブな日本を求める思想潮流の中でも、殊に玉野井芳郎の地域主義と宮本憲一の地方自治論と比較検証されうるものである。

▼74　テッサ・モーリス＝スズキ著「宇井純『公害原論』」（岩崎稔・上野千鶴子・成田龍一編『戦後思想の名著』平凡社、二〇〇六年、所収）四三一～四三二ページ。当時の欧米の環境運動は、主として自然環境保護の観点から実践されており、人権問題に直接結びつく運動は稀だった。水俣病に関する研究は多数存在するが、例えば、宇井純著『公害原論』全三巻（亜紀書房、一九七一年）、原田正純著『水俣病』（岩波新書、一九七五年）、原田正純編著『水俣学講義』全四巻（日本評論社、二〇〇四年）、栗原彬編『証言水俣病』（岩波新書、二〇〇〇年）、宮本憲一著『維持可能な社会に向かって――公害は終わっていない』（岩波書店、二〇〇六年）、などを参照されたい。

▼75　栗原彬著『「存在の現れ」の政治――水俣病という思想』以文社、二〇〇六年。

▼76　高畠通敏著「「市民社会」とは何か――戦後日本の市民社会論」『高畠通敏集第一巻――政治理論と社会運動』栗原彬・五十嵐暁郎編、岩波書店、二〇〇九年、を参照のこと。

まず、玉野井芳郎についてだが、氏は一九七〇年代にカール・ポランニー、イヴァン・イリイチ、ニコラス・ジョージェスク＝レーゲンを紹介し、後に鶴見和子や西川潤が提唱する内発的発展論の原型となる着想を「地域主義《リージョナリズム》」論として提示した経済学者である。経済学の認識体系の限界に対する問題関心や、影響を受けている社会思想を考慮すると、思想的にラトゥーシュに最も近い研究者であるといえよう。ラトゥーシュがフランス語の「ローカル」という言葉で総称しているものは、農村居住区の最小単位（テロワール）から都市の居住区（カルチエ）、地方自治体（コミューン）レベルにいたるまでの様々な「生活域《テリトワール》」であるが、同様に玉野井も、英語の「リージョン」という言葉を用いて住民の等身大の生活空間が保障されるものとして、地域主義を「一定の地域の住民が、その地域の風土的個性を背景に、その地域の共同体に対して一体感をもち、地域の行政的・経済的自立性と文化的独立性を追求すること」[▼77]と定義している（おそらくは、ラトゥーシュの「ローカル」概念よりも玉野井の「リージョン」概念の方が、地理的な適用範囲が広いように思われる）。さらに玉野井は、一九七八年に発表した論考「地域主義のために」において、自身の「地域主義」を西洋近代主義にも地域経済開発の体系にも還元されない単独性として提示している。

だが、このような考え方（地域主義）にたいして、西欧流の近代主義の立場から少なからぬ反発が予想される。まず第一は、かつての農本主義がそうであったように、地域主義はおそらく自閉主義におちいって、保守やファシズムの温床となるのがいいところだといった批判である。これは、批判というより、問題の核心からはずれた批判というほかはない。今日私達がその原理と方法について解明を迫られている人間と自然の共生の理論は、後にも触れるように、むろん農本主義という戦前イデオロギーと根本的に異なる。保守とファシズムとつながるかどうかという点を理解するためには、地域主義が地元利益主義とはほんらい性質を異にする考え方だということが認識されなくてはならない。[▼78]

右の玉野井の地域主義概念は、前節で紹介したラトゥーシュの「地域《ローカル》」概念と驚くほど近似している。玉野井の思想にもラトゥーシュの思想にも、「地域」（玉野井にとってはリージョン、ラトゥーシュにとってはローカル）と呼ばれうる生活域を、西洋近代の経済想念に依存しない自律的な空間としてとらえようとする傾向が確認される。このような玉野井の地域主義は、晩年に沖縄の自己統治を構想し、さらに沖縄問題から想起される地域主義と平和の関係についての提言を行うまでに至った。▼79

次に宮本憲一の地方自治論は、「維持可能な社会《サステイナブル・ソサエティ》」をテーマに、各地方自治体において市民主導の経済民主主義が実現することを構想している。▼80 協同組合運動の重視、環境運動と人権運動の節合、「維持可能性」（sustainability）概念の再解釈など、宮本憲一の理論は、社会運動理論としてラトゥーシュの〈脱成《デクロワサ》長《ンス》〉論に最も近い位置にあるといえる。両者がともにイタリアの自治運動を参照している点も興味深い（宮本の場合はボローニャ市の地方自治の事例、ラトゥーシュの場合はイタリアの倫理銀行や時間銀行などの補完通貨運動の事例）。本書の日本語版序文において触れられているように、ラトゥーシュの〈脱成《デクロワサ》

▼77　玉野井芳郎著「地域分権の今日的意義」、『玉野井芳郎著作集3――地域主義からの出発』鶴見和子・新崎盛暉編、学陽書房、一九九〇年、二九ページ。
▼78　玉野井芳郎著「地域主義のために」『玉野井芳郎著作集3――地域主義からの出発』鶴見和子・新崎盛暉編、学陽書房、一九九〇年、六～七ページ。
▼79　玉野井芳郎著「沖縄を憶う」「地域主義と平和」「生存と平和を根幹とする『沖縄自治憲章』」（『玉野井芳郎著作集3――地域主義からの出発』鶴見和子・新崎盛暉編、学陽書房、一九九〇年、所収）。
▼80　宮本憲一著『日本社会の可能性――維持可能な社会へ』岩波書店、二〇〇〇年。

長《ンス》〉論の最新の研究は、ともすれば開発言説に吸収されがちな「維持可能性」概念を離れて、生態学用語の「レジリエンス」を規範とするトランジション・タウン運動に注目している。宮本氏が「レジリエンス」概念にどのように反応するか、今後議論をしていくとよいだろう。

この他にも、須藤正親[81]のゼロ成長論は〈脱成長《デクロワサンス》〉論の視座を日本の歴史と風土の中で考察するための土台となるものであるし、広井良典[82]の定常型社会論と生命政治学は、よりマクロな視点から〈脱成長《デクロワサンス》〉論を解釈し、〈脱成長《デクロワサンス》〉論、連帯経済論、エコロジー福祉国家論を節合してゆく可能性を提供するものである。また、立岩真也[83]の社会学は、所有、自由、平等、分配などなどの価値の再検討を促し、今日の格差社会日本において〈脱成長《デクロワサンス》〉社会の実現を可能にする基本的な社会関係を再生するための文法を提供するものである。

総じて言えば、ラトゥーシュ思想は、一九七〇年代以降の日本で興隆した近代発展主義のオルタナティブを求める思想潮流（地域主義、地方自治論、内発的発展論など）と共に検証される価値がある。これら日本の思想潮流と議論していくことは、ある側面では〈脱成長《デクロワサンス》〉論に欠けている視座を補完し、別の側面では〈脱成長《デクロワサンス》〉論の長所を学ぶ機会を与える。

まず、フランスの〈脱成長《デクロワサンス》〉論に欠けている点は、人権と地域社会の自律性を節合させる視座である。戦後日本の環境運動が人権運動と結びついている事実から、地域社会の自立や住民の生存は基本的人権の保障と不可分であることがわかる。ところが現行の〈脱成長《デクロワサンス》〉論は、国民国家と資本主義経済に依存しない自己組織化の原理を強調するあまり、これら周辺部で行われる経済の自主管理と生活域の自己統治が何らかの形の制度的な（あるいは象徴的な）「承認」を必要としている点を見逃しているように思われる。

確かに、権利付与（エンタイトルメント）は近代国家の統治の論理と親和的であり、国家の権力構造や経済体制を抜本的に転換することなく、排除されている人々を既存の国家の全体性に包摂してしまうという危険がある。また、近年の国際開発の舞台では、人権が途上国の人道的介入を正当づける一時的な道具としてしか適用されず、最貧困層の生存を持続的に保障したり多国籍企業等のグローバルな経済アクターから途上国の民衆の生活世界を保護したりするには及ばないことから、人権の効力に関しても南北格差があることが指摘されている。[84] アフリカのインフォーマル領域の研究から南北関係の倫理について考察するラトゥーシュが、人権政治に慎重になることは容易に想像できる。

しかし、インドの法哲学者ウペンドラ・バクシが論じているように、人権政治には、国家秩序の安定化を目的とする近代的な統治の論理としての「人権の政治」（The politics *of* human rights）の側面があると同時に、国家社会においては満たされない要求を草の根から希求し、社会秩序を転換もしくは転覆する「人権を求める政治」（The politics *for* human rights）の側面もある。[85] 近代国家の包摂の論理としての人権制度に批判的なバクシが、世界人権宣言以後の戦後の国際政治の中で「人権を求める政治」の領域が拡大している事実を捉え、インドのサバルタンたちの解放の鍵となるのが、そのようなまさに「希求する権利」として人権を利用して、既存の国家の法体系に表象されない要求を現前化させていくことにあると主張している点は無視することができない。バクシの論点は——理論的には未完であるにせよ——、国際人権パラダ

▼81　須藤正親著『ゼロ成長の社会システム——開発経済からの離陸（増補版）』新泉社、二〇〇四年。
▼82　広井良典著『グローバル定常型社会——地球社会の理論のために』岩波書店、二〇〇九年。同著『生命の政治学——福祉国家、エコロジー、生命倫理』岩波書店、二〇〇三年。
▼83　立岩真也著『自由の平等——簡単で別な姿の世界』岩波書店、二〇〇四年。
▼84　Bernard Hours, *Domination, dépendance, globalisation*, *op.cit.*
▼85　Upendra Baxi, *The Future of Human Rights*, Oxford and New Delhi: Blackwell, 2002.

イムが掲げる普遍的な「地平」と、現行の国際秩序の一般性の中で排除されている個別の要求との間にある構造的なギャップを当事者の声によって埋めようとする中で現れる「人権を希求する」という言語行為（スピーチ・アクト）が、当事者が置かれている権力関係を組み替える契機となる、というものである。

　このような「人権を求める政治」はさまざまな形で現実に起こっている。歴史的にみれば、戦後の第三世界主義が「発展」と「人権」を軸に途上国の民衆の自立を目指していた。[86] また近年では、反グローバリズムの運動の代表であるメキシコのサパティスタ運動がそうである。[87] そして一九九〇年代以降の国際開発の文脈では、ジェンダー・メインストリーミング・アプローチにおいて、権利付与を通じて女性の開発プロジェクトへの参加が促進され、開発の原理が内側から変革されるという事例も確認される。[88] 以上のことから、人権を基軸に社会運動を起こして行くことは今日でも有効なアプローチであると言える。〈脱成長《デクロワサンス》〉論の再ローカリゼーション戦略は、生活域の自律性を再生してゆくと同時に、地域社会の自律性を既存の近代国家と国際開発体制の枠組みの中でどのように承認させてゆくかという実践的な問題について、今後考察する必要があるだろう。日本の過去の市民運動の事例から、またアジアの社会運動の事例から、人権と〈脱成長《デクロワサンス》〉の関係について学ぶことができるかもしれない（またジェンダーと〈脱成長《デクロワサンス》〉の関係も、人権問題を媒介として取り組む必要があるだろう）。

　他方で、先に述べた日本のオルタナティブな思想潮流が〈脱成長《デクロワサンス》〉から学ばなければならないのは、政治学と倫理学の視点からオルタナティブを考察する方法論である。地域主義、地方自治論、内発的発展論からサブシステンス論に至るまで、日本の経済発展批判は、主として経済学と社会学の領域においてなされており、ラトゥーシュらフランスの〈ポスト開発〉思想／〈脱成長《デクロワサンス》〉論のような、政治学や倫理学からの考察が相対的に少数であるように思われる。例えば、〈ポスト開発〉思想と同じ思想潮流に位置する日本のサブシステンス論者[89]の場合はどうであろうか。サブシステンス論者は、開発パラダイムの批判に関しては堅固な基礎研究を残しており、中には「脱安全保障論」（蓮井誠一郎）のように、他国の研究には見られない独創的な主題も扱っている。しかし他方で、アクチュアルな開発政治のイデオロギー・言説分析や権力分析に関しては国際的な水準からは実証面でも方法論においても遅れを見せており、また、サブシステンスの維持というローカルな社会実践を国民的な社会的企てやグローバルな社会運動と接合する可能性の検証など、政治的な側面について一歩踏み込んだ研究を行う余地が多く残っている。加えて日本のサ

▼86　西川潤著『第三世界と平和』早稲田大学出版会、一九八七年。

▼87　Gustavo Esteva and M. S. Prakash, *The Grassroots Postmodernism: Remaking the Soil of Culture*, London: Zed-Books, 1998.

▼88　Ruth Pearson, 'The Rise and Rise of Gender and Development', in Uma Kothari, (ed.), *A Radical History of Development: Individuals, Institutions and Ideologies*, London: Zed-Books, 2005; Shirin M.Rai, *The Gender Politics of Development*, London: Zed-Books, 2008. アジアにおける世界女性会議の意義や開発とジェンダーの問題、社会運動に関しては、松井やより著『女たちがつくるアジア』（岩波書店、一九九六年）を参照のこと。また、ジェンダー、連帯経済、経済民主主義の関係については、Isabelle Guérrain, «Genre et l'économie solidaire» in Jean-Louis Laville, ed., *L'économie solidaire : une perspective internationale*, Paris : Hachette Littérature, 2007（拙訳、イザベル・ゲラン著「ジェンダーと連帯経済」というタイトルで、ジャン＝ルイ・ラヴィル編『連帯経済』生活書院、近刊予定、に収録予定）を参照にされたい。

▼89　例えば、郭洋春、戸崎純、横山正樹編『環境平和学――サブシステンスの危機にどう立ち向かうか』（前掲書）を参照にされたい。公平に観て、日本のサブシステンス論は、海外の〈ポスト開発〉思想と共に議論されるべき重要な問題と事例を提供するものである。とりくまねばならぬ課題は、これまで行ってきた研究成果を実証と理論の双方において、国際的な開発研究の最新の議論の中で検証してゆくことであるのと、もう一つは、国内における隣接する問題領域と公の場で積極的に議論を行ってゆくことである。

ブシステンス論は、海外の〈ポスト開発〉思想／〈脱成長《デクロワサンス》〉論と比較して倫理・規範に関する考察が弱いが、戦後の日本とアジアの国際関係を再構築する倫理を構想するなど、日本の研究者の立場から国際開発の規範に関して発言していく可能性は充分存在するように思われる。この点に関しては、西川潤[90]らの連帯経済論、土佐弘之[91]の新自由主義と統治性の研究、武者小路公秀[92]らによる「人間の安全」研究、そして栗原彬[93]の水俣病の倫理学など、日本における最新の開発研究の成果や思想の営為を海外の批判系開発研究の議論と結びつけながら、より包括的な（ポスト）開発倫理について論じていく作業が必要である。

　さらに、近年の日本の状況を踏まえると、ナショナリズムを巡る問題にも接近していく必要がある。脱開発やサブシステンスの追求は、資本主義からの脱出であるとともに近代国家と国民言説の脱構築として現れなければならない。これは単なる国家や国民アイデンティティの否定ではなく、戦略としては、保守主義に対して敵対性《アンタゴニズム》を表明しながら、国家と人民との間に新しい分節化（articulation）を生み出すような、新しいヘゲモニー・ブロックを構築することである。[94]こうすることで、一方で国家を人民の手で再生する可能性を探ると共に、他方では国家とは相対的に自律した水平的で連帯的な自主管理・自己統治のネットワークを、各地域で模索することが可能となる。伝統的な左派運動（通俗的なマルクス・レーニン主義）とは異なり、国家権力を奪取するために闘争するのではなく、国家とは相対的に離脱した社会空間を創造し、人々が自らの手で様々な社会的実験を行う自由を手に入れるために、ヘゲモニーを構築するのである。[95]日本の〈ポスト開発〉論は、このような戦略的な側面を含め、政治学と倫理学の立場からも社会的行為の可能性を検証していく必要がある。

結語――日本社会の未来のために――平和、民主主義、〈脱成長《デクロワサンス》〉

セルジュ・ラトゥーシュの思想圏は幅広く、複数の学問分野を横断するものである。今後ラトゥーシュの著作が様々な研究領域で議論されていく可能性があるだろう。一つには、訳者自身の研究プロジェクトがそうであるように、国際的な〈ポスト開発〉思想研究においてラトゥーシュ思想を理論的に深化させていく道がある。第二には、フランス社会思想研究においてラトゥーシュの著作を思想史と学説史の観点から評価する作業も必要である。第三に、レンヌ大学経済学教授のマルク・アンベールが主宰するＮＧＯ

▼90　西川潤、生活経済研究所編『連帯経済――グローバリゼーションへの対案』（前掲書）。

▼91　土佐弘之著『安全保障の逆説』青土社、二〇〇三年。また、最新の研究としては、Tosa Hiroyuki, 'Anarchical Govenance: Neoliberal Governmmentality in Resonance with the State of Exception', *International Political Sociology*, 2009, no.3, pp.414-430を参照のこと。

▼92　武者小路公秀編著『人間の安全保障――国家中心主義をこえて』（前掲書）。

▼93　栗原彬著『「存在の現れ」の政治――水俣病という思想』（前掲書）。

▼94　この点において、エルネスト・ラクラウとシャンタル・ムフの仕事に訳者は常に賛同するものである。例えば、Ernesto Laclau and Chantal Mouffe, *Hegemony and Socialist Strategy*, London: Verso, 1985; Ernesto Laclau, *On Populist Reason*, London: Verso 2005; Chantal Mouffe, *On the Political*, London: Routledge, 2005、を参照のこと。

▼95　国家の表象と制度を変革しながらも、国家とは相対的に自律した多様なローカル・アイデンティティを形成して行く戦略については、近年のラテン・アメリカの左派政治運動、とくにボリビアとエクアドルに学ぶところが多い。例えば、Arturo Escobar, "Latin America At A Crossroads", *Cultural Studies*, vol.24, no.1, January 2010, pp.1-65; Arturo Escobar, "Una Minga Para el postdesarrollo", *America Latina en movimiento*, no.445: 26-30, junio 2009; *Alternatives Sud: La Bolivie d'Evo, Démocratique, indianiste et Socialiste?*, vol.16, no.3, 2009を参照のこと。

長期的な社会変革を念頭に置き、水平的権力と垂直的権力を徐々に変容させて行くプラグマティズムが日本の市民運動にも必要である。

「経済活動に関する政治的および倫理的研究プログラム」（PEKEA）▼96において取り組まれている、「進歩」と「豊かさ」を再定義する研究プロジェクトの中で検証していくことも重要である。この他にも、反グローバリズムの社会運動研究やラディカル・デモクラシー研究で扱われる、公共性、経済民主主義、多元主義、グローバル・ジャスティス、政治主体、倫理などなどの問題を議論する際の一つの参考資料として利用することも可能である。

されども訳者として最も望むことは、ラトゥーシュ思想を通じてわれわれが戦後日本の社会発展の歴史を国際的な文脈で再検討し、その結果として、日本の地域主義や地方自治論等のオルタナティブな日本を求める思想潮流がより統合された形で急進化され、地域社会の自律自治を再生する実践が活性化されることである。一九九〇年代初頭のバブル経済崩壊以後、日本社会は構造的不況に陥り、二〇〇〇年以後は米国の新自由主義グローバル化の流れを追う小泉政権（二〇〇一年〜二〇〇六年）の構造改革の下、所得格差・地方格差の拡大や雇用不安の増大を経験している。そして二〇〇八年秋の米国発金融恐慌が引き金となり、日本経済はマイナス成長を記録し、企業のリストラはますます激しさを増し、派遣労働者・移民労働者・障害者、女性などの社会的弱者が最初に雇用を失い、そして多くの正社員までが失業の危機にある。われわれが目にしているのは、高齢者介護、育児、年金問題、地方の構造的不況、労働者のプレカリアート化（その最大の被害者は女性である）に加え、二十世紀産業文明を支えた基幹産業である自動車産業の低迷である。

この袋小路の中で、日本の政界や産業界は近代の成長パラダイムを根本から問いに付すことなく、成長社会を維持するための戦略——成長戦略——を新たに計画することに躍起になっている。そこには「豊かさ」の意味を根本から問い直す態度もなければ、また成長社会とは全く異なる論理で活動する社会を描く構想力も見受けられない。現行の経済体制を維持したままの一時凌ぎの政策では、長期的な社会変化の展望を描くことは困難であり、人々は不安と隣り合わせで生活を続けていくだけであるとしても、である。

真に「安心・安全な社会」とは、日本で生活するすべての人々の生存を数世代にわたり保障する価値と原理を展望として提供できる社会であり、そのような社会は実行可能な参加型プロジェクトの取り組みに裏打ちされた理想によって支えられるものである。無限の経済成長を目指す生産主義的で消費主義的な社会が構造的な矛盾を抱えており、住民全員に生存のための条件を保障することができないのであれば、社会が依拠する価値と進むべき方向を転換し、社会を構成する文法を新たな目的に向かって徐々に変えてゆくことが重要である――〈脱成長《デクロワサンス》〉論が提案していることは至極単純で本質的なことである。ラトゥーシュがわれわれに訴えかけることは、そのような社会の価値と目的の転換が絵空事に終わらないためにも、望ましい理想をローカルで地道な実践によって一つ一つ具現化していくことの大切さである。実践で得られる現実と目指すべき理想の間に隔たりがあることは当然であり、その間を埋めながらわれわれを行動に移させるのは集合的な構想力――社会的想念――のなせる業である。この社会的想念は人々の絶え間ない活動によって培われるものであり、実践の進展と精神（エトス）の成熟は車の両輪のごとく互いを必要とする。人々が主体的に実地に試行錯誤を繰り返し、各地で固有の社会的実験を繰り返すなかで横の連帯と連携を強め、一歩一歩社会の理想の地平を拡大していくことが戦略の基本となる。

理想は実在しないものであるが、無意味なものではない。理想は社会に展望を与え、われわれの視野を広げるある種の集合的な「知恵」である。理想や希望がなければ行動のための決断に踏み出すことはできない。しかし現実性に欠く希望や特定の集団の利益のみを代弁する理想の下では、そこに向かってどれだ

▼96　Political and Ethical Knowledge on Economic Activities, www.pekea-fr.org. 国連経済社会理事会諮問ＮＧＯであり、フランス、西アフリカ諸国、南米諸国、英国、米国、日本の社会科学者が参加している。

け行動しても努力は烏有に帰すことになり、多くの犠牲を生み出すことになる。ゆえに社会の理想は、人々の多様な要求を最大限可能な限り節合させることで形成されなければならない。ここに平等と多元性を一つの地平で結びつけるラディカル・デモクラシー[97]の精神とその実践が必要となり、また、そのような民主主義的な実践を支える規範としての正義の文法が要求される。

では現代日本においてどのようにラディカル・デモクラシーを実現してゆけばよいだろうか。浅学非才をかえりみず訳者なりの意見をいくつか挙げるならば、一つには、都市と地方のあらゆる水準で「公共空間」を再生することである。同じ土地に住む住人同士が自分たちの生活域の問題点と展望について議論し、思考実験を行うための共同の時間と場所を創造することである。そして、地方の人々と都市の人々がそれぞれの生活域の問題と展望を交換できる地域間フォーラムをインターネット上だけでなく物理的にも設けてゆくことである。こうすることで、身体的な繋がりも含めた社会関係ネットワークを日本中に形成していくことである。このような試みはすでに市民団体や非営利組織の手によって実践されていることである。しかし、既存の運動は個別イシューに限定された集会が多く、例えば同じ地域における多様な市民運動の横の連携が形成されていない傾向が多々見られる。この問題を解消するためにも、既存の市民組織がその専門領域を超えて率先して情報交換を行い、住民を巻き込むフォーラムを各地で実施することが最初の一歩となる。住民が自分たちの生活域にある市民組織の全体像を把握できる認識地図を作成し、地元企業、商業施設、娯楽施設などの既存の社会組織地図と重ねて街の機能を把握できるようにすることで、住民と生活域との間に新しい帰属関係が創設される。もし市民組織が各自の業務に忙しいのであれば、そのような情報交換のための自由時間を創る工夫をするところから議論すると良いであろう。また、国内外の問題に各地域の文脈から発言を行うことができる優れた研究調査能力を有する市民シンク・タンクも、規模と質の双方において発達させなければならない。

第二に、新しく編成された公共空間の中で、あるいは日常生活の中で、われわれの社会がたどってきた歴史を反省しながら世代間の倫理を養うことが重要である。都留重人が最後の著作でいみじくも指摘していることだが、今日のわれわれは、日本の将来がどのようなものになるべきか、孫の世代と対話することで考察する必要があるのではないだろうか。[98] つまり問われているのは世代間正義に裏打ちされた日本社会の展望であり、「一つ前の世代によって生かされているわれわれは、次世代の幸福を願って何を与えればよいのか」という歴史的な責任と贈与の倫理である。このような倫理は、われわれの集合的な歴史を深くかつ批判的に理解しながら現在の社会を見つめ直すことを要求する。またこの倫理は、世代と世代を繋ぐ贈与の環が途切れたとき、社会は維持不可能なものになる、ということも含意する。もし現在の日本に（例えば未来への展望の欠如や現行の社会制度への不信感や不安などの）世代間の贈与の環を途切れさせるような要因があるとすれば、それらを世代間正義の名の下で解決しなければならない。

世代間贈与の環は、倫理的な歴史解釈に裏打ちされた社会関係であり、そのような社会関係は近代国家や国民アイデンティティを超えて模索されるべきものである。加えてこのような正義は人間同士の間柄のみに終始するものではない。生態系の問題を含めて言うならば、この地に生まれては消えゆく已《い》・今《こん》・当《とう》のすべての有情・無情に遍く正義と尊厳を約束するような倫理を実践する社会として日本を再生してゆくことが理想である。例えば仏教の生命観にしたがえば、この世に生きとし生けるものの命はすべて平等であり、その上で人間固有の価値と生きる目的が明らかにされている。このような徹底した平等主義に立脚した生命観と透徹した人生観を通じてこそ、「豊かさ」を含む人間社会の根本価値を見つめ直し、人間の

▼97　Ernesto Laclau and Chantal Mouffe, *Hegemony and Socialist Strategy*, London: Verso, 1985, Ch. 4.
▼98　都留重人著『市場には心がない――成長なくて改革を』岩波書店、二〇〇六年。

搾取・差別と他の生物種の搾取・差別の双方に繊細に対応し、それらを間断なく是正してゆく社会のあり方を模索することができるのではないだろうか。これまでとは異なる生命観と人生観をもって世代間正義を考察することが、ひとつの可能性である。

　ではこのような世代間倫理を育むためにはまず何から議論すべきか。当面のところ、日本社会の可能性を、高度成長の栄光の裏側に沈黙している「もう一つの戦後史」を振り返って確認する必要があるだろう。

　戦後日本の理念を明記している日本国憲法は、近代帝国日本が犯した帝国主義・植民地主義・軍事主義の過ちの反省から、日本国民の名の下で戦争の恒久的放棄を国家に約束させている。またそのような絶対的な平和主義を基本として国民の基本的人権を保障している。つまり、日本国憲法は、明治維新以後の日本の近代がもたらしたあらゆる不正義と非人道的行為を批判し克服する、「近代の後の時代（ポスト＝モダン）」を予言する憲法である。▼99 日本国憲法に内在する斯様《かよう》な近代批判は、日本の近代という特殊な歴史の批判であると同時に、近代一般の問題をも批判しうる普遍性を有している。しかしこの建国の理念の急進性に反して、戦後の日本において経済発展がもたらしてきた暴力に対する批判と反省が未だに不十分であること、また経済想念に替わるオルタナティブを構想することができず、自らの将来像を摑めずにいること。さらに、揺れる国民アイデンティティを繕うためにナショナリズムが蔓延し、改憲の選択に迫られる可能性と隣り合わせの状況にいること。ここに日本国憲法の創造的な可能性の芽が、保守的な経済主義によって摘み取られてきた歴史が看取される。忘れてはならないことは、そのような日本の戦後は、経済発展の歪みと核兵器・戦争の脅威を問いただすための市民社会の胎動に彩られた歴史でもあったということである。訳者が述べる「もう一つの戦後史」とは、人権運動を起こし、公害反対運動を組織化し、原水爆禁止運動と反戦運動を推進し、産直提携運動を実践し、地域主義を提唱し、地方自治の実現を構想してきた歴史であり、このような市民運動の実験によってでさえも未だ現前化されることのない――場合によっては一層忘却されてしまう――マイノリティの経験や構造的暴力が語りかける歴史にほかならない。二〇〇三年の英米主導の対イラク戦争勃発後、世界的な反戦運動に連動する形で国内でも反戦デモが起こったことは記憶に新しい。また過去数年の間、偏在的な形ではあるが、日本各地で自然エネルギー、補完通貨、市民金融の社会的実践が営まれ、今日の経済危機下では、反貧困ネットワークが雇用問題や格差の問題について世論を喚起し、憲法に規定される生存権に関する議論も高まっている。これらの運動が提起する問題を統合させて日本社会に新しい規範を導入していくことが課題のひとつである。新しい言語を発明することは勿論大事であるが、同時にこれまで馴れ親しんできた言葉や価値を現行の社会的要求によって再定義することも重要である。「平等」と「豊かさ」はその筆頭に挙げられるだろう。また、右で述べた「もう一つの戦後」の経験を、日本国憲法のもつ近代批判とともに現代世界の人々と、そしてこれからの世代の人々と分有していく道筋を探ることも重要である。例えば、今年十月には名古屋で生物多様性条約会議（COP10）が開催されるが、その場で祝島の原発問題や辺野古の米軍基地移設問題を住民の「人間の安全」と生物多様性の保護の観点からとり上げることもよいだろう。こうすることで、日本国憲法における

▼99　この点において、筆者は千葉眞氏やC・ダグラス・ラミス氏の日本国憲法解釈に賛同する。参照：千葉眞著「戦後日本の憲法平和主義の一考察――その理論的意味について」、千葉眞編『平和運動と平和主義の現在』風行社、二〇〇八年所収。C・ダグラス・ラミス著『憲法と戦争』晶文社、二〇〇〇年。

▼100　訳者の限られた知識によれば、ダグラス・ラミスの憲法論と発展主義批判がこのような立場を最も包括的かつ理論的に論じている。ダグラス・ラミス著『ラディカル・デモクラシー――可能性の政治学』（前掲書）を参照のこと。

▼101　「脱安全保障」とは、蓮井誠一郎が提唱する概念である。蓮井誠一郎著「開発・安全保障からサブシステンスへ――脱安全保障論序説」（所収：郭洋春・戸崎純・横山正樹編『環境平和学』前掲書）を参照のこと。

「基本的人権」や「生存権」の意義を、〈脱成長《デクロワサンス》〉の視点から再定義することが可能である。日本が成長社会から〈脱成長《デクロワサンス》〉社会へと転換してゆくポジティブな原動力として、つまりは核戦争と経済戦争を終結させる原動力として、憲法を日々の実践の中で活用してゆくことが鍵となる。[100]それは、現代日本の民主主義の精神（エトス）を人々のローカルな実践を通じて刷新し、人々の生きられた経験と憲法のもつ平和主義との間に新しい分節化を生み出すことを意味する。このような事業は、世界の中で唯一日本しか担うことができないことであり、日本が国際的な指導力を発揮するとすれば、それは経済大国としてではなく、また近代の安全保障制度と権力政治を担う一国としてでもなく、〈脱成長《デクロワサンス》〉・脱安全保障[101]の国として、である。

発展・開発および成長に替わるオルタナティブの素地となる実践や思想は日本にも存在しており、その意味では、日本は現在、〈脱成長《デクロワサンス》〉社会へ転換するに十分な歴史的状況にあるのかもしれない。われわれは、自分たちの社会がたどってきた道を省察し、将来に伝える方法を集合的な実践を通じて発明しなければならない。日本の戦後を引き継ぐことは、訳者のような若手研究者やこれからの世代の人々にとっては特に意義深いことである。また、そのような歴史的反省に加えて、種々のオルタナティブ経済実践を地域に根差した企て《プロジェ》として統合していく必要がある。ラトゥーシュの思想から学ぶことがあるとすれば、社会の歴史的構造と人間の条件を反省する観照的態度と、それらを変革するプロジェを興す実践運動との間を往来する方法論である。また、この二つの領域の媒介役として社会科学研究――理論研究と実証分析――が果たす可能性についても、彼の過去四〇年の研究キャリアは随分と多くを教えてくれる。

本書が日本において自律社会を創造することに貢献し、新しい正義の文法を国内と国際舞台の双方において培ってゆくための一つの参照点になれば幸甚である。

早梅の香る京都にて

謝辞——中野佳裕

本書の出版に際して、作品社の内田眞人氏には企画段階から編集にいたるまで非常なるご協力と助言を頂いた。氏の懇切丁寧な指導と仕事に心より感謝の辞を述べたい。次に、本書の出版企画を快諾し、日本語版完成に向けて序文執筆と情報提供をされたセルジュ・ラトゥーシュ氏本人にも深くお礼を述べたい。また、ラトゥーシュの友人であり、国連経済社会理事会諮問機関ＮＧＯ「経済活動に関する政治的および倫理的研究プログラム」（ＰＥＫＥＡ）の主催者であるマルク・アンベール先生（レンヌ大学教授、日仏会館フランス事務所所長）には、本書の出版企画の構想段階で意見を頂いた。

二〇〇八年に英国より帰国して以来、日本でラトゥーシュの思想に関して発表したり、ラトゥーシュの著作に関するヒアリング調査を行った。順不同ながら、以下の方々にお礼を申し上げたい。まず、日仏経済学会の西川潤先生（早稲田大）、鈴木宏昌先生（早稲田大）、井上泰夫先生（名古屋市立大）、勝俣誠先生（明治学院大）、清水和巳先生（早稲田大）には早い時期から小生のラトゥーシュ研究に対して支援と助言を頂いた。千葉眞先生（国際基督教大）、ダクラス・ラミス先生、ムスタファ・パシャ先生（アバディーン大）、ジョルジオ・シャーニー先生（国際基督教大）、土佐弘之先生（神戸大）、西谷修先生（東京外大）、中山智香子先生（東京外大）、北島健一先生（立教大）、井上弘貴先生（神戸大）、戸崎純先生（首都大東京オープンユニヴァーシティ）、横山正樹先生（フェリス女学院大）、平井朗先生（立教大）、蓮井誠一郎先生（茨城大）、鳴原敦子先生（「環境・平和」研究会）、杉村昌昭先生（龍谷大）には、講演会・研究会で支援ならびにコメントを頂いた。

本書は、筆者の日本における初の学術的仕事となるが、この訳書の完成の歓びを分かち合いたい人たちが海外にもいる。英国エセックス大学政治学部イデオロギーと言説分析修士課程と、英国サセックス大学博士課程の約七年を通じて共に政治と平和について議論し行動した仲間たち。そして、世界社会フォーラム（二〇〇三年、二〇〇四年）、ヨーロッパ社会フォーラム（二〇〇三年、二〇〇四年）、ロンドンとブライトンの反戦デモ（二〇〇三年）、リヨンの〈脱成長《デクロワサンス》〉のためのマーチ（二〇〇五年）で出会ったすべての人たち。彼ら／彼女らに謝意を表したい。

Monde diplomatique, novembre 2004.
«La décroissance comme préalable et non comme obstacle à une société conviviale», colloque, Lyon, septembre 2003.
«Les "décroissants" : consommer moins, économiser l'énergie», *Enjeux les Échos*, no.208, décembre 2004.
«Objectif décroissance : La croissance en question», *Campagnes solidaires*, Mensuel de la confédération paysanne, no.182, février 2004.
«La foi irrationnelle dans le progrès balaie toute objection», interview, *CIO Stratégie et Technologie*, mars 2005.
«Écofascisme ou écodémocratie. Vers la décroissance», *Le Monde diplomatique*, novembre 2005.
«La décroissance comme condition d'une société conviviale», *Cahiers Jacques Ellul*, L'Économie, L'Ésprit du temps, 2005.
«Vivre simplement pour d'autres, simplement, puissent vivre», entretien publié dans *Les Concentrés,* journal de la confédération des organisations de jeunesse, Bruxelles, novembre-décembre 2005.
«Penser une société de la décroissance. Entretien avec Emmanuelle Martin», *Alliance pour une Europe des consciences*, no.7, janvier 2006.
Interview sur la décroissance, *Ecorev,* Revue critique d' écologie politique, no.21, automne 2005.
«Pour une renaissance du local», *L'Écologiste*, no.15, avril-mai, 2005.
«La déraison de la croissance des transports. À bâbord !», Québec, octobre-novembre 2005.
Entretien sur la décroissance, *La Dynamo,* revue de l'APEAS, no.37, septembre 2005.
«Relocaliser l'économie», *La Décroissance*, no.28, septembre 2005.
«Le défi de la décroissance», *Espace de liberté*, no.331, Bruxelles, mai 2005.
«Sortir des pièges de l'effet rebond», *Silence*, no.322, avril 2005.
Nature et Progrès, (la revue de la bio), no.55, novembre-décembre 2005-2006. «Politique de décroissance : vivre localement».
«La decrescita» in Giovanna Ricoveri (a cura di), *Capitalismo Natura Socialismo*, Milano, Jaca Book, 2006.
«La déraison de la croissance», *L'Alpe*, no.32, (la revue du musée Dauphinois), 2006.
«Faut-il avoir peur d'abandonner la course à la croissance ?», Entretien avec Serge Latouche, *Alternatives non-violentes*, no.138, mars 2006.
Entretien, *Fibrile*, no.6, Liège, printemps 2006.

À bâtons rompus. Conférence-débat avec François Partant (Lyon, 1983), Paris, Éd. La Ligne d'Horizon, 1995.

L'Économie-monde en question. Introduction à l'œuvre de François Partant, Paris, Éd. La Ligne d'Horizon, 1996.

Sel, pour changer échangeons, collectif, Paris, Éd. S!lence, 1998.

PRIMEVERE (http://primevere.salon.free.fr/)

Actes écris. Neuf conférences sur le thème «Sortir de l'insoutenable mondialisation», collectif, Lyon, Éd. Primevère, 2001 (brochure).

Réseau ROCADe pour l'après-développement (www.apres-developpement.org)

Manifeste de réseau pour l'après-développement, collectif, Gaillac, 2003 (brochure).

ACTES DE COLLOQUES

Impasse de la croissance, impasse du développement, quelle alternative ?, Lyon, 1988 (58p.).

Le travail a-t-il un avenir sur terre ?, Paris, 1993 (55p.).

Silence, on développe...la pauvreté, Paris, 1996 (45p.).

Sortir de l'imposture économique, Lyon, 1997 (90p.).

Défaire le développement, refaire le monde, Paris, 2002 (300p.).

【〈脱成長〉に関してラトゥーシュが書き下ろした論文・論評・寄稿】

«Décroissance» in *Le Dictionnaire des sciences humaines*, sous la direction de Sylvie Mesure et Patrick Savidan, Paris, PUF, 2006.

«Le changement de cap ne se fera pas sans douleur», interview in *Cosmopolitiques* no.13, «Peut-on faire l'économie de l'environnement ?», Paris, Apogée, 2006.

«La décroissance, pourquoi ?», *Vert Contact*, no.709 (débat Lipietz), avril 2004.

«Pédagogie des catastrophes», *La Décroissance*, no.1, mars 2004.

«Pour une politique de décroissance des transports», *La Décroissance*, no.2, avril-mai 2004.

«Antiproductivisme, Décroissance, Développement durable et Post développement», *Centre Thomas More*, La Tourette, février 2004.

«Pour une société de décroissance», *Le Monde diplomatique*, novembre 2003.

«Il faut jeter le bébé plutôt que l'eau du bain», IUED, *Nouveaux Cahiers*, no.14, «Brouillons pour l'avenir, contributions au débat sur les alternatives (avec ma réponse à Christian Coméliau)», 2003.

«Dossier sur la décroissance» : débat avec René Passet, *Politis*, 11 décembre 2003.

«Pourquoi la décroissance ? Le cas aberrant des transports», *Vert Contact*, 2003.

«Contre l'ethnocentrisme du développement. Et la décroissance sauvera le Sud...», *Le*

Le Figaro, 24 mars 2006.

Financial Times, 10 novembre 2006.

Le Monde, 22 novembre 1991 ; 2 avril 1996 ; 16 février 2002 ; 19 juin 2003 ; 14 février 2004 ; 11 avril 2004 ;12 avril 2004 ; 16-17 juin 2005 ; 30 juillet 2006.

Le Monde diplomatique, mai 2001 ; juillet 2004 ; janvier 2005.

Le Nouvel Économiste, 26 mars 2004.

Le Nouvel Observateur, 12-18 juin 1972.

Libération, 8 février 2002 ; 27 juin 2005.

Nouveaux Cahiers de l'IUED, coll. «Enjeux» (www.unige.ch/iued/)

———, No.6, *La Mondialisation des anti-sociétés. Espaces rêvés et lieux communs*, Gilbert Rist (dir.), mars 1997.

———, No.7, *Pratiques de la dissidence économique. Réseaux rebelles et créativité sociale*, Yvonne Preiswerk et Fabrizio Sabelli (dir.), juin 1998.

———, No.13, *Les Mots du pouvoir : sens et non-sens de la rhétorique internationale*, (dir.), Gilbert Rist, 2002.

———, No.14, *Brouillons pour l'avenir : contributions au débat sur les Alternatives*, (dir.), Christian Comeliau, 2003.

Politis, 11 décembre 2003 ; 14 décembre 2006.

RÉFRACTIONS (http://refractions.pluslois.org/), No. 9, *Au-delà de l'économie : quelles alternatives ?*, 2002.

Revue du MAUSS, no.24, «Une théorie sociologique générale est-elle pensable ?», Paris, La Découverte, 2e semestre 2004.

SILENCE (www.revuesilence.net).

———, No.280, «La peur de la décroissance», février 2002 .

———, No.302, «Écologie – Alternative – Non violence» «La peur de la décroissance», octobre 2003.

———, No.304, «Pour une société de frugalité», de François Brune, décembre, 2003.

———, No.307, «Écocités : villes et décroissance urbaine», février 2004.

Le Soir de Bruxelles, 2 mai 2007.

Vert contact, no.709, avril 2004.

WWF, Rapport «Planète vivante 2006».

【パンフレット】

LA LIGNE D'HORIZON (www.lalignedhorizon.org)

Du chômage à l'autonomie conviviale, Ingmar Grandstedt, co-édition Silence, La ligne d'horizon, Utovie, MRERS, 1983 (réédition 1995).

Waal, Frans de, *Le Singe en nous*, Paris, Fayard, 2006.

Wackernagel, Mathis *et al.* «Tracking the ecological overshoot of the human economy», *Proceedings of the National Academy of Sciences USA*, vol. 99, no. 14, 9 juillet 2002.

Wackernagel, Mathis et William Rees, *Notre empreinte écologique. Comment réduire les conséquences de l'activité humaine sur la terre*. Montréal (Québec), Écosociété, 2000.

Wackernagel, Mathis, «Il nostro pianeta si sta esaurendo» in Andrea Masullo (dir.), *Economia e Ambiente. La sfida del terzo millennio*, Bologna, EMI, 2005.

WWF, Rapport «Planète vivante 2006».

Zajaczkowski, Andrzej, *Dimension culturelle du développement*, Publication du Centre d'études sur les pays hors européens, Varsovie, Académie polonaise des sciences, 1982.

Zanotelli, Alex, *Avec ceux qui n'ont rien*, Paris, Flammarion, 2006.

Zaoual, Hassan, *Territoires et dynamiques économiques*, Paris, L'Harmattan, 1998.

Zin, Jean, «Les limites de la décroissance», interview in *La Décroissance*, 13 janvier 2006.

【雑誌論文・新聞記事】

Bulletin Ligne d'horizon, no. 36, août-septembre 2006.

Cahier de l'IUED, no. 14, «Brouillons pour l'avenir : contributions au débat sur les alternatives», Paris / Genève, PUF, 2003.

Campagnes solidaires, Mensuel de la confédération paysanne, no. 182, février 2004.

Cosmopolitiques, no. 13, «Peut-on faire l'économie de l'environnement ?», Paris, Apogée, 2006.

La Décroissance. Le journal de la joie de vivre, par Casseurs de pub, 11 place Croix-Pâquet, 69001 Lyon.

La Revue du MAUSS (semestrielle) (www.revuedumauss.com.fr)

———, No. 20, *Quelle «autre mondialisation» ?*, 2e semestre 2002, 368p.

———, No. 21, *L'Alter-économie, Quelle «autre mondialisation» (fin)*, 1er semestre 2003, 432p.

L'ÉCOLOGISTE (www.ecologiste.org)

———, No. 6, *Défaire le développement, refaire le monde*, février 2002.

———, no. 8, octobre 2002 ; no. 14, octobre 2004 ; no. 20, septembre-novembre 2006.

ENTROPIA, Lyon, Parangon, no. 1, «Décroissance et politique», novembre 2006 ; no. 2, «Travail et décroissance», mars 2007.

訳，明石書店，2006年）
———, *La Guerre de l'eau*, Lyon, Parangon, 2003（ヴァンダナ・シヴァ著『ウォーター・ウォーズ——水の私有化，汚染，そして利益をめぐって』神尾賢二訳，緑風出版，2003年）

Singleton, Michael, *Amateurs de chien à Dakar*, Louvain-la-Neuve / Paris, Academia-Bruylant / L'Harmattan, 1998.

———, «Le coût caché de la décroissance», *ENTROPIA*, no.1, 2006.

Stern, Nicholas, «The Economics of Climate Change. Executive summary», www.sternreview-org.uk, automne 2006.

Tanguy, Philippe, «Pauvreté et cohésion sociale en Mauritanie. Construction sociale et fonction d'une catégorie stigmatisante : la pauvreté», Revue *Maghreb-Machreck*, no.190, 2007.

Tarde, Gabriel, *Fragment d'histoire future*, Genève, Slatkine, 1980.

Temple, Dominique et Mireille Chabal, *La Réciprocité et la naissance des valeurs humaines*, Paris, L'Harmattan, 1995.

Terrasson, François, *La Peur de la nature*, Paris, Sang de la terre, 1988.

———, *La Civilisation anti-nature*, Monaco, Éditions du Rocher, 1994.

———, *En finir avec la nature*, Monaco, Éditions du Rocher, 2002.

Tertrais, Jean-Pierre, *Du développement à la décroissance. De la necessité de sortir de l'impasse suicidaire du capitalisme*, Paris, Éditions du Monde libertaire, janvier 2004 : nouvelle édition 2006.

Testart, Jacques, *Le Vélo, le Mur et le Citoyen. Que reste-t-il de la science ?*, Paris, Belin, 2006.

Tévoédjrè, Albert, *La Pauvreté richesse des peuples*, Paris, Éditions ouvrières, 1978.

Thuillier, Pierre, *La Grande Implosion, 1999-2002*, Paris, Fayard, 1997, (réédité en poche).

———, *La Revanche des sorcières. L'irrationnel et la pensée scientifique*, Paris, Belin, 1997.

Tomkins, Richard, «Welcome to the age of less», *Financial Times*, 10 novembre 2006.

Traoré, Aminata, *Le Viol de l'imaginaire*, Paris, Actes Sud / Fayard, 2002.

Vachon, Robert (sous la direction de), *Alternatives au développement. Approches interculturelles à la bonne vie et à la coopération internationale*, Institut interculturel de Montréal, Éditions du Fleuve, coll. «Alternatives», 1988-1990.

Veblen, Thorstein, *Théorie de la classe de loisir*, Paris, Gallimard, coll. Tel, 1970（ソースティン・ヴェブレン著『有閑階級の理論』高哲男訳，筑摩書房，1998年）

Virilio, Paul, *L'Espace critique*, Paris, Galilée, 1984.

———, *La Vitesse de libération*, Paris, Galilée, 1995.

1994.

Rotillon, Gilles, «L'économie de l'environnement définit un espace de négociation rationnel», *Cosmopolitiques*, no. 13, Paris, Apogée, 2006.

Rougemont, Denis de, *L'Avenir est notre affaire*, Paris, Stock, 1977.

Ruffolo, Giorgio, «Crescita e sviluppo : critica e prospettive», Falconara/Macerata 8/9, novembre 2006.

Sachs, Wolfgang (ed.), *The Development Dictionary : A Guide to Knowledge as Power*, London : Zed Books, 1992（ヴォルフガング・ザックス編『脱「開発」の時代——現代社会を読み解くキイワード辞典』三浦清隆ほか訳，晶文社，1996年）

——— (ed.), *Global Ecology*, London, Zed Books, 1993.

———, *Planet Dialectics*, London, Zed Books, 1999.

Sachs, Wolfgang et Gustavo Esteva, *Des ruines du développement*, Montréal, Écosociété, 1996.

Said, Edward W., *Culture and Imperialism*, New York, Vintage Books, 1994. Traduit par Paul Chemla, *Culture et impérialisme*, Paris, Fayard, 2000（エドワード・W・サイード著『文化と帝国主義1』大橋洋一訳，みすず書房，1998年，『文化と帝国主義2』大橋洋一訳，みすず書房，2001年）

Salhins, Marchall, *Âge de pierre, âge d'abondance. L'économie des sociétés primitives* (1972), Paris, Gallimard, 1976（マーシャル・サーリンズ著『石器時代の経済学』山内昶訳，法政大学出版局，1984年）

Sas, Eva, «Conversion écologique de l'économie : quel impact sur l'emploi ?», *Cosmopolitiques*, no. 13, Paris, Apogée, 2006.

Saunders, Kriemild (ed.), *Feminist Post-Development Thought*, London, Zed Books, 2002.

Schumacher, E. F., *Small is Beautiful*, London, Blond and Briggs, 1973（E・F・シューマッハー著『スモール・イズ・ビューティフル——人間中心の経済学』小島慶三・酒井つとむ訳，講談社学術文庫，1986年）

Seabrook, Jeremy and Trevor Blackwell, *The Revolt Against Change : Towards a Conserving Radicalism*, London, Vintage, 1993.

———, *Victims of Development*, London, Verso, 1993.

Shiva, Vandana, *Staying Alive : Women, Ecology and Development*, London, Zed Books, 1989（ヴァンダナ・シヴァ著『生きる歓び——イデオロギーとしての近代批判』熊崎実訳，築地書館，1994年）

———, *Le Terrorisme alimentaire. Comment les multinationales affament le tiers-monde*, Paris, Fayard, 2001（ヴァンダナ・シヴァ著『食糧テロリズム——多国籍企業はいかにして第三世界を飢えさせているか』浦本昌紀監訳，竹内誠也・金井塚務

転換——市場社会の形成と崩壊』吉沢英成ほか訳，東洋経済新報社，1975年）
Poncelet, Marc, *Une utopie post-tiermondiste, la dimension culturelle du développement*, Paris, L'Harmattan, 1994.
Pradervand, Pierre, *Une Afrique en marche*, Paris, Plon, 1989.
Prat, Jean-Louis, *Introduction à Castoriadis*, Paris, La Découverte, coll. Repères, 2007.
Rahnema, Majid with Victoria Bawtree (sous la direction de), *The Post-development Reader*, London : Zed Books, 1997.
———, *Quand la misère chasse la pauvreté*, Paris, Fayard / Actes Sud, 2003.
Ramaux, Christophe, *Emploi : éloge de la stabilité. L'État social contre la flexicurité*, Paris, Mille et une nuits, 2006.
Rasmussen, Derek, «Valeurs monétisées et valeurs non monétisable», *Interculture* (Montréal), no. 147, octobre 2004 «Le terrorisme de l'argent I».
Ravignan, François de, *L'intendance ne suivra pas*, Paris, La Découverte, 1988.
———, *L'Avenir d'un désert : au pays sud-audois*, Villelongue d'Aude, Atelier du gué, 1996 (réédition 2003).
———, *La Faim, pourquoi ?*, Paris, Syros, 1993, Réédition revue et corrigée, Paris, La Découverte, 2003.
Revel, Bernard, *Journal de la pluie et du beau temps*, Canet, Trabucaire, 2005.
Ridoux, Nicholas, *La Décroissance pour tous*, Lyon, Parangon, 2006.
Rifkin, Jeremy, *La fin du travail*, Paris, La Découverte, 1996（ジェレミー・リフキン著『大失業時代』松浦雅之訳，TBSブリタニカ，1996年）
Rist, Gilbert et Marie-Dominique Perrot (sous la direction de), *La Culture, otage du développement*, Paris, L'Harmattan, 1994.
Rist, Gilbert, «La nouvelle gestion publique peut-elle être sociale ?» in Perrot, Marie-Dominique *et al*, *Ordres et désordres de l'esprit gestionnaire*, Lausanne, Éditions Réalités sociales, 2006.
———, Fabrizio Sabelli *et al*, *Il était une fois le développement*, Lausanne, Éditions d'En bas, 1986.
———, Majid Rahnema et Gustavo Esteva, *Le Nord perdu, Repères pour l'après-développement*, Lausanne, Éditions d'En bas, 1992.
———, *Le Développment, Histoire d'une croyance occidentale*, Paris, Presses de Sciences Po, 1996.
Rivera, Annamaria, *La guerra dei simboli. Veli postcoloniali e retoriche sull'alterità*, Bari, Edizioni Dedalo, 2005.
Rivero, Oswaldo de, *The Myth of Development*, London : Zed Books, 2001.
Robin, Jacques, *Quand le travail quitte la société post-industrielle*, Paris, GRIT-éditeur,

saccheggiato, Université de Pavie, 2006.
Nicolas, Guy, *Don rituel et échange marchand dans une société sahélienne*, Paris, Institut d'ethnologie, 1986.
———, *Du Don rituel au sacrifice suprême*, Paris, La Découverte/MAUSS, 1996.
Nicolino, Fabrice et François Veillerette, *Pesticides, révélations sur un scandale français*, Paris, Fayard, 2007.
Norberg-Hodge, Helena, *Ancient Futures : Learning from Ladakh*, San Francisco, Sierra Club Books, 1991（ヘレナ・ノーバーグ＝ホッジ著『ラダック――懐かしい未来』懐かしい未来翻訳委員会，山と渓谷社，2003年）
Pallante, Maurizio, *Un futuro senza luce ?*, Roma, Editori Riuniti, 2004.
———, *La descrescita felice. La quantità della vita non dipende dal PIL*, Roma, Editori Riuniti, 2005.
Panikkar, Raimon, *Pour un pluriversalisme*, Lyon, Parangon, 2007.
Paquot, Thierry, *Éloge du luxe. De l'utilité de l'inutile*, Paris, Bourin éditeur, 2005.
———, *Terre urbaine. Cinq défis pour le devenir urbain de la planète*, Paris, La Découverte, 2006.
———, *Petit manifeste pour une écologie existentielle*, Paris, Bourin éditeur, 2007.
———, *Utopies et utopistes*, Paris, La Découverte, coll. Repères, 2007.
Partant, François, *Que la crise s'aggrave*, Paris, Solin, 1978, Réédition mars 2002, Édition Parangon.
———, *La Ligne d'horizon*, Paris, La Découverte, 1988.
———, *Cette crise qui n'en est pas une*, Paris, L'Harmattan, 1994.
———, *La Fin du développement*, Paris, Actes Sud, 1997 (réédition).
———, *Que la crise s'aggrave !*, rééd. avec préface de José Bové et postface de Serge Latouche, Lyon, Parangon, 2002.
Pasolini, Pier Paolo, *Scritti corsari*, Milano, Garzanti Libri, 2005.
Perna, Tonino, *Fair Trade. La sfida etica al mercato mondiale*, Bollati Boringhieri, 1998.
Perrot, Marie-Dominique *et al*, *Ordres et désordres de l'esprit gestionnaire*, Lausanne, Éditions Réalités sociales, 2006.
Petrini, Carlo, «Militants de la gastronomie», *Le Monde diplomatique*, juillet 2006.
Pieroni, Osvaldo, *Fuoco, Acqua, Terra e Aria, Lineamenti di una sociologia dell'ambiente*, Rome, Carocci, 2002.
Polanyi, Karl, *The Livelihood of Man*, New York, Academic Press, 1977（カール・ポランニー著『人間の経済 I & II』玉野井芳郎・栗本慎一郎訳，岩波現代選書，1980年）
———, *La Grande Transformation*, Paris, Gallimard, 1983（カール・ポランニー著『大

update, Boston Chelsea Green, 1992（ドネラ・H・メドウズ他著『限界を超えて』茅陽一監訳，松橋隆治・村井昌子訳，ダイヤモンド社，1992年）

———, *The Limits to Growth. A Report for the Club of Rome's Project on the Predicament of Mankind*, New York, Universe Books, 1972 (trad. française, *Halte à la croissance ?* (rapport au Club de Rome), Paris, Fayard, 1972)（ドネラ・H・メドウズ他著『成長の限界——ローマクラブ「人類の危機」レポート』大来佐武郎監訳，ダイヤモンド社，1972年）

Méda, Dominique, *Le Travail. Une valeur en voie de disparition*, Paris, Alto/Aubier, 1995.

———, «Notes pour en finir vraiment avec la fin du travail», *Revue du MAUSS*, no.18, 2e semestre, 2001.

Mendes, Candido (sous la direction de), *Le Mythe du développement*, Paris, Seuil, 1977.

Michéa, Jean-Claude, *Impasse Adam Smith. Brèves remarques sur l'impossibilité de dépasser le capitalisme sur sa gauche*, Castelnau-le-Lez, Climats, 2002.

Mill, John Stuart, *Principes d'économie politique* (1848), Stuart Mille, Paris, Dalloz, 1953（ジョン＝スチュアート・ミル著『経済学原理』末永茂喜訳，岩波文庫，1963年）

Mol, P. J., «Ecological Modernization : Industrial Transformations and Environmental Reform», in Redclift, Woodgate, *The International Handbook of Environmental Sociology*.

Monestier, Jean, «Comment sortir de l'industrialisme ?», *ENTROPIA*, no.2, «Décroissance et travail», 2007.

———, «La grande illusion des aéroports régionaux», *Fil du Conflent*, no.14, Atelier de la Chouette, Prades, avril-mai, 2007.

Mongeau, Serge, *La Simplicité volontaire, plus que jamais*, Montréal (Québec), Écosociété, 2003.

Mothé, Daniel, *L'Utopie du temps libre*, Paris, Esprit, 1977 (l'édition italienne, L'utopia del tempo libero, Torino, Bollati Boringhieri, 1998).

Mühlstein, Philippe, «Les ravages du mouvement perpétuel», *Le Monde diplomatique*, janvier 2005.

N'Dione, Emmanuel, *Dynamique urbaine d'une société en grappe*, Dakar, Enda, 1987.

———, *L'Économie urbaine en Afrique*, Paris, Karthala, 1994.

———, *Réinventer le présent*, Dakar, Enda-Graf Sahel, 1994.

———, *Pauvreté, décentralisation et changement social*, Dakar, Enda-Graf Sahel, 1999.

Nandy, Ashis, *The Intimate Enemy*, Bombay, Oxford University Press, 1987.

Napoleoni, Claudio, *Cercare ancora. Lettera sulla laicità e ultimi scritti*, Roma, Editori Riuniti, 1990.

Narboni, Camilla, *Sull'incuria della cosa : considerazioni filosofiche sui rifiuti e sul mondo*

Lietaer, Bernard, «Des monnaies pour les communautés et les régions biogéographiques : un outil décisif pour la redynamisation régionale au XXIe siècle» in Jérôme Blanc (dir.), *Exclusion et lien financiers. Monnaies sociales, Rapport 2005-2006*, Paris, ECONOMICA, 2006.

Ligne d'Horizon (collectif), *Défaire le développement, refaire le monde*, Actes du colloque à l'UNESCO, Lyon, Parangon, 2002.

Lipovetsky, Gilles, *Le Bonheur Paradoxal. Essai sur la société d'hyperconsommation*, Paris, Gallimard, 2006.

Louart, Bertrand, *Quelques éléments d'une critique de la société industrielle*, Paris, Notes & morceaux choisis, 2003.

Lulek, Michel, *Scions...travaillait autrement ? Ambiance bois, l'aventure d'un collectif autogéré*, Saint-Pierreville, éditions Repas, 2003.

Magnaghi, Alberto, *Le Projet local*, Sprimont, Mardaga, 2003.

Mander, Jerry, *In Search of the Sacred*, San Francisco, Sierra Club Books, 1991.

Mansholt, Sicco, *La Crise*, Paris, Stock, 1974.

Maris, Bernard, *Antimanuel d'économie*, tome 2 : *Les Cigales*, Paris, Bréal, 2006.

Marson, Anna (a cura di), *Il progetto di territorio nella città metropolitana*, Firenze, Alinea editrice, 2006 (特に«Dalla città metropolitana alla (bio) regione urbana»の章を参照のこと)

Marta, Claudio, *Relazioni interetniche. Prospettive antropologiche*, Napoli, Guida, 2005.

Martin, Douglas, «Murray Bookchin, 85, Writer, Activist and Ecology Theorist, Dies», *New York Times*, 7 august 2006.

Martin, Hervé-René, *La Mondialisation racontée à ceux qui la subissent*, Castelnau-le-Lez, Climats, 1999.

———, *La Fabrique du diable*, Castelnau-le-Lez, Climats, 2003.

———, *Éloge de la simplicité volontaire*, Paris, Flammarion, 2007.

Martinez Alier, Joan et J. M. Naredo, «A marxist Precursor to Energy Economics : Podolinsky», *Journal of Peasant studies*, no.9, 1982.

Martinez Alier, Joan, «Che cos'è l'economia ecologica» in Andrea Masullo, *Dal mito della crescita al nuovo umanesimo. Verso un nuovo modello di sviluppo sostenibile*, Grottaminarda, Delta 3 Edizioni, 2004.

Masullo, Andrea, *Il pianeta di tutti. Vivere nei limiti perchè la terra abbia un futuro*, Bologna, EMI, 1998.

———, *Dal mito della crescita al nuovo umanesimo. Verso un nuovo modello di sviluppo sostenibile*, Grottaminarda, Delta 3 Edizioni, 2004.

Meadows, Donella H., Jorgen Randers and W. Behrens, *Beyond the limits to growth, an*

Gallimard, 2002.

Kempf, Hervé, *Comment les riches détruisent la planète*, Paris, Le Seuil, 2007.

Kessous, Djémil, *La Révolution moderne*, éd. de l'auteur, 2006.

Kothari, Rajni, *Rethinking Development : In Search of Human Alternatives*, Croton-on-Hudson, Apex Press , 1989.

Kurz, Robert, *Critique de la démocratie balistique*, Paris, Mille et une nuits, 2006.

Langlois, Bernard, bloc-notes de *Politis*, 14 décembre 2006.

Lanternari, Vittorio, *Ecoantropologia. Dall'ingerenza ecologica alla svolta etico-culturale*, Bari, Edizioni Dedalo, 2003.

Latouche, Serge, *Faut-il refuser le développement ? Essai sur l'anti-économique du tiers-monde*, Paris, PUF, 1986.

———, *L'Occidentalisation du monde : Essai sur la signification, la portée et les limites de l'uniformisation planétaire*, Paris, La Découverte, 1989.

———, *La planète des naufragés : Essai sur l'après-développement*, Paris, La Découverte, 1991.

———, *La Mégamachine: Raison techno scientifique, Raison économique et mythe du progrès*, Paris, La Découverte / MAUSS, 1995.

———, *L'Autre Afrique: entre don et marché*, Paris, Albin Michel, 1998.

———, *Les Dangers du marché planétaire*, Paris, Presses de Sciences Po, 1998.

———, Fouad Nohra et Hassan Zaoual, *Critique de la raison économique : introduction à la théorie des sites symboliques*, Paris, L'Harmattan, 1999.

———, *La Planète uniforme*, Castelnau-le-Lez, Climats, 2000.

———, «En finir une fois pour toute avec le développement», *Le Monde diplomatique*, mai 2001.

———, *La Déraison de la raison économique : Du délire d'efficacité au principe de précaution*, Paris, Albin Michel, 2001.

———, *Décoloniser l'imaginaire : La Pensée créative contre l'économie de l'absurde*, Paris, Parangon, 2003.

———, *Justice sans limites : Le défi de l'éthique dans une économie mondialisée*, Paris, Fayard, 2003.

———, *Survivre au développement*, Paris, Mille et une nuits, 2004.

———, *L'invention de l'économie*, Paris, Albin Michel, 2005.

———, *Le Pari de la décroissance*, Paris, Fayard, 2006.

Leclair, Bertrand, *L'Industrie de la consolation. La littérature face au cerveau global*, Paris, Verticales, 1998.

Lefebvre, Henri, *La Vie quotidienne dans le monde moderne*, Paris, Gallimard, 1968.

ィブズ——制度変革の提唱』尾崎浩訳，新評論，1985年）
———, *Une Société sans école*, Paris, Seuil, 1971（イヴァン・イリイチ著『脱学校の社会』東洋・小沢周三訳，東京創元社，1971年）
———, *Énergie et équité*, Paris, Seuil, 1973（イヴァン・イリイチ著『エネルギーと公正』大久保直幹訳，晶文社，1979年）
———, *La Convivialité*, Paris, Seuil, 1973（イヴァン・イリイチ著『コンヴィヴィアリティのための道具』渡辺京二・渡辺梨佐訳，日本エディタースクール出版部，1989年）
———, *Némésis médicale*, Paris, Seuil, 1975（イヴァン・イリイチ著『脱病院化社会——医療の限界』金子嗣郎訳，晶文社，1979年）
———, *Le Chômage créateur*, Paris, Seuil, 1977.
———, *Le Travail fantôme*, Paris, Seuil, 1981（イヴァン・イリイチ著『シャドウ・ワーク——生活のあり方を問う』玉野井芳郎・栗原彬訳，岩波現代文庫，2006年）
———, *Le Genre vernaculaire*, Paris, Seuil, 1983（イヴァン・イリイチ著『ジェンダー——女と男の世界』玉野井芳郎訳，岩波現代選書，1984年）
———, *H2O. Les eaux de l'oubli*, Paris, Lieu commun, 1988（イヴァン・イリイチ著『H2Oと水——「素材」を歴史的に読む』伊藤るり訳，1986年）
———, *ABC : l'alphabétisation de l'esprit populaire*, Paris, La Découverte, 1990（イヴァン・イリイチ著『ABC——民衆の知性のアルファベット化』丸山真人訳，岩波書店，1991年）
———, *Du lisible au visible : la naissance du texte*, Paris, Cerf, 1991.
———, *Dans le miroir du passé*, Paris, Descartes et Cie, 1994.
———, «L'origine chrétienne des services», in *La Perte des sens*, Paris, Fayard, 2004.
———, «L'enseignement : une vaine entreprise», in *Œuvres complètes* tome 1, Paris, Fayard, 2004.
———, «Des choix hors économie : pour une histoire du déchet», in *Œuvres complètes,* tome 2, Paris, Fayard, 2005.
———, «Disvaleur» in *Œuvres complètes,* tome 2, Paris, Fayard, 2005.
Institute Interculturel de Montréal (IIM), *Living with the Earth : Cross-Cultural Perspectives on Sustainable Development : Indigenous and Alternative Practices*, The Colloquium Report, Oxford, Québec, 1992.
Jacob, Jean, *L'Antimondialisation. Aspects méconnus d'une nébuleuse*, Berg international, 2006.
Jacquart, Albert, *L'Équation du Nénuphar*, Paris, Calmann-Lévy, 1998.
Jacquiau, Christian, *Les Coulisses du commerce équitable*, Paris, Mille et une nuits, 2006.
Jouvenel, Bertrand de, *Arcadie. Essai sur le mieux vivre*, Paris, Sedeis, 1968 ; rééd, Paris,

Goldsmith, Édouard et Jerry Mander, *Le Procès de la mondialisation*, Paris, Fayard, 2001.

Goldsmith, Édouard, *Le Défi du XXᵉ siècle*, Monaco, Éditions du Rocher, 1994, Réédition sous le titre *Le Tao de l'Écologie*, Paris, Éditions du Rocher, 2002（エドワード・ゴールドスミス著『エコロジーの道――人間と地球の存続の知恵を求めて』大熊昭信訳，法政大学出版局，1998年）

Gorz, André, *Écologie et liberté*, Paris, Galilée, 1977（アンドレ・ゴルツ著「エコロジーと自由」『エコロジスト宣言』高橋武智訳，緑風出版，1983年所収）

———, *Métamorphoses du travail. Quête de sens. Critique de la raison économique*, Paris, Galilée, 1988（アンドレ・ゴルツ著『労働のメタモルフォーズ――働くことの意味を求めて――経済的理性批判』真下俊樹訳，緑風出版，1997年）

———, *Capitalisme, socialisme, écologie. Désorientations, orientation*, Paris, Galilée, 1991（アンドレ・ゴルツ著『資本主義・社会主義・エコロジー』杉村裕史訳，新評論，1993年）

Granstedt, Ingmar, *L'Impasse industrielle*, Paris, Seuil, 1980.

———, *Peut-on sortir de la folle concurrence ? Petit manifeste à l'intention de ceux qui en ont assez*, Paris, La Ligne d' horizon, 2006.

Gras, Alain, «Internet demande de la sueur», *La Décroissance*, no.35, décembre 2006.

———, *Fragilité de la puissance. Se libérer de l'emprise technologique*, Paris, Fayard, 2003.

Grinevald, Jacques, «Histoire d'un mot. Sur l'origine de l'emploi du mot décroissance», *ENTROPIA*, no.1, 2006.

Guibert, Bernard et Serge Latouche (dir.), *Antiproductivisme, altermondialisme, décroissance*, Lyon, Parangon, 2006.

Harribey, Jean-Marie, «Développement durable : le grand écart», *L'Humanité*, 15 juin 2004.

Hazard, Paul, *Le Malaise américain*, 1931.

Héritier, Françoise, «La femme comme question politique», *Le Soir*, Bruxelles, 2 mai 2007.

Hoogendijk, Willem, *The Economic Revolution. Towards a Sustainable Future by Freeing the Economy from Money-Making*, Utrecht, International Books, 1991.

———, «Let's Regionalise the Economy – and Cure Ourselves of a Host of Ills !», note d'avril 2003.

———, *Let'Stop Tsunamis*, Utrecht, Earth Foundation, 2005.

Hulot, Nicolas (Fondation), dossier de presse de *Pour un pacte écologique*.

———, *Pour un pacte écologique*, Paris, Calmann-Lévy, 2006.

Illich, Ivan, *Libérer l'avenir*, Paris, Seuil, 1969（イヴァン・イリイチ著『オルターナテ

ラールと経済の論理』織田年和・富永茂樹訳，法政大学出版局，1990年）
Dupuy, Jean-Pierre et Jean Robert, *La Trahison de l'opulence*, Paris, PUF, 1976.
Dupuy, Jean-Pierre, *Pour un catastrophisme éclairé. Quand l'impossible est certain*, Paris, Le Seuil, 2002.
Duval, Guillaume, «L'impasse de la décroissance», *Cosmopolitiques*, no. 13, Paris, Apogée, 2006.
Ellul, Jacques, *Le Bluff technologique*, Paris, Hachette, 1998.
———, *Métamorphose du bourgeois*, Paris, La Table ronde, 1998.
———, *Les Successeurs de Marx*, Paris, La Table ronde, 2007.
Escobar, Arturo, *Encountering Development : The Making and Unmaking of the Third World*, Princeton, N. J., Princeton University Press, 1995.
Esteva, Gustavo and Madhu Suri Prakash, *Grassroots Postmodernism : Remaking the Soil of Culture*, London : Zed Books, 1998.
Esteva, Gustavo, *Celebration of Zapatismo. Multiversity and Citizens International*, Penang, 2004.
Ferguson, James, *The Anti-Politics Machine : "Development", Depolitization and Bureaucratic Power in Lesotho*, Cambridge, Cambridge University Press, 1990.
Flahaut, François, *Le Paradoxe de Robinson. Capitalisme et société*, Paris, Mille et une nuits, 2005.
Flipo, Fabrice, «Pour l'altermondialisme. Une réponse à Isaac Johsua», document internet.
Fotopoulos, Takis, *Vers une démocratie générale. Une démocratie directe, économique, écologique et sociale*, Paris, Le Seuil, 2001.
Georgescu-Roegen, Nicholas, *La Décroissance : entropie, écologie, économie*, présentation et traduction de Jacques Grinevald et Ivo Rens, Paris, Sang de la terre, 1994（ニコラス・ジョージェスク＝レーゲン著『エントロピー法則と経済過程』高橋正立，神里公ほか共訳，みすず書房，2006年）
Gesualdi, Francesco, *Sobrietà. Dallo spreco di pochi ai diritti per tutti*, Milan, Feltrinelli, 2005.
Gevaert, Pierre, *Alerte aux vivants et à ceux qui veulent le rester*, Paris, Sang de la Terre/Ellébore, 2006.
Godbout, Jacques, «Les conditions sociales de la création en art et en sciences», *Revue du MAUSS*, no. 24, «Une théorie sociologique générale est-elle pensable ?», Paris, La Découverte, 2004.
Goldsmith, Édouard *et al.* (sous la direction de), *The Future of Progress*, Totnes, Green Books, 1995.

———, *Droit communautaire de l'environnement*, édition revue et augmentée, Paris, L'Harmattan, 2006.

Chartier, Anne-Marie, *Essai critique sur le concept de développement*, Grenoble, Presses universitaires de Grenoble, 1996.

Cheynet, Vincent et Denis, «La décroissance pour l'emploi», *La Décroissance*, no.3, juillet 2004.

Cicolella, André et Dorothée Benoit-Browaeys, *Alertes santé*, Paris, Fayard, 2005.

Clastres, Pierre, *La Société contre l'État*, Paris, Minuit, 1974 (réédition 1991)（ピエール・クラストル著『国家に抗する社会――政治人類学研究』渡辺公三訳，書肆風の薔薇，1987年）

Clément, Gilles et Louisa Jones, *Une écologie humaniste*, Paris, Aubanel, 2006.

Clerc, Denis, «Peut-on faire l'économie de l'environnement ?», *Cosmopolitiques*, no.13, Paris, Apogée, 2006.

Cochet, Yve et Agnès Sinaï, *Sauver la terre*, Paris, Fayard, 2003.

Cochet, Yve, *Pétrole apocalypse*, Paris, Fayard, 2005.

Collectif (La Ligne d'Horizon), *Défaire le développement, refaire le monde*. Actes du colloque à l'UNESCO, Lyon, Parangon / Most / La Ligne d'Horizon, 2002.

Collectif, *Manifeste du réseau pour l'après-développement*, Gaillac, ROCADe, 2003.

Dahl, G. et A. Rabo, *Kam-Ap or Take-Off : Local Notions of Development*, Stockholm, Stockholm Studies in Social Anthropology, 1992.

Dahl, Robert A., *I dilemmi della democrazia pluralista*, Milano, Il Saggiatore, 1988.

De Rivero, Oswaldo, *The Myth of Development : the Non-Viable Economies of the 21st Century*, London, Zed Books, 2001.

Decrop, Geneviève, «Redonner ses chances à l'utopie», *Utopia*, no.1.

Dias, Michel, «Un idéalisme politique», *ENTROPIA*, no.1, 2006.

Dobbin, Murray, *La Grande Fumisterie*, Montréal, Québec, Écosociété, 2002.

Douthwaite, Richard, *The Growth Illusion : How Economic Growth has Enriched the Few, Impoverished the Many and Endangered the Planet*, Dublin, Lilliput Press, 1992.

Duclos, Denis, «La cosmocratie, nouvelle-classe planétaire», *Le Monde diplomatique*, août, 1997.

Dumont, Louis, *Homo hierarchicus*, Paris, Gallimard, 1967（ルイ・デュモン著『ホモ・ヒエラルキクス――カースト体系とその意味』田中雅一，渡辺公三共訳，みすず書房，2001年）

———, *Homo aequalis*, Paris, Gallimard, 1976.

Dumouchel, Paul et Jean-Pierre Dupuy, *L'Enfer des choses*, Paris, Le Seuil, 1979（ポール・デュムシェル，ジャン＝ピエール・デュピュイ著『物の地獄――ルネ・ジ

——ジャンクフードと闘う農民たち』新谷淳一訳，紀伊國屋書店，2001年）

Brown, Lester R., *Éco-économie, une autre croissance est possible, écologique et durable*, Paris, Le Seuil, 2003（レスター・R・ブラウン著『エコ・エコノミー』福岡克也監訳，北濃秋子訳，家の光協会，2002年）

———, *Blueprint for a Better Planet*, Mother Earth News, Hendersonville, 2004.

———, «Plan B : Come affrontare la crisi alimentare incipiente», in Andrea Masullo (dir.), *Economia e Ambiente. La sfida del terzo millennio*, Bologna, EMI, 2005.

Brune, François, *Les Médias pensent comme moi ! Fragments du discours anonyme*, Paris, L'Harmattan, coll. «L'homme et la société», 1993.

———, *Médiatiquement correct*, Paris, Paris-Méditerranée, 1998.

———, *Sous le soleil de Big Brother, Précis sur «1984» à l'usage des années 2000*, Paris, L'Harmattan, 2000.

———, *De l'idéologie aujourd'hui*, Lyon, Parangon, 2004.

———, «La Frugalité heureuse : une utopie ?», *ENTROPIA*, no.1, 2006.

Bruni, Luigiono, «L'economia e i paradossi della felicita», in Piero Luigi Sacco e Stefano Zamagni (a cura di), *Complessita' relazionale e comportamento economico*, Bologna, Il Mulino, 2002.

Burch, Mark, *La Voie de la simplicité volontaire*, Montréal, Québec, Écosociété, 2003.

Cacciari, Paolo, *Pensare la decresita. Sostenibilità ed equità*, Cantieri Carta/edizioni Intra Moenia, 2006.

Caillé, Alain, *Dé-penser l'économique. Contre le fatalisme*, Paris, La Découverte/MAUSS, coll. Recherches, 2005.

Canfin, Pascal, *L'Économie verte expliquée à ceux qui n'y croient pas*, Paris, Les Petits Matins, 2006.

Castoriadis, Cornelius, *La Montée de l'insignifiance : Les carrefours du labyrinthe, IV*, Paris, Le Seuil, 1996（コルネリュウス・カストリアディス著『意味を見失った時代——迷宮の岐路4』江口幹訳，法政大学出版局，1999年）.

———, «L'Écologie contre les marchands» in *Une société à la dérive*, Paris, Le Seuil, 2005.

Chanial, Philippe, «Une fois commune : démocratie, don et éducation chez John Dewey», *Revue du MAUSS*, no.28, La Découverte, second semestre 2006.

Charbonneau, Bernard, *Le Système et le Chaos*, Paris, Economica, 1990 (1973).

———, *Une seconde nature*, B.Charbonneau, Pau, 1981.

———, *Sauver nos régions. Écologie et société locales*, Paris, Sang de la terre, 1991.

Charbonneau, Simon, «Résister à la croissance des grandes infrastructures de transport», document de travail.

Arianna Editrice, 2006.

Bergeron, Richard, *L'Anti-développement*, Paris, L'Harmattan, 1992.

Berlinguer, Enrico, *Austerità. Occasione per transformare l'Italia* (Le conclusioni al convergno degli intellettuali (Roma, 15-1-77), e all' assemblea degli operai comunisti (Milano, 30-1-77)), Roma, Editori Riuniti, 1977.

Bernard, Michel, Vincent Cheynet, Bruno Clémentin (sous la direction de), *Objectif décroissance. Vers une société harmonieuse*, Lyon, Parangon / Silence / Écosociété, 2003.

Berthoud, Arnauld, *Une philosophie de la consommation. Agent économique et sujet moral*, Villeneuve d'Ascq, Presses universitaires du Septentrion, 2005.

Bertrand, Agnès, et Laurence Kalafatides, *OMC, le pouvoir invisible*, Paris, Fayard, 2002.

Besset, Jean-Paul, *Comment ne plus être progressiste...sans devenir réactionnaire*, Paris, Fayard, 2005.

Besson-Girard, Jean-Claude, *Decrescendo cantabile. Petit manuel pour une décroissance harmonique*, Lyon, Parangon, 2005.

Bevilacqua, Piero, *La terra è finita. Breve storia dell'ambiente*, Laterza, 2006.

Blanc, Jérôme (dir.), *Exclusion et liens financiers, Monnaies sociales, Rapport 2005-2006*, Paris, Economica 2006.

Bodley, John H. *Tribal Peoples and Development Issues*, Mountain View, California, Mayfield Publishing, 1988.

———, *Victims of Progress*, Mountain View, California, Mayfield Publishing, 1990.

Bologna, Gianfranco (dir.), *Italia capace di futuro*, Bologna, WWF-EMI, 2001.

Bonaiuti, Mauro, *La teoria bioeconomica. La «nuova economia» di Nicholas Georgescu-Roegen*, Roma, Ed. Carocci, 2001.

———, *Nicholas Georgescu-Roegen. Bioeconomia. Verso un'altra economia ecologicamente e socialmente sostenible*, Torino, Bollati Boringhieri, 2003.

Bonesio, Luisa, in «Paysages et sens du lieu», *Éléments*, no. 100, mars 2001, «Une réponse à la mondialisation : le localisme».

Bonora, Paola, «Sistemi locali territoriali, transcalarità e nuove regole della democrazia dal basso», in Anna Marson (a cura di), *Il progetto di territorio nella città metropolitana*, Firenze, Alinea editrice, 2006.

Bookchin, Murray, *L'ecologia della libertà*, Milano, Elèuthera, 1988.

———, *Per una società ecologica*, Milano, Elèuthera, 1989.

———, *Democrazia diretta*, Milano, Elèuthera, 1993.

———, *Pour un municipalisme libertaire*, Lyon, Atelier de création libertaire, 2003.

Bové, José et François Dufour, *Le monde n'est pas une marchandise*, Paris, La Découverte, 2000（ジョセ・ボヴェ，フランソワ・デュフール対談『地球は売り物じゃない！

参照文献一覧

＊本書は，二つの原著を一冊にまとめたものであるため，この参照文献は二冊のリストを合わせたものである。
＊原著の参照文献であり，訳注に掲載の文献は含まれていない。

【書籍】

Amin, Samir, *Maldevelopment, Anatomy of a Global Failure*, London : Zed Books, 1990.（サミール・アミン著『開発危機――自立する思想・自立する世界』久保田順，戸崎純，高中公男訳，国連大学出版局／文眞堂，1996年）

Aime, Marco, *Gli specchi di Gulliver. In difesa del relativismo*, Bollati Boringhieri, 2006.

Ariès, Paul, *Décroissance ou barbarie*, Lyon, Golias, 2005.

ATTAC, *Pauvreté et inégalités, ces créatures du néolibéralisme,* Paris, Mille et une nuits, 2006.

Attali, Jacques et Vincent Champain, «Activité, emploi et recherche d'emploi : changer de paradigme pour supprimer le chômage», Fondation Jean-Jaurès, no. 15, novembre 2005.

Aubertin, Catherine et Franck-Dominique Vivien (dir.), *Le Développement durable. Enjeux politiques, économiques et sociaux*, Paris, La Documentation française, 2006.

Aubin, Jean, *Croissance : l'impossible nécessaire*, Le Theil, Planète bleue, 2003.

Bailly, Emmanuel, «Le concept de l'Écorégion ou comment restaurer le système immunitaire des régions», *Bulletin Ligne d'horizon*, no. 36, août-septembre 2006.

Barras, B., M. Bourgeois, E. Bourguinat, et M. Lulek, *Quand l'entrepreise apprend à vivre*, Paris, Édition Charles Léopold Mayer, 2002.

Barras, Béatrice, *Moutons rebelles : Ardelaine, la fibre du développement local*, Saint-Pierreville, éditions Repas, 2002.

Baudrillard, Jean, «Nique ta mère! », chronique de *Libération* du 18 novembre 2005 (reprise le 7 mars 2007).

Bauman, Zygmunt, *Le Coût humain de la mondialisation*, Paris, Hachette Littératures, 1999.

———, *Lavoro, consumismo e nuove povertà*, Troina, Edizioni Città Aperta, 2004.（ジグムント・バウマン著『新しい貧困――労働，消費主義，ニュープア』伊藤茂訳，青土社，2008年）

Belpomme, Dominique, *Ces maladies créées par l'homme*, Paris, Albin Michel, 2004.

———, *Avant qu'il ne soit trop tard*, Paris, Fayard, 2007.

Benoist, Alain de, *Communità e Decrescita. Critica della Ragion e Mercantile*, Bologna,

訳者　**中野佳裕**（Yoshihiro Nakano）

1977年、山口県生まれ。早稲田大学政治経済学部経済学科卒業、英エセックス大学政治学部イデオロギーと言説分析修士課程修了、英サセックス大学社会科学とカルチュラル・スタディーズ研究科開発学博士課程修了。開発学博士（DPhil in Development Studies）。専攻：国際開発論、平和学、社会政治哲学。現在：立命館大学客員研究員。フランス国連経済社会理事会諮問機関NGO・PEKEA会員。

著書に、*Emancipation and Overcoming Metaphysics' in Post-development Thought: Singularity, the Political, Responsibility*, February, 2008, British Thesis (PhD論文). 'On the Singular Name of Post-development: Serge Latouche's Destruktion of development and the possibility of emancipation' in Aram Ziai (ed.) *Exploring Post-development: Theory and Practice, Problems and Perspectives*, London: Routledge, 2007 (共著) など。

学術雑誌論文に、'Singularity and Ethics in Post-development Thought: Interpreting Serge Latouche's l'autre Afrique entre don et marché', in *Journal of International Relations and Development*, vol.12, no.1, 2009, pp.31-57 ほか。

翻訳書に、ミシェル・アグリエッタほか『主権貨幣（仮題）』（共訳、藤原書店、近刊）などがある。

セルジュ・ラトゥーシュ（Serge Latouche）

1940年生まれ。フランスを代表する経済哲学者・思想家。パリ南大学（オルセー）名誉教授。専門は、南北問題、社会科学哲学。サブサハラ・アフリカの開発問題から研究を始め、開発経済学と西洋の社会発展思想の理論的・倫理的矛盾を解明する学術書や、国際開発政治を批判する啓蒙書を多数発表してきた。著書は、イタリア語、スペイン語、カタロニア語、英語、ポルトガル語、トルコ語、アラビア語など、世界各国で翻訳されている。
研究・執筆活動以外にも、今や世界的な注目を浴びている〈ポスト開発論〉の立役者として、アソシエーション「ポスト開発ネットワーク(ROCADe)」「フランソワ・パルタンの友」などを主宰するほか、雑誌『エコロジスト』『ENTROPIA』の編集委員を務めるなど広く知識人活動を行なってきた。また、1981年に社会学者アラン・カイエとともに「社会科学における反功利主義運動（MAUSS）」を設立し、フランスにおいて進歩的な社会科学研究の発展に重要な貢献をした。
近年、提唱した〈脱成長（デクロワサンス）〉理論は、先進国と途上国がともに直面するグローバル経済の構造的矛盾を克服する経済理論として、ヨーロッパで大きな注目を浴びており、『ルモンド』紙や「ラジオ・フランス」などで激しい論争が展開され、左右の政治の壁を越えた社会現象にまでなっている。〈脱成長（デクロワサンス）〉という用語は、国会の答弁でも用いられるほど一般的に使用され、これを掲げる新聞・学術誌が発刊され、学会や地方政党も誕生しており、フランスの哲学者アラン・バディウから「新しいコミュニズムの仮説」と評されるほどの影響を与えている。

経済成長なき社会発展は可能か？
――〈脱成長《デクロワサンス》〉と〈ポスト開発〉の経済学

2010年7月20日　第1刷発行
2010年11月30日　第7刷発行

著者――――セルジュ・ラトゥーシュ
訳者――――中野佳裕

発行者――――髙木 有
発行所――――株式会社作品社
102-0072東京都千代田区飯田橋2-7-4
tel 03-3262-9753　fax 03-3262-9757
振替口座00160-3-27183
http://www.tssplaza.co.jp/sakuhinsha/
編集担当――――内田眞人
本文組版――――編集工房あずる＊藤森雅弘

装丁――――伊勢功治
印刷・製本――――シナノ印刷（株）

ISBN978-4-86182-297-1 C0033